Florence

et ses environs

Cofondateurs : Philippe GLOAGUEN et Michel DUVAL

Directeur de collection et auteur
Philippe GLOAGUEN

Secrétaire général
Gavin's CLEMENTE-RUIZ

Rédacteurs en chef
Amanda KERAVEL (France)
Benoît LUCCHINI (Étranger)

Directrice administrative
Bénédicte GLOAGUEN

Conseiller à la rédaction
Pierre JOSSE

Responsable voyages
Carole BORDES

Direction éditoriale
Élise ERNEST

Rédaction
Isabelle AL SUBAIHI
Emmanuelle BAUQUIS
Mathilde de BOISGROLLIER
Thierry BROUARD
Marie BURIN des ROZIERS
Diane CAPRON
Véronique de CHARDON
Laura CHARLIER
Florence CHARMETANT
Fiona DEBRABANDER
Anne-Caroline DUMAS
Éléonore FRIESS
Géraldine LEMAUF-BEAUVOIS
Olivier PAGE
Alain PALLIER
Anne POINSOT
André PONCELET

2021/22

hachette

TABLE DES MATIÈRES

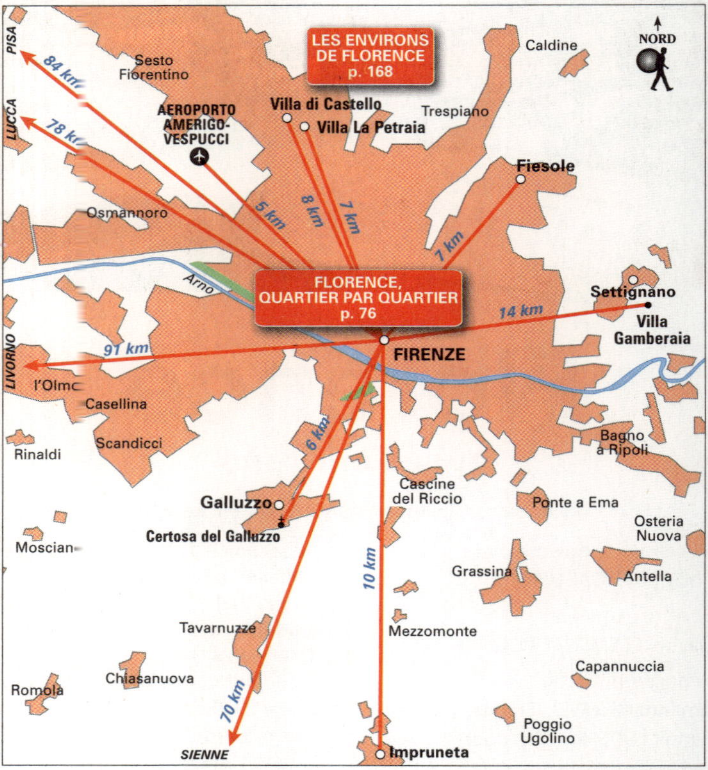

PRÉAMBULE

COMMENT Y ALLER ? 36

FLORENCE UTILE ... 44

INFORMATIONS ET ADRESSES UTILES ... 71

LE QUARTIER DU DUOMO ... 76

LE QUARTIER DE SANTA CROCE ... 100

LE QUARTIER DE SANT'AMBROGIO ... 109

LE QUARTIER DE SAN MARCO ... 114

LE QUARTIER DE SAN LORENZO 125

AUTOUR DE LA VIA DEI TORNABUONI 132

LE QUARTIER DE SANTA MARIA NOVELLA 138

LE QUARTIER DE SAN FREDIANO 145

LE QUARTIER DE SANTO SPIRITO 150

LE QUARTIER DE SAN NICCOLÒ 162

LES ENVIRONS DE FLORENCE 168

Important : dernière minute

Entre deux parutions du *Routard,* des événements fortuits (conditions sanitaires, catastrophes naturelles, mais aussi formalités, taux de change, conditions d'accès aux sites, fermetures inopinées, etc.) peuvent modifier vos projets de voyage. Pour éviter les déconvenues, nous vous recommandons de consulter la rubrique « Guide » par pays de notre site *• routard.com •* et plus particulièrement les dernières ***Actus voyageurs.***

UNE PANDÉMIE INOUÏE !

Depuis toujours, ***Le Routard* se plaît à dénicher hôteliers et restaurateurs** qui accueillent nos lecteurs avec sourire et professionnalisme. Malgré toute notre vigilance, certains d'entre eux auront malheureusement fermé quand ce livre sortira. De même, les horaires et modalités d'accueil de certains sites et musées auront été momentanément modifiés. Cette terrible **pandémie de Coronavirus** a, on le sait, des conséquences importantes pour tous les professionnels du tourisme. **Nous sommes de tout cœur avec eux !**

le ponte Vecchio

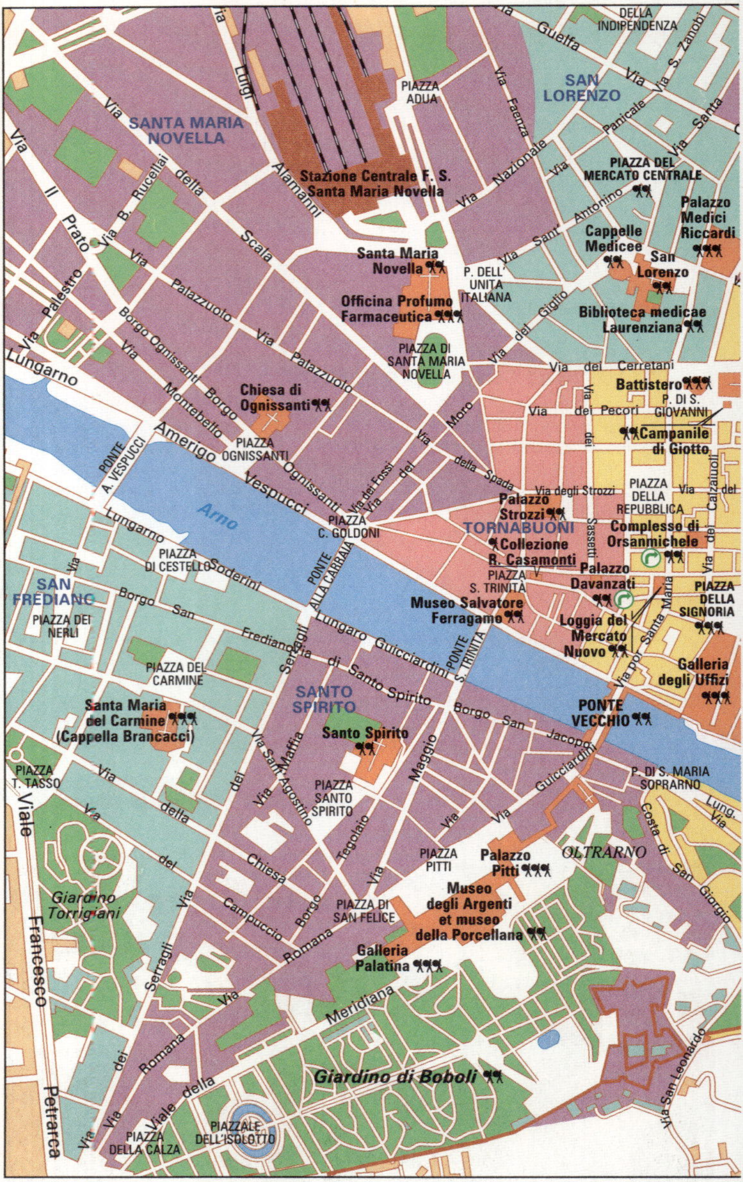

SANTA MARIA NOVELLA
SAN LORENZO
DELLA INDIPENDENZA
Via Guelfa
Via S. Zanobi
PIAZZA ADUA
Via Faenza
Via Nazionale
Via Panicale
Via Santa
Via Luigi Alamanni
Stazione Centrale F. S. Santa Maria Novella
PIAZZA DEL MERCATO CENTRALE
Via Sant' Antonino
Palazzo Medici Riccardi
Cappelle Medicee
San Lorenzo
Santa Maria Novella
P. DELL' UNITÀ ITALIANA
Via del Giglio
Officina Profumo Farmaceutica
Biblioteca medicae Laurenziana
PIAZZA DI SANTA MARIA NOVELLA
Via del Cerretani
Battistero
P. DI S. GIOVANNI
Via dei Pecori
Campanile di Giotto
Via della Scala
Via B. Rucellai
Via il Prato
Via Palazzuolo
Via Palestro
Borgo Ognissanti
Via Montebello
Lungarno Amerigo Vespucci
Chiesa di Ognissanti
PIAZZA OGNISSANTI
Via del Moro
Via dei Fossi
Via della Spada
Via degli Strozzi
PIAZZA DELLA REPUBBLICA
Via del Calzaiuoli
PONTE A. VESPUCCI
Arno
Palazzo Strozzi
TORNABUONI
Collezione R. Casamonti
Via dei Sassetti
Complesso di Orsanmichele
PIAZZA C. GOLDONI
Lungarno Soderini
PIAZZA DI CESTELLO
PONTE ALLA CARRAIA
PIAZZA S. TRINITÀ
Palazzo Davanzati
PIAZZA DELLA SIGNORIA
SAN FREDIANO
Borgo San Frediano
PIAZZA DEI NERLI
Museo Salvatore Ferragamo
Loggia del Mercato Nuovo
Via Por Santa Maria
Lungaro Guicciardini
PONTE S. TRINITÀ
Galleria degli Uffizi
PIAZZA DEL CARMINE
Via Serragli
Via di Santo Spirito
SANTO SPIRITO
PONTE VECCHIO
Santa Maria del Carmine (Cappella Brancacci)
Santo Spirito
Borgo San Jacopo
Via Maffia
Via Maggio
PIAZZA T. TASSO
Via della Chiesa
Via Sant'Agostino
PIAZZA SANTO SPIRITO
Via Guicciardini
P. DI S. MARIA SOPRARNO
Lung.
Costa di San Giorgio
Viale Francesco Petrarca
Via del Campuccio
Via Tegolaio
PIAZZA PITTI
Palazzo Pitti
OLTRARNO
Giardino Torrigiani
Via Romana
PIAZZA DI SAN FELICE
Museo degli Argenti et museo della Porcellana
Borgo
Galleria Palatina
Via dei Serragli
Via Meridiana
Giardino di Boboli
Via San Leonardo
Viale della
PIAZZA DELLA CALZA
PIAZZALE DELL'ISOLOTTO

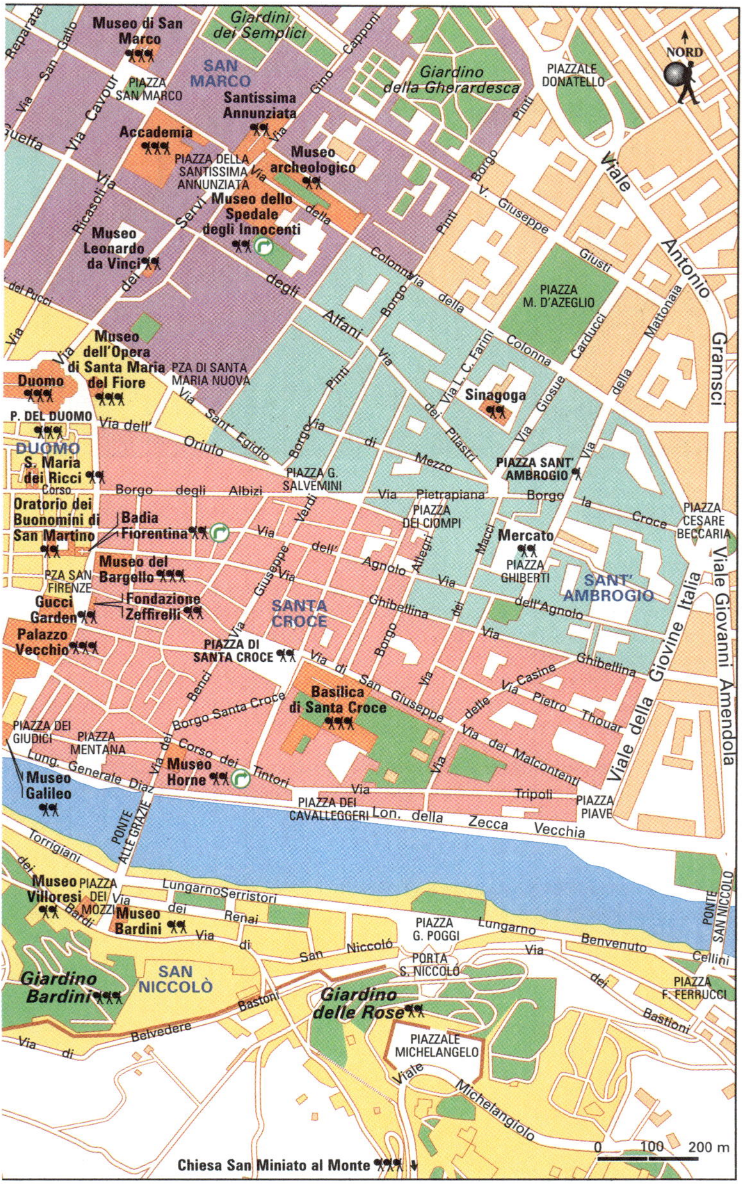
NORD
Museo di San Marco
PIAZZA SAN MARCO
SAN MARCO
Giardini dei Semplici
Giardino della Gherardesca
PIAZZALE DONATELLO
Santissima Annunziata
Accademia
PIAZZA DELLA SANTISSIMA ANNUNZIATA
Museo archeologico
Museo dello Spedale degli Innocenti
Museo Leonardo da Vinci
Museo dell'Opera di Santa Maria del Fiore
PZA DI SANTA MARIA NUOVA
Duomo
P. DEL DUOMO
DUOMO
S. Maria dei Ricci
Oratorio dei Buonomini di San Martino
Badia Fiorentina
Museo del Bargello
PZA SAN FIRENZE
Fondazione Zeffirelli
Gucci Garden
Palazzo Vecchio
PIAZZA M. D'AZEGLIO
Sinagoga
PIAZZA SANT' AMBROGIO
PIAZZA G. SALVEMINI
PIAZZA DEI CIOMPI
Mercato
PIAZZA GHIBERTI
SANT' AMBROGIO
PIAZZA CESARE BECCARIA
SANTA CROCE
PIAZZA DI SANTA CROCE
Basilica di Santa Croce
PIAZZA DEI GIUDICI
PIAZZA MENTANA
Museo Galileo
Museo Horne
PIAZZA DEI CAVALLEGGERI
PIAZZA PIAVE
PONTE ALLE GRAZIE
PONTE SAN NICCOLÒ
Museo Villoresi
PIAZZA DEI MOZZI
Museo Bardini
PIAZZA G. POGGI
PORTA S. NICCOLÒ
Giardino Bardini
SAN NICCOLÒ
Giardino delle Rose
PIAZZALE MICHELANGELO
PIAZZA F. FERRUCCI
Chiesa San Miniato al Monte
Via San Gallo
Reparata
Via Cavour
Guelfa
Via Ricasoli
Via dei Servi
Via Gino Capponi
Via della Colonna
Borgo Pinti
V. Giuseppe Giusti
Viale Antonio Gramsci
Mattonaia
Via degli Alfani
Via dei Pucci
Via Sant' Egidio
Via dell' Oriuolo
Borgo degli Albizi
Corso
Via L. C. Farini
Via dei Pilastri
Via Giosue Carducci
Via di Mezzo
Via Pietrapiana
Borgo la Croce
Via Verdi
Via dell' Agnolo
Via Giuseppe
Via Ghibellina
Via Macci
Via Allegri
Borgo
Viale Giovanni Amendola
Viale della Giovine Italia
Via delle Casine
Via Pietro Thouar
Via dei Malcontenti
Via di San Giuseppe
Via dei Benci
Borgo Santa Croce
Corso dei Tintori
Lung. Generale Diaz
Via Tripoli
Lon. della Zecca Vecchia
Torrigiani
Lungarno Serristori
Via dei Bardi
Via dei Renai
Via di San Niccolò
Lungarno Benvenuto Cellini
Via dei Bastioni
Via di Belvedere
Viale Michelangiolo
0 100 200 m

FLORENCE

LA RÉDACTION DU ROUTARD

(sans oublier nos 50 enquêteurs, aussi sur le terrain)

Jean-Sébastien, Olivier, Mathilde, Thierry, Alain, Gavin's, Éléonore, Anne-Caroline, André, Laura, Florence, Véronique, Isabelle, Géraldine, Fiona, Amanda, Benoît, Emmanuelle, Bénédicte, Philippe, Carole, Diane, Anne, Marie.

La saga du *Routard* : en 1971, deux étudiants, Philippe et Michel, avaient une furieuse envie de découvrir le monde. De retour du Népal germe l'idée d'un guide différent qui regrouperait tuyaux malins et itinéraires sympa, destiné aux jeunes fauchés en quête de liberté. 1973. Après 19 refus d'éditeurs et la faillite de leur première maison d'édition, l'aventure commence vraiment avec Hachette. Aujourd'hui, le *Routard*, c'est plus d'une cinquantaine d'enquêteurs impliqués et sincères. Ils parcourent le monde toute l'année, dans l'anonymat, et s'acharnent à restituer leurs coups de cœur avec passion.

Merci à tous les Routards qui sont solidaires de nos convictions : liberté et indépendance d'esprit ; découverte et partage ; sincérité, tolérance et respect des autres.

NOS SPÉCIALISTES DE FLORENCE

Géraldine Lemauf-Beauvois : ch'ti et fière de sa région natale vers laquelle elle revient toujours, elle est dotée d'une curiosité qui l'a poussée à voyager aux quatre coins du monde. Géraldine est passionnée d'histoire et d'art, auxquels elle a consacré ses études. Son œil aiguisé, son appétit pour les belles et bonnes choses font d'elle une routarde qui aime partager ses découvertes culturelles et culinaires.

Cédric Fischer : grandir entouré de voyageurs, ça donne la bougeotte ! Mais peu importe la destination. Pour lui, le voyage, c'est d'abord les rencontres... surtout hors piste autour d'une spécialité locale (capital !) et d'un bon cru (tout aussi vital !). L'appel de la route, ce fut en stop dès le lycée et à la fac d'histoire, puis avec le *Routard* depuis 2000.

Grégory Dalex : engagé avec le *Routard* depuis près de 20 ans, il a choisi le voyage en solo et en immersion totale. Le moyen d'être au plus près de son sujet en privilégiant les rencontres humaines… et leurs bonnes adresses ! Une immersion jusque dans la mer, l'autre passion de sa vie, qu'il brûle en travaillant aussi dans l'archéologie sous-marine.

UN GRAND MERCI À NOS AMI(E)S SUR PLACE ET EN FRANCE

Pour cette nouvelle édition, nous remercions particulièrement :

- **Federica Galbesi,** responsable ENIT France, pour son soutien ;
- **Anne Lefèvre,** chargée des relations avec la presse à l'ENIT, pour son dynamisme ;
- **Antonella Botta,** service marketing à l'ENIT, pour son professionnalisme ;
- **Laurence Aventin,** pour son aide précieuse et ses connaissances extraordinaires sur Florence.

Pictogrammes du Routard

Établissements

- Hôtel, auberge, chambre d'hôtes
- Camping
- Restaurant
- Terrasse
- Pizzeria
- Boulangerie, sandwicherie
- Pâtisserie
- Glacier
- Café, salon de thé
- Café, bar
- Bar musical
- Club, boîte de nuit
- Salle de spectacle
- Boutique, magasin, marché

Infos pratiques

- Office de tourisme
- Poste
- Accès Internet
- Hôpital, urgences
- Adapté aux personnes handicapées

Sites

- Présente un intérêt touristique
- Point de vue
- Plage
- Spot de surf
- Site de plongée
- Recommandé pour les enfants
- Inscrit au Patrimoine mondial de l'Unesco
- Pas de côté

Transports

- Aéroport
- Gare ferroviaire
- Gare routière, arrêt de bus
- Station de métro
- Station de tramway
- Parking
- Taxi
- Taxi collectif
- Bateau
- Bateau fluvial
- Piste cyclable, parcours à vélo

112 : c'est le numéro d'urgence commun à la France et à tous les pays de l'UE, à composer en cas d'accident, agression ou détresse. Il permet de se faire localiser et aider en français, tout en améliorant les délais d'intervention des services de secours.

« OSONS LE PAS DE CÔTÉ »

Le surtourisme ? Tous concernés. Et pourtant, à l'écart des grands flux touristiques, il existe plein de pépites méconnues, souvent oubliées des circuits trop encombrés. Ici un site ignoré ; là un quartier secret ; plus loin un village caché au charme discret, avec un troquet d'une autre époque. Il existe une infinité de lieux peinards que l'on a envie de mettre en avant avec ce pictogramme. Un vagabondage enfin calme favorisé aussi par les **visites aux heures creuses**. Vive le *slow trip* !

#osonslepasdecote

Le *Routard* est imprimé sur un papier issu de forêts gérées.

I.S.B.N. 978-2-01-629312-6

Le palazzo Vecchio

« L'Italie est le seul endroit sur terre où la culture est née avant la nation. »
Roberto Benigni

Florence est incontestablement l'une des plus belles cités italiennes. Savez-vous qu'elle réunit à elle seule **25 % des œuvres du patrimoine artistique italien !** Elle est aussi le symbole de l'influente **famille Médicis,** qui a régné pendant toute la période **Renaissance.** Cette dynastie florentine a façonné la ville en une cité prospère en multipliant les rencontres artistiques ainsi que les relations financières et économiques tant nationales qu'européennes. Cette interaction a ainsi grandement favorisé le rayonnement de la cité toscane. Et par un heureux hasard, **la Toscane a vu naître et évolué de nombreux artistes et écrivains** tels que Donatello, Michel-Ange, Botticelli, Léonard de Vinci, ou encore des scientifiques et politiques comme Boccace, Machiavel ou Galilée… Une aubaine pour la région ! La ville a aussi préservé son charme durant des siècles. Ici, point d'urbanisme poussé à l'excès avec autoroutes, périph' ou barres d'immeubles défigurant le paysage. Tout a été conservé (ou presque) en l'état et le visiteur aura la chance de se promener dans une ville dont les places et les rues sont bordées par des **palais Renaissance de toute beauté.** Florence n'est pas seulement une ville-musée, c'est aussi une cité pleine de ressources avec **un artisanat au savoir-faire familial et traditionnel :** cuir, bijou, papeterie de luxe… même si malheureusement le marché asiatique envahit la ville ! C'est aussi lors du Pitti Uomo, une manifestation bisannuelle, que Florence devient le centre international de la mode. Un événement incontournable ! À une envolée du centre historique, on se retrouve immergé dans une campagne verdoyante, où l'on admire de superbes **villas médicéennes** (classées au Patrimoine mondial de l'Unesco), comme la villa La Petraia, la villa di Poggio a Caiano ou encore la villa Medicis di Fiesole. D'autres villas, sur les hauteurs de la ville, aux jardins soigneusement ordonnés, sont les repaires estivaux de Florentins fortunés. **Collines** et **cyprès** à perte de vue. Enchanteur ! La magie de Florence, c'est aussi prendre le chemin des écoliers, bien loin de la foule des visiteurs… c'est la meilleure façon d'appréhender la ville. Et enfin, comment résister à **Florence la gourmande** avec ses *trattorie,* sa goûteuse cuisine du terroir et son bon vin ? Il suffit de s'aventurer à l'heure de l'*aperitivo,* dans les quartiers de l'Oltrarno, pour déguster un verre de chianti en toute convivialité. *Andiamo* !

Plafond du Palazzo Medici Riccardi

NOS COUPS DE CŒUR

1 Arpenter la piazza della Signoria, cœur palpitant de la cité et véritable musée à ciel ouvert.

C'est un vrai musée en plein air dominé d'un côté par le majestueux palazzo Vecchio (actuelle mairie) et, de l'autre, par la loggia dei Lanzi, avec ses statues de toute beauté dont la magistrale *Enlèvement d'une Sabine*, de Giambologna ou l'imposante *Judith et Holopherne* de Donatello (dont l'original est à l'intérieur du palazzo Vecchio). Impossible de rater l'imposante fontaine de Neptune. p. 94

© Mattes René

2 Grimper en haut de la coupole du Duomo, réalisée par Brunelleschi, et admirer la gigantesque fresque du *Jugement dernier.*

La coupole est l'œuvre de Filippo Brunelleschi, qui a eu l'ingénieuse idée de construire un dôme de forme ovoïde de 45 m de diamètre, sans armature, en créant une double voûte séparée de 2 m, dans laquelle des chaînages intérieurs assurent la stabilité de l'édifice. Pour y accéder, il vous faudra monter 463 marches, être patient (il y a souvent la queue !) et surtout ne pas être claustrophobe. À l'intérieur, admirez la fresque de 3 600 m^2 du *Jugement dernier,* pensée par Vasari mais réalisée sous le contrôle de Federico Zuccari et de Bandinelli. *p. 84*

Bon à savoir : *la réservation est obligatoire sur Internet plusieurs semaines avant votre séjour ; le Duomo a beaucoup de succès !*

3 Admirer les portes du baptistère.

La fameuse porte principale décorée de scènes de la Bible est le travail du sculpteur Ghiberti. L'art de la perspective et du trompe-l'œil acquiert ici ses premières lettres de noblesse. Pas étonnant que Ghiberti ait mis 27 ans pour réaliser cette œuvre ! *p. 85*

Bon à savoir : *un concours fut organisé en 1401 pour la réalisation de la nouvelle porte. Ghiberti l'emporta sur Brunelleschi. Puis il réalisa la porte principale. Fier de son œuvre, il se représenta sur l'un des médaillons qui la décorent.*

© Dimitar Chobanov/Alamy/Hemis

4 **Visiter le museo dell'Opera di Santa Maria del Fiore.**
Le musée, doté d'une muséographie rigoureuse, retrace toute l'histoire du Duomo. Ne manquez pas l'incroyable *Pietà aux quatre figures* (qu'on appelle aussi *Pietà Bandini*) de Michel-Ange et surtout la porte originale en bronze du baptistère de Ghiberti (celle installée dehors est une copie). *p. 86*

5 **Parcourir la galerie des Offices et découvrir les grands peintres italiens tels Giotto, Léonard de Vinci, Botticelli, Titien, Piero della Francesca et tant d'autres...**

La galerie des Offices est le fleuron des musées florentins, mais c'est surtout l'un des plus anciens et des plus beaux musées du monde. L'histoire de cet incroyable musée est liée à Cosme Ier, qui confia à Vasari la construction du palais des Offices, et à François Ier, qui transforma en musée les galeries de cet immense bâtiment administratif. Vous allez en prendre plein les yeux (et les jambes), à travers plus de 100 salles. *p. 87*

6 Profiter d'une balade dans le quartier de Santa Croce pour visiter le musée du Bargello.

Un de nos musées préférés, installé dans l'austère palazzo del Podestà. Visites agréables avec de nombreux chefs-d'œuvre : ceux de Donatello, dont son *David* en bronze, *Le Petit Pêcheur* de Vincenzo Gemito ou le *Marzocco* (l'original de la statue du lion, emblème de Florence), dont la copie est sur la piazza della Signoria, au pied du palazzo Vecchio. N'oubliez pas la salle du Cinquecento, avec les œuvres de jeunesse de Michel-Ange. p. 104

© Mattes René

7 **Passage obligé : la basilica di Santa Croce, construite au XIIIe s, véritable panthéon toscan.**

Santa Croce renferme de nombreux tombeaux de personnages illustres : Michel-Ange, Machiavel, Ghiberti… que du beau monde ! Sans oublier l'intérieur magnifié par les fresques de Giotto di Bondone dans les chapelles Bardi et Peruzzi. Sa façade en marbre blanc de style néogothique date du XIXe s. *p. 106*

© Otto Stadler/imagebroker/Age Fotostock

8 **Musarder sur le marché de Sant'Ambrogio, qui regorge de produits locaux.**

Dans ce quartier animé et plein de charme, le mercato Sant'Ambrogio en fait saliver plus d'un avec ses étals débordant largement l'initiale halle du XIXe s : saucissons, fromages, fruits, viandes, poissons, bocaux de légumes séchés et fleurs. C'est LE rendez-vous des Florentins et des visiteurs gourmands. Plus intime et nettement plus local que son grand frère de San Lorenzo. *p. 110*

© Juan Antonio Alonso/Age Fotostock

9 **Admirer les merveilleuses fresques de Fra Angelico au museo di San Marco.**

On accède d'abord au cloître décoré de fresques des XVIe et XVIIe s. De là, on visite les réfectoires et la salle du Chapitre puis, au 1er étage, les cellules des moines, décorées de scènes des Évangiles par Fra Angelico (ou par ses élèves sur un dessin du maître). Il en résulte une œuvre plutôt sobre et pleine de béatitude, qui lui vaudra d'ailleurs le surnom de Beato Angelico. *p. 120*

10 Zieuter les fesses musclées de *David* à l'Accademia, un chef-d'œuvre de Michel-Ange.

Le célèbre *David* est l'œuvre phare du musée qui justifie les longues heures d'attente. Ce formidable athlète de 5,5 t et de 5,17 m de haut subjugue le visiteur par l'intensité de son regard et par ses proportions apparemment parfaites (en réalité, Michel-Ange s'est permis des libertés avec l'anatomie)… ! *p. 119*

Bon à savoir : *une reproduction se trouve sur la piazza della Signoria devant le palazzo Vecchio.*

11 S'émerveiller devant la fresque du *Cortège des Rois mages,* jalousement conservée dans le palazzo Medici Riccardi.

Construit pour les Médicis au XVe s, le palais abrite la splendide fresque du *Cortège des Rois mages* par Benozzo Gozzoli, cachée à l'étage dans la chapelle. Joyau de la peinture italienne, elle illustre le cheminement des Rois mages vers Bethléem. L'une des curiosités de la fresque, outre sa beauté, est de reprendre la symbolique des trois âges des rois : Gaspard, le mage enfant, Balthazar, le mage adulte, et Melchior, le vieux mage. *p. 118*

© Mattes René

(12) Déambuler dans les halles du mercato centrale di San Lorenzo, un marché idéal en guise d'introduction à la gastronomie locale.

Sous ses halles du XIXe s abritées par une charpente métallique, voici un concentré de la gastronomie toscane. Nombreux stands de charcuteries, viandes, fruits et légumes d'excellente qualité dans une atmosphère survoltée. Au 1er étage, nombreux comptoirs de dégustation de pizzas, *friti misti, gelati, foccace,* de vins, de truffe… Que l'embarras du choix ! Et tous joliment présentés sous l'immense verrière du marché couvert. *p. 127*

© Rabouan Jean-Baptiste/hemis.fr

(13) Pousser la porte de l'officina Profumo Farmaceutica di Santa Maria Novella, l'une des plus anciennes pharmacies du monde.

Cette superbe maison a été fondée par les dominicains au XIIIe s qui cultivaient alors des herbes médicinales pour la pharmacie du couvent. En 1612, celle-ci ouvre au grand public. Aujourd'hui encore, on élabore ici les fabrications artisanales des frères : essences, pommades, savons… Cette officine, avec ses vitrines du XVIe s, ses voûtes ornées de fresques et ses statues veillant sur les rangées de pots pharmaceutiques, vous ensorcellera forcément… *p. 142, 144*

14 **Admirer la fabuleuse chapelle Brancacci, entièrement décorée de fresques de Masaccio, Masalino et Lippi (XVe s).**

Située dans le quartier de San Frediano, la chapelle Brancacci est demeurée miraculeusement intacte après un incendie en 1771. Somptueuses fresques de Masaccio, Masalino et Lippi, dévoilant la nudité d'Adam et Ève, débarrassée du feuillage ajouté pudiquement au XVIIe s. Masolino a été probablement aidé par son jeune élève Masaccio. On mesure d'ailleurs toute la modernité de la peinture : l'homme devient le sujet central, grande nouveauté pour l'époque. *p. 149*

15 **Se rendre du côté de la piazza Santo Spirito à la tombée de la nuit, lorsque les jeunes se retrouvent sur les marches de l'église ou sur les terrasses animées du quartier.**

Situé dans l'Oltrarno, Santo Spirito est un quartier plus populaire, avec son réseau sombre de venelles débouchant sur des places et des églises pittoresques. Les fêtards se rejoindront sur la piazza Santo Spirito, qui s'anime le soir. Nul doute que vous trouverez un café pour boire un verre dans une ambiance festive et conviviale. *p. 156*

16 Se promener dans les magnifiques Giardino Bardini et Giardino delle Rose, dans l'Oltrarno.

On emprunte le superbe escalier baroque pour rejoindre le belvédère du Giardino Bardini. De là, vue spectaculaire sur la ville. Des fontaines glougloutantes, des variétés de plantes et de fleurs par centaines (roses, iris, hortensias) font de ce jardin l'un des plus beaux de Florence, sans compter la magnifique pergola de glycines, les bosquets à l'anglaise, l'allée d'hortensias, les plantations de menthe, de lavande, de romarin… *p. 160, 166*

© Dan74/Shutterstock

17 **Contempler le coucher du soleil au belvédère de San Miniato al Monte.** Il vous faudra d'abord traverser l'Arno depuis le ponte alle Grazie pour rejoindre le quartier tranquille de San Niccolò. Puis grimper les marches jusqu'à la chiesa San Miniato al Monte, qui surplombe la ville. Un panorama à couper le souffle vous y attend. Allez-y en fin d'après-midi et admirez le coucher de soleil sur tout Florence. *p. 166*

Bon à savoir : *l'église San Miniato al Monte est l'une des plus belles réussites du roman florentin, avec sa façade incrustée de marbre de Carrare.*

18 **Pousser la balade jusque dans les collines florentines dans le charmant village de Fiesole à 7 km environ de la capitale toscane pour profiter de son panorama extraordinaire.**

Autrefois puissante cité, Fiesole a aussi attiré de nombreux écrivains venus se ressourcer et profiter du paysage bucolique. Aujourd'hui, les amateurs de vieilles pierres viennent pour les riches vestiges archéologiques : le très beau théâtre romain du Ier siècle et le *museo civico* où sont rassemblées de belles collections de céramiques attiques et d'urnes funéraires étrusques et romaines. *p. 174*

***Bon à savoir :** pour rejoindre Fiesole, le bus n° 7 de la compagnie Ataf part de la piazza San Marco toutes les 20 mn environ.*

© Ken Welsh/Pixtal/Age Fotostock

Villa La Petraia, à Castello

ITINÉRAIRES CONSEILLÉS

En un week-end

Pour avoir un bon aperçu de la ville en si peu de temps, mieux vaut privilégier le centre historique. avec la visite du **Duomo (1)**, la coupole de Brunelleschi (en ayant eu soin de réserver sur Internet votre place) et les **portes du baptistère de Ghiberti (2).** Poussez la curiosité jusqu'à la **piazza della Signoria (3)** pour entrer dans le **palazzo Vecchio (4),** le palais-forteresse érigé au XIIIe s et actuelle mairie de la ville. La *sala dei Cinquecento* au 1er étage mérite une attention toute particulière. L'après-midi, passage obligé à la **galleria dell'Accademia (5)** pour les fesses du célèbre *David* de Michel-Ange, puis revenez flâner du côté de la **piazza della Repubblica (6).** Enfin, en soirée, traversez l'Arno par le ponte Santa Trinità et laissez-vous tenter par un *aperitivo* dans le quartier animé de **Santo Spirito (7).** Le lendemain, soyez dès l'ouverture à la **galleria degli Uffizi (8)** (là aussi, réservation souhaitée et éviter le lundi, jour de fermeture) pour profiter des plus belles peintures italiennes : Botticelli, Léonard de Vinci, Michel-Ange, Raphaël… Pause déjeuner dans le quartier, et vous voilà prêt pour la visite du **museo del Bargello (9),** un véritable trésor pour ses sculptures Renaissance : vous y verrez les premières œuvres de Michel-Ange ainsi que celles de Donatello et de Verrocchio.

En 4 jours

• **1er jour :** débutez la journée par l'incontournable trio architectural formé par le **Duomo (1),** le **baptistère (2)** et le **campanile (3).** Pour approfondir vos visites, n'hésitez pas à pousser les portes du **museo dell'Opera (4),** qui éclaire sur toutes les œuvres de la cathédrale. Ensuite, dirigez-vous vers le quartier San Marco au nord du Duomo, pour contempler les sublimes fresques de Fra Angelico au **museo di San Marco (5),** ancien couvent. Puis la **galleria dell'Accademia (6),** à deux pas : appréciez le fameux *David* de Michel-Ange sous tous ses angles, mais attardez-vous aussi sur ses *Esclaves,* également admirables.

• **2e jour :** foncez à la **galleria degli Uffizi (7)** ; réservation préférable. Comptez au moins 3h de visite. Après les Offices, traversez l'Arno par le **ponte Vecchio (8)** tout en profitant de la vue. Prenez à gauche, dans la direction du **quartier San Niccolò (9),** un quartier tranquille et encore authentique. S'il vous reste un peu de force et de temps, grimpez par la via San Salvatore al Monte jusqu'à l'**église San Miniato al Monte (10).** L'intérieur est magnifiquement conservé, et la vue sur la ville est sublime ! Le soir, un petit tour du côté de **Santo Spirito (11),** place toujours très animée. À vous le charme des nuits florentines…

• **3e jour :** la **basilique Santa Croce (12),** véritable panthéon italien, et à deux pas, le magnifique **museo del Bargello (13),** l'un des plus beaux musées de sculpture en Italie. Et pour les insatiables, petite visite de 2h dans la sublime **galleria Palatina au palazzo Pitti (14),** qui regorge de tableaux Renaissance. Puis petite halte dans le **giardino di Boboli (15)** tout à côté ! Le charme des jardins à l'italienne. En soirée, flânez dans l'Oltrarno et laissez-vous tenter par une *trattoria* en terrasse.

• **4e jour :** si le temps vous le permet, n'hésitez pas à faire un saut dans les collines verdoyantes du **Chianti (16** ; là, la voiture de location s'impose), à deux pas au sud de la capitale toscane, une région vinicole réputée pour ses paysages magnifiques, ses petits villages (Greve, Castellina, Gaiole, Radda), ses cyprès, ses oliviers et... son bon vin. La *dolce vita* quoi !

Les jardins du palazzo Pitti

En 1 semaine et plus

En une semaine, on s'attarde dans les musées et les églises. Outre les incontournables **Duomo (1), baptistère (2)** et **campanile (3),** on flâne du côté du **marché San Lorenzo (4),** on visite l'**officina Profumo Farmaceutica di Santa Maria Novella (5),** et on s'arrête dans le **palazzo Riccardi (6)** pour admirer la superbe fresque du *Cortège des Rois mages.* Plus au nord encore, vous tomberez sous le charme du **museo di San Marco (7),** avec les fresques sublimes de Fra Angelico. Sur le chemin du retour, une petite visite au **museo dello Spedale degli Innocenti (8),** une imposante bâtisse construite par Brunelleschi, qui, à l'origine recueillait les enfants abandonnés. Et puis perdez-vous dans les rues des quartiers de **Sant'Ambrogio (9)** et de **Santa Croce (10)** et, attardez-vous pour prendre le pouls de la ville ! Quelques sites à ne pas rater : la **piazza Santo Spirito (11)** et la surprenante façade de l'église du même nom ; l'imposant **palazzo Pitti (12)** de la famille Médicis ; ou encore la **cappella Carmine (13)** avec ses fresques étonnamment bien conservées de Masaccio, Lippi et Masolino. Envie de vert ? Les **giardini di Boboli (14)** et **delle Rose (14)** sont charmants et pas trop touristiques. On explore aussi la campagne avoisinante, comme la jolie ville de **Fiesole (15),** et on pousse la curiosité jusqu'à la découverte des **villas médicéennes (16),** classées au Patrimoine mondial de l'Unesco (villa La Petraia, villa di Castello, villa di Poggio a

Caiano) – à défaut de voiture, prenez le bus n° 7 sur la piazza San Marco. Sinon, plus près et à pied, nous vous indiquons en fin de guide une petite balade très agréable dans la **campagne florentine (17)** à partir du quartier de San Niccolò.

SI VOUS ÊTES

En famille : le palazzo Davanzati, le ponte Vecchio, le museo Galileo, le Palazzo Vecchio, le giardino delle Rose, le giardino Bardini, les macchine di Leonardo da Vinci, les marchés couverts de San Lorenzo et Sant'Ambrogio, la basilica di Santa Croce, le museo di San Marco, tous les glaciers et les pizzerias de Florence (attention à l'indigestion !).

Accro à la peinture et à la Renaissance : la galleria degli Uffizi, le museo di San Marco, le palazzo Pitti, la cappella Brancacci, le palazzo Medici Riccardi.

Épris de votre moitié : le coucher de soleil depuis la chiesa San Miniato al Monte, les fresques de Fra Angelico à San Marco, le *David* à l'Accademia, une balade en *barchetto* sur l'Arno, le giardino Bardini.

Amoureux de la chlorophylle : Fiesole, le Giardino Bardini, le giardino delle Rose, le giardino di Boboli, une escapade dans les alentours de Florence.

Mode et… cigale : la via dei Tornabuoni avec ses célèbres enseignes de luxe, les *outlets* (magasins d'usine) des grandes marques au sud-est de Florence, le museo Gucci, le museo Ferragamo, l'officina Profumo Farmaceutica di Santa Maria Novella et Aquaflor.

Fêtard : l'*aperitivo* dans les bars des quartiers de l'Oltrarno.

Épicurien et amateur de bons vins et de bonne chère : les marchés couverts de San Lorenzo et de Sant'Ambrogio, les épiceries fines et les traditionnelles *enoteche.*

La Naissance de Vénus, *Sandro Botticelli*

Le Marzocco de Donatello*, piazza della Signoria*

Interview #experienceroutard

Par la rédaction du *Routard*

Un site coup de cœur ?

Sans aucun doute, l'église San Miniato, l'une des plus belles églises du roman florentin. L'intérieur est d'une richesse extraordinaire avec ses pavements du XIIIe s, son plafond à caissons en bois et l'autel tout en marbre polychrome. On grimpe aussi jusqu'ici pour la vue superbe et panoramique sur Florence, encore plus belle au coucher du soleil...

Quelles sont les spécialités culinaires à goûter absolument ?

Rien de mieux que les marchés locaux pour émoustiller les papilles ! Pour vous faire une idée, foncez au 1er étage du marché central de San Lorenzo, où tout l'éventail de la cuisine italienne est représenté : pizzeria, *enoteche, panini, gelateria, bistecca, panificio,* stands de truffes, de *fristi misti* de poisson. Pratique car tout le monde y trouve son compte !

Une activité à faire en famille ou en amoureux ?

On vous recommande (aux beaux jours seulement) la balade en barque sur le fleuve Arno avec l'association culturelle *I Renaioli*. Cette association, née en 1995, promeut la navigation sur l'Arno avec les *barchetti dei Renaioli,* ces embarcations typiques de la ville. La balade est encore plus romantique au coucher du soleil avec le passage sous le ponte Vecchio. Magique ! Il suffit de réserver par mail. Vous pouvez aussi privatiser une barque rien que pour vous.

Un coin secret à découvrir ?

Les Serre Torrigiani in Piazzetta, un petit coin de verdure, avec des rideaux végétaux et de la chlorophylle un peu partout... à deux pas de la piazza della Repubblica. La famille Torrigiani, connue pour ses jardins dans l'Oltrarno, installe de mai à septembre un café éphémère à ciel ouvert en plein centre de Florence. On peut venir y siroter un verre tout au long de la journée. Y sont même organisés des concerts de musique classique et des cafés littéraires avec des lectures ou l'intervention d'un écrivain. Une halte reposante, idéale pour le petit *spritz* du soir !

Un souvenir de voyage incroyable ?

Parcourir le couloir Vasari, ce fameux passage secret, accompagné d'une guide-conférencière chevronnée. Ce passage d'environ 1 km relie la galerie des Offices au palazzo Pitti. Décidé par Cosme de Médicis au XVIe s, il renferme une très belle série de portraits et d'autoportraits de membres de la famille Médicis et d'artistes célèbres. Époustouflant !

LES QUESTIONS QU'ON SE POSE AVANT LE DÉPART

Infos détaillées dans le chapitre « Florence utile ».

➢ Quels sont les documents nécessaires pour aller en Italie ?

- Pour les ressortissants de l'Union européenne et de la Suisse, la carte nationale d'identité ou le passeport en cours de validité suffit pour entrer sur le territoire italien.
- Pour les ressortissants canadiens, un passeport valide est nécessaire.
- Les mineurs voyageant seuls (sans leurs parents) doivent être munis de leur propre pièce d'identité (carte d'identité ou passeport) ainsi que d'une **autorisation de sortie de territoire signée par l'un des parents.** Plus d'infos sur ● *service-public.fr* ●
- Face à la Covid-19, l'Italie met en place des stratégies gouvernementales en fonction de l'évolution de la pandémie. Il faut impérativement se renseigner avant de partir sur les mesures sanitaires obligatoires en vigueur (test PCR ou antigénique négatif de moins de 72h pour entrer sur le territoire selon les régions). Plus d'infos sur ● *diplomatie.gouv.fr* ●

➢ Quelle est la meilleure saison ?

Le printemps et le début de l'été (mai-juin), ainsi que l'automne (septembre-octobre), sont désormais les mois de la pleine saison. Le temps y est agréable sans être trop chaud. Attention, certaines adresses ferment pour congés annuels aux alentours du 15 août.

➢ Quel est le meilleur moyen pour y aller ?

L'avion est, sans aucun doute, la solution la plus rapide, surtout pour un court séjour. Les compagnies aériennes pratiquent des prix très compétitifs.

➢ Quel est le temps de vol ?

Compter 2h pour un Paris-Florence.

➢ Y a-t-il un décalage horaire ?

Non, été comme hiver, la France et l'Italie affichent la même heure car les passages heure d'été/heure d'hiver se font aux mêmes dates.

➢ Quel budget prévoir ?

À Florence, tout est plus cher que dans le reste de la Toscane. Cela est particulièrement vrai pour l'hébergement, dans une moindre mesure pour la restauration. Rassurez-vous, on mange facilement sur le pouce pour trois fois rien *(panini, pizza al taglio...)*.

➢ Comment se déplacer ?

À pied, sans aucune hésitation ! Il y a aussi le bus pour les plus paresseux : le réseau est dense et dessert parfaitement toute la ville et ses proches environs.

➢ Y a-t-il des problèmes de sécurité ?

Pas particulièrement, Florence est une ville très tranquille. Si vous avez une voiture au parking, assurez-vous tout de même de ne rien laisser dedans.

➢ Côté santé, quelles précautions prendre ?

Pas de précautions particulières : être à jour des vaccins traditionnels et, en été, prévoir de la crème solaire. Et puis c'est l'Europe, donc penser à emporter sa carte européenne d'assurance maladie (CEAM).

➢ Peut-on y emmener des enfants ?

Bien sûr ! Cependant, le riche patrimoine italien florentin risque d'épuiser vos chérubins. Pensez à alterner les balades et les visites de musées. Et, question nourriture, c'est le top ! Pizzas, pâtes, glaces... Repérez nos meilleurs sites grâce au symbole 👨‍👧.

➢ Quel est le taux de change ? Comment payer sur place ?

La monnaie est l'euro, ce qui est bien pratique pour les Français. Pour nos amis canadiens et suisses, le taux de change est d'environ 1 € = 1,55 $Ca = 1,08 Fs. Sur place, nombreux distributeurs de billets, change aisé, et l'on peut régler à peu près partout avec une carte de paiement, hormis dans certains *B & B* ou dans les bars.

➢ Faut-il parler l'italien pour se faire comprendre ?

Bien sûr, quelques notions sont toujours utiles et facilitent les échanges. Les jeunes communiquent de plus en plus en anglais, mais beaucoup d'hôteliers et de restaurateurs comprennent le français.

➢ Doit-on envisager un gros budget pour les visites culturelles ?

Oui, la *Firenze Card* *(85 €)* permet de faire des économies et d'avoir accès à tous les musées (sauf pour la coupole du Duomo, la galerie des Offices, l'Accademia et le palais Pitti, où la réservation est obligatoire), à condition d'avoir un gros appétit culturel (plus de 74 sites et musées à visiter en 72h !). Les jeunes de moins de 18 ans bénéficient de la gratuité dans les musées nationaux et de réductions dans les musées municipaux.

COMMENT Y ALLER ?

EN AVION

Les compagnies régulières

▲ **AIR FRANCE**

Rens et résas au ☎ 36-54 (coût d'un appel local ; tlj 6h30-22h), sur • air france.fr •, dans les agences Air France (fermées dim) et dans ttes les agences de voyages.

➢ Dessert Florence avec 5 vols directs/j. au départ de Paris-Roissy-Charles-de-Gaulle, aérogare 2.

Air France propose à tous des tarifs attractifs toute l'année. Pour consulter les meilleures offres du moment sur Internet, allez directement sur la page « Nos meilleurs tarifs » sur *• airfrance.fr • Flying Blue,* le programme de fidélité gratuit d'Air France-KLM, permet de gagner des *miles* en voyageant sur les vols Air France, KLM, Transavia et avec les compagnies membres de *Skyteam,* mais aussi auprès des nombreux partenaires non aériens *Flying Blue...* Les *miles* peuvent ensuite être échangés contre des billets d'avion ou des services (surclassement, bagage supplémentaire, accès salon...) ainsi qu'auprès des partenaires. Pour en savoir plus, rendez-vous sur *• flying blue.com •*

▲ **ALITALIA**

• alitalia.fr •

➢ Plusieurs vols/j. vers Florence au départ de Bruxelles, Marseille, Montpellier, Nice, Paris et Toulouse avec correspondance à Rome.

▲ **BRUSSELS AIRLINES**

• brusselsairlines.com •

➢ De fin mars à mi-nov, 1-2 vols/j. depuis Bruxelles vers Florence.

Les compagnies *low-cost*

▲ **EASY JET**

• easyjet.com •

➢ Vols quotidiens de Paris-Orly à Pise. Navettes pour rejoindre Florence.

▲ **RYANAIR**

• ryanair.com •

➢ Vols quotidiens de Paris-Beauvais à Pise. Navettes pour rejoindre Florence.

▲ **VUELING**

• vueling.com •

➢ Vols quotidiens directs de Paris-Orly à Florence.

LES ORGANISMES DE VOYAGES

En France

▲ **ALTIPLANO VOYAGE**

Annecy (Metz-Tessy) : Park Nord, Les Pléiades N° 35, 74370. ☎ 04-57-09-80-05. • italie@altiplano-voyage.com • Agence ouv lun-ven 9h-13h, 14h-18h.

Altiplano Voyage, votre spécialiste du voyage sur-mesure, vous invite à découvrir l'Italie autrement. À votre écoute, la créatrice de voyage, experte sur cette destination, partage avec vous ses conseils et astuces afin de créer un voyage comme vous l'imaginez, avec le degré d'autonomie souhaité (en liberté ou avec guide et visites). Écoute et créativité semblent être les maitres mots de cette équipe de passionnés ! Cette agence est aussi spécialisée en circuit multi-destinations (Suisse, Slovénie).

▲ **CERCLE DES VOYAGES**

Paris : 31, av. de l'Opéra, 75002. ☎ 01-40-15-15-11. • cercledesvoyages.com • Ⓜ Pyramides ou Opéra. Lun-ven 9h-20h, sam 10h-18h30.

Le vrai voyage sur mesure, à destination de l'Italie : Italie du Nord, Italie du Sud, Sicile et îles Éoliennes.

Cercle des Voyages propose un large choix de voyages adaptés à chaque client : séjour en amoureux, escapade et week-ends, voyages au volant de votre voiture de location... Les experts Cercle des Voyages partagent leurs conseils et leurs petits secrets pour faire de chaque voyage une expérience inoubliable. Cercle des Voyages offre également un service liste de mariage gratuit. Les petits plus qui font la différence : billet coupe-file pour les musées, excursion en bateau, adresses de charme.

▲ COMPTOIR DES VOYAGES

• comptoir.fr • Lun-sam 9h30-18h30.
– Paris : 2-18, rue Saint-Victor, 75005. ☎ 01-53-10-30-15. Ⓜ Maubert-Mutualité.
– Bordeaux : 26, cours du Chapeau-Rouge, 33800. ☎ 05-35-54-31-40.
– Lille : 76, rue Nationale, 59160. ☎ 03-28-04-68-20. Ⓜ Rihour.
– Lyon : 10, quai Tilsitt, 69002. ☎ 04-72-44-13-40. Ⓜ Bellecour.
– Marseille : 12, rue Breteuil, 13001. ☎ 04-84-25-21-80. Ⓜ Estrangin.
– Nice : 62, rue Giofreddo, 06000. ☎ 04-97-03-64-80.
– Toulouse : 43, rue Peyrolières, 31000. ☎ 05-62-30-15-00. Ⓜ Esquirol.

En plus de 30 ans, Comptoir des Voyages s'est imposé comme la référence incontournable du voyage sur mesure en immersion, avec plus de 90 destinations sur les 5 continents. Ses conseillers-spécialistes construisent des voyages uniques en s'adaptant à votre budget, à vos goûts et à vos envies. Pour favoriser les rencontres et l'immersion dans la vie locale, ils privilégient des hébergements typiques et des expériences authentiques. Sur place, des *greeters* francophones partagent avec vous conseils et bonnes adresses le temps d'un café. Sur votre Smartphone, l'application mobile *Luciole* vous informe sur le déroulé de votre voyage et vous guide grâce à un GPS hors connexion.

Comptoir des Voyages est membre d'Agir pour un tourisme responsable depuis 2009, labellisation ATR renouvelée par Ecocert Environnement en 2020.

▲ ITALIE AUTHENTIQUE

• italie-authentique.com •

Contactez Italie Authentique, une agence locale de confiance, pour organiser votre voyage sur mesure en Italie ! Leurs conseillers, fins connaisseurs du terrain et de la réalité du pays, vous accompagnent dans la préparation de votre voyage, en couple, en famille ou en groupe d'amis. Vous avez ainsi accès à un service personnalisé en bénéficiant d'un prix accessible. Membre de *bynativ,* la communauté des agences de voyages locales, Italie Authentique vous propose un maximum de garanties et de services : règlement de votre voyage en ligne, et ce de façon sécurisée, possibilité de souscrire une assurance voyage et de bénéficier de garanties solides en cas d'imprévu. De quoi voyager de façon authentique et en toute tranquillité !

▲ ROUTE DES VOYAGES (LA)

• laroutedesvoyages.com • Agences ouv lun-ven 9h-19h (18h ven). Rdv conseillé.
– Paris : 10, rue Choron, 75009. ☎ 01-55-31-98-80. Ⓜ Notre-Dame-de-Lorette.
– Angers : 6, rue Corneille, 49000. ☎ 02-41-43-26-65.
– Annecy : 4 bis, av. d'Aléry, 74000. ☎ 04-50-45-60-20.
– Bordeaux : 19, rue des Frères-Bonie, 33000. ☎ 05-56-90-11-20.
– Lorient : 42, av. de la Perrière, 56100. 📱 06-15-48-82-69. Lun-mer sur rdv.
– Lyon : 59, rue Franklin, 69002. ☎ 04-78-42-53-58.
– Toulouse : 9, rue Saint-Antoine-du-T, 31000. ☎ 05-62-27-00-68.

25 ans d'expérience de voyage sur mesure sur les 5 continents ! 15 pays en Europe complètent à présent leur offre. Cette équipe de voyageurs passionnés a développé un vrai savoir-faire du voyage personnalisé : écoute, conseils, voyages de repérage réguliers et correspondants sur place soigneusement sélectionnés avec qui elle travaille en direct. Son engagement à promouvoir un tourisme responsable se traduit par des possibilités de séjours solidaires à insérer dans les itinéraires de découverte individuelle. Elle a aussi créé un programme de compensation

solidaire qui permet de financer des projets de développement locaux.

▲ VOYAGEURS DU MONDE EN ITALIE
• voyageursdumonde.fr •
– Paris : La Cité des Voyageurs, 55, rue Sainte-Anne, 75002. ☎ 01-42-86-17-20. Ⓜ Opéra ou Pyramides. Lun-sam 9h30-19h. Avec une librairie spécialisée sur les voyages.
– Également des agences à Bordeaux, Grenoble, Lille, Lyon, Marseille, Montpellier, Nantes, Nice, Rennes, Rouen, Strasbourg et Toulouse. Ainsi qu'à Bruxelles et Genève.
Parce que chaque voyageur est différent, que chacun a ses rêves et ses idées pour les réaliser, Voyageurs du Monde conçoit, depuis plus de 30 ans, des projets sur mesure. Les séjours proposés sur 120 destinations sont élaborés par leurs 180 conseillers voyageurs. Spécialistes par pays et même par régions, ils vous aideront à personnaliser les voyages présentés à travers une trentaine de brochures d'un nouveau type et sur le site internet, où vous pourrez également découvrir les hébergements exclusifs et consulter votre espace personnalisé. Au cours de votre séjour, vous bénéficiez des services personnalisés Voyageurs du Monde, dont la possibilité de modifier à tout moment votre voyage, l'assistance d'un concierge local, la mise en place de rencontres et de visites privées et l'accès à votre carnet de voyage via une application iPhone et Android. Voyageurs du Monde est membre de l'association ATR (Agir pour un tourisme responsable) et a obtenu sa certification Tourisme responsable AFAQ AFNOR.

Comment aller à Roissy et à Orly ?

Toutes les infos sur notre site *• routard.com •* à l'adresse suivante : *• bit.ly/aeroports-routard •*

En Belgique

▲ CONNECTIONS
Rens et résas : ☎ 070-233-313. • connections.be •
Fort d'une expérience de plus de 20 ans dans le domaine du voyage, Connections dispose d'un réseau de 32 *travel shops,* dont un à Brussels Airport. Connections propose des vols dans le monde entier à des tarifs avantageux et des voyages destinés à des voyageurs désireux de découvrir la planète de façon autonome. Connections propose également une gamme complète de produits : vols, hébergements, locations de voitures, autotours, vacances sportives, excursions.

▲ TAXISTOP
Pour ttes les adresses Taxistop : ☎ 070-222-292. • taxistop.be •
– Bruxelles : rue Thérésienne, 7a, 1000.
– Gand : Maria-Hendrikaplein, 65, 9000.
– Gembloux : rue Buisson-Saint-Guilbert, 1b, 5090.
Taxistop propose un système de covoiturage, ainsi que d'autres services comme l'échange de maisons ou le gardiennage.

▲ VOYAGEURS DU MONDE
– Bruxelles : 23, chaussée de Charleroi, 1060. ☎ 02-543-95-50. • voyageursdumonde.com •
Le spécialiste du voyage en individuel sur mesure. Voir le texte dans la partie « En France ».

En Suisse

▲ ROUTE DES VOYAGES (LA)
☎ 022-552-34-46. • laroutedesvoyages.com • Rdv par tél.
Voir le texte dans la partie « En France ».

▲ VOYAGES ARTISANS AUX PIEDS NUS
– Carouge : rue de Saint-Victor, 3, 1227. ☎ 022-301-01-50. • apnvoyages.ch • En sem sur rdv.
Voyages APN propose des destinations hors des sentiers battus, particulièrement en Europe (Grèce, Italie et pays nordiques), avec un contact direct avec les prestataires, notamment dans le cadre des agritourismes. Certains programmes sont particulièrement adaptés aux familles. L'accent est mis sur le tourisme responsable et durable. Dans ce cadre, une sélection de destinations telles que la Mongolie ou le Burkina Faso est également proposée.

▲ **VOYAGEURS DU MONDE**
• voyageursdumonde.com •
– Genève : rue de la Rôtisserie, 19, 1204. ☎ 022-514-12-10. Lun-ven 9h30-19h, sam 9h30-18h30.
– Lausanne : rue du Bourg, 6, 2e étage, 1003. Lun-ven 9h-18h30, sam sur rdv.
Le spécialiste du voyage en individuel sur mesure. Voir le texte dans la partie « En France ».

Au Québec

▲ **EXOTIK TOURS**
Rens sur • exotiktours.com • ou auprès de votre agence de voyages.
Exotik Tours offre une importante programmation en été comme en hiver sur la Méditerranée et l'Europe. L'hiver, des séjours sont proposés dans le Bassin méditerranéen et en Asie. Durant cette saison, on peut également opter pour des combinés plage + circuit. Dans la rubrique « Grands voyages », le voyagiste suggère des périples en petits groupes ou en individuel. Au choix : l'Amérique du Sud, le Pacifique sud, l'Afrique (Afrique du Sud, Kenya, Tanzanie), l'Inde et le Népal.

▲ **TOURS CHANTECLERC**
• tourschanteclerc.com •
Tours Chanteclerc est un tour-opérateur qui publie différentes brochures de voyages : Europe, Amérique du Nord, Amérique du Sud, Asie et Pacifique sud, Afrique et le Bassin méditerranéen en circuits ou en séjours. Il s'adresse aux voyageurs indépendants qui réservent un billet d'avion, un hébergement (dans toute l'Europe), des excursions ou une location de voiture. Également spécialiste de Paris, le tour-opérateur offre une vaste sélection d'hôtels et d'appartements dans la capitale française.

EN TRAIN

La société italienne ***Thello*** gère les trains de nuit entre la France et l'Italie. *Points de vente à Paris-gare de Lyon : hall 1, niveau du quai « N » (sortie « Tour de l'horloge », pl. Louis-Armand, 75571 Paris Cedex 12) ; ☎ 01-83-82-00-00 ; • thello.com • ; lun-sam sauf j. fériés 9h30-19h30. Et sur le parvis de la gare de Nice, rue Thiers ; lun-sam 7h30-18h30. Également dans les bornes libres-services de Marseille, Toulon, Cannes et Monaco. En Italie, aux guichets* Trenitalia *des gares italiennes.*

➢ ***Au départ de Paris-gare de Lyon ou de Dijon :*** 1 A/R par j. en train de nuit qui part tous les soirs de Paris-gare de Lyon et de Dijon pour Milan (Stazione Centrale). Même fréquence pour le trajet retour. Puis, à Milan, train rapide *(Frecciarossa)* qui relie Florence en 1h40.
➢ ***Au départ de Paris-gare de Lyon :*** TGV A/R tlj pour Milan. De Milan, prendre le train pour Florence.

Avantages européens avec la SNCF

– Rens au ☎ 36-35 (gratuit). • tgv.com • oui.sncf • thello.com • interrailnet.com •

Avec les ***passes InterRail,*** les résidents européens peuvent voyager dans 33 pays d'Europe, dont l'***Italie.*** Plusieurs formules et autant de tarifs, en fonction de la destination et de l'âge. Ils sont désormais disponibles en version mobile. À noter que le *pass InterRail* n'est pas valable dans votre pays de résidence (cependant l'*InterRail Global Pass* offre une réduction de 50 % de votre point de départ jusqu'au point frontière en France). *• interrail.eu •*
– Pour les grands voyageurs, l'***InterRail Global Pass*** est valable dans l'ensemble des 33 pays européens concernés ; intéressant si vous comptez parcourir plusieurs pays au cours du même périple. Il se présente sous plusieurs formes au choix : ***5 formules flexibles*** utilisables 4, 5 ou 7 jours sur une période de validité de 1 mois (246-335 € selon formule en version adulte) ou 10 ou 15 jours sur une période de validité de 2 mois (401-493 € selon formule en version adulte) ; ***5 formules « continues »*** : *passes* 15 jours, 22 jours, 1 mois, 2 mois ou 3 mois (443-902 € selon formule en version adulte). Ces formules existent aussi en version 1re classe ! Les voyageurs de moins de 28 ans et les plus de 60 ans bénéficient

d'une réduction sur le tarif de l'*InterRail Global Pass* en 1re et 2de classes.

– Si vous ne parcourez que l'Italie, le ***One Country Pass*** vous suffira. D'une période de validité de 1 mois et utilisable, selon les formules, 3, 4, 6 ou 8 jours en discontinu (105-256 € selon formule en version adulte 1re ou 2de classe). Pour voyager dans 2 pays, vous pouvez combiner 2 *One Country Pass.* Au-delà, il est préférable de prendre l'*InterRail Global Pass.*

InterRail offre également la possibilité d'obtenir des réductions ou avantages à travers toute l'Europe avec ses partenaires bonus (musées, chemins de fer privés, hôtels, etc.).

Une autre façon de réserver vos billets de train

▲ **TRAINLINE.FR**

Une nouvelle façon simple et rapide d'acheter vos billets de train sur le Web, mobile et tablette. Réservez vos billets pour voyager en France et dans plus de 45 pays européens. Consultez les tarifs et les horaires dans une interface claire et sans publicité. *Trainline* compare les prix de plusieurs transporteurs européens pour vous garantir le meilleur tarif. Réservations et paiements sur • *trainline.fr* • et sur mobile avec l'application *Trainline* pour iPhone et Android.

EN VOITURE

Covoiturage

Le principe est économique, écologique et convivial. Il s'agit de mettre en relation un chauffeur et des passagers afin de partager le trajet et les frais, que ce soit de manière régulière ou de manière exceptionnelle (pour les vacances, par exemple). Les conducteurs sont invités à proposer leurs places libres sur BlaBlaCar : • *blablacar.fr* • (disponible sur le Web et sur mobile). L'inscription est gratuite.

Itinéraires

➢ ***À partir de Paris :*** prendre l'A 6 (direction Lyon) jusqu'à Mâcon. Puis Bourg-en-Bresse (A 40), Bellegarde et Chamonix (N 205). Suivre l'A 40-E 21 direction Milan, puis prendre l'A 40-E 25 direction Annecy. Traverser le tunnel du Mont-Blanc (compter 46 € la traversée ; env 58 € l'A/R ; attention, le retour doit se faire au plus tard 7 jours après la date d'émission). Prendre l'autoroute A 5 à Aoste jusqu'à Turin (A 5-E 25), Alessandria (A 26-E 25) ou Gênes (A 10-E 80).

➢ ***Par l'autoroute du Sud :*** descendre jusqu'à Marseille, puis Nice et la frontière italienne, Menton et Vintimille. Le voyage se poursuit sur les autoroutes italiennes (E 25) jusqu'à Gênes (A 10-E 80) en longeant la côte ligure (San Remo, Imperia, Savona).

➢ ***Par le tunnel du Fréjus :*** autoroute du Sud jusqu'à Lyon, A 43 Lyon-Chambéry-Montmélian, puis vallée de la Maurienne jusqu'à Modane. Péage pour le tunnel : 46 € la traversée (58 € l'A/R), puis direction Turin.

➢ ***Ceux qui habitent l'est ou le nord de la France*** ont intérêt à passer par la Suisse en prenant l'autoroute ***à partir de Bâle.*** Puis Lucerne et le tunnel du Gothard (16 € l'aller simple, 22 € l'A/R) et direction Gênes, Milan et Turin. À prendre en compte : 39 € la vignette annuelle en Suisse. C'est un parcours qui permet, par exemple, de relier Bâle à la Vénétie en 7h et presque uniquement par l'autoroute.

– ***Attention :*** en Italie, sur autoroute, les panneaux indicateurs sont de couleur verte ; les bleus concernent les autres routes, notamment les nationales ou les routes secondaires. Les feux de code sont obligatoires sur les autoroutes italiennes le jour... sous peine d'amende.

EN BUS

2 compagnies se partagent désormais le réseau des bus longue distance : ***Flixbus.fr*** et ***Blablabus.*** De nouvelles dessertes sont régulièrement mises en place entre de nombreuses villes de l'Hexagone et en Europe. Afin de vous

aider à faire votre choix, il existe des sites de comparaison et de réservation de billets – certains comparent plusieurs modes de transport (train, bus, covoiturage) et permettent d'acheter directement son billet : *● kombo.com ● comparabus.com ●*

▲ **CLUB ALLIANCE**

– Paris : 33, rue de Fleurus, 75006. ☎ 01-45-48-89-53. ● cluballiance voyages.com ● Ⓜ Notre-Dame-des-Champs, Saint-Placide ou Rennes. Lun-sam 11h (14h sam)-19h.

Spécialiste des week-ends et des ponts de 3 ou 4 jours. Circuits économiques de 1 à 16 jours en Europe, y compris en France. Pour l'Italie, Club Alliance propose un circuit combiné de 6 jours Florence-Rome-Venise. Brochure gratuite sur demande.

FLORENCE UTILE

ABC de Florence

- ***Superficie :*** 102 km² pour Florence intra-muros, 806 km² pour Florence et ses environs.
- ***Population :*** 382 260 hab. (900 000 avec l'agglomération).
- ***Capitale régionale de la Toscane.***
- ***Principales ressources :*** tourisme, cuir, textile.
- ***Tourisme :*** 16 millions de visiteurs par an.
- ***Patrimoine culturel :*** Florence abrite un quart des œuvres d'art conservées en Italie.

AVANT LE DÉPART

Adresses utiles

En France

Office national italien de tourisme (ENIT) : *23, rue de la Paix, 75002 Paris. Infos : ☎ 01-42-66-03-96. • infoitalie.paris@enit.it • enit.it • italia.it • (site très complet à consulter absolument avt de partir). Ⓜ Opéra ; RER A : Auber. Centre d'appel lun-ven 9h30-12h30.* Agence fermée au public. Pas d'info par courrier postal, uniquement par e-mail.

■ **Consulats d'Italie en France :**
– Paris : 5, bd Émile-Augier, 75116. ☎ 01-44-30-47-00 (standard automatique qui oriente en fonction de l'appel lun-ven 9h-17h). • informazioni.parigi@esteri.it • consparigi.esteri.it • Ⓜ La Muette ; RER C : Boulainvilliers. Ouv au public lun-ven 9h-12h, plus mer 14h30-16h30.
– Consulats honoraires et correspondants consulaires à Lyon, Marseille, Metz et Nice. Permanences consulaires à Dijon et Lille.

■ **Institut culturel italien :** *hôtel de Gallifet, 50, rue de Varenne, 75007 Paris. ☎ 01-85-14-62-50. • iicparigi@esteri.it • iicparigi.esteri.it • Ⓜ Varenne, Rue-du-Bac ou Sèvres-Babylone. Lun-ven 10h-13h, 15h-18h. Bibliothèque de consultation : ☎ 01-85-14-62-55 ; • biblioteca.iic.parigi@esteri.it • ; mêmes horaires sauf lun et fermé de mi-juil à début sept.*

■ **Ambassade d'Italie :** *51, rue de Varenne, 75007 Paris. ☎ 01-49-54-03-00. • ambasciata.parigi@esteri.it • ambparigi.esteri.it • Ⓜ Rue-du-Bac, Varenne ou Sèvres-Babylone.* Superbe hôtel particulier ouvert au public uniquement lors des Journées du patrimoine en septembre.

Sites internet utiles avant le départ

• ***routard.com*** • Le site de voyage nº 1 avec 800 000 membres et plusieurs millions d'internautes chaque mois. Partagez vos expériences avec la communauté de voyageurs : forums de discussions, avis, bons plans, carnets de route et photos. Pour s'inspirer et s'organiser, plus de 300 fiches pays actualisées avec les infos pratiques, les incontournables et les dernières actus, ainsi que les reportages terrain et idées week-end de la rédaction. Enfin, vous trouverez tout pour vos vols, hébergements, activités et voitures pour réserver votre voyage au meilleur prix.

• ***italia.it*** • Le site officiel de l'office de tourisme italien (en français) fourmille de renseignements. Très utile pour

préparer son voyage. Permet aussi de faire un tour d'horizon complet des régions italiennes.
• ***italieaparis.net*** • Un site qui vous donnera un avant-goût de la Botte ou qui pourra, tout aussi bien, essayer de vous guérir du mal du pays à votre retour. Malheureusement, il ne conseille que des adresses parisiennes ; mais les infos culturelles profiteront à tout le monde !
• ***radici-press.net*** • Un site franco-italien qui offre un large choix d'articles sur la politique, l'économie et la culture italiennes.

En Belgique

Office de tourisme : *rue Joseph-II, 22-24, Bruxelles 1000. ☎ 02-647-11-54. • brussels@enit.it • enit.it • Bureau situé dans l'ambassade et fermé au public ; seulement par e-mail.*
■ ***Ambassade d'Italie :*** *rue Joseph-II, 22-24, Bruxelles 1000. ☎ 02-643-38-50. • ambbruxelles.esteri.it • Lun-ven 9h-12h30, 14h-16h.*
■ ***Consulat d'Italie :*** *rue de Livourne, 38, Bruxelles 1000. ☎ 02-543-15-50. • segr.consolare.bruxelles@esteri.it • ambbruxelles.esteri.it • Lun-ven 9h-12h30, plus mer 14h-16h.*

En Suisse

■ ***Ambassade d'Italie :*** *Elfenstrasse, 14, 3006 Berne. ☎ 031-350-07-77. • berna.ambasciata@esteri.it • amb berna.esteri.it • Lun-jeu 9h-13h, 14h-17h ; ven 8h30-13h, 13h30-16h30.*
■ ***Consulats d'Italie :***
– Genève : rue Charles-Galland, 14, 1206. ☎ 022-839-67-44. • consolato.ginevra@esteri.it • consginevra.esteri.it • Lun-mer et ven 9h-12h30, mar et jeu 14h-17h.
– Autres consulats à Bâle, Lugano et Zurich.

Au Canada

Office national de tourisme : *365 Bay St, suite 503, Toronto (Ontario) M5H 2V1. ☎ (416) 925-4882. • toronto@enit.it • enit.it • Sur rdv ou par tél.*
■ ***Ambassade d'Italie :*** *275 Slater St, 21st floor, Ottawa (Ontario) K1P 5H9. ☎ (1-613) 232-2401. • ambasciata.ottawa@esteri.it • ambottawa.esteri.it • Lun-ven 9h-12h, plus mer 14h-16h.*
■ ***Consulat général :*** *136 Berverley St, Toronto (Ontario) M5T 1Y5. ☎ (416) 977-1566. • constoronto.esteri.it • Lun-mar et jeu-ven 9h-12h, mer 14h-16h.*

Formalités d'entrée

Pas de contrôle aux frontières car l'Italie fait partie de l'espace Schengen. Néanmoins, quelques précautions d'usage.
– ***Pour un séjour de moins de 3 mois :*** carte d'identité en cours de validité ou passeport pour les ressortissants de l'Union européenne et de la Suisse. Ressortissants canadiens : passeport en cours de validité.
Les ***mineurs*** doivent être munis de leur propre pièce d'identité (carte d'identité ou passeport), de l'***autorisation de sortie du territoire*** (formulaire signé par l'un des 2 parents titulaires de l'autorité parentale) et de la photocopie de la pièce d'identité du parent signataire. Renseignements auprès des services de votre commune et sur *• service-public.fr •*
En fonction de l'évolution de la Covid-19, l'Italie peut demander un test PCR ou antigénique négatif de moins de 72h pour entrer sur le territoire, selon les régions. Plus d'infos sur *• diplomatie.gouv.fr •*
– ***Pour une voiture :*** permis de conduire, carte grise et carte verte d'assurance internationale. Munissez-vous d'une procuration si vous n'êtes pas propriétaire du véhicule.

Pensez à scanner passeport, carte de paiement, billet d'avion et *vouchers* d'hôtel. Ensuite, adressez-les-vous par e-mail, en pièces jointes. En cas de perte ou de vol, les démarches administratives n'en seront que bien plus rapides !

Ariane, les bons réflexes, sur le site du ministère de l'Europe et des Affaires étrangères

– ***Consultez les conseils aux voyageurs :*** préparez soigneusement votre voyage (risques liés à la sécurité, formalités de séjour, conseils et obligations sanitaires...) en vous connectant sur • *diplomatie.gouv.fr* • ou via l'application mobile.
– ***Inscrivez-vous sur Ariane :*** en quelques clics, créez votre compte sur • *diplomatie.gouv.fr* • pour recevoir par e-mail ou SMS des alertes et des consignes de sécurité, en cas de nécessité.

Assurances voyage

■ ***Routard Assurance par AVI International :*** *Le Colisée Gardens, 10, av. de l'Arche, CS 70126, 92419 Courbevoie Cedex. ☎ 01-44-63-51-00. • routard@avi-international.com • avi-international.com • Ⓜ La Défense.* Enrichie au fil des années par les retours des lecteurs, *Routard Assurance* reste l'assurance voyage référence des globe-trotters. Tout y est inclus, même la **Covid** : frais médicaux, assistance rapatriement, bagages, responsabilité civile... Avant votre départ, appelez *AVI* pour un conseil personnalisé. Besoin d'une **attestation Covid,** d'un avis médical, d'une prise en charge dans un hôpital ? Téléchargez l'appli mobile *AVI International* pour garder le contact avec *AVI Assistance* et disposer d'un vaste réseau médical à travers le monde. *AVI Assistance* est disponible 24h/24 pour une réponse en temps réel. De simples frais de santé en voyage ? Envoyez les factures à *AVI* dès votre retour, ils vous remboursent sous une semaine.

■ ***AVA – Assurance Voyages et Assistance :*** *25, rue de Maubeuge, 75009 Paris. ☎ 01-53-20-44-20. • ava.fr • Ⓜ Cadet.* Un autre courtier fiable pour ceux qui souhaitent s'assurer en cas de décès-invalidité-accident lors d'un voyage à l'étranger, mais surtout pour bénéficier d'une assistance rapatriement, perte de bagages et annulation. Attention, franchises pour leurs contrats d'assurance voyage.

■ ***Pixel Assur :*** *18, rue des Plantes, BP 35, 78601 Maisons-Laffitte. ☎ 01-39-62-28-63. • pixel-assur.com • RER A : Maisons-Laffitte.* Assurance de matériel photo et vidéo tous risques (casse, vol, immersion) dans le monde entier. Devis en ligne basé sur le prix d'achat de votre matériel. Avantage : garantie à l'année.

Carte internationale d'étudiant (carte ISIC)

Elle prouve le statut d'étudiant dans le monde entier et permet de bénéficier d'avantages, de services et de réductions dans les domaines du transport, de l'hébergement, de la culture, des loisirs, du shopping...
La carte ISIC permet aussi d'accéder à des avantages exclusifs sur le voyage (billets d'avion spécial étudiants, hôtels et auberges de jeunesse, assurances, cartes SIM internationales, locations de voitures...).

Renseignements et inscriptions

– ***En France :*** • *isic.fr* • *13 € pour 1 année scolaire.*
– ***En Belgique :*** • *isic.be* •
– ***En Suisse :*** • *isic.ch* •
– ***Au Canada :*** • *isiccanada.ca* •

Carte d'adhésion internationale aux auberges de jeunesse (carte FUAJ)

Cette carte vous ouvre les portes des 4 000 auberges de jeunesse du réseau *HI-Hostelling International* en France et dans le monde. Vous pouvez ainsi loger dans plus de 80 pays à des prix avantageux et bénéficier de tarifs préférentiels avec les partenaires des auberges de jeunesse *HI*. Enfin, vous intégrez une communauté mondiale de voyageurs partageant les mêmes valeurs : plaisir de la rencontre, respect des différences et échange dans un esprit convivial. Il n'y a pas de limite d'âge pour séjourner en auberge de jeunesse, il faut simplement être adhérent.

Renseignements et inscriptions

- ***En France :*** • *hifrance.org* •
- ***En Belgique :*** • *lesaubergesdejeunesse.be* •
- ***En Suisse :*** • *youthhostel.ch* •
- ***Au Canada :*** • *hihostels.ca* •

Si vous prévoyez un séjour itinérant, vous pouvez réserver plusieurs auberges en une seule fois en France et dans le monde : • *hihostels.com* •

ARGENT, BANQUES

Banques – cartes de paiement

– Les ***banques*** sont généralement ouvertes du lundi au vendredi de 8h30 à 13h30 et de 14h30 à 16h ; certaines sont également ouvertes le samedi matin. La plupart disposent d'un distributeur de billets à l'extérieur.
– ***Petite mesure de précaution :*** si vous retirez de l'argent dans un distributeur, utilisez-en un de préférence attenant à une agence bancaire. Ainsi, en cas de problème avec votre carte (carte avalée, erreur de code...), vous aurez un interlocuteur dans l'agence – du moins pendant les heures ouvrables.
– La majorité des restaurants, hôtels et stations-service acceptent les ***cartes de paiement.*** Nous vous signalons, dans la mesure du possible, nos adresses les refusant (de plus en plus rares, à l'exception notable des chambres d'hôtes).

Perte ou vol des cartes de paiement

Avertissement

Si vous comptez effectuer des retraits d'argent aux distributeurs, il est **très vivement conseillé** d'avertir votre banque avant votre départ (pays visités et dates). Elle pourra éventuellement relever le plafond de retrait mais aussi pour les paiements... quitte à le faire rebaisser à votre retour. En effet, **votre carte peut être bloquée dès le 1er retrait** pour suspicion de fraude. C'est de plus en plus fréquent. Bonjour les tracasseries administratives pour faire rentrer les choses dans l'ordre, et on se retrouve vite dans l'embarras !

Avant de partir, notez bien le numéro d'opposition propre à votre banque en France (il figure souvent sur votre contrat, au dos des tickets de retrait ou à côté des distributeurs de billets), ainsi que le numéro à 16 chiffres de votre carte. Bien entendu, conservez ces informations en lieu sûr, et séparément de votre carte. Par ailleurs, l'assistance médicale se limite aux 90 premiers jours du voyage et l'assistance véhicule aux cartes haut de gamme (renseignez-vous auprès de votre banque). N'oubliez pas enfin de vérifier la date d'expiration de votre carte de paiement avant votre départ !
En zone euro, pas de frais bancaires sur les paiements par carte. Les retraits sont soumis aux mêmes conditions tarifaires que ceux effectués en France (gratuits pour la plupart des cartes).

Une carte perdue, avalée ou volée peut être rapidement remplacée. En appelant sa banque, un système d'opposition, d'avance d'argent et de remplacement de carte pourra être mis en place. En cas de perte, de vol ou de fraude, quelle que soit la carte que vous possédez, chaque banque gère elle-même le processus d'opposition et le numéro de téléphone correspondant. Le plus simple est de faire opposition en ligne via le site de votre agence bancaire ou son application mobile, ou en l'appelant directement. Sinon, voici les numéros des centres d'assistance des différentes cartes.

– ***Carte Visa :*** *n° d'urgence depuis l'Italie* (Europ Assistance), ☎ *00-33-800-819-014 (24h/24).* ● *visa.fr* ●
– ***Carte MasterCard :*** *n° d'urgence depuis l'Italie,* ☎ *00-33-800-870-866.* ● *mastercardfrance.com* ●
– ***Carte American Express :*** *n° d'urgence depuis l'Italie,* ☎ *00-33-1-47-77-72-00 (n° accessible tlj 24h/24).* ● *americanexpress.fr* ●

Besoin urgent d'argent liquide

– Vous pouvez être dépanné en quelques minutes grâce au système ***Western Union Money.*** L'argent vous est transféré en moins de 1h. La commission, assez élevée, est payée par l'expéditeur. Possibilité d'effectuer un transfert auprès d'un des bureaux *Western Union* ou, plus rapide, en ligne, 24h/24, par carte de paiement (*Visa* ou *MasterCard*).
Même principe avec d'autres organismes de transfert d'argent liquide comme ***MoneyGram, PayTop*** ou ***Azimo.*** Transfert en ligne sécurisé, en moins de 1h.
Dans tous les cas, se munir d'une pièce d'identité. Toutefois, en cas de perte/vol de papiers, certains organismes permettent de convenir d'une question/réponse-type pour pouvoir récupérer son argent. Chacun de ces organismes possède aussi des applications disponibles sur téléphone portable. Consulter les sites internet pour connaître les pays concernés, les conditions tarifaires (frais, commission) et trouver le correspondant local le plus proche : ● *westernunion.com* ● *moneygram.fr* ● *paytop.com* ● *azimo.com/fr* ●
– Autre solution, envoyer de l'argent par ***la Poste*** : le bénéficiaire, muni de sa pièce d'identité, peut retirer les fonds dans n'importe quel bureau du réseau local. Le transfert s'effectue avec un mandat ordinaire international (jusqu'à 3 500 €) et la transaction prend 4-5 jours en Europe. Plus cher mais plus rapide, le mandat express international permet d'envoyer de l'argent (montant variable selon la destination – 34 pays au total) sous 2 jours maximum, 24h lorsque la démarche est faite en ligne. *Infos :* ● *labanquepostale.fr* ●

ACHATS

La capitale toscane rayonne non seulement par l'éclat de ses monuments et de ses palais, mais aussi par son art de vivre : ***la cuisine, les bons vins et la mode.*** D'ailleurs, ce n'est pas un hasard si Florence accueille annuellement, en janvier et en juin, l'un des plus grands événements fashion avec son célèbre *Pitti Uomo*. Et pour ceux qui préfèrent des joies plus simples et gourmandes, résistent encore quelques belles ***boutiques gastronomiques, alimentari*** et *enoteche* traditionnelles. Un petit vin bio par-ci, une bonne huile d'olive par-là, ou encore d'excellentes salaisons comme le *salame con cinghiale,* provenant des sangliers en liberté dans les collines du Chianti, à quelques kilomètres de Florence.
Fuyez les boutiques autour des grands sites touristiques, qui vendent des produits prétendument typiquement toscans et qui sont fabriqués... en Asie. Écartez-vous du centre et vous découvrirez, au hasard de vos balades, un bon caviste *(enoteca),* un maraîcher qui vend ses tomates mûries au soleil toscan, un producteur d'huile d'olive qui récolte lui-même ses olives sur ses terres... La qualité existe encore ! Et l'artisanat ? Pendant longtemps, il a été le fer de lance de Florence. Beaucoup d'artisans dans l'Oltrarno ont malheureusement baissé le rideau, faute de moyens,

pour laisser la place à des magasins chinois sans aucun intérêt et qui gangrènent le commerce local. Réputés pour leur travail soigné – dans le domaine ***du cuir, de l'ébénisterie, de la marqueterie et du papier*** –, les derniers artisans florentins ne ménagent pas leur peine en organisant des actions communes pour interpeller la municipalité. On peut encore découvrir derrière une porte entrouverte quelques ateliers de maroquinerie et de papeteries de qualité. Chaque jour, le grand marché touristique au cuir de San Lorenzo, qui a pris ses aises tout autour du *mercato centrale,* déballe ses stands de marchandise et propose sacs, ceintures, blousons... Attention cependant... à la contrefaçon ! Pas toujours facile, pour des novices comme nous, de distinguer le vrai du faux !

Quelques idées à rapporter de vos pérégrinations florentines

– ***La maroquinerie :*** pas donnée mais de bonne qualité en général (méfiez-vous des contrefaçons ; voir « Dangers et enquiquinements » plus loin) ! Vêtements, ceintures, sacs, porte-monnaie, chaussures. Marques : *Raspini, Ferragamo* (un peu moins cher qu'à Paris), *Tod's, Beltrami, Furla...*
– ***Les vêtements de jeunes créateurs :*** les boutiques sont concentrées dans le quartier Sant'Ambrogio et dans l'Oltrarno.
– ***Les bijoux :*** *Gherardi* (corail), *Piccini, Settepasi Faraone* (sur le ponte Vecchio) ou encore les créatrices florentines comme *Angela Caputi, Aprosio & Co* ou *Casa dell'Orafo Nerdi.*
– ***Les parfums :*** des maisons historiques comme Santa Maria Novella, non loin de la gare centrale, Acquaflor, juste derrière la basilique Santa Croce, ou encore Lorenzo Villoresi, dans le quartier de San Niccolò.
– Les ***céramiques*** (pots, vases, assiettes peintes à la main) avec des motifs Renaissance ou modernes et les ***terracotte*** (nombreux objets décoratifs, grandes jarres, cruches...) en terre cuite. On vous l'accorde, pas facile à rapporter !
– ***La papeterie de luxe :*** cartes de vœux, agendas, cahiers en papier marbré – spécialité de Florence.
– ***Le vin :*** du chianti, naturellement, mais bien d'autres encore, comme le *brunello di Montalcino* ou encore le *vino nobile di Montepulciano,* vendus dans des *enoteche* disséminées un peu partout dans la ville.
– ***Les produits alimentaires locaux :*** huile d'olive, tomates séchées, olives, saucissons de sanglier, *panforte, focacce, cantuccini du Prato,* miel de tournesol, etc.

Les magasins d'usine *(outlet)*

On en trouve plusieurs dans le nord de l'Italie, et plus particulièrement dans les alentours de Florence, que nous indiquons. Ils sont facilement accessibles en voiture – car toujours situés à proximité d'une sortie d'autoroute – mais aussi en bus en partant de Florence. Ouverts tous les jours, ils sont voués au commerce des grandes marques de la mode vestimentaire italienne et internationale. Les prix, de 30 à 70 % inférieurs aux boutiques classiques – et très souvent plus intéressants que sur Internet –, valent le déplacement. Évidemment, ces marques prestigieuses sont excessivement chères à l'origine, mais, en fouillant bien, on peut vraiment faire de bonnes affaires. Le plus intéressant, c'est de s'y rendre au moment des soldes (en janvier et en juillet).

The Mall *(Outlet Center)* **:** *via Europa, 8,* ***Leccio Regello,*** *50060. ☎ 055-865-77-75. • themall.it • Pour s'y rendre, prendre l'autoroute A 1 Florence-Rome, sortie Incisa-Reggello, puis la SS 69 en direction de Pontassieve ; traverser le village ainsi que celui de Leccio ; à la sortie de celui-ci, tourner à gauche (fléché). Vous pouvez aussi prendre le train à la gare Santa Maria Novella, à Florence, jusqu'à Incisa Val d'Arno. Un service de navettes – qui coûte une fortune – relie également Florence au Mall : à prendre à la station de bus à côté de la gare Santa Maria Novella (tlj 10h-19h ;*

compter 35 €/pers l'A/R). Enfin, solution bien plus économique : prendre un bus de la compagnie Sita, direction Firenze-Leccio (liaisons à partir de 8h50 ; env 50 mn pour 5 €). Tlj 10h-19h (20h juin-août). Grandes marques prestigieuses à prix intéressants : *Emanuel Ungaro, Fendi, Ermenegildo Zegna, Armani Jean's, Gucci, Valentino, Tom Ford, Salvatore Ferragamo, Stella MacCartney, Roberto Cavalli, Burberry, Montclerc, Tod's* et *Hogan*.

Dolce & Gabbana Outlet : *loc.* ***Santa Maria Maddalena.*** *☎ 055-833-13-00. À deux pas du Mall, à Rignano sull'Arno. Tlj 9h (15h dim)-19h.* La collection de la saison précédente à des prix pouvant atteindre 50 % de réduction.

Prada : *via Aretina, 403 loc. Levanella, 52025* ***Montevarchi.*** *☎ 055-919-65-28. Au sud des 2 adresses précédentes. Prendre l'autoroute A 1 ; sortir à Montevarchi. Assez mal indiqué (bien suivre les panneaux). Tlj 10h30 (9h30 sam)-19h30.* Le stock de la célèbre marque italienne à des prix défiant toute concurrence.

Roberto Cavalli : *via Volturno, 3,* ***Sesto Fiorentino,*** *50019. ☎ 055-31-77-54. Lun-sam 10h-19h. Fermé dim (et sam en hiver).* Toute la collection de l'année précédente du créateur à prix sacrifiés ! On peut vraiment y faire de bonnes affaires, à condition d'aimer les imprimés panthère et autres bébêtes de la savane.

Les tailles

Sachez qu'il existe une différence (de taille !) entre les étiquettes du prêt-à-porter français et italien.

Tailles en France	34	36	38	40	42	44	46	48	50
Tailles en Italie	38	40	42	44	46	48	50	52	54

Pour les chaussures, la pointure française taille une unité de plus que l'italienne, ce qui donne :

France	36	37	38	39	40	41	42	43	44
Italie	35	36	37	38	39	40	41	42	43

BUDGET

Recommandation à ceux qui souhaitent profiter des réductions et avantages proposés dans le *Routard* par les hôteliers et les restaurateurs

À l'hôtel, pensez à les demander au moment de la réservation ou, si vous n'avez pas réservé, **à l'arrivée.** Ils ne sont valables que pour les réservations en direct et ne sont pas cumulables avec d'autres offres promotionnelles (notamment sur Internet). Au restaurant, parlez-en **au moment** de la commande et surtout **avant** que l'addition ne soit établie. Poser votre *Routard* sur la table ne suffit pas : le personnel de salle n'est pas toujours au courant et, une fois le ticket de caisse imprimé, il est souvent difficile de modifier le total. En cas de doute, montrez la notice relative à l'établissement dans le *Routard* de l'année et, bien sûr, ne manquez pas de nous faire part de toute difficulté rencontrée.

Hébergement

La Toscane, et Florence en particulier, reste une destination onéreuse. L'hébergement risque de plomber le budget (majoration de 25 à 30 %).
Les prix sont très élevés en haute saison, soit aux saisons intermédiaires : le printemps et l'automne. Il y fait moins chaud ; c'est donc une période idéale pour

visiter Florence. Ne pas croire que la période estivale est la plus dense pour les hôtels : c'est tout le contraire ! Les hôteliers pratiquent alors des prix intéressants pour remplir leurs hôtels en juillet et août. C'est à cette saison que les visiteurs délaissent la chaleur étouffante de Florence et ses musées (rarement climatisés) pour la région plus verte et ombragée du Chianti. Hors saison (de novembre à mars), tout devient plus raisonnable... Attention cependant aux périodes de Noël et du Nouvel An, où les hôteliers en profitent ! Quelques conseils :

– les personnes voyageant seules sont désavantagées : le prix des chambres simples avoisine celui des doubles ;
– n'oubliez pas la grande différence de prix entre la haute et la basse saison (cela peut aller du simple au double !) ;
– ***sur Internet,*** on peut faire de bonnes affaires. N'hésitez pas à vous connecter régulièrement aux sites des hôtels ou *B & B* qui vous intéressent ;
– ***réservez votre hébergement le plus tôt possible.*** Méfiez-vous toutefois des réservations faites uniquement par téléphone, car l'hôtelier les « oublie » parfois. Faites-vous confirmer ces réservations par e-mail ou par courrier, c'est plus sûr ;
– enfin, sachez que le ***petit déjeuner est majoritairement inclus dans le prix,*** même pour les hôtels et les pensions : nous l'indiquons donc uniquement pour celles de nos adresses qui ne le proposent pas ou qui demandent un supplément.

Pour une chambre double en haute saison :
– ***Bon marché :*** moins de 80 € ;
– ***Prix moyens :*** de 80 à 120 € ;
– ***Chic :*** de 120 à 200 € ;
– ***Très chic :*** au-delà de 200 € (pour des établissements exceptionnels et d'un prix très élevé, que nous citons surtout en fonction de leur renommée et de leur décor).

À cela s'ajoute la taxe de séjour touristique : comptez entre 2 et 4 € par personne, tout dépend de l'hébergement choisi. Pour faire des économies, reste les solutions camping (même s'ils ne sont pas vraiment donnés en haute saison), auberges de jeunesse, couvents, certains *B & B* (quoi qu'ils soient parfois onéreux), *agriturismi* dans les proches environs de Florence ou location d'appartements. Cette dernière peut constituer une alternative avantageuse, surtout à plusieurs. Économies non seulement sur les nuits, mais aussi, et ce n'est pas négligeable, sur les repas (voir plus loin la rubrique « Hébergement »).

Restaurants

– Avant toute chose, demandez toujours s'il y a un menu et/ou qu'on vous apporte la carte. Si vous décidez de faire confiance au patron pour le choix des plats, l'addition peut se révéler douloureuse, surtout s'il s'agit de produits au poids ! Idem avec les plats du jour que l'on vous annonce en complément du menu : il faut demander leur prix.
– Les poissons et la viande (comme la *bistecca alla fiorentina*) sont souvent facturés au poids en fonction du prix du marché. Ça peut vite grimper.
– Pour un ***repas complet*** (entrée, plat, dessert, *coperto*), prévoir environ 30 €, mais le plus souvent une entrée et un plat (type *secondi*) suffisent. Pour le dessert, rien ne vaut une glace prise dans la rue.
– Un ***plan sympa le midi*** consiste à aller dans un *alimentari* (épicerie) pour se faire préparer un *panino.* Également de bonnes parts de *pizze, focacce,* tartes sucrées et salées, et des petits gâteaux secs dans les boulangeries-pâtisseries *(panificio-pasticceria).* La régalade sans se ruiner !
– Sinon, on peut ***se rendre au marché,*** où les prix sont beaucoup moins élevés qu'en France.

Voici ci-dessous nos fourchettes ; les prix s'entendent par personne, boisson non comprise :
– ***Sur le pouce :*** moins de 10 € ;
– ***Très bon marché :*** moins de 15 € ;
– ***Bon marché :*** de 15 à 25 € ;

– ***Prix moyens :*** de 25 à 35 € ;
– ***Chic :*** de 35 à 45 € ;
– ***Très chic :*** plus de 45 €.

Pourboire, service et couvert

– Dans les restos, le pourboire est normalement à la discrétion du client, comme en France. Il arrive cependant, mais c'est très rare, qu'on vous facture le service (de 10 à 15 %).
– Ne vous étonnez pas de voir votre addition majorée du traditionnel ***coperto*** (couvert), appliqué dans la majorité des restos. Il varie entre 2 et 3 €, et peut même atteindre plus de 4 € dans les lieux chics (mais cela signifie qu'il y a une contrepartie : pains maison, beurre aromatisé...) ou très touristiques (et c'est de l'arnaque !). Ajoutez à cela une bouteille d'eau minérale (autour de 2 €), et vous comprendrez rapidement pourquoi l'addition grimpe si vite !
Dans tous les cas, n'oubliez pas de bien vérifier l'addition avant de payer, car parfois certains établissements ont la virgule distraite.

Visite des sites et musées

En raison de la Covid-19 et de ses suites, les horaires des sites et musées sont susceptibles d'être momentanément modifiés, et la réservation devient parfois obligatoire pour contingenter le nombre de visiteurs. De même, certains services (audioguide, consigne ou café et restaurant) proposés par les musées peuvent être suspendus. Il est donc impératif de vous renseigner au préalable pour éviter toute mauvaise surprise.

– **IMPORTANT :** la ***Firenze Card*** coûte ***85 €*** et est ***valable 72h*** (3 jours à partir de l'oblitération du 1er ticket d'entrée). Avec cette carte, on bénéficie d'entrées dans 72 sites et musées. Les églises Santa Croce et Santa Novella, dont les entrées sont payantes, font aussi partie de la carte. ***Pas de réservation préalable, sauf pour la galerie des Offices, l'Accademia, le palais Pitti et la coupole du Duomo.*** Disponible dans les offices de tourisme, au palazzo Pitti, au palazzo Vecchio, au museo Stefano Bardini, à la cappella Brancacci, au museo nazionale del Bargello et à la galleria degli Uffizi. En ajoutant 7 €, vous disposez de la ***Firenze Card +,*** qui vous permet – en plus – de bénéficier des transports urbains (bus *ATAF* et tram). Vous ne pouvez pas vous la procurer si vous n'avez pas acheté au préalable la ***Firenze Card.*** Pour les moins de 18 ans qui accompagnent un de leurs parents détenteurs de la carte, c'est gratuit. Pour plus de renseignements : • *firenzecard.it* •

– La municipalité propose également un ***billet combiné valable 3 jours, qui comprend la galerie des Offices, le palais Pitti et le jardin de Boboli.*** Prix basse saison du 1er novembre au 28 février : 18 € ; pour la période allant du 1er mars au 31 octobre : 38 €. Également des prix basse et haute saisons pour chacun des sites : galerie des Offices de 12 à 20 € ; palazzo Pitti de 10 à 16 € ; jardin de Boboli de 6 à 10 €. Ne pas oublier les 4 € supplémentaires et obligatoires pour la réservation.

– L'entrée des églises est gratuite (sauf l'accès aux trésors, l'éclairage de certaines chapelles ou œuvres, et des églises considérées comme des musées telles Santa Croce, Santa Maria Novella ou San Lorenzo).

– Pour les grands sites ou musées, les tarifs varient en moyenne de 6 à 13 € d'un lieu à l'autre et selon que s'y déroule une exposition temporaire (et elles sont fréquentes !) ou pas, et si on a effectué une réservation avant de venir. Car il est aujourd'hui quasi impossible (surtout en haute saison) de visiter certains grands musées, sites ou expos sans avoir réservé plusieurs jours à l'avance, à moins de s'être procuré la *Firenze Card* (voir encadré ci-dessus). Prenez donc vos dispositions, surtout si vous envisagez de ne passer qu'un court séjour à Florence. Les frais de réservation sont en général de 3 à 4 € par personne. Les musées secondaires présentent généralement des entrées allant de 4 à 10 € (sans compter les « extras » avec les expos temporaires).

Pour plus d'infos, se reporter à la rubrique « Patrimoine culturel » dans le chapitre « Hommes, culture, environnement » en fin de guide.

– Pour ceux qui préfèrent acheter leurs entrées au cas par cas, sachez que les professeurs et les étudiants de moins de 25 ans ont souvent droit à une réduction de 50 %. Les étudiants en architecture et en histoire de l'art bénéficient de la gratuité dans les musées d'État seulement, ainsi que tous les guides touristiques de l'Union européenne. Munissez-vous donc de votre carte d'identité et de votre carte d'étudiant le cas échéant. Les musées n'acceptent pas toujours les cartes de paiement ; prévoir des espèces !

– ***Gratuité pour les moins de 18 ans*** et réductions. Pour les citoyens de l'Union européenne entre 18 et 25 ans, l'entrée est de 2 € pour chaque musée national et, tous les lundis, l'entrée est gratuite dans les musées municipaux.

– ***Gratuité le 1er dimanche de chaque mois pour tous.*** Elle s'applique à tous les lieux de culture nationaux (et non municipaux) : monuments, musées, galeries, sites archéologiques, parcs. **Attention cependant, certaines municipalités proposent la gratuité le 1er dimanche seulement en basse saison (d'octobre à mars).** Se renseigner sur place.

– ***Tous les musées sont fermés le 1er mai, le jour de Noël et le Jour de l'an.***

– Enfin, prévoyez de la monnaie pour l'éclairage des plus belles œuvres d'art de certaines églises (1-2 €).

CLIMAT

La Toscane est une région de transition entre le Nord et le climat méditerranéen du Mezzogiorno. La topographie de Florence fait qu'en été il peut y faire très, très chaud... comme on peut craindre par ailleurs des pluies diluviennes (surtout au mois d'août). Pas étonnant que certains Florentins se réfugient en été dans leurs maisons de campagne sur les hauteurs toscanes ou sur le littoral !

Les meilleures saisons demeurent le printemps (mai-juin) et l'automne, avec des températures agréables (autour de 25 °C) et des lumières caressantes du plus bel effet !

DANGERS ET ENQUIQUINEMENTS

Mise en garde

Comme partout, le risque de vol existe, donc attention ! Quelques petits rappels qui ne font jamais de mal...

– Ne portez jamais de sac sur l'épaule mais toujours en bandoulière et maintenez-le fermement (plutôt sur le ventre) si vous prenez un moyen de transport collectif.

– Ne laissez jamais rien dans vos poches, surtout arrière, trop facilement accessibles.

– Si par malchance vous avez un véhicule (on vous rappelle qu'à Florence il ne sert strictement à rien), ne mettez rien en évidence et laissez le moins possible vos bagages dans le coffre.

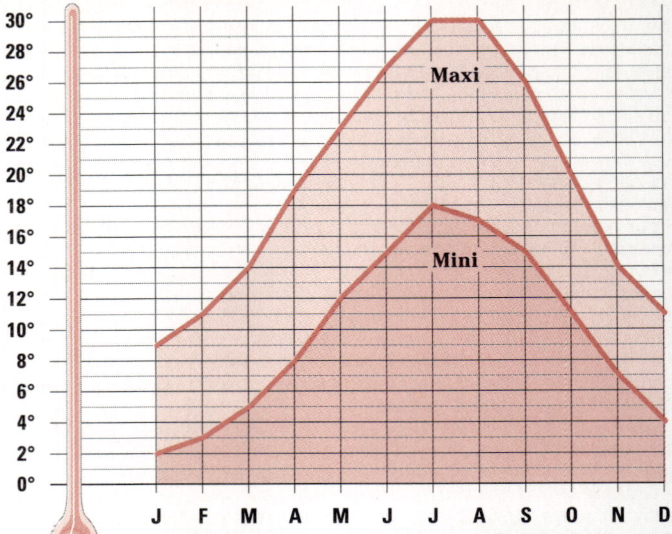

Moyenne des températures atmosphériques

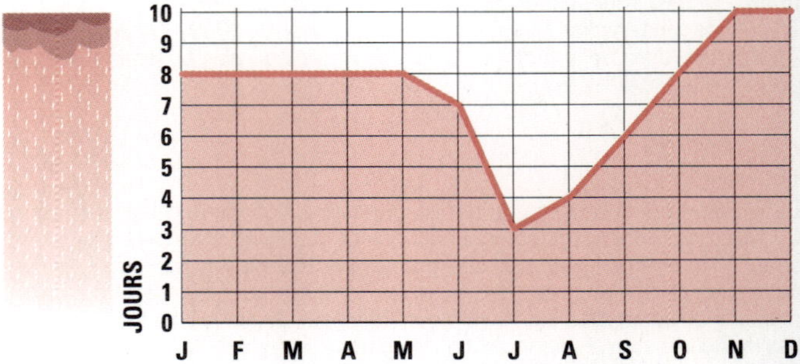

Nombre de jours de pluie

TOSCANE (Florence)

– En cas de perte ou de vol (passeport, permis de conduire, papiers, argent, objets divers...), rendez-vous immédiatement au poste des *carabinieri* (la gendarmerie italienne) le plus proche. Ils établiront un constat en italien que vous ferez ensuite valoir auprès de votre compagnie d'assurances ou de l'administration française. Adressez-vous à l'antenne du consulat français uniquement en cas de vol ou de perte des papiers d'identité (passeport ou carte d'identité).

Contrefaçons

Beaucoup de vendeurs à la sauvette dans les rues de Florence, tout autour des sites touristiques : autour du Duomo, à côté des Offices, sur le ponte Vecchio, dans le quartier du *mercato centrale* à San Lorenzo... Évitez de succomber aux imitations d'articles de grande marque. Acheter ce genre de produits est rigoureusement interdit et passible d'une très forte amende. À la douane, en rentrant chez vous, si vous êtes pris la main dans le sac, vous risquez là encore amende et emprisonnement.

Amendes

Si vous en avez la mauvaise idée de prendre la voiture dans Florence et que vous devez payer une amende (PV) après avoir été verbalisé (mauvais stationnement, infraction de la zone ZTL...), faites-le ! Ne quittez pas la ville sans l'avoir payée car la police italienne vous retrouvera, même en France, et vous devrez payer le double ou même le triple du montant initial ! Cela concerne aussi et surtout les voitures de location, hélas (pour lesquelles vous devrez payer, en plus, des frais de dossier !).

ÉLECTRICITÉ

Tension électrique : 220 V, 50 Hz, les prises sont différentes mais en général les rasoirs et les chargeurs d'appareil photo ou de téléphone portable ne posent pas de problème. Ce sont les prises rondes (celles des ordinateurs portables ou de certains sèche-cheveux, par exemple) qui ne sont pas compatibles quand les installations électriques datent un peu (ce qui n'est pas rare !). Les ***adaptateurs,*** peu encombrants, sont néanmoins assez faciles à trouver.

ENFANTS

Quelques conseils et infos pratiques

– Tous les musées, nationaux et municipaux, sont gratuits pour les moins de 18 ans, sauf les musées privés.
– Les bus ATAF sont gratuits pour les enfants de moins de 1 m (4 ans environ).
– Les restaurants sont parfois équipés de chaises hautes et proposent des menus *bambini,* qui se composent généralement d'un plat de *pasta* et d'un dessert (bien souvent une glace au parfum de son choix). De quoi tenter les petites bouches, même les plus difficiles !
– Équipez les enfants de bonnes chaussures et veillez toutefois (même si l'envie ne manque pas d'arpenter la ville de long en large) à ne pas surcharger les journées...
– Avec un très jeune enfant, emportez toujours avec vous un biberon d'eau ou une gourde (il fait très chaud en été, ne l'oubliez pas) et assurez-vous que votre poussette tiendra le choc pendant votre séjour.
– En cas de problème, contactez l'hôpital pédiatrique *Meyer (Ospedale pediatrico)* situé au nord de Florence (voir les coordonnées dans le chapitre « Informations et adresses utiles », rubrique « Santé et toilettes publiques »).

Les sites à ne pas manquer

Florence regorge de trésors artistiques et culturels. Voici quelques musées et monuments qui remporteront à coup sûr un vif succès auprès de nos petits voyageurs.
– Le ***Palazzo Vecchio*** se met à la portée des plus petits en leur consacrant des espaces bien spécifiques. Faites aussi le parcours secret avec eux : une visite palpitante des lieux insolites et secrets du musée. Pour les petits curieux, sachez que la salle multimédia propose des CD-Rom pour enfants. Des contes et des ateliers (parfois en français) sont également proposés pour les 4-7 ans.
– Au ***Palazzo Pitti,*** montrez-leur les « incontournables » : *La Madone à l'Enfant* de Raphaël et quelques impressionnantes fresques. Le palais offre d'autres visites

originales, comme le *musée du Costume* ou la *salle des appartements royaux,* qui émerveilleront petits et grands par la magnificence des lieux... Emmenez-les ensuite se dégourdir les jambes dans le ***jardin de Boboli*** juste à côté : un cadre verdoyant avec fontaines et grottes...

– Le ***Giardino Bardini,*** tout à côté de Boboli, offre une vue magnifique sur la ville. De plus, il a été joliment aménagé avec moult parterres de fleurs, de plantes. Les enfants peuvent galoper sous la pergola de glycine...

– Le ***Palazzo Davanzati*** est un bel exemple de palais Renaissance ; dans ces immenses pièces, les plus jeunes pourront se projeter à l'époque du XIVe s. On y voit la reconstitution d'un salon, d'une chambre à coucher, de la cuisine et même des toilettes...

– Le ***museo di San Marco*** déclenche toujours une série de questions sur la vie austère des moines. Les enfants ont bien du mal à imaginer leur quotidien en voyant leurs cellules monastiques...

– Au ***museo Leonardo da Vinci,*** situé via dei Servi, non loin du Duomo, ils pourront actionner certaines machines et en comprendre le fonctionnement.

– Le ***museo Ferragamo,*** situé via dei Tornabuoni, pourra amuser les enfants déjà attirés par la mode. D'autant que les expos temporaires sont toujours très intéressantes et joliment mises en valeur.

– Au ***museo Galileo,*** conseillé à partir de 8 ans, les enfants seront subjugués par les astrolabes, les globes terrestres... Cette collection de plus de 1 500 pièces suscitera de bien nombreuses questions.

– Et, comme ils ont été très sages, la meilleure des récompenses : la glace ! Nul doute que, devant la multitude de glaciers, le choix sera cornélien...

Boutiques

– Consacrez une demi-journée à flâner et faire découvrir à vos enfants les marchés alimentaires qui se tiennent presque tous les matins (San Lorenzo à l'ouest de la ville et Sant'Ambrogio à l'est). N'hésitez pas à leur faire observer les riches étals colorés et à les initier aux saveurs locales. Ils y découvriront des produits typiques dans une ambiance animée, une bonne idée pour apprendre les noms des fruits et légumes dans la langue de Dante.

– Faites un petit tour dans quelques boutiques traditionnelles, en visitant par exemple l'herboristerie *La Bizzari* pour découvrir des plantes rares, la très célèbre *Officina Profumo Farmaceutica di Santa Maria Novella* (à partir de 8 ans).

– Ne quittez pas Florence sans rendre visite à Pinocchio ! Même si l'auteur de la célèbre marionnette n'est pas originaire de la ville (la ville de Collodi est à une soixantaine de kilomètres), vous trouverez de nombreuses boutiques où les artisans fabriquent de belles marionnettes et des Pinocchio en bois, comme *La Bottega di Geppetto* *(via San Spirito, 16 r).*

FÊTES ET JOURS FÉRIÉS

Fêtes et festivals

– ***Scoppio del Carro*** *(Explosion du char)* **:** *le mat du dim de Pâques, piazza del Duomo.* Cortège en costumes Renaissance comprenant, notamment, les représentants des différents quartiers de Florence ainsi que les équipes du *Calcio Storico.* Mais la pièce maîtresse du défilé consiste en un char haut de plusieurs mètres qui, au terme du parcours, sera mis à feu... par une colombe pyromane. Du cou de la patronne de la ville, sainte Réparate (décapitée en Palestine), une colombe se serait échappée vers le ciel...

– ***Maggio musicale fiorentino*** *(Mai musical florentin)* **:** *mai-juin.* Festival de musique classique. Les manifestations ont lieu principalement au Teatro del Maggio *(plan détachable A2 ; piazza Vittorio Gui)* et au Teatro Goldoni *(plan détachable*

B5 ; via Santa Maria, 15). Infos et ventes : ☎ 055-200-12-78 lun-sam 10h-18h, sur place mar-ven 10h-13h et 15h-18h, sam 10h-13h et 2h avt le début de chaque spectacle. • maggiofiorentino.com •

– ***Calcio Storico :*** *à partir du 7 juin (finale le 24 juin), piazza di Santa Croce. ☎ 055-26-16-052.* On voit s'affronter devant la basilica di Santa Croce les adeptes du *Calcio Storico,* l'ancêtre du football, qui est un curieux mélange de 3 sports (football, rugby et lutte). 2 parties, avant la finale, opposent les 4 quartiers de la ville : San Giovanni, Santa Maria Novella, Santa Croce et Santo Spirito. Chaque équipe compte pas moins de 27 joueurs, dont 15 attaquants (pour favoriser le spectacle). Cette manifestation (qui peut s'avérer très violente) est précédée d'un grand défilé, en costumes Renaissance, réunissant 500 participants. Le 24 juin (jour de la Saint-Jean, patron de Florence), c'est le bouquet final avec le feu d'artifice tiré du Belvédère. Un banquet clôt les festivités.

– ***San Lorenzo*** *(Saint-Laurent)* ***:*** *le 10 août, dans le quartier de San Lorenzo.* Diverses festivités accompagnent la fête du saint patron.

– ***Rificolona :*** *le 7 sept.* Dans les rues de Florence, et plus précisément autour des fenêtres des maisons de la piazza Santissima Annunziata. *Rificolona* signifie « lampion ». La veille de la naissance de la Vierge, en souvenir des lanternes utilisées à l'époque médiévale par les paysans marchant jour et nuit pour écouler leurs marchandises lors de la Foire des festivités mariales.

– ***Journées du patrimoine :*** *le 3e w-e de sept (comme en France et dans ts les pays européens). Infos : • giornatafai.it •* Certains palais et autres sites privés ouvrent exceptionnellement leurs portes au public.

– ***Festival dei Popoli*** *(Festival du cinéma)* ***:*** *1 sem début déc.* Au palais des Congrès, nombreux films en version originale.

Jours fériés

Attention aux faux amis : *giorno feriale* signifie « jour ouvrable », soit du lundi au samedi. *Giornio festivo* correspond aux dimanches et jours fériés. Les jours fériés et chômés sont à peu près identiques aux nôtres, même si moins nombreux (l'Ascension et la Pentecôte, par exemple, ne sont pas des jours fériés).

– ***1er janvier :*** *Primo dell'Anno.*
– ***6 janvier :*** *Epifania.*
– ***Lundi de Pâques :*** *Pasquetta* (« petites Pâques »).
– ***25 avril :*** *liberazione del 1945* (ou anniversaire de la Résistance).
– ***1er mai :*** *festa del Lavoro* (fête du Travail).
– ***2 juin :*** *festa della proclamazione della Repubblica.*
– ***15 août :*** *festa dell'Assunta, Ferragosto.*
– ***1er novembre :*** *Ognissanti.*
– ***8 décembre :*** *Immacolata Concezione.*
– ***25 et 26 décembre :*** *Natale* et *Santo Stefano.*

SORCIÈRE D'UN JOUR

Pour les Italiens, l'Épiphanie est le jour de la Befana, une gentille sorcière qui circule à califourchon sur son balai de paille. Elle rend visite aux enfants : dans la chaussette suspendue à la cheminée, elle dépose du charbon aux méchants, et des confiseries et des cadeaux aux gentils. Ah ! qu'il est loin le bon temps de l'enfance...

Sont aussi considérés comme des jours semi-fériés les *14 août, 24* et *31 décembre (Capodanno).* Certaines fêtes, comme celle du 15 août, peuvent durer plusieurs jours et paralyser une grande partie de la vie économique. Attention aux fermetures des banques, notamment. Renseignez-vous auprès de l'office de tourisme.

Les jours fériés religieux sont particulièrement célébrés en Italie. Et vous risquez de trouver partout porte close, ou en tout cas de voir les horaires chamboulés car certains sites font au contraire l'objet d'ouvertures exceptionnelles ! Pâques, par exemple, est fêté pendant 4 jours, du Vendredi saint au lundi de Pâques... Ce dimanche-là, tout ou presque est fermé (les restos restent ouverts pour les repas de famille et sont souvent réservés à l'avance et complets !) ; quant au lundi de Pâques *(Pasquetta)*, beaucoup de musées habituellement fermés sont ouverts ! Bref, mieux vaut se renseigner (et réserver !).

FLORENCE GRATUIT

La capitale toscane offre quelques possibilités de visites à peu de frais, notamment les églises, qu'on peut voir gratuitement. Elles vous permettent de découvrir les courants architecturaux de la ville, en particulier la période Renaissance, dont Florence est la digne représentante. Pour les plus importantes, on ne peut que vous conseiller la visite de la très belle église ***Orsanmichele***, datant du XIVe s, ou celle de la ***chiesa di Ognissanti***, qui renferme un tableau de Botticelli représentant saint Augustin et un magnifique crucifix de Giotto. Et si vous le pouvez, grimpez les dizaines de marches (oups ! la grimpette est un peu rude) pour accéder à la ***chiesa San Miniato al Monte*** dans l'Oltrarno, d'où la vue sur Florence est magnifique. Et encore beaucoup d'autres églises gratuites à visiter, dont le célèbre Duomo. Attention, la basilica di Santa Croce, la chiesa San Lorenzo et la chiesa Santa Maria Novella sont en revanche payantes.
D'autres endroits, outre les églises, les ponts, les places, peuvent se visiter gratuitement, comme les magasins historiques telle l'***Officina Profumo Farmaceutica di Santa Maria Novella***, une enseigne aux parfums d'antan (on peut acheter savons, lotions et parfums) : le décor n'a pratiquement pas bougé depuis 1612, date de son ouverture au public, seul l'accueil un peu trop commercial devient parfois pesant !
Enfin, les ***ressortissants de l'Union européenne de moins de 18 ans*** bénéficient de la gratuité dans les musées nationaux et communaux. Attention, cependant, ils ne seront pas exemptés des frais de réservation (3-4 €), comme pour la Galleria degli Uffizi ou encore la Galleria dell'Accademia (si leurs parents n'ont pas pris la *Firenze Card*).

HÉBERGEMENT

La location d'appartements et de maisons depuis la France

Pour les familles ou pour ceux qui voyagent en groupe, c'est de loin la solution la plus économique. Doté d'une kitchenette, ce type de logement permet de faire des économies notables sur les repas. Une option à retenir car on trouve des marchés quotidiens et d'excellentes boutiques de produits frais un peu partout, les Italiens ayant une solide tradition d'épiceries et traiteurs.

■ ***Loc'appart :*** *75, rue de la Fontaine-au-Roi, 75011 Paris. ☎ 01-45-27-56-41 (accueil téléphonique assuré à Paris par des responsables de destinations ayant une bonne connaissance de l'Italie : lun-jeu 10h30-13h, 14h-19h, ven 9h30-13h, 14h-18h). • locappart.com •* *Loc'appart* propose la location d'appartements à Florence, et dans le reste de la Toscane, pour un minimum de 3 nuits, à partir du jour d'arrivée de votre choix. Dossiers suivis par des chargés de destinations à Paris et accueil assuré par des spécialistes sur place qui interviennent en cas de besoin. Une agence sympathique et sérieuse, avec 20 ans d'expérience, que nous recommandons volontiers. Service d'appartements également proposé dans le reste de l'Italie (Venise, Milan, Rome, Naples, la côte amalfitaine, les Pouilles et Palerme), ainsi que des hébergements en agritourisme et *B & B* dans les différentes villes et régions italiennes.

Les campings

Les campings étoilés classés par catégories sont généralement ouverts d'avril à octobre. Toutefois, certains restent ouverts toute l'année. On trouve encore des campings (2 étoiles ou l'équivalent) pratiquant des prix raisonnables, autour de 20-25 € pour 2 en haute saison. Si vous êtes accompagné d'enfants, il existe généralement un tarif « spécial *bambini* » pour les moins de 12 ans. Demandez-le !
Beaucoup d'établissements se transforment de plus en plus en parkings pour camping-cars et mobile homes, qui s'avèrent bien plus rentables que les emplacements pour les tentes. Vous pourrez vous procurer une brochure avec la liste complète des terrains de camping éditée par la Confédération italienne de camping, *Guida ai Campeggi,* dans des librairies de la péninsule ou, avant le départ, à l'adresse suivante :

■ ***Fédération française des campeurs, caravaniers et camping-caristes :*** • *info@ffcc.fr* • *ffcc.fr* • Possibilité d'acheter en ligne la *Carte FFCC Multi-avantages,* qui permet de bénéficier d'assurances spécifiques ainsi que de nombreuses publications, dont le guide de l'Europe du Sud. La *Carte FFCC* comprend également la *Camping Card International,* qui vous permettra d'obtenir de multiples réductions dans les campings d'Europe, dont ceux d'Italie.

Les auberges de jeunesse

– On en compte seulement 3 officielles à Florence. Elles sont bien tenues et dotées d'une cuisine commune. Pour plus d'informations : ***AIG-Associazione italiana alberghi per la gioventù,*** • *hihostels.com* •
– Des ***auberges de jeunesse privées*** *(ostello)* permettent de compenser le manque de lits « officiels » et proposent le même type d'hébergement en dortoirs : elles pratiquent plus ou moins les mêmes tarifs mais sont bien mieux situées. • *hostelworld.com* •

Le logement dans les communautés religieuses

Pour être hébergé dans les monastères, il n'est pas nécessaire d'être pratiquant. L'essentiel est de se montrer respectueux. Toutefois, les couples non mariés se renseigneront avant. De plus, certaines communautés n'acceptent que les filles.
Le logement s'effectue, le plus souvent, dans des chambres communes, qui sont généralement des cellules monacales de 5 ou 6 lits. À Florence toutefois, les établissements cités proposent des chambres doubles.
2 points forts : la tranquillité et la propreté. 2 légers inconvénients cependant : le réveil matinal (merci les cloches) et le couvre-feu le soir (horaires souvent contraignants, mais pas forcément systématiques, se renseigner). Par ailleurs, certains couvents n'hésitent pas à afficher des prix identiques à un hôtel bon marché...
L'office de tourisme dispose d'une liste de couvents et d'institutions religieuses, ou voir le site • *monasterystays.com* •

Les Bed & Breakfast

Souvent situés en plein *centro storico...* Il est fréquent que le propriétaire n'habite pas sur place. Cela peut être déplaisant d'y arriver à l'improviste et de trouver un papier sur la porte close indiquant un numéro de téléphone. Pour éviter ce genre de déconvenue, le mieux est de fixer un rendez-vous par téléphone pour préciser votre heure d'arrivée.
En revanche, contrairement à l'hôtel, ***il arrive qu'un séjour de 2-3 nuits minimum soit exigé*** (et il est courant que les prix soient plus doux quand le séjour se prolonge).
Par ailleurs, si le petit déjeuner est systématiquement inclus dans le prix, il n'est pas forcément maison et frais pour autant : eh oui, en Italie, le petit déj sous vide

(biscottes, brioches, biscuits ou gâteaux en sachet, confitures et beurre en portions) gagne du terrain... Certains hébergements choisissent aussi de vous donner un bon pour un très léger petit déj dans un bar voisin. Il s'agit alors d'un petit déj à l'italienne, soit un café-croissant, qui laissera sur leur faim les gros mangeurs du matin.

Les *affittacamere* sont des structures proches des *B & B* : il s'agit aussi de chambres dans des logements privés, mais le petit déj n'y est pas proposé (ou, s'il l'est, il est rarement inclus dans le prix).

Pour finir, choisir un hébergement au cœur des centres historiques garantit sans doute un séjour romantique, mais si vous êtes en voiture, surtout, pensez à vous renseigner auparavant sur les possibilités de parking et la réglementation de la circulation (parmi ces logements « privés », un certain nombre n'étant pas reconnus officiellement, vous n'avez pas le droit d'entrer dans la ZTL, même pour déposer vos bagages, par exemple, alors que c'est normalement le cas pour les hôtels).

Les hôtels

Ils sont classés en 5 catégories (L pour luxe et de 5 étoiles à 1 étoile pour les plus simples). Attention, un 3-étoiles italien est plus proche au niveau du confort et des prestations d'un 2-étoiles français (et ce décalage est valable pour toutes les catégories), en revanche les prix sont bien ceux d'un 3-étoiles français !

La loi exige que les prix soient affichés dans les chambres ; ils sont indicatifs et correspondent rarement à ceux donnés à la réception ou sur Internet (où ils sont en général beaucoup moins élevés). Si vous choisissez de loger en hôtel, réserver sur Internet permet souvent d'obtenir des prix beaucoup plus intéressants dans les catégories un peu chics (voir la rubrique « Budget »). Quant aux petits déjeuners, ils sont souvent du genre « frugal », alors préférez les bars-*pasticcerie* où l'on sert de vrais cafés italiens et de bonnes pâtisseries pour un prix moindre !

L'échange d'appartements et de maisons

Une formule de vacances judicieuse pour les propriétaires d'une maison, d'un appartement ou d'un studio. On échange son logement contre celui d'un adhérent du même organisme, dans le pays de son choix, pendant la période des vacances. Cette formule est avantageuse, en particulier pour les jeunes couples avec enfants. Voici 2 agences qui ont fait leurs preuves :

■ ***Homelink France :*** *adhésion annuelle avec diffusion d'annonce sur Internet 125 €.*

■ ***Intervac France :*** *● info@intervac.fr ● intervac.fr ● 3 formules d'adhésion annuelle avec diffusion d'annonce sur Internet 99-130 €.*

HORAIRES

La pandémie de Covid-19 a contraint de nombreux établissements à adopter des horaires provisoires, que vous trouverez toujours affichés à l'entrée. Nous avons préféré (à l'heure où nous écrivons) conserver dans nos textes les horaires habituels en tablant sur un futur rétablissement de la situation sanitaire. Dès votre arrivée, adressez-vous à l'office de tourisme, qui distribue gratuitement une liste hebdomadaire et régulièrement mise à jour des heures et des prix des sites.

– ***Restaurants :*** 12h30-15h, 19h-23h (plus tard dans les endroits touristiques). La possibilité d'être servi jusqu'à 23h et au-delà n'a rien d'exceptionnel.

– ***Banques :*** du lundi au vendredi de 8h30 à 13h30 et de 14h30 à 16h. Certaines sont également ouvertes le samedi matin.

– ***Bureaux de poste :*** du lundi au vendredi, approximativement de 8h à 13h30 ; le samedi de 8h30 à 13h. À Florence, la poste centrale *(via Pellicceria, 3)* est ouverte l'après-midi.

– ***Bureaux et administrations :*** ouverts le matin seulement.
– ***Églises :*** ouvrent tôt le matin, ferment ensuite au moment du déjeuner, pour rouvrir, souvent, à partir de 15h ou 16h. Les églises-musées ont des horaires plus souples. Mais certaines églises n'ouvrent jamais leurs portes. Éviter de visiter les églises pendant les messes (donc attention le dimanche matin notamment).
– ***Magasins :*** en règle générale, de 9h à 13h et de 16h à 19h30-20h ; toujours fermés le dimanche et une demi-journée par semaine (souvent le lundi matin, à l'exception des magasins d'alimentation, qui ferment le mercredi après-midi). Fermeture fréquente le samedi après-midi en été.
– ***Musées :*** voir « Patrimoine culturel » dans le chapitre « Hommes, culture, environnement » en fin de guide. À savoir cependant : ***tous les musées sont fermés le 1er mai, le jour de Noël et le Jour de l'an.***

LANGUE

L'italien est une langue latine, donc relativement facile pour les francophones, même si de nombreux dialectes sont parlés à travers tout le pays, ce qui complique un peu l'apprentissage ! En peu de temps, vous pourrez apprendre quelques rudiments suffisants pour vous débrouiller, mais n'oubliez pas notre ***Guide de conversation du Routard en italien.***

PARLER AVEC LES MAINS

Voilà une spécificité locale. Plus les Italiens sont excités, plus les mains s'agitent. Autre constatation : les gestes augmentent dès que l'on descend dans le sud de l'Italie. Attention, chaque mouvement est très codifié et précis. Une explication : l'unité italienne ayant été tardive (1861), peu de gens se comprenaient oralement, la plupart s'exprimant dans leur propre dialecte.

Le toscan, langue des Italiens ?

Dès le XIIe s, Florence se distingue par son dynamisme politique, économique et commercial, et va imposer sa langue par le biais de sa littérature florissante, notamment au XIVe s (Dante, Boccace et Pétrarque). Supplantant petit à petit le latin, le toscan s'étendra dans la Botte, avant d'être consacré par les grammairiens au XVIe s. Sur le papier, le toscan aurait dû s'imposer dans tout le pays. Mais ce ne fut pas le cas. Morcelée de l'Antiquité jusqu'à sa réunification en 1871, l'Italie n'ayant cessé d'être envahie, ses territoires ont subi de nombreuses influences linguistiques. Ce morcellement a engendré des traditions, des coutumes, des rivalités, notamment dans les villes proches, comme Florence et Sienne, Pise et Livourne... Dans certaines régions, les dialectes sont encore fréquemment parlés.

CIAO !

Le mot le plus utilisé en Italie vient de sciavo, qui signifie « esclave ». Ainsi, cette interjection signifie : « Je suis votre esclave », ce qui est une façon un peu appuyée pour dire : « Je suis à votre service. »

Quelques éléments de base

Politesse

Bonjour	*Buongiorno*
Bonsoir	*Buonasera*
Bonne nuit	*Buonanotte*
Excusez-moi	*Scusi*

S'il vous plaît	*Per favore*
Merci / De rien	*Grazie / Prego*

Expressions courantes

Parlez-vous français ? anglais ?	*Parla francese ? inglese ?*
Je ne comprends pas	*Non capisco*
Parlez lentement	*Parli lentamente*
Pouvez-vous me dire... ?	*Può dirmi... ?*
Combien ça coûte ?	*Quanto costa ?*
C'est trop cher	*È troppo costoso*
L'addition, s'il vous plaît	*Il conto, per favore*

Le temps

Lundi	*Lunedì*
Mardi	*Martedì*
Mercredi	*Mercoledì*
Jeudi	*Giovedì*
Vendredi	*Venerdì*
Samedi	*Sabato*
Dimanche	*Domenica*
Aujourd'hui	*Oggi*
Hier	*Ieri*
Du lundi au samedi	*Feriale*
Dimanche et jours fériés	*Festivo*
Demain	*Domani*
Dans x jours	*Fra x giorni*
Tout à l'heure	*Dopo*
Le matin	*La mattina*
L'après-midi	*Il pomeriggio*
Midi / Minuit	*Mezzogiorno / Mezzanotte*

Les nombres

Un	*Uno*
Deux	*Due*
Trois	*Tre*
Quatre	*Quattro*
Cinq	*Cinque*
Six	*Sei*
Sept	*Sette*
Huit	*Otto*
Neuf	*Nove*
Dix	*Dieci*
Quinze	*Quindici*
Cinquante	*Cinquanta*
Cent	*Cento*

Transports

Un billet pour...	*Un biglietto per...*
À quelle heure part... ?	*A che ora parte... ?*
À quelle heure arrive... ?	*A che ora arriva... ?*
Gare	*Stazione*
Horaire	*Orario*

À l'hôtel

Hôtel	*Albergo*
Pension de famille	*Pensione familiare*

Je désire une chambre	*Vorrei una camera*
À un lit ; à 2 lits	*Con un letto ; con due letti*
Lit double	*Letto matrimoniale*
Une serviette de bain	*Un asciugamano*
Un sèche-cheveux	*Un asciugacapelli*
Le papier toilette	*La carta igienica*
Pourrais-je avoir... ?	*Porrei avere... ?*
Il n'y a pas / plus de...	*Non c'è* (*ci sono* au pluriel) / *Non c'è più...*
Est-ce que le petit déjeuner est compris ?	*È inclusa la colazione ?*

LIVRES DE ROUTE

Outre les classiques *Décameron,* de Boccace, édité au... XIVe s, *Chroniques italiennes,* de Stendhal, au XIXe, *Lorenzaccio,* de Musset, et, plus récemment, *Voyage en Italie,* de Jean Giono, publié en 1954, Florence et la Toscane ont une place importante dans la littérature contemporaine. Voici une petite sélection non exhaustive.

– ***Les Mystères de Florence,*** de Carlo Collodi, éd. Joëlle Losfeld, 2001. Le très célèbre créateur de Pinocchio est aussi l'auteur d'un roman historique dont l'intrigue et l'humour nous entraînent dans les lieux les plus troubles de la capitale toscane. Véritable tableau satirique de la société florentine aux mœurs dissolues et corrompue par l'argent.

– ***Les Pierres de Florence,*** de Mary McCarthy, Payot, coll. « Petite Bibliothèque Payot », no 468, 2003. Un récit coloré, nourri de nombreuses anecdotes et informations rares. L'auteur restitue, grâce à ses longs voyages à Florence, l'histoire des Florentins, de l'aristocratie et du peuple : un excellent compagnon de voyage !

– ***Le Clan des Médicis,*** de Jacques Heers, Perrin, 2008. Un portrait juste de la famille Médicis, son ascension, sa grandeur et sa faillite. Un livre qui va à l'encontre des idées reçues et nous permet d'approfondir l'histoire unique d'une famille qui a fait d'une ville son territoire personnel.

– ***Le Dernier des Médicis,*** de Dominique Fernandez, Grasset, 1994. Une peinture impitoyable de la dégénérescence d'un grand-duc toscan, dernier descendant d'une bien illustre famille, dans une Florence tiraillée entre les factions politiques rivales.

– ***Vies des artistes,*** de Giorgio Vasari, Grasset, 2008. Paru pour la 1re fois en... 1550 avec un succès immédiat. Cette bible, qui est un classique pour les férus d'histoire de l'art, retrace la biographie des artistes ayant marqué la Renaissance.

– ***La Renaissance à Florence,*** de Richard Turner, Flammarion, coll. « Tout l'Art », 2008. Un ouvrage de synthèse plus orienté sur l'art toscan, mais toujours accessible à tous.

– ***Avec vue sur l'Arno*** (1970), d'E. M. Forster, Robert Laffont, coll. « Pavillons poche », 2014. Un roman initiatique dans le plus pur esprit british, dont la 1re partie se déroule à Florence et dans le Chianti. Entre bienséance et amour véritable, le cœur de la jeune Lucy Honeychurch balance... Roman à l'origine du film *Chambre avec vue,* de James Ivory.

– ***Le Colibri,*** de Sandro Veronesi, Grasset, 2021. Un roman puissant avec pour toile de fond Florence et la côte toscane. Une histoire familiale faite de doutes, de drames mais aussi de résilience. Bouleversant. Prix Strega en 2020 en Italie (l'équivalent de notre Goncourt).

– ***La Saga des Médicis,*** de Sarah Frydman, LGF, « Livre de Poche », 2006. Récit en 3 tomes qui retrace la dynastie des Médicis, LA riche famille florentine qui a fait la gloire de la ville durant 3 siècles.

– ***La Naissance de Vénus,*** de Sarah Dunant, J'ai lu, 2006. Sarah Dunant signe une fresque florentine à partir de la fin du XVe s. C'est l'époque de l'embellissement de la capitale toscane avec l'aide d'artistes de renom et d'architectes, mais de nombreuses découvertes de cadavres mutilés viennent troubler cette ville d'exception...

– ***Histoire de l'Italie,*** de Catherine Brice, Perrin, coll. « Tempus », 2019. Ouvrage général sur l'histoire de l'Italie, ou « des Italie », retracée de la fin de l'âge du bronze à aujourd'hui. Ce livre est notre « botte » secrète pour comprendre tous les aspects du caractère contrasté et bouillonnant des Italiens. Et tout ça en moins de 500 pages, abordable donc (même pour les plus pressés) !

– ***L'Art italien,*** d'André Chastel, Flammarion, coll. « Tout l'Art », 2015. Panorama complet de l'art italien jusqu'au XXe s par celui qui fut le spécialiste en la matière.

– Sans oublier la saga consacrée dans les années 1980 par Magdalen Nabb à l'adjudant Guarnaccia, le Maigret florentin, à découvrir d'occasion ou sur commande. ***Le Gentleman florentin*** et les autres polars de la série ont été publiés dans la collection « Grands Détectives » chez 10/18.

ORIENTATION

– La ville, traversée par l'Arno, est divisée en 4 *rioni* historiques (quartiers) : Santa Maria Novella, San Giovanni, Santo Spirito et Santa Croce.

– ***Le numérotage des maisons est doté d'une double numérotation :*** les plaques sont noires ou rouges et, même s'ils sont côte à côte, les chiffres ne se suivent pas ; les plaques rouges sont réservées aux entreprises commerciales (notamment aux restaurants), et les noires (parfois bleu foncé) aux maisons particulières et aux hôtels. Les chiffres sont suivis d'un *r* pour les plaques rouges et d'un *n* (ou plus souvent de rien du tout) pour les noires et les bleues.

PERSONNES HANDICAPÉES

On a pu constater que les Italiens étaient plus en avance que nous (pas difficile !) pour tous les aménagements concernant les personnes à mobilité réduite. Ainsi, de nombreux hébergements sont équipés d'au moins une chambre pour personnes handicapées (mais pas les pensions, souvent situées au 2e ou au 3e étage sans ascenseur). N'hésitez pas à appeler pour vous renseigner, même si le symbole ♿ ne figure pas dans l'adresse que nous indiquons, car de plus en plus d'hôtes aménagent leur structure en conséquence. L'office de tourisme de Florence distribue 4 itinéraires dans la ville sous forme de petit fascicule pour les personnes à mobilité réduite. On indique les principaux musées et sites où un ascenseur est à disposition. Quant aux personnes malvoyantes, plusieurs monuments proposent également des visites guidées spécifiques. Saluons l'initiative de la galerie des Offices, qui détaille en braille le tableau *Le Printemps* de Botticelli. Par ailleurs, dans la plupart des musées, sur présentation d'une pièce d'identité, les personnes à mobilité réduite peuvent bénéficier d'un fauteuil roulant pour faciliter la visite.

POSTE

– Les bureaux de poste sont ouverts en général du lundi au vendredi de 8h à 13h30 et le samedi de 8h30 à 13h. À Florence, la poste centrale est ouverte l'après-midi. Fermé les dimanche et jours fériés.

– La poste italienne a mis en circulation un timbre vers les pays européens ; le timbre à 1,15 € permet d'envoyer une lettre en 2-3 jours pour l'étranger (3,50 € en lettre prioritaire).

– Vous pouvez acheter vos timbres *(francobolli)* à la poste centrale ou dans certains bureaux de tabac signalés par un grand *T* blanc sur fond noir (mais tous n'en ont pas). Les boîtes aux lettres, de couleur rouge, sont disséminées un peu partout dans les villes. C'est la poste officielle.
– D'autres systèmes d'acheminement de lettres ont vu le jour, mais ***ils manquent parfois de fiabilité.***
– Allez directement au bureau de poste pour déposer vos cartes postales. C'est plus sûr.

SANTÉ

Carte européenne d'assurance maladie

Pour un séjour de courte durée à Florence, pensez à vous procurer la carte européenne d'assurance maladie. Il vous suffit d'appeler le ☎ *36-46,* de vous connecter par Internet sur votre compte Ameli ou d'en faire la demande sur une borne de votre centre de Sécu. Vous la recevrez sous une quinzaine de jours. C'est une carte plastifiée bleue du même format que la carte Vitale. Elle est valable 2 ans, gratuite et personnelle (chaque membre de la famille doit avoir la sienne, y compris les enfants). Conservez bien toutes les factures pour obtenir les remboursements au retour. Attention, la carte n'est pas valable pour les soins délivrés dans les établissements privés.

Vaccins

Il est préférable d'avoir son rappel antitétanique à jour, surtout si l'on fait du camping. Nous vous recommandons chaudement un répulsif antimoustiques (ces charmantes petites bêtes étant très virulentes en période estivale, en particulier sur la côte toscane).

TABAC

En Italie, ***la cigarette est interdite dans TOUS les lieux publics*** (restaurants, cafés, bars, discothèques et gares). Interdiction strictement respectée. Il faut dire qu'en cas d'infraction, à la moindre cigarette allumée, une grosse amende vous attend (quelques centaines d'euros s'il y a des enfants ou des femmes enceintes à proximité). Il est aussi interdit de jeter son mégot dans la rue : il en coûte une amende de 30 à 150 € (et ça vaut aussi pour les chewing-gums !). Le soir, lorsqu'ils ferment, les *tabacchi* laissent place à un distributeur automatique qui n'est pas toujours bien approvisionné (et il faut une carte d'identité italienne pour s'en servir...).

TÉLÉPHONE – INTERNET

Téléphone

Le téléphone portable en voyage

Désormais, un voyageur européen titulaire d'un forfait dans son pays d'origine peut utiliser son téléphone mobile ***au tarif national*** dans les 27 pays de l'Union européenne, sans craindre de voir flamber sa facture. Des plafonds sont néanmoins fixés par les opérateurs pour éviter les excès... Cet accord avantageux signé entre l'UE et ses opérateurs télécoms concerne aussi la consommation de ***données internet 3G ou 4G,*** dont le volume utilisable sans surcoût dépend

du forfait national. Par ailleurs, si le voyageur réside plusieurs mois en dehors de son pays, des frais peuvent lui être prélevés...
Dans ces pays donc, plus besoin d'acheter une carte SIM locale pour limiter les frais.

La connexion internet en voyage

En Italie, pratiquement tous les hôtels, mais aussi nombre de restos, de bars et mêmes certains espaces publics disposent du wifi gratuit. Mieux que la connexion 3G ou 4G qui peut entraîner des frais en usage intensif, le wifi permet aussi de profiter d'un débit parfois supérieur.
Une fois connecté au wifi, vous avez accès à tous les services de la ***téléphonie par Internet. WhatsApp, Messenger*** (la messagerie de *Facebook*), ***Skype*** permettent d'appeler, d'envoyer des messages, des photos et des vidéos aux quatre coins de la planète, sans frais. Il suffit de télécharger – gratuitement – l'une de ces applis sur son smartphone. Elle détecte automatiquement dans votre liste de contacts ceux qui sont aussi connectés.

Urgence : en cas de perte ou de vol de votre téléphone portable

Suspendre aussitôt sa ligne permet d'éviter de douloureuses surprises au retour du voyage ! Voici les numéros des 4 opérateurs français, accessibles depuis la France et l'étranger :

– ***Free :*** *depuis la France, ☎ 32-44 ; depuis l'étranger, ☎ + 33-1-78-56-95-60.*
– ***Orange :*** *depuis la France, ☎ 39-00 ; depuis l'étranger, ☎ + 33-9-69-39-39-00.*
– ***SFR :*** *depuis la France, ☎ 10-23 ; depuis l'étranger, 📱 + 33-6-10-00-10-23.*
– ***Bouygues Télécom :*** *depuis la France, ☎ 10-64 ; depuis l'étranger, ☎ + 33 800-29-1000 ou 📱 + 33-6-60-61-46-14.*

Appels nationaux et internationaux

– ***Renseignements :*** *☎ 12 (gratuit).*
– Pour appeler la ***police nationale,*** composer le *☎ 113* ; les ***carabinieri*** : *☎ 112* ; les ***sapeurs-pompiers*** *(Vigili del Fuoco)* : *☎ 115.*
– Pour une ***urgence médicale,*** c'est le *☎ 118.*
– ***Italie → Italie :*** pour les numéros de téléphone fixe, il faut impérativement composer le numéro de votre correspondant précédé du « 0 » et de l'indicatif de la ville.
– ***France → Italie :*** composez le 00 + 39 + indicatif de la ville (précédé du 0) + n° du correspondant. Pour les portables, 00 + 39 + numéro à 10 chiffres sans le 0. Tarification selon votre opérateur.
– ***Italie → France :*** 00 + 33 + numéro à 9 chiffres de votre correspondant (c'est-à-dire le numéro à 10 chiffres sans le 0).

Internet, wifi

Attention piratage !

Le wifi public est une véritable passoire ! Il est devenu très facile, même pour un débutant, de s'introduire sur un réseau. La seule parade véritablement fiable est de ne fréquenter que des sites « certifiés ». Ils commencent par « https:// » et affichent un petit cadenas à côté de l'adresse. Dans ce cas, vos transmissions sont cryptées et donc sécurisées. Les sites les plus sensibles et populaires, comme ceux des banques, ont tous une connexion certifiée.
Enfin, si vous utilisez un ordinateur en libre-service, évitez, dans la mesure du possible, d'entrer votre mot de passe ou toute information sensible ! Une quantité phénoménale de ces postes sont infectés par des « enregistreurs de frappes », qui

peuvent transmettre vos données à un destinataire mal intentionné. Et si malgré tout vous utilisez ces postes, pensez à bien vous déconnecter et à ne pas cliquer sur l'option « Enregistrer mon mot de passe ».

TRANSPORTS

Le train

Réservations et informations

Pour toute information, consultez le site internet • *trenitalia.com* • Possibilité de réserver en ligne. Vous pouvez également les joindre au ☎ *89-20-21* (numéro unique pour toute l'Italie) ou vous rendre aux guichets traditionnels ou aux guichets automatiques de la gare Santa Maria Novella.

Les types de trains

– Les trains *regionale* sont les trains les moins chers mais pas les plus rapides.
– Les ***Intercity*** (normalement un peu plus véloces) sont les trains grandes lignes. La réservation est optionnelle et payante. Vous pourrez faire vos voyages de nuit avec l'***Intercity Notte.***
– Enfin, les routards pressés et plus aisés emprunteront les trains à grande vitesse (l'équivalent de notre TGV) : les ***Frecciarossa,*** les ***Frecciargento*** et les ***Frecciabianca,*** reliant les plus grandes villes entre elles. Réservation automatique à l'émission du ticket et donc obligatoire. Le mieux, question rapidité et confort, mais aussi le plus cher.
Pour vos billets, vous pourrez privilégier les petits prix *(Super Economy)* et/ou la flexibilité pour les modifier jusqu'à la dernière minute *(Economy, Base).*

À savoir

Si vous avez une correspondance entre 2 trains de 2 compagnies différentes et que l'un a du retard sur l'autre, prévoyez de quoi acheter un autre billet. Il y a en Italie un train privé : l'*Italo,* qui vient concurrencer *Trenitalia,* TGV public.

La voiture

C'est, bien entendu, le moyen idéal pour visiter la campagne italienne, mais un **handicap terrible** dès qu'il s'agit de s'infiltrer dans les cœurs historiques exigus des vieilles cités toscanes. **Florence ne déroge pas à la règle.** La vieille dame ne se livre qu'aux vrais pèlerins, « *pedibus cum jambis* » ! En revanche, la voiture sera d'une grande utilité pour sillonner ses environs sans contrainte. Les stations-service sont fréquentes sur les autoroutes, où elles ne ferment pratiquement jamais (elles affichent « 24h/24 »). Les stations-service en ville sont généralement fermées entre 12h30 et 15h30.

Location de voitures

La solution la plus heureuse (mais pas la moins onéreuse) si l'on envisage un séjour florentin prolongé, assorti de 1 ou 2 journées de balades extra-muros. Pas d'angoisse de parking !
Les loueurs demandent toujours de fournir une carte bancaire pour régler la location de voiture et bloquer une somme en guise de caution. Mais attention, il existe une ***différence entre une carte de débit et une carte de crédit,*** et il arrive que certaines agences refusent votre location de voiture en cas de paiement par carte de débit. Certains loueurs acceptent les cartes de débit, mais ils vous demanderont alors de souscrire une assurance complémentaire souvent très chère en compensation. Il faut donc avoir une carte de crédit. Donc vérifiez bien si une mention « CRÉDIT » (débit

différé) ou « DÉBIT » (débit immédiat) est inscrite sur votre carte bancaire, sinon renseignez-vous auprès de votre banque (avant votre départ). Par ailleurs, certaines agences exigent que la carte bancaire soit celle de la personne au nom de laquelle la réservation a été faite (et non celle d'un éventuel 2e chauffeur, par exemple).
Vous pouvez accéder à ces informations concernant les conditions de location des loueurs sur le site • *bsp-auto.com* • après avoir lancé votre recherche dans la rubrique « Informations détaillées ».

■ ***BSP Auto :*** *BSP Auto* est un courtier qui propose, sur son moteur de réservation en ligne, les locations de véhicules des grandes compagnies de location, assurant un très bon niveau de service. Les prix comparés sont attractifs et comprennent les assurances et, le plus souvent, le kilométrage illimité. Le plus : vous ne payez votre location que 5 jours avant le départ. ☎ *01-43-46-20-74 (tlj 9h-21h30, w-e 9h-20h).* • *bsp-auto.com* • *Réduc de 5 % aux lecteurs de ce guide avec le code « routard21 ».*

■ Et aussi : **Hertz** *(en France : ☎ 0825-861-861 – 0,15 €/mn ; • hertz.com •)*, **Avis** *(en France : ☎ 0821-230-760 #x2013; 0,12 €/mn ; • avis.fr •)* et **Europcar** *(en France : ☎ 0825-358-358 – 0,15 €/mn ; • europcar.fr •).*

Circulation et stationnement

• Pour le plan des stationnements et de la circulation, se reporter au plan détachable en fin de guide.

Stationner à Florence est un véritable enfer. Même les Florentins y perdent leur latin, c'est dire ! La municipalité décongestionne le réseau du centre-ville en instaurant la ZTL (zone à trafic limité) et surtout protège les monuments qui s'altéraient sérieusement avec la pollution : rues piétonnes uniquement accessibles aux taxis, bus et aux habitants possédant le permis de résident. Hormis ces bénéficiaires, la circulation est interdite du lundi au vendredi entre 7h30 et 20h (16h le samedi). Également du 1er mercredi d'avril au 1er dimanche d'octobre les jeudi, vendredi et samedi de 23h (16h pour certaines zones) à 3h. Le dimanche et les jours fériés, la ZTL n'est pas active. Dans le centre historique (quartier du Duomo, quartier Santa Maria Novella, quartier du palazzo Pitti, San Spirito, quartier de la via dei Tornabuoni, quartier Sant'Ambrogio), c'est entièrement piéton (sauf taxis et voitures de résidents). Pour plus d'informations, se référer au plan ZTL sur le plan détachable.
– Tout ce qu'il faut voir à Florence étant rassemblé dans un petit périmètre, ***mieux vaut découvrir la ville à pied***. Si vous êtes motorisé, le mieux est de laisser votre voiture dans l'un des principaux parkings de la ville (à l'extérieur, c'est moins cher). En dehors de ces parkings payants (et des emplacements signalés par un *P* blanc sur fond bleu), il n'est plus guère possible de garer sa voiture gratuitement. ***Sachez simplement que le stationnement dans le centre historique est réservé exclusivement aux riverains.*** Les Florentins doivent garer leur véhicule dans le quartier où ils résident ! Des caméras, placées stratégiquement aux quatre coins de la ville, vous photographient en flagrant délit et vous envoient la contravention directement chez vous en France. Vous pensez y échapper parce que vous avez une voiture de location ? Non seulement on vous retrouve (une agence de recouvrement s'en charge), mais l'agence de location vous ponctionne des frais de dossier. ***Seuls les touristes qui ont réservé une chambre d'hôtel peuvent pénétrer dans la ZTL en ayant donné au préalable le numéro d'immatriculation à l'hôtelier, qui se chargera de faire annuler l'amende auprès du parking privé (les caméras photographient systématiquement chaque automobile).*** **Conseil de routard : venez sans voiture !**
Dernière information : si vous recevez votre contravention plus de 360 jours après avoir franchi la ligne interdite, selon la loi italienne, vous n'êtes plus dans

l'obligation de payer. Mais il vous faudra alors exercer un recours auprès du juge de la paix de Florence, en italien et après avoir payé des frais de dossiers ! Pas simple, donc.
– ***Types de stationnement :*** seuls les emplacements marqués au sol en bleu sont autorisés aux véhicules non résidents. On en trouve principalement sur les boulevards circulaires ou aux abords immédiats du centre, comme le long du lungarno della Zecca Vecchia *(plan détachable E-F4)* sur les berges de l'Arno. Les marquages en jaune ou blanc sont réservés à des véhicules prioritaires. Le parcmètre que nous connaissons bien a une place privilégiée par rapport aux cartes de stationnement (à gratter, genre loto, et à acheter dans les débits de tabac). *Attention :* à la différence de la France, les patrouilles de contractuels sont parfois épaulées par des gardiens permanents affectés à une zone délimitée. En l'absence de machine, c'est même à eux que vous devrez vous adresser pour payer. Autrement, c'est 50 € l'amende ! Quant aux panneaux indicatifs des stationnements, c'est une véritable jungle. Les paiements s'effectuent en fonction des jours ouvrables ou fériés, des heures de la journée ou même de la nuit, et des événements (foires, travaux) prévus. Signification des sigles : les 2 marteaux croisés signifient « jours ouvrables » ; la croix signifie « dimanche » et parfois « jours fériés ». Presque toujours, le stationnement autorisé et payant est limité dans le temps : cela va de 10 mn à 2h, rarement plus ; même pour un parking de supermarché. Lorsqu'il devient gratuit, il faut souvent apposer son disque de stationnement sur son pare-brise. Car, même dans ce cas-là, le stationnement est limité en temps. Dernière recommandation : Florence est divisée en 5 quartiers nettoyés à tour de rôle. En raison de l'étroitesse des rues, les automobilistes sont priés de vider les lieux pour laisser passer les machines. Des panneaux indiquent le jour désigné (mais cela ne concerne que certains secteurs étroits). Pour plus d'infos, consultez le site avant de vous aventurer dans Florence en voiture : • *ztl.comune.fi.it* •
– Et si, malgré toutes ces recommandations, vous étiez victime d'un ***enlèvement de véhicule*** : *☎ 055-783-882. Viadotto all'Indiano, località Ponte a Greve.*

Le bus

• Pour le plan du réseau de bus, se reporter au plan détachable en fin de guide.

Les bussini

Pour gagner du temps, n'hésitez pas à emprunter ces petits ***bus*** orange de la compagnie ***ATAF*** *(☎ 800-42-45-00 depuis un fixe ; 📱 199-10-42-45 depuis un portable ; • ataf.net •),* spécialement conçus pour les rues étroites du centre-ville.
– La ligne C1 dessert la ville en faisant une boucle du nord au sud en partant de la piazza della Libertà, puis piazza San Marco, Duomo, Repubblica et Santa Croce.
– La ligne C2 est transversale d'ouest en est en passant par la gare SMN, le Duomo, Sant'Ambrogio, jusqu'à la piazza Beccaria.
– La ligne D au départ de la gare SMN dessert surtout l'Oltrarno : San Frediano, Santo Spirito, San Niccolò.

Billets et tarifs

– Les tickets *(biglietti)* s'achètent dans les bars-tabacs ou les distributeurs automatiques dispersés aux quatre coins de la ville. Un ticket coûte 1,50 € et est valable 1h30 (on peut prendre plusieurs bus et emprunter différentes lignes sans changer de ticket). Vous pouvez payer dans le bus. Votre ticket sera alors majoré et vous coûtera 2,50 €.
– Pour se repérer, il est préférable de se munir d'un plan des différentes lignes, disponible dans les différents offices de tourisme (vous n'en verrez ni aux arrêts ni dans les bus) ou à l'agence *ATAF* en face de la gare Santa Maria Novella. Distributeurs automatiques 24h/24 à la gare Santa Maria Novella.

Le tramway

– La ligne T1 Leonardo s'avère écolo, rapide, ponctuelle et confortable... Elle relie l'ouest (Villa Costanza à Scandicci) au nord de la ville (Ospedale Careggi) en passant par la gare centrale Santa Maria Novella. Elle est composée de 24 stations. Compter environ 40 mn pour faire toute la ligne. *Tlj 5h-0h30 y compris w-e et j. fériés.*

– La ligne T2 Vespucci relie la gare SMN (piazza dell'Unità) à l'aéroport de Florence Amigo-Vespucci en 20 mn (voir plus loin « Arriver – Quitter » dans le chapitre « Informations et adresses utiles »).

Le vélo

Un moyen de transport qui se répand de plus en plus dans le centre historique. Seul problème : la quasi-absence de pistes cyclables. Heureusement que la zone piétonne s'agrandit d'année en année et laisse plus de liberté aux cyclistes. Tout comme pour le scooter, il faut savoir slalomer entre les voitures et rouler sur le pavé florentin. Pas évident ! Pas mal d'agences de location de vélos ; pratique pour une demi-journée ou une journée entière.

ET PIAGGIO NE SE DÉMONTE PAS

Pendant la guerre, Piaggio construisait des bombardiers. Bien entendu, cette activité lui fut interdite après la capitulation italienne. Voilà pourquoi, en 1946, il sortit le 1er deux-roues : la Vespa (qui signifie « la guêpe » !). Les roulettes arrière des avions furent réutilisées pour les petites roues des pétrolettes.

Le taxi

Ne prendre que les taxis officiels, qui sont de couleur blanche. Des suppléments, affichés dans tous les taxis, peuvent être exigés pour les bagages, les services de nuit ou les jours de fêtes. Exigez la mise en marche du compteur dès que vous montez dans le taxi. Pour l'aéroport, le prix de la course est fixe (20 €), majoré si vous le prenez le dimanche, en soirée, les jours fériés et si vous avez des bagages.

URGENCES

On ne vous demande pas de les apprendre par cœur, mais c'est bon à savoir au cas où...

Santé

☎ **112 :** c'est le numéro d'urgence commun à la France et à tous les pays de l'UE, à composer en cas d'accident, d'agression ou de détresse. Il permet de se faire localiser et aider en français, tout en améliorant les délais d'intervention des services de secours.

- ***Assistance routière :*** ☎ *803-803.*
- ***Croce rossa italiana** (CRI) :* ☎ *118.*
- ***Police :*** ☎ *113.* On vous communiquera l'adresse du commissariat *(questura)* le plus proche de l'endroit où vous êtes.
- ***Pompiers** (Vigili del Fuoco) :* ☎ *115.*

INFORMATIONS ET ADRESSES UTILES

- Pour se repérer, voir le plan et le zoom détachables en fin de guide.

Arriver – Quitter

En avion

✈ ***Aeroporto Amerigo-Vespucci*** *(hors plan détachable par B1)* **:** *via del Termine, 11 (Peretola).* ● *aeroporto.firenze.it* ● *Aéroport situé à 7 km au nord-ouest du centre de Florence. Attention, fermé 0h30-5h (les navettes pour le centre-ville ne fonctionnent pas non plus).*

i *Office de tourisme :* *comptoir situé au terminal des arrivées.* ☎ *055-31-58-74.* ● *infoaeroporto@comune.fi.it* ● *Tlj 9h-19h (14h dim et j. fériés).*

■ ***Location de voitures :*** *le parking de loc se trouve à 10 mn de l'aéroport, accessible par une navette (face au terminal des arrivées) ttes les 20 mn env. Vous y trouvez les principaux loueurs :* ***Avis/Budget*** *(● avisautonoleggio.it ●),* ***Hertz/Thrifty/Dollar/Rentacar*** *(● hertz.it ●),* ***Europcar*** *(● europcar.it ●) et* ***Maggiore/National*** *(● maggiore.it ●).*

■ ***Assistance bagages et objets perdus :*** ☎ *055-30-61-300 (tlj 8h-9h, 15h-16h).*

■ ***Distributeur Bancomat :*** *dans le hall des départs.*

Pour aller de l'aéroport Amerigo-Vespucci au centre-ville

➢ ***En tramway :*** sans aucun doute, le meilleur moyen pour gagner le centre ! La ligne T2 Vespucci permet en effet depuis 2019 de relier l'aéroport à la gare Santa Maria Novella (terminus : piazza dell'Unità) en 20 mn. Prendre un ticket aux bornes automatiques situées sur le quai. Prix du ticket : 1,80 €. Tlj 5h-minuit (1h45 sam). Pour ceux qui logent près de la gare ou alentour, c'est idéal : rapide et pratique. Seul bémol : interdiction d'avoir un bagage volumineux. *Pour plus d'infos :* ● *gestramvia.com* ●

➢ ***En bus :*** la navette *Volainbus* se trouve après la borne des taxis (à droite en sortant de l'aéroport). Elle vous dépose en 20-30 mn env (tout dépend de la circulation) à la gare routière Santa Maria Novella *(Busitalia),* située via San Caterina da Siena, 17 *(plan détachable B3).* Départs ttes les heures à partir de 5h jusqu'à 21h. Mêmes horaires dans l'autre sens. Le billet est à acheter dans le bus (6 € ; 10 € l'A/R ; en vente aux bornes automatiques de l'aéroport situées au rdc ainsi qu'au Relay). *Rens auprès de* ***Busitalia-Sita Nord*** *:* ☎ *800-37-37-60.* ● *fsbusitalia.it* ●

➢ ***En taxi :*** compter 15-20 mn pour rejoindre le centre-ville. Prix fixe : 22 € (majoré la nuit 22h-6h et j. fériés : 25 et 24 €). Compter un supplément de 1 €/bagage. ☎ *055-42-42, 055-43-90, 055-47-98.*

Pour rejoindre l'aéroport de Pise

✈ ***Aeroporto Galileo-Galilei de Pise :*** *situé à 80 km de Florence.* ☎ *050-84-93-00 (infos sur les vols).* ● *pisa-airport.com* ●

➢ Liaisons directes avec la compagnie de bus *Sky Bus Lines Caronna* (● *caronnatour.com* ●), qui relie les aéroports de Florence et Pise. Le bus vous dépose à l'arrêt Guidoni du T2, arrêt précédant celui de l'aéroport. Compter 1h de trajet. Tarif : 13 €. Une autre liaison relie Florence avec des arrêts à Montecatini, Pistoia et Prato. Compter 2h de trajet. Tarif : 20 €. Ticket à acheter aux aéroports ou, mieux encore, à réserver sur ● *caronnatour.com* ●

➢ La navette automatique *People-Mover* relie l'aéroport de Pise à la gare de Pise en 5 mn 6h-minuit. Départs ttes les 8 mn. Pratique quand on doit prendre le train pour Florence.

En train

Stazione Centrale Santa Maria Novella *(plan détachable B-C2)* **:** la gare principale de Florence, en plein centre-ville. Pour les horaires et les résas : • *trenitalia.it* •

■ ***Consigne à bagages Ki Point*** *(deposito bagagli a mano)* **:** *gare centrale, le long du quai n° 16. Attention, on n'y accède que par l'extérieur de la gare (à droite quand vous êtes face au bâtiment, via Valfonda, 1A). ☎ 055-933-77-49. Tlj 7h-21h. Compter 6 € pour 5h, puis 1 € de la 6e heure à la 11e ; à partir de la 12e heure : 0,50 €...* Prévoyez du temps si vous êtes en week-end car il y a souvent la queue pour récupérer les bagages. Ce service propose aussi d'acheminer votre bagage à l'hôtel.

■ ***Objets trouvés à la gare et dans les trains*** *(oggetti smarriti)* **:** *gare centrale. Même endroit (et mêmes horaires) que la consigne à bagages...*

– ***Autres services* :** poste *(lun-ven 8h20-19h, sam 8h20-12h30),* *Bancomat* (à côté de la consigne), change, pharmacie, toilettes *(au niveau du quai n° 5 ; payant),* librairie *Feltrinelli,* restaurants, galerie commerciale située au sous-sol.

Stazione F. S. Campo di Marte *(plan détachable G2)* **:** *via Mannelli, 12. 2e gare de Florence, située à l'est, à quelques km du centre historique.* Attention, pas de consigne à bagages.

➢ Utile pour ceux qui veulent prendre un train direct pour ***Rome.*** Compter 1h20 de trajet. On peut également, de cette gare, rejoindre la petite ville de ***Fiesole*** au nord de Florence.

➢ De la gare, vous pouvez rejoindre le centre avec les bus nos 12, 13 et 33, ou en train pour la ***gare Santa Maria Novella*** (8 mn de trajet).

En bus

Pour le transport dans Florence

■ ***ATAF-Sita* :** • *ataf.net* • Compagnie du ***transport par bus dans Florence*** (voir la rubrique « Transports » dans le chapitre « Florence utile »). L'agence *ATAF* jouxte la gare *(achat de billets et rens lun-sam 6h45-20h)* mais accueil pas terrible. Mieux vaut acheter ses tickets directement aux nombreux distributeurs dans la gare SMN ou chez les marchands de tabac *(tabacchi).* N'oubliez pas de valider vos titres de transport, de nombreux lecteurs ont oublié de les oblitérer : 50 € d'amende pour non-compostage du ticket.

Pour le transport dans la province de Toscane (le Chianti surtout) et au-delà

■ ***Busitalia Sita Nord* :** *via S. Caterina da Siena, 17 r. ☎ 800-37-37-60.* • *fsbusitalia.it* • Société de bus qui gère les nombreuses liaisons intervilles en Toscane. C'est d'ici que partent quotidiennement les navettes pour *The Mall,* à Leccio Regello, *outlet* de grandes marques italiennes dont sont friands les touristes européens et (surtout) asiatiques.

Informations touristiques

Offices de tourisme

Le ***site internet officiel*** de l'office de tourisme de Florence fourmille de renseignements pratiques (en italien et en anglais) : • *feelflorence.it* •. À consulter avant de partir. Également un centre d'appel multilingue (dont le français) : *☎ 055-000. Lun-sam 9h-19h, dim et j. fériés 9h-14h. Possibilité aussi d'envoyer un mail* • *tourist info@comune.fi.it* •

– ***Aeroporto*** *(hall des arrivées)* **:** *☎ 055-31-58-74.* • *aeroporto@gmail.com* • *Tlj 9h-19h.*

– ***Stazione*** *(plan détachable C3)* **:** *piazza della Stazione, 4. ☎ 055-000.* • *touristinfo@comune.fi.it* • *Lun-sam 9h-19h, dim et j. fériés 9h-14h.* Le point d'accueil le plus important de la ville. Accueil multilingue, dont le français. Indispensable pour le plan de la ville, le plan des lignes de bus, ainsi que la liste mensuelle de mise à jour des ouvertures et des tarifs des musées et des sites. Démarche quasi obligatoire pour pouvoir jongler avec les horaires et les prix très variables des musées. Également des renseignements sur la Toscane en général et sur les manifestations culturelles et festives de la province.

– **Cavour** (plan détachable D2-3) **:** *via Cavour, 1 r. ☎ 055-29-08-32. • info turismo@cittametropolitana.fi.it • Lun-ven 9h-13h. Fermé w-e et j. fériés.*

– **Santa Croce** (plan détachable E4) **:** *borgo Santa Croce, 29 r. ☎ 055-269-12-07. • touristinfo@comune.fi.it • Lun-sam 9h-19h, dim et j. fériés 9h-14h.*

– Pour des informations sur les manifestations (théâtres, festivals, concerts, expos), il est intéressant de se procurer le ***Firenze Spettacolo*** *(en vente à 2 € dans ts les kiosques à journaux – de plus en plus rares ; • firenzespet tacolo.it •)*, un magazine qui met à jour mensuellement la liste des manifestations culturelles de la ville. Également ***Florence & Tuscany News,*** un mensuel petit format gratuit et publié par l'office de tourisme, avec un calendrier exhaustif des expos et concerts.

Découvrir Florence autrement

Visites guidées en français

Faire appel à un guide est une solution économique, pratique et originale, si vous visitez la ville en famille ou en petit groupe. Il vous est certainement arrivé d'avoir envie d'approfondir vos visites d'un musée, d'un quartier, et d'avoir un guide rien que pour vous !

– ***Contact :*** ***Laurence Aventin,*** *0039-328-912-40-21. Il est préférable de lui envoyer un e-mail avt votre arrivée (surtout en pleine saison) : • lau rence@visiteflorence.com • visiteflo rence.com • À partir de 150 € les 2h.* Guide-conférencière agréée, Laurence est dotée d'une solide culture en histoire de l'art, tout particulièrement sur l'histoire de Florence, qu'elle connaît sur le bout des ongles ! Vous appréhenderez la ville sous un autre angle, à la fois insolite et instructif... Visites classiques (la galerie des Offices, le palazzo Pitti, le palazzo Vecchio) mais aussi parcours thématiques et originaux à travers la ville : « Florence au féminin », « Florence littéraire », « Parfums de Florence »... Laurence s'adapte selon les appétits culturels de chacun.

Balades sur l'Arno

Associazione culturale I Renaioli (plan détachable D4) **:** *lungarno Francesco Ferrucci, 6. 347-798-23-56. • info@renaioli.it • renaioli.it • Résa par mail obligatoire.* Cette association, née en 1995, promeut la navigation sur l'Arno à la belle saison *(env mai-sept)* avec les *barchetti dei Renaioli,* ces embarcations typiques de la ville. La balade est encore plus agréable au coucher du soleil avec le passage sous le ponte Vecchio. Magique ! Compter 45 mn de balade. Point de rendez-vous : au niveau de la piazza Mentana. Vous pouvez privatiser une barque rien que pour vous. Un très bon moment qui permet de voir Florence sous un autre angle.

Représentations diplomatiques et françaises

■ ***Consulat de France*** (plan détachable B3, **1**) **:** *palazzo Lenti, piazza Ognissanti, 2. ☎ 055-230-25-56. • consul. honoraire-florence@diplomatie.gouv.fr • Lun-ven 9h-13h, plus 14h-17h sur rdv.*

■ ***Consulat de Belgique*** (plan détachable E3) **:** *via dei Servi, 28. ☎ 055-57-70-97. • consubel.firenze@tiscali. it • Lun-ven 9h-12h.*

■ ***Institut français de Florence*** (plan détachable B3, **1**) **:** *palazzo Lenti, piazza Ognissanti, 2. ☎ 055-27-18-81. • institutfrancais-firenze.com • À l'intérieur du consulat. Lun-ven 9h30-13h, 14h-18h30. Fermé sam ap-m et dim. Congés : août.* L'Institut dispose d'une bibliothèque et organise des conférences. En plus des cours de français qui y sont donnés, rencontres, concerts ainsi que projections de films français.

■ ***Librairie française de Florence*** (plan détachable B3, **1**) **:** *piazza*

Ognissanti, 1 r. ☎ 055-28-18-13. • libreriafrancesefirenze.it • Lun 15h-19h, mar-sam 10h-13h, 14h-19h (juil-août, fermé sam mais ouv lun mat). Grande sélection de livres francophones sur la Toscane et l'Italie en général.

Santé et toilettes publiques

Santé

■ ***Farmacia comunale Santa Maria Novella :*** *à la gare (dans la galleria di Testa). ☎ 055-21-67-61. Ouv 24h/24.*

■ ***Farmacia All'Insegna del Moro*** *(zoom détachable D3)* ***:*** *piazza San Giovanni, 20 r. ☎ 055-21-13-43. Tlj 8h-minuit.* L'une des plus anciennes pharmacies de la ville.

✚ ***Ospedale Santa Maria Nuova*** *(plan et zoom détachables E3)* ***:*** *piazza Santa Maria Nuova, 1. ☎ 055-693-81. Bus nos 14 ou 23.*

✚ ***Ospedale pediatrico Meyer – Careggi*** *(hôpital pour enfants ; hors plan détachable par D1)* ***:*** *viale Pieraccini, 24. ☎ 055-566-21. Au nord de la ville. Pour y aller rapidement, prendre le tram T1 à la gare Santa Maria Novella ; terminus Careggi.*

■ ***Ambulances :*** *☎ 055-21-22-22 ou 055-21-55-55.*

Toilettes publiques

Elles sont disséminées dans des endroits stratégiques de la ville et accessibles aux personnes à mobilité réduite : *porte San Miniato al Monte, piazza Stazione (face au quai nº 5), via Filippina (quartier San Lorenzo), via della Stufa (quartier San Lorenzo), piazza dei Ciompi, borgo Allegri, via del Pavone (quartier San Spirito). Également sur la piazza San Giovanni, devant le baptistère au* Centro Arte e Cultura, *qui dépend de la gestion de Santa Maria del Fiore (Duomo). Tlj 8h-20h. Compter 1 €.*

Transports intra-muros

Voir aussi plus haut la rubrique « Transports » dans le chapitre « Florence utile ».

Bus

La voiture étant *non grata* à Florence, mieux vaut profiter de la ville à pied. Cependant, le meilleur moyen de locomotion (hormis vos pieds !) reste sans hésitation le bus. Pour consulter le réseau de bus : *• ataf.net •*

Location de vélos

🚲 ***Florence by Bike*** *(plan détachable D2,* ***3****)* ***:*** *via San Zanobi, 54 r (parallèle à la piazza dell'Indipendenza). ☎ 055-48-89-92. • florencebybike.it • Tlj sauf dim et j. fériés. Fermé 1 sem en fin d'année. Compter 15 €/j. pour un vélo de ville.* Propose des tours accompagnés à vélo dans Florence et ses proches environs notamment (2-3h), et dans le Chianti (une journée), pique-nique et découverte des vignobles inclus.

🚲 ***Alinari*** *(plan détachable D2,* ***4****)* ***:*** *via San Zanobi, 40 r. ☎ 055-28-05-00. • alinarirental.com • À côté de la précédente. Tlj sauf dim ap-m. Compter à la journée 15-20 € pour un vélo, 45-55 € pour un scooter. Balade à vélo à travers la ville mer-ven : départ à 10h de l'agence ; résa à l'avance ; compter 2h30.*

Location de voitures

À Florence, la voiture est interdite dans le centre historique et n'a donc aucun intérêt : la zone ZTL (zone à trafic limité) a imposé des horaires très stricts pour les voitures touristiques (à moins d'avoir un papier officiel de votre hôtel situé dans la zone). Pour plus d'infos, voir le plan détachable « La zone piétonne – la ZTL (trafic réglementé en voiture) – les parkings extérieurs ».

En revanche, la location de voitures est pratique (voire nécessaire) pour découvrir les collines du Chianti avoisinantes. Les agences sont toutes regroupées dans la même rue, dans le quartier de la gare Santa Maria Novella.

■ ***Avis/Budget*** *(plan détachable B3,* ***6****)* **:** *borgo Ognissanti, 128 r.* ☎ *055-21-36-29.*
■ ***Europcar*** *(plan détachable B3,* ***7****)* **:** *borgo Ognissanti, 53-55 r.* ☎ *055-29-04-38.*
■ **Hertz** (plan détachable B3, **8**) **:** *borgo Ognissanti, 137 r.* ☎ *055-239-82-05.*

Parkings publics

Il existe une dizaine de parkings publics à Florence. Compter en général 2-3 €/h, tarif majoré à partir de 3h de stationnement. *Rens :* ☎ *055-50-30-22-09.* • *fipark.it* •

P ***Parcheggio del Parterre*** *(plan détachable E1)* **:** *piazza della Libertà (entrée via del Ponte Rosso, 9). 24h/24.*
P **Parcheggio Oltrarno** (plan détachable B5) **:** *porta Romana (entrée piazza della Calza). 24h/24.*
P ***Parcheggio Stazione Santa Novella*** *(plan détachable C2-3)* **:** *piazza della Stazione. 24h/24.*
P ***Parcheggio S. Ambrogio*** *(plan détachable F3-4)* **:** *piazza Annigoni. 24h/24.*
P ***Parcheggio Piazza Beccaria*** *(plan détachable F3)* **:** *entrée viale Amendola. 24h/24.*
P ***Parcheggio Fortezza Fiera*** *(plan détachable B1)* **:** *piazzale Caduti nei Lager. 24h/24.*

Police

– ***Centre d'appel pour infos, signalisations ou suggestions :*** ☎ *055-055.*
– ***Assistance d'urgence pour des situations qui nécessitent la présence de la police municipale :*** ☎ *055-328-3333.*
– ***Urgences accidents de la route et sécurité publique :*** ☎ *055-32-85.*

LE QUARTIER DU DUOMO

• Pour se repérer, voir le zoom détachable en fin de guide.

Véritable musée à ciel ouvert, le centre historique, désormais piétonnier, concentre à lui seul un nombre incroyable de monuments et d'œuvres : le Duomo, superbe avec l'impressionnante coupole élaborée par Brunelleschi, qui lui a valu tant d'admiration par ses pairs et par les générations suivantes d'architectes ; le baptistère, majestueux, enrichi des célèbres portes en bronze de Ghiberti ; à deux pas, la piazza della Signoria, que les Florentins affectionnent particulièrement, où siège l'imposant palazzo Vecchio, actuelle mairie.
Et puis, bien sûr, vous ne pouvez pas rater la majestueuse galleria degli Uffizzi (galerie des Offices), qui se transforme depuis plusieurs années en un musée permettant d'accueillir plus d'œuvres encore puisqu'elle a doublé sa surface d'exposition (grâce au projet *Nuovo Uffizi*). Elle accueille ainsi des milliers d'œuvres, dont une majorité d'artistes italiens tels que Giotto, Lippi, Botticelli, Raphaël, Michel-Ange, Titien, le Caravage, Véronèse, Léonard de Vinci... sans oublier leurs pairs européens (Rubens, Dürer, Brueghel).
Enfin, pas de visite de la ville sans franchir le célèbre ponte Vecchio, qui était à l'origine un endroit fréquenté par les commerces tels que boucheries, marchands de fruits et légumes, poissonniers. Pour des raisons sanitaires puis économiques, les étals médiévaux ont été remplacés par des boutiques de joailliers et d'orfèvres.

Où dormir ?

De bon marché à prix moyens

■ ***Hotel Por Santa Maria*** *(zoom détachable D4, **23**) : via Calimaruzza, 3. ☎ 055-21-63-70. • info@hotelporsantamaria.it • Doubles avec sdb 55-115 € ; petit déj non inclus. Réduc de 10 % (si résa directe avec l'hôtel sans passer par Internet ou une agence de voyages) et café offert sur présentation de ce guide.* Une petite adresse sans prétention qui a le mérite d'être très centrale. 8 chambres proprettes et bien tenues qui peuvent dépanner. Accueil prévenant des proprios disponibles pour vous aider.

De prix moyens à chic

■ ***Hotel Canada*** *(zoom détachable D3, **58**) : borgo San Lorenzo, 14. ☎ 055-21-00-74. • info@pensionecanada.com • pensionecanada.com • Au 2e étage sans ascenseur. Doubles 90-110 €.* Idéalement situé, à 50 m du baptistère, ce petit hôtel tenu par un couple motivé dispose d'une poignée de chambres très simples, sans fioriture aucune mais spacieuses et confortables. Propreté irréprochable, et accueil dynamique et de bon conseil, parfois en français.

■ ***La Casa del Garbo*** *(zoom détachable D4, **18**) : piazza della Signoria, 8. ☎ 055-29-33-66. • welcome@casadelgarbo.it • casadelgarbo.it • Doubles 100-210 € ; apparts 3-5 pers.* Un lieu insoupçonné avec vue directe sur la fontaine de Neptune et le palazzo Vecchio. Les visiteurs voulant profiter à la fois des musées et d'une certaine tranquillité seront ravis de cette proximité. Difficile de faire plus près ! Les chambres et les appartements sont hyper fonctionnels et bien insonorisés. Plafond à caissons et fresques murales pour la déco, gentillesse et disponibilité pour l'accueil. Attention cependant, l'hôtel est sur 3 niveaux sans ascenseur et ne convient pas à des personnes à mobilité réduite.

Albergo Firenze *(zoom détachable D3, **64**) : piazza Donati, 4 (via del Corso). ☎ 055-26-83-01. • info@albergofirenze.net • albergofirenze.org • ♿ Très bien situé, à deux pas du Duomo. Doubles 85-115 €. Parking payant.* Hôtel hyper bien placé, ce qui en fait un réel atout. Situé dans une tour médiévale de 5 étages où habitait autrefois la riche famille florentine Donati. Une soixantaine de chambres fonctionnelles, globalement confortables et très propres. Double vitrage côté rue. Accueil hyper gentil.

De chic à très chic

Hotel Paris *(zoom détachable C3, **29**) : via dei Banchi, 2. ☎ 055-28-02-81. • info@parishotel.it • parishotel.it • Doubles 140-280 €. Parking payant. Réduc de 10 % sur le prix de la chambre sur présentation de ce guide.* Hôtel situé dans un palais Renaissance, abritant une bonne soixantaine de chambres. Le hall d'entrée en jette par son style, son mobilier cossu et sa rampe d'escalier colossal. Au sol, des mosaïques datant du XVIIe s. Et que dire de la délicieuse salle de petit déjeuner au plafond voûté aux fresques originales ? Jolie terrasse aux beaux jours. Pour ceux qui ont choisi de casser la tirelire, opter sans hésiter pour la chambre « Président », avec ses 40 m², sa cheminée, son parquet d'époque et ses fresques. Personnel efficace et discret. Quant à son emplacement, on ne peut rêver mieux !

Rodo Hotel *(zoom détachable D3, **66**) : via dei Calzaiuoli, 13. ☎ 005-21-47-52. • info@rodohotel.com • rodohotel.com • Doubles 150-300 €.* Un hôtel design hyper central. Chambres douillettes, décorées avec soin par un architecte qui a mis l'accent sur une combinaison de meubles de récup et de mobilier design. Le top, c'est la terrasse avec vue sur le Duomo.

Hotel Hermitage *(zoom détachable D4, **80**) : piazza del Pesce, vicolo Marzio, 1. ☎ 055-28-72-16. • florence@hermitagehotel.com • hermitagehotel.com • Chambres 140-220 €. Parking payant. Apéritif ou café offert sur présentation de ce guide.* À deux pas du ponte Vecchio, hôtel de charme à la déco patinée. Pour peu, on se croirait à l'époque des Médicis (avec le confort en plus, *of course !*). Ambiance chaleureuse et cosy. Mention spéciale aux quelques chambres avec une petite vue sur l'Arno, et si vous ajoutez le petit déj sur la terrasse donnant sur le fleuve, alors là...

Très chic

Hotel degli Orafi *(zoom détachable D4, **19**) : lungarno Archibusieri, 4. ☎ 055-266-22. • info@hoteldegliorafi.it • hoteldegliorafi.it • Doubles à partir de 200 € (promos sur Internet). Parking payant.* Hôtel cossu, aux fresques d'origine, aux plafonds en bois à caissons et au magnifique lustre en cristal du XIXe s dans la salle du petit déjeuner. Non négligeable, une belle terrasse pour buller. Vous pouvez aussi rejouer la scène du film aux 3 oscars *Chambre avec vue,* de James Ivory, qui a été tournée ici même (chambre n° 414 au 4e étage, réservée des mois à l'avance !). Évidemment, les chambres avec vue sur l'Arno sont les plus chères, mais aussi les plus agréables. Dans une aile restaurée, plus moderne, aménagement de chambres et de mini-appartements pour des familles ou des longs séjours (mais moins bien). Accueil très pro et personnel disponible.

Hotel Pendini *(zoom détachable D3, **28**) : via degli Strozzi, 2. ☎ 055-21-11-70. • info@palazzodalborgo.it • hotelpendini.it • Doubles 200-225 €.* On aime cette ancienne pension, nichée dans un magnifique palais du XIXe s et transformée voilà bien longtemps en un hôtel d'une quarantaine de chambres, toutes avec parquet en chevron d'époque (et bien ciré !) et mobilier ad hoc. Les communs sont eux aussi très bien entretenus et ont un charme fou. Une ambiance surannée mais toujours raffinée qui comblera les amateurs du genre. Belle salle du petit déjeuner avec vue sur la piazza della Repubblica.

Hotel Brunelleschi *(zoom détachable D3,* ***136****) : piazza Sant'Elisabetta, 3. ☎ 055-273-70. • info@hotelbrunelleschi.it • hotelbrunelleschi.it • Doubles 290-560 € (moins cher en basse saison). Apéritif offert sur présentation de ce guide.* Un hôtel à la déco raffinée et discrète, à l'image du personnel, qui se met en quatre pour rendre votre séjour agréable. L'hôtel situé dans une petite cour médiévale est un curieux assemblage de 3 palais d'époques différentes. Avec près de 100 chambres, il propose un large éventail d'offres et de prix. De la suite « Pagliazza », blottie dans la tour byzantine, à la n° 502, avec sa vue panoramique, en passant par la « Pool suite », avec jacuzzi à l'extérieur, sur la terrasse... toutes nous font rêver. Rassurez-vous, il y a aussi des chambres standard à un prix beaucoup plus abordable. Personnel soucieux du bien-être des clients. La classe, quoi !

Gallery Art Hotel *(zoom détachable D4,* ***83****) : vicolo dell'Oro, 5 r. ☎ 055-27-26-40-00. • gallery@lungarnocollection.com • lungarnocollection.com • À partir de 300 € la nuit.* Ce boutique-hôtel est idéal pour nos lecteurs en quête de confort, de luxe et d'art contemporain... à condition d'y mettre le prix ! Ambiance raffinée, chambres spacieuses et lumineuses. Parfois de belles expos temporaires dans le hall. Quant au *rooftop,* il est dément avec ses grandes banquettes blanches et sa vue panoramique sur l'Arno. Un écrin de calme et de volupté à deux pas du ponte Vecchio.

Où manger ?

Sur le pouce

Alimentari Uffizi *(zoom détachable D4,* ***258****) : via Lambertesca, 10 r. ☎ 055-28-10-89. • alimentariuffizi@gmail.com • Tlj 9h-20h30 (19h en basse saison). Repas 12-15 €.* Cette petite épicerie est une belle trouvaille, à deux pas des Offices. Des montagnes de saucissons et de fromages découpés avec soin pour la confection d'une belle planche de charcutailles ou un *panino* à toute heure de la journée. Parfait pour une pause le midi ou en fin de journée, en vous laissant tenter par un petit verre de vin recommandé par Alessandro, qui en connaît un rayon. Accueil jovial du patron, qui n'est pas avare d'explications sur les origines de ses succulentes victuailles.

Il Cernacchino *(zoom détachable D4,* ***102****) : via della Condotta, 38 r. ☎ 055-29-41-19. • ilcernacchino@tim.it • Tlj sauf dim. Congés : sem du 15 août. Panini à partir de 5 €.* Petite sandwicherie sur 2 niveaux, bien placée et incontournable du centre-ville ! Large choix de *panini* (dont les traditionnels aux tripes), ainsi que des plats de pâtes très corrects. Pratique pour les petits budgets et les grosses faims. Quelques tabourets pour reposer les gambettes mais, attention, c'est tout petit. Accueil virevoltant, très gentil et en français.

Gusta Trippa *(zoom détachable D3,* ***136****) : via Santa Elisabetta, 5. 339-742-56-92. • mmarchetti1974@gmail.com • Tlj 8h-19h (restreint en basse saison).* Panino 5 € ; *plateau 9 €.* Ce minuscule local remporte un beau succès avec ses *panini al lampredotto* (tripes), ses plats de *bollito* (viande bouillie), ses spécialités florentines. Un bout de comptoir avec un verre de vin, et le tour est joué !

INO *(zoom détachable D4,* ***184****) : via dei Georgofili, 3-7 r. ☎ 055-21-41-54. • info@ino-firenze.com • Tlj 12h-16h30. Congés : 3 sem en fév.* Panini *à partir de 8 € ; assiette toscane 12 €.* À deux pas des Offices. Pour une pause déjeuner chic et agréable, on choisit les ingrédients et, hop, vous voilà accoudé à un long comptoir pour déguster votre généreux *panino.* Vous pouvez aussi vous installer dans l'arrière-salle avec ses fûts géants en guise de tables. Entre 2 visites, une assiette toscane accompagnée d'un verre de vin local ou un *panino,* ça passe bien ! On vous l'accorde, c'est chérot pour des *panini,* mais la fraîcheur des produits est garantie.

De bon marché à prix moyens

Eataly (zoom détachable D3, **233**) : *via dei Martelli, 22. ☎ 055-015-36-10. • eatalyfirenze@italy.it • Tlj 8h30-22h30. Repas 25-30 €.* Une tripotée d'excellents produits locaux (voir plus loin la rubrique « Achats ») ainsi que des petits comptoirs pour avaler un *panino,* déguster poissons ou viandes, ou encore, à l'étage, s'attabler devant une bonne pizza... Mieux vaut arriver tôt à l'heure du déjeuner et à celle du dîner car les places sont chères ! Un lieu propice pour un bon aperçu de la cuisine italienne.

Hostaria Il Desco (zoom détachable D4, **106**) : *via delle Terme, 23 r. ☎ 055-29-48-82. • hostariail desco1954@gmail.com • Ouv tlj. Menu 14 € ; repas complet env 20 € ; pâtes 10-13 €. Digestif offert sur présentation de ce guide.* Une aubaine à deux pas des Offices ! On y vient entre 2 visites pour déguster un plat de pâtes ou une viande pour un prix vraiment très raisonnable. C'est frais, bon et vite servi. Une affaire qui roule !

Osteria I Buongustai (zoom détachable D4, **103**) : *via de Cerchi, 15 r. ☎ 055-29-13-04. • ibuongustai@libero.it • Lun-sam 12h-15h30 (22h ven-sam). Congés : août. Résa conseillée. Repas env 15 €.* Un petit bout de vitrine et un étroit couloir en guise de devanture : c'est l'une des cantines du quartier. On s'installe là pour de fameux *antipasti,* une généreuse platée de pâtes ou une salade composée, accompagnés d'un verre de *vino della casa.* Fait aussi des sandwichs à emporter. Cuisine et service 100 % féminins. Attention aux décibels à l'heure de pointe.

Coquinarius (zoom détachable D3, **105**) : *via dell'Oche, 11 r. ☎ 055-230-21-53. • coquinarius@gmail.com • Tlj sauf dim juin-août. Résa vivement conseillée. Repas 25-30 €.* On vous conseille chaudement cette adresse avec ce grand espace et une belle hauteur de plafond, à la déco chaleureuse. Côté cuisine, spécialités toscanes revisitées, *pasta* et salades sont à l'honneur. Courte mais bonne sélection de desserts également. Quant au vin, belle carte et petite sélection au verre. Service survolté parfois, mais toujours dans la bonne humeur.

Trattoria Antico Fattore (zoom détachable D4, **230**) : *via Lambertesca, 1-3 r. ☎ 055-28-89-75. • info@anticofattore.it • Tlj sauf dim. Résa conseillée. Compter 20-25 €.* Une adresse bien connue des Florentins venus se régaler d'une bonne *bistecca,* l'incontournable de la maison. Une ambiance typique et une cuisine qui ne décevra pas les amateurs de viande. Toujours plein, pensez à réserver.

Tosca & Nino – La Rinascente (zoom détachable D3, **262**) : *piazza della Repubblica. ☎ 055-493-34-68. • prenotazioni.rinascentefirenze@toscanino.com • Lun-sam 9h-minuit, dim 10h30-minuit. Compter 25-30 € pour un repas.* Situé sur le *rooftop* du grand magasin de la ville, inutile de vous dire qu'on vient surtout pour sa terrasse et sa vue superbe sur la ville. Mais pas seulement, heureusement ! Les assiettes sont joliment présentées et le contenu est d'une grande fraîcheur (pâtes maison). Service pressé mais attentionné.

Floret (zoom détachable D3, **191**) : *via Roma, 19-21 r. ☎ 055-29-59-24. • info@floret-bar.com • Compter 30 €/pers.* Au dernier étage du *concept store Luisa Via Roma,* un endroit étrangement calme à deux pas du Duomo, où l'on se sustente d'une salade élaborée ou d'un plat de pâtes du jour dans une ambiance végétale. Pris d'assaut lors du *Pitti Uomo,* mais vous avez toutes vos chances le reste de l'année. Accueil un peu guindé.

Chic

Ristorante Frescobaldi (zoom détachable D4, **219**) : *piazza della*

Signoria, 31. ☎ 055-28-47-24. • reservations@frescolbaldifirenze.it • Tlj 12h-23h. Compter 35-40 €. Tout le monde connaît ici les Frescobaldi, longue lignée familiale de la région des Marches qui a des domaines viticoles dans toute la Toscane. On indique cette adresse surtout pour sa situation exceptionnelle : manger en face de la statue de Neptune, ça n'a pas de prix ! Et en cherchant un peu sur la carte, on trouve des plats à des prix raisonnables.

La Bussola *(zoom détachable C4,* ***118****) : via Porta Rossa, 56 r. ☎ 055-29-33-76. • labussolafirenze@gmail.com • Tlj. Résa conseillée. Repas env 35 €.* Une adresse familiale qui a pignon sur rue depuis presque 60 ans. Ce n'est donc pas un hasard si les Florentins viennent y déguster ses pizzas généreuses, cuites au feu de bois. Parmi les meilleures de la ville, paraît-il ! Les autres plats se défendent bien, avec des assiettes soignées et joliment présentées. Victime de son succès, l'accueil peut être inégal.

Buca dell'Orafo *(zoom détachable D4,* ***84****) : via dei Girolami, 28 r. ☎ 055-21-36-19. • bucadellorafo45@gmail.com • Ouv le soir seulement, sauf dim. Résa conseillée car il y a très peu de places. Repas 35-40 €.* Un repaire d'habitués dans l'itinéraire culinaire florentin, où venir savourer des plats typiques (*bistecca,* tripes). Sa particularité ? Une simple porte comme devanture car le resto est situé en sous-sol (on peut trouver l'endroit bruyant). Produits frais et service attentif pour une adresse typiquement florentine.

DUOMO

Bars à vins *(vinai, enoteche)*

Bon marché

I Fratellini *(zoom détachable D4,* ***140****) : via dei Cimatori, 38 r. ☎ 055-239-60-96. • ifratellini@gmail.com • ♿ Tlj sauf dim 8h-20h30. Congés : fév et nov.* Un endroit bien dans son jus qui propose un verre de vin et un *panino* à consommer debout dans la rue. Une vraie relique, tenue avec amour par 2 frères, l'un préparant les sandwichs à la commande *(à partir de 4 €),* l'autre s'occupant de remplir les ballons de chianti ou même de *brunello.* Accueil chaleureux.

All'Antico Vinaio *(zoom détachable D4,* ***142****) : via dei Neri, 65 r. ☎ 055-238-27-23. • infoprenotazionianticovinaio@gmail.com • Tlj 8h-21h. Panino 5 €.* Ici, tout est dans l'atmosphère : à la bonne franquette, comme en témoignent ces bouteilles disposées autour de rangs serrés de verres que les amateurs remplissent eux-mêmes (le patron vous a tout de même à l'œil !). Et à ras bord, s'il vous plaît ! Pour accompagner le chianti, *panini* et *crostini.* Le tout se livre pour une poignée d'euros et se déguste au comptoir, perché sur un tabouret haut. Qui dit mieux ?

Galleria del Chianti *(zoom détachable D3,* ***156****) : via del Corso, 41. ☎ 055-29-14-40. Tlj 10h (11h dim)-20h.* Une belle *enoteca* à l'ancienne où le patron prodigue moult conseils. Possibilité aussi de grignoter quelques plats typiques du coin, accompagnés d'un ballon de rouge, comme il se doit ! À la vôtre !

De prix moyens à chic

Cantinetta da Verrazzano *(zoom détachable D3-4,* ***144****) : via dei Tavolini, 18-20 r. ☎ 055-26-85-90. Lun-sam 8h-21h, dim 10h-16h30.* Le « temple » de Verrazzano, un fameux producteur de vins du Chianti dont on parlait déjà au XIIe s ! On y vient bien sûr pour les vins du domaine, au verre ou à la bouteille, mais aussi pour ses délicieuses *focacce* cuites au four à bois, ses charcuteries artisanales et ses desserts (délicieuse tarte aux pignons). Les pressés s'accouderont au comptoir le temps d'une dégustation sauvage, les autres s'attarderont dans l'une des 2 salles cossues tapissées de belles boiseries sombres ou s'attableront en terrasse, prise d'assaut à l'heure de l'*aperitivo.* L'un des incontournables de la tournée des bars à vins.

Où savourer de bonnes glaces ?

Où acheter du chocolat et des friandises ?

***Perchè No** (zoom détachable D4, **211**) :* *via dei Tavolini, 19 r. • perche_no1939@yahoo.it • Tlj jusque... tard. Fermé mar nov-fév. Congés : fin janv.* Cela fait 3 générations que cette *gelateria* émoustille les papilles des Florentins... et des touristes. Vaste choix de sorbets, glaces traditionnelles et glaces sans crème (un peu plus light). Notre must : celle au café et aux pépites de chocolat. Choix cornélien mais chacun y trouvera forcément son compte. On peut assister à un cours à la *gelato Academy,* située à deux pas, pour confectionner une glace artisanale sous la houlette de Ciro, maître glacier.

***Grom** (zoom détachable D3, **160**) :* *via del Campanile, 2 (à l'angle de la via dell'Oche). Tlj 10h30-minuit (23h en hiver).* Cette célèbre enseigne turinoise ne déroge pas à la règle ici avec ses glaces aux parfums qui changent chaque mois (saison oblige !). Accueil pro mais pas toujours avec le sourire... dommage.

***Gelateria Edoardo** (zoom détachable D3, **172**) :* *piazza del Duomo, 45 r. • info@edoardobio.it • Tlj 12h-21h30.* Un glacier tout bio, du cornet artisanal aux parfums rigoureusement sélectionnés. Notre préférée : la « Gianduia », celle aux noisettes et au chocolat. Idéalement placé (derrière le Duomo), il faut parfois s'armer de patience pour accéder au Saint-Graal !

***Migone** (zoom détachable D3, **217**) :* *via Calzaiuoli, 87 r. Tlj 9h30 (10h dim)-19h30.* Une adresse incontournable dans le cœur des Florentins. Cette boutique à la devanture rétro régale petits et grands depuis des générations. Du chocolat, des friandises, des biscuits aux amandes, les spécialités toscanes, le tout joliment disposé dans des bocaux sur des comptoirs anciens en bois. Idéal pour des petits cadeaux à offrir. Accueil réservé.

DUOMO

Où siroter un verre en terrasse ?

Où boire un chocolat ?

***Serre Torrigiani in Piazzetta** (zoom détachable D3, **208**) :* *piazza dei Tre Re, 1. • info@serretorrigianiinpiazzetta.it • En hte saison seulement, tlj 10h-minuit.* Voici un lieu envahi de chlorophylle qui plaira aux contemplatifs et aux amateurs de tranquillité (ou aux pieds fatigués), à deux pas du Duomo. Ce jardin urbain est né d'une idée de la famille Torregiani, qui possède ses propres serres dans l'Oltrarno. Cet espace, autrefois à l'abandon, a retrouvé de sa superbe : rideau végétal, mobilier de jardin chiné, projections de films art et essai. Pour grignoter des *panini,* salades ou *crostini* à toute heure de la journée et... pour boire l'apéro le soir, bien sûr ! Attention, ne fonctionne que pendant la période estivale.

***Chiaroscuro** (zoom détachable D3, **182**) :* *via del Corso, 36 r. ☎ 055-21-42-47. • info@chiaroscuro.it • Tlj 8h (9h sam, 15h dim)-21h30. Congés : 3e sem d'août.* Cette maison du café, connue pour sa sélection de cafés, de thés et de chocolats, a glissé dans la petite restauration en proposant désormais des petits plats le midi. Les gourmands ne rateront pas le rituel du café agrémenté de cannelle, du thé millésimé ou du chocolat enrichi de piment mexicain pour en exhaler les arômes. N'hésitez pas à accompagner votre breuvage de délicieuses pâtisseries, qui sont ici fameuses.

***Rivoire** (zoom détachable D4, **188**) :* *piazza della Signoria. ☎ 055-21-44-12. • rivoire.firenze@rivoire.it • Tlj sauf lun 7h30-22h (21h en hiver).* Institution florentine, stratégiquement située en face du palazzo Vecchio. Sachez simplement que son fameux chocolat se négocie au prix du champagne (ou presque) !

Achats

Eataly *(zoom détachable D3, **233**)* **:** *via dei Martelli, 2. ☎ 055-015-36-10 • eatalyfirenze@eataly.it • Tlj 10h-22h30.* On ne présente plus cette enseigne célèbre pour ses produits estampillés « made in Italy », installée à deux pas du Duomo. À vous les rayonnages aussi alléchants les uns que les autres ! Impossible de résister ! Agréables petits comptoirs pour grignoter sur place ou à emporter (*pizze, panini*, glaces...). Voir plus haut la rubrique « Où manger ? ». Difficile de repartir les mains (et le ventre !) vides.

Pegna *(zoom détachable D3, **302**)* **:** *via dello Studio, 26 r. ☎ 055-28-27-01. Lun-ven 10h-18h, sam 10h-16h.* À deux pas du Duomo, un petit supermarché de quartier ayant gardé une âme avec ses rayonnages à l'ancienne et son grand comptoir en bois accueillant bonbons et moult friandises. Également un large éventail de bons produits toscans. Les vins de la région ne manquent pas... Une adresse bien connue des Florentins gourmets.

Casa dell'Orafo Nerdi *(zoom détachable D4, **316**)* **:** *vicolo Marzio, 2. ☎ 055-29-23-82. • nerdiorafifirenze.it • Lun-ven 9h-18h.* Juste à l'entrée du ponte Vecchio, une minuscule boutique à l'abri des regards. La passion des métaux, des belles pierres et un savoir-faire générationnel ont permis à la famille Nerdi de fabriquer ses propres bijoux (l'atelier est dans la boutique). Possibilité aussi de retravailler vos bijoux anciens (à condition de s'y prendre à l'avance) en ciselant bagues, bracelets ou colliers selon vos envies... et à des prix raisonnables.

Borsalino *(zoom détachable D4, **318**)* **:** *via Porta Rossa, 40. ☎ 055-21-82-75. Tlj sauf dim.* Le mythique Borsalino a une boutique rien que pour lui pratiquement en face de la loggia del Mercato Nuovo. Pas donné mais, à ce prix-là, autant se procurer l'original ! Pour l'anecdote, Giuseppe Borsalino, avant de lancer sa 1re collection de chapeaux en Italie, avait appris le métier de chapelier à... Paris !

Antica Cuoieria *(zoom détachable D3, **311**)* **:** *via del Corso, 48 r. ☎ 055-238-16-53. Tlj 9h30 (10h dim)-19h30.* Un des derniers bastions du cuir florentin. Tradition et savoir-faire sont les principes de cette belle boutique à l'ancienne. Des chaussures de qualité et à des prix encore raisonnables, surtout les nu-pieds.

Kara Van Petrol *(zoom détachable D4, **342**)* **:** *borgo Santissimi Apostoli, 6-8 (à l'angle de la via Por Santa Maria). Tlj 10h30-20h.* Née à Florence à la fin des années 1970 (même si le nom ne semble pas l'indiquer), cette marque italienne offre un bon choix de sacs en tout genre, ainsi que des accessoires (ceintures, porte-monnaie). Ce n'est pas donné mais le cuir est vraiment de qualité.

Fabriano Boutique *(zoom détachable D3, **315**)* **:** *via del Corso, 59 r. ☎ 055-28-51-94. Tlj 10h30 (13h30 lun)-19h30.* Cette fabrique de papier, originaire des Marches, était le principal centre européen de papier depuis le... XIIe s. Après être passés de main en main, les ateliers et les boutiques se sont offert un lifting : papeterie originale et variée aux couleurs flashy, alliant savoir-faire et modernité. Une belle idée de cadeau !

Bartolucci *(zoom détachable D4, **307**)* **:** *via della Condotta, 12 r. ☎ 055-21-17-73. Tlj 9h30-19h30.* Jolie boutique à l'ancienne ressuscitant le monde merveilleux des jouets en bois. On y trouve de tout, à tous les prix, du cheval à bascule aux petites horloges en passant par les toupies, les boîtes à musique... à l'effigie de Pinocchio, évidemment !

Città del Sole *(zoom détachable D3, **330**)* **:** *via dello Studio, 23. ☎ 055-277-63-72. • cittadelsolefirenze.it • Tlj 10h (10h30 dim)-19h30.* Un immense magasin de jouets entièrement dédié aux univers divers et variés de vos chérubins, classés par thèmes et par âges. Bonne sélection de livres, puzzles, coin poupées et même un immense train en bois pour occuper vos têtes blondes pendant vos achats. Pour les plus grands, expériences scientifiques, tours de magie, équipements de plein air... Bref, de quoi faire rêver petits et grands...

La Via del Tè *(zoom détachable D4, **331**)* **:** *via della Condotta, 26-28 r. ☎ 055-234-49-67. Tlj 10h-19h30 (13h30 lun).* Envie de thé au royaume de l'*espresso* ? C'est dans cette jolie boutique située dans la très commerçante via della Condotta qu'il faudra choisir parmi les 250 mélanges soigneusement sélectionnés, venus du Japon, d'Afrique, d'Inde ou de Chine. Vous pouvez humer ces délicieuses senteurs grâce à l'*Aromateca,* bouteille en verre qui conserve tous ses arômes. Le salon de thé du même nom se situe sur la piazza Ghiberti, quartier Sant'Ambrogio *(plan détachable F4). Autre magasin-salon de thé via Santo Spirito (plan détachable C4), dans l'Oltrarno.*

Bizzarri *(zoom détachable D4, **337**)* **:** *via della Condotta, 32 r. ☎ 055-21-15-80. Lun-ven 9h30-13h, 16h-19h30 ; plus sam mat. Congés : août.* Un magasin d'herboristerie et d'essences naturelles qui a pignon sur rue depuis 1842. La boutique vaut la visite à elle toute seule, avec ses petits flacons et ses bocaux alignés sur des étagères séculaires. Si vous restez un peu de temps à Florence, demandez qu'on vous concocte une tisane avec les herbes de votre choix. Conseils avisés et accueil pro.

Erbario Toscano *(zoom détachable D3, **343**)* **:** *via del Corso, 38 r. ☎ 055-26-40-36. Tlj 10h (10h30 dim)-20h.* Pour ceux et celles qui aiment les fragrances fraîches et fleuries, vous retrouverez ici toutes les odeurs chères à la Toscane – la rose, le raisin, sans oublier l'olive –, déclinées en huile, crème, savon...

Torrini Fotogiornalismo *(zoom détachable D4, **307**)* **:** *via della Condotta, 20 r. ☎ 055-48-01-57. • torrinifotogiornalismo.it • Tlj 9h30-19h30.* Une boutique originale qui rassemble un fonds impressionnant de photos sur Florence. Ici, ce sont des milliers de vieilles photos en noir et blanc (quelques-unes en couleur) depuis les années 1950, des tranches de la vie quotidienne que Torrini photographiait, comme des scènes de jeux d'enfants, de fêtes de famille, des monuments de la ville... C'est vraiment réussi. Un régal pour les amateurs. Possibilité aussi de commander en ligne.

DUOMO

À voir

Piazza del Duomo *(zoom détachable D3)* **:** elle comprend en fait 3 œuvres architecturales : la *cattedrale Santa Maria del Fiore* ou *Duomo,* le *campanile di Giotto* et le *battistero* (baptistère).

Conseil

– Il existe un billet unique *(18 €),* utilisable pendant 72h, qui permet l'accès aux 6 monuments de la place. Il s'agit du *Duomo*, de la *cupola,* du *battistero,* du *campanile di Giotto,* de la *cripta di Santa Reparata* et du *museo dell'Opera del Duomo (galleria d'Arte).* Pour plus de renseignements : *• operaduomo.firenze.it • duomo.firenze.it •* La billetterie est située piazza San Giovanni, 7 (en face de l'entrée de la porte nord du baptistère). Pour la visite de la coupole en pleine saison, il est obligatoire de réserver au préalable (sur Internet de préférence) : *• duomo.firenze.it •*

– La *cattedrale* (ou *Duomo*) se visite indépendamment et gratuitement.

– On peut aussi visiter séparément chaque monument mais cela revient plus cher.

Campanile di Giotto *(zoom détachable D3)* **:** *tlj 8h30-19h20 (fermeture 40 mn avt). Entrée : 15 € (sur réservation).* Haut de 84 m, commencé par Giotto, c'est sûrement l'un des plus beaux d'Italie. L'alternance des marbres polychromes dans le style florentin et les ouvertures de fenêtres qui assouplissent l'ensemble en font un chef-d'œuvre. Observer également l'intérieur du campanile, parfaitement gothique. Le contraste architectural entre l'intérieur et l'extérieur est étonnant. Si vous avez le courage de gravir les quelque 400 marches qui conduisent au dernier étage, vous ne le regretterez pas : panorama superbe. Pas trop difficile jusqu'au 1er étage, ensuite, la cage d'escalier tournicote et rétrécit. Claustrophobes, s'abstenir.

***Cattedrale Santa Maria del Fiore ou Duomo** (zoom détachable D3) :* *☎ 055-230-28-85. Lun-sam 10h-16h30 (16h45 sam), dim 13h30-16h30. Visites guidées gratuites en italien, en français et en anglais. Attention, shorts interdits ; la visite se fait de façon circulaire, en commençant par la gauche de la cathédrale. On ne peut plus pénétrer dans le chœur. Audioguide : 5 € (8 € les 2).*
La façade originelle était l'œuvre du grand sculpteur et architecte florentin Arnolfo di Cambio. À l'origine, l'église était destinée à accueillir les dépouilles de personnes célèbres. En effet, en 1296, 7 ans après la victoire des guelfes, la République florentine a fini de construire la plus grande église d'Europe, pour appuyer son pouvoir et remercier Dieu. L'église est dédiée à Maria del Fiore (Marie des Fleurs), patronne de la ville – Florence étant la terre des fleurs...
Jusqu'au XVe s, de grands artistes se succédèrent pour compléter cette façade en conservant l'esprit d'origine. Malheureusement, elle fut détruite au XVIe s et resta en brique jusqu'au XIXe s. On retrouve aujourd'hui au museo dell'Opera di Santa Maria del Fiore les originaux du XIVe et ceux du XVe s. Sa façade actuelle, du XIXe s, construite « à l'ancienne », témoigne de la richesse de l'époque : rosaces, nombreuses sculptures, niches, marbres polychromes, etc.
L'intérieur de la cathédrale est d'une grande simplicité. En entrant, magnifique tombeau sculpté par Tino di Camaino, grand artiste siennois du Trecento. En se retournant, au-dessus du portail d'entrée, superbe mosaïque représentant le couronnement de la Vierge, attribuée à Gaddi, avec, de chaque côté, une belle fresque d'anges musiciens. Également une horloge peinte par Uccello (1440-1443) et enfin, sur le vitrail, l'*Ascension de la Vierge* de Lorenzo Ghiberti. De nouveau les yeux tournés vers la nef, remarquer les 2 fresques, à gauche de la nef, représentant chacune un cavalier. D'un côté (vert), une œuvre de Paolo Uccello, fresque monochrome où figure l'aventurier anglais sir John Hawkwood (regardez l'idée de perspective), et, de l'autre, réalisé 20 ans plus tard (1456), le *Cavalier blanc* (Niccolò da Tolentino) d'Andrea del Castagno, qui, lui, ne voulant pas copier Uccello, amorce d'une certaine façon le début de la Renaissance. Ces portraits commémoratifs sont à rapprocher des statues équestres qui se développèrent à la même époque (notamment à Venise et à Padoue). Un peu plus loin, le tableau de *La Divine Comédie* peint en 1465. On y observe les damnés conduits par le diable et le purgatoire avec des gradins correspondant chacun à une faute. S'ils n'expiaient pas leur péché, ils ne pouvaient atteindre le ciel. Le paradis est d'ailleurs représenté par la ville de Florence. La *Pietà* réalisée par Michel-Ange se trouve au museo dell'Opera di Santa Maria del Fiore.
Quant à la coupole (voir plus loin), elle fut élevée sans échafaudages, ce qui força l'admiration générale.

***Cripta di Santa Reparata** : à l'intérieur du Duomo. Lun-sam 10h-17h (16h sam). Fermé temporairement.* Après la visite du Duomo, juste avant la sortie, un escalier souterrain mène à la crypte. On y découvre que l'actuel Duomo a été bâti sur les vestiges d'une église romane du IXe s. Remarquer quelques beaux pavements en mosaïque. Elle accueille les tombeaux des papes Étienne IX et Nicolas II, ainsi que celui de Filippo Brunelleschi.

***Cupola del Brunelleschi** (zoom détachable D3) : l'entrée se fait par la porta della Mandorla du Duomo. Lun-sam 8h30-19h (17h sam), dim 13h-16h ; fermeture 40 mn avt. Outre les jours traditionnels de fermeture, également fermé Jeudi,*

Vendredi et Samedi saints, 24 juin (Saint-Jean-Baptiste), 8 sept (nativité de la Vierge) et 8 déc (Immaculée Conception). Attention, ***la résa est obligatoire pour y accéder.*** *Déconseillé aux personnes sujettes au vertige ou claustrophobes.*
Plusieurs tentatives furent effectuées (y compris par Botticelli) et tout manqua plusieurs fois de s'écrouler. La coupole, toujours imitée mais jamais égalée, est l'œuvre de Filippo Brunelleschi, un sculpteur qui s'intéressait à l'architecture et qui a eu l'ingénieuse idée de construire un dôme de forme ovoïde de 45 m de diamètre, sans armature, en créant une double voûte séparée de 2 m dans laquelle des chaînages intérieurs assurent la stabilité de l'édifice. On le crut fou, mais, pour lui, la résistance des matériaux et les poussées qui entraient en jeu pouvaient être calculées. Ses plans furent enfin acceptés 2 ans après la 1re mouture du projet, en 1420. Malheureusement, l'architecte ne verra pas son œuvre achevée (1434), il mourut avant. Il fallut attendre 1466 pour qu'Andrea del Verocchio surmonte la coupole d'une croix dorée avec une boule contenant des reliques. Jamais une coupole de cette envergure n'avait été construite jusque-là. Elle fut élevée sans échafaudages mais avec un système de poulies en bois, ce qui força l'admiration générale. Michel-Ange lui-même, un siècle et demi plus tard, ira travailler à Rome au Vatican en reprenant l'idée de Brunelleschi...
Pour y accéder, il vous faudra monter 463 marches (pas d'ascenseur possible). À l'intérieur, admirez la fresque de 3 600 m² du *Jugement dernier* pensée par Vasari mais réalisée sous le contrôle de Federico Zuccari et Bandinelli. Au départ, la fresque devait être en mosaïque. De nombreux artisans et artistes ont participé à son élaboration. L'iconographie est disposée en 8 rangées concentriques qui se rejoignent autour du Christ en majesté (il fait plus de 8 m). Dans la partie supérieure, ce sont les ordres célestes, et dans la partie inférieure des scènes de la Genèse et des épisodes de la vie du Christ. Sur les côtés, quelques scènes isolées du Jugement dernier.

Battistero *(baptistère ; zoom détachable D3) : ☎ 055-230-28-85. Lun-sam 8h15-10h15, 11h15-19h30 ; dim et j. fériés (plus 1er sam du mois) 8h30-13h30. Fermé 1er janv, dim de Pâques et à Noël. Entrée : 10 € (avec le museo dell'Opera).*
Au XVe s, les non-baptisés n'avaient pas le droit de pénétrer dans les églises. Voilà pourquoi les baptistères étaient souvent construits à l'extérieur (on voit la même chose à Pise).
Ghiberti, avant d'être sculpteur, était orfèvre, ce qui explique les véritables chefs-d'œuvre qu'il réalisa. Le travail est d'une précision et d'un réalisme extraordinaires. La fameuse porte principale est décorée de scènes de la Bible. Observer, notamment, ces foules reproduites sur des espaces réduits, un peu à la façon des peintures du Moyen Âge. L'art de la perspective et du trompe-l'œil acquiert ici ses 1res lettres de noblesse. Pas étonnant que Ghiberti ait mis 27 ans pour réaliser cette œuvre ! À noter que les originaux de la porte du Paradis sont actuellement visibles au Museo dell'Opera di Santa Maria del Fiore. Tandis qu'au musée du Bargello on peut voir, au 1er étage, les 2 médaillons originaux de Brunelleschi et Ghiberti réalisés pour le concours de 1401.
À l'intérieur du baptistère, on trouve une admirable mosaïque du XIIIe s. Noter, en bas, à droite du Christ, la scène classique du *Jugement dernier,* avec les monstres et autres diables dégustant les méchants.

LES CLÉS DU PARADIS

Un concours fut organisé en 1401 pour la réalisation de la nouvelle porte (côté nord). Ghiberti l'emporta devant Brunelleschi. Puis il fut de nouveau sollicité pour réaliser la porte principale (côté est), pour laquelle il fit preuve d'une grande innovation technique. Fier de son œuvre, il se représenta sur l'un des médaillons qui la décorent. C'est Michel-Ange, pourtant avare de compliments, qui la surnomma un siècle plus tard « la porte du Paradis ».

Museo dell'Opera di Santa Maria del Fiore (zoom détachable D3) : *piazza del Duomo, 9. ☎ 055-230-28-85. Tlj 9h-19h. Fermé 1er mar du mois, à Pâques et à Noël. Entrée : 10 € (avec le baptistère). Audioguide en français : 5 €.*
Le musée, totalement rénové, rassemble la majorité des œuvres qui ornaient autrefois le Duomo, le baptistère et le campanile. Sa surface a été multipliée par deux. Voici 700 m² de chefs-d'œuvre médiévaux répartis sur 3 niveaux, parmi 28 salles. Son extension a permis de l'enrichir de plus de 700 œuvres. Le plus grand défi architectural a été de recréer la façade du Duomo imaginée par Arnolfo di Cambio. Ici, elle a été reconstituée au tiers de ses dimensions originales.

Rez-de-chaussée
– ***La salle du Paradis :*** la plus belle du musée. On y retrouve la façade du Duomo reconstituée et l'original de la porte nord (dorée à l'or fin) du baptistère de la piazza del Duomo. Appelée ***porte du Paradis,*** elle fut réalisée par Lorenzo Ghiberti suite à un concours gagné à la barbe de son concurrent Brunelleschi (tellement vexé d'avoir perdu qu'il quitta Florence). Il y consacra 27 ans de sa vie ! On raconte que c'est Michel-Ange qui l'a baptisée ainsi quand il l'a vue pour la 1re fois, estimant qu'elle était si belle qu'elle ne pouvait qu'être aux portes du... paradis. Cette fameuse porte a survécu à la 2de Guerre mondiale (elle a été cachée pour échapper aux Allemands et aux bombardements), mais elle n'a pas échappé à la crue de 1966. Remplacée par une copie depuis 1990, la voici ici enfin resplendissante et entièrement restaurée. Réalisée en bronze et en or, elle est haute de 5 m, large de 3 m, et pèse près de... 8 t. Chaque panneau évoque plusieurs épisodes bibliques. La partie haute (la plus belle) a été réalisée par Lorenzo Ghiberti lui-même. Ghiberti s'est d'ailleurs représenté dans l'un des médaillons. L'avez-vous reconnu ? Il est situé au niveau du 3e panneau en partant du bas, au milieu. La partie basse a été conçue par son fils, qui a façonné les scènes de Goliath et celles avec le roi Salomon. Ne manquez pas de passer devant la troublante Vierge aux yeux de verre.
– ***Salle 8 :*** arrêtez-vous devant la célèbre *Madeleine en pénitence* en bois et recouverte d'or, vieillissante, décharnée et pathétique, de Donatello (conçue pour le baptistère). Elle est presque repoussante avec sa bouche édentée et ses yeux caverneux. Également des tableaux de Biondo, dont *Sainte Catherine d'Alexandrie,* et de Daddi.
– ***Salle 10 : La Pietà aux quatre figures de Michel-Ange*** (également appelée *La Pietà Bandini* ; attention, ne pas confondre avec celle de Saint-Pierre à Rome). Réalisée sur le tard (à presque 70 ans), *La Pietà* était destinée au propre tombeau de l'artiste car il souhaitait être enterré à Rome, dans la basilique Sainte-Marie-Majeure. Le destin en a décidé autrement, et c'est dans la basilique Santa Croce, à Florence, qu'il repose (voir plus loin « Le quartier de Santa Croce »). Pour la petite histoire, on a volé son corps pour l'emmener en charrette à Florence. Dans cette sculpture, il s'est probablement représenté sous les traits de Nicodème, le vieillard soutenant le corps du Christ. Regardez la douleur exprimée sur le visage du vieillard. Michel-Ange est l'un des 1ers artistes à manifester sa douleur à travers sa sculpture, un avant-goût du maniérisme... L'œuvre ne fut jamais terminée par Michel-Ange car, excédé par la longueur du travail et la friabilité du marbre, il prit un beau jour son marteau pour l'achever... à sa manière (en la faisant voler en éclats), selon les écrits de Vasari. Elle a été reprise par Tiberio Calcagni, l'un de ses élèves, en 1555. D'ailleurs, vous remarquerez que le personnage de Marie-Madeleine est un ajout tardif qui jure quelque peu avec le génie du reste de la composition. La statue avait été installée à l'origine par Cosme III de Médicis à la chiesa San Lorenzo (à Florence) avant finalement d'atterrir ici à l'ouverture du musée au XIXe s.

1er étage
– Imposante ***galerie du Campanile*** (salle 14) avec ses 16 statues installées à la base du campanile. Celles-ci représentent des personnages de l'Ancien

Testament. Admirez en particulier l'*Habacuc* et le *Jérémie* de Donatello, ainsi que de remarquables panneaux (attribués en partie à Andrea Pisano et Luca Della Robbia) figurant l'évolution de l'homme depuis la création jusqu'aux voies spirituelles. Ils racontent la Genèse et illustrent les planètes, les vertus, les arts, les sciences... Les reliefs représentant les métiers sont absolument extraordinaires de détails et de fraîcheur.

– Vous découvrirez également tout au long du parcours d'autres œuvres tout aussi intéressantes, comme les nombreuses sculptures d'Arnolfo di Cambio, de Donatello, ou encore de Tino di Camaino, grand sculpteur siennois dont on peut admirer le talent à travers le magnifique *Christ bénissant.* On remarquera, entre autres, la *Madonna della Natività,* dans une pose bien lascive, et la statue du pape Boniface VIII, pape détesté par Dante, qui lui fit visiter l'Enfer dans sa *Divine Comédie* (cette statue fut restituée à la cathédrale par l'un de ses descendants après que celui-ci l'eut rachetée à un antiquaire). Intéressante série des *Évangélistes,* mais ce sont évidemment le *Saint Jean* de Donatello et le *Saint Luc* de Nanni di Banco qui retiennent l'attention.

– Ne manquez pas l'étonnant et célèbre *Martyre de saint Sébastien* attribué à Giovanni del Biondo, ainsi que de magnifiques bas-reliefs en marbre issus de l'enceinte du chœur de la cathédrale. Également une collection de reliquaires (dont le doigt de saint Jean), quelques pièces d'orfèvrerie religieuse du XVe s, une belle Vierge de Bernardo Daddi et de belles terres cuites des Della Robbia. Admirez aussi, dans la ***salle des Tribunes,*** les 2 *cantorie* (ces tribunes d'église où se produisent les chantres), chefs-d'œuvre absolus de la Renaissance florentine. L'une est signée Luca Della Robbia, l'autre Donatello. L'occasion de comparer 2 styles contemporains (plusieurs panneaux de composition plus riche, plus classique pour le premier, une grande fresque plus dynamique pour le second).

Dans la ***salle du Trésor*** (salle 25), vous ne pourrez pas éviter le somptueux autel de Saint-Jean en argent (pour lequel plus de 400 kg du précieux métal furent nécessaires !). C'est un des chefs-d'œuvre de l'orfèvrerie du XVe s. Prendre le temps d'admirer le *Saint Jean-Baptiste* de Michelozzo au centre et les panneaux latéraux du bas (à gauche, la *Naissance de saint Jean* par Antonio del Pollaiolo et, à droite, la *Décollation de saint Jean* par Verrochio). Voir aussi le *Baptême du Christ* par Sansovino. Reste de beaux manuscrits enluminés et des broderies sur la vie de saint Jean.

2e étage

– ***La galerie des maquettes :*** les visiteurs découvrent la maquette de Brunelleschi, réalisée en 1430. Vous pouvez même voir son masque mortuaire tout à côté. Exposition des outils utilisés par les ouvriers de Brunelleschi, l'échafaudage particulier (dont le bois vient de la région proche de Casentino) qu'avait mis au point l'architecte avec un système habile de poulies, ainsi qu'une série de maquettes en bois représentant les différents projets pour la façade de la cathédrale.

3e étage

Ne manquez pas la terrasse, au dernier étage, avec une vue sublime sur la coupole du Duomo.

Galleria degli Uffizi *(galerie des Offices ; zoom détachable D4)* **:** *piazzale degli Uffizi, 6. ☎ 055-29-48-83.*

> Attention, pour toute résa, il existe un seul site officiel de vente de billets des musées d'État à Florence : • *uffizi.it* •

Mar-dim 8h15-18h50 (nocturne mar-mer fin mai-fin sept jusqu'à 22h). Fermé lun, ainsi que 1er janv, 1er mai et à Noël. ***Entrée : 12 € nov-fév, 20 € mars-oct (entrée***

combinée avec le Musée archéologique). À cela s'ajoutent les 4 € de résa conseillée quand on ne prend pas la* Firenze Card. *Avec cette dernière, il faut désormais réserver ses billets au préalable. *Audioguide en français : 6 €. Demander le plan gratuit du musée à l'entrée. Parcours tactiles pour les non-voyants.* ***Billet combiné valable 5 j. comprenant les Offices, le palazzo Pitti, le jardin de Boboli et le Musée archéologique : 1er nov-28 fév 18 € ; 1er mars-31 oct 38 €.***

– En haute saison, attendez-vous à des queues de 2 à 4h ! ***Réservez sur Internet*** pour y échapper, même si le délai d'attente peut être de plusieurs jours, voire de plusieurs semaines. Sinon, n'hésitez pas à vous présenter 15 à 20 mn avant l'ouverture des portes. Pour les détenteurs de la *Firenze Card,* il faut désormais faire la queue comme tout le monde...

– ***Attention :*** la direction du musée mène depuis plusieurs années le projet « Nuovo Uffizi » (Nouveaux Offices), une vaste campagne de travaux d'agrandissement (passant de 5 000 à 12 000 m²) pour présenter aux visiteurs de plus en plus nombreux les richesses inestimables qui sommeillent encore dans les dépôts. Mais les travaux s'éternisent... Certaines œuvres décrites ci-dessous n'auront peut-être pas encore trouvé leur place définitive lors de la parution de ce guide. Certaines salles sont fermées momentanément au public. Sachez toutefois que toutes les peintures majeures, même déplacées, restent visibles, pour ne pas décevoir les visiteurs. Se renseigner lors de la visite (c'est souvent indiqué sur le site internet du musée). Demander à l'accueil le plan (gratuit) du musée : sommaire mais pratique.

C'est le fleuron des musées florentins, mais surtout l'un des plus anciens et des plus beaux musées du monde. « Incontournable » est un faible mot...

Pour la petite histoire

L'histoire de cet incroyable musée est indissociable de celle des Médicis. Dès le XVe s, Cosme l'Ancien, sous des dehors sévères et avares, se montra généreux envers les arts et encouragea des talents comme Donatello ou Filippo Lippi. C'était le début d'une longue tradition de mécénat, qui connut son apogée avec le fin politique Cosme Ier, puis l'esthète François Ier. Le premier confia à Vasari la création de l'académie de dessin et la construction du palais des Offices, le second transforma en musée (1581) les galeries de cet immense bâtiment administratif. Réservée au départ à une élite, la galerie des Offices ne fut ouverte officiellement qu'en 1765.

Il est impossible de détailler toutes les œuvres présentes dans ce musée. Sans être exhaustif, voici les plus belles œuvres des Offices.

LA VOIE PRINCIÈRE

Les Médicis habitaient au palazzo Vecchio jusqu'en 1596 ; ils se rendaient chaque jour au palais des Offices, où ils avaient concentré leurs administrations. Cosme Ier fit construire par Vasari un long couloir suspendu entre celui-ci et le palais Pitti, de l'autre côté de l'Arno. Au XXe s a été installée, à l'intérieur de ce corridor, une collection d'autoportraits (issus de la noblesse italienne mais aussi des artistes). Endommagé par les ravages de la 2de Guerre mondiale et par un attentat terroriste en 1993, cet ensemble est malheureusement fermé au public... Il devrait rouvrir en 2022 sans les autoportraits qui trouveront probablement leurs places dans des salles à l'intérieur de la galerie.

2^d étage (début de la visite)

Galerie Est

En arrivant au 2^d étage, avant d'entamer la visite à proprement parler, admirer les 2 magnifiques chiens puis, à droite, les quelques belles pièces archéologiques (en particulier une frise romaine en provenance du forum d'Auguste et une tête de César). Portraits des Médicis au mur. Remarquer aussi le couple funéraire inséré sous une statue d'Hercule combattant un centaure. Fresques décoratives d'origine datant de 1560-1580. Vasari a dirigé le chantier et fut aidé par des Flamands, dont on reconnaît la main dans les panneaux de paysages.
Au mur, le long de la galerie, lever la tête et regarder dans la frise, sous le plafond orné de grotesques, la série de peintures de rois et de princes italiens.
Passons maintenant à la visite des salles de la galerie Est ; une visite qui nous a semblé très didactique car à la fois chronologique et par écoles.

Salles 1 et 2 : le Duecento (XIIIe s)
Les primitifs toscans, avec notamment les peintures des 3 monstres sacrés du Duecento et du début du Trecento : la *Madone* de Cimabue, puis celle de Duccio (un Siennois) et enfin la *Madonna d'Ognissanti* de Giotto, qui s'affranchit là du style byzantin ; toujours le fond or, mais les traits prennent vie (noter les touches de rouge sur les joues de Marie et la poitrine qui affleure sous le fin tissu). Ces 3 tableaux restaurés forment un ensemble unique de cette période de l'art italien. Les voir ensemble permet d'appréhender l'émancipation progressive des peintres de cette époque vis-à-vis des codes picturaux immémoriaux de la manière byzantine. C'est un des fleurons des Offices.

Salle 3 : le Trecento siennois
XIVe s siennois. Superbe *Annonciation* de Simone Martini (remarquer le salut de l'Ange) et œuvres des frères Lorenzetti, Ambrogio et Pietro. En particulier, un des chefs-d'œuvre d'Ambrogio, la *Présentation au Temple.* Les figures sont toutes au même niveau : on peut dire qu'il a été l'un des précurseurs de la Renaissance, avec cet effet de perspective – remarquez la boucle d'oreille de la Vierge et le bébé qui suce son doigt.

Salle 4 : le Trecento florentin
Le XIVe s toujours, mais à Florence, avec les suiveurs de Giotto, parfois répétitifs (ce n'est toutefois pas vraiment le cas des œuvres présentées ici), à savoir Bernardo Daddi, Andrea Orcagna et Taddeo Gaddi. Observer le grand retable d'Andrea Orcagna sur la vie de saint Matthieu, arrondi pour épouser la forme d'un pilier (celui d'Orsanmichele), et la fantastique *Pietà* de Giottino (il s'appelait Giotto di Maestro Stefano, mais il a été surnommé ainsi pour le distinguer de Giotto), un chef-d'œuvre de sensibilité et de mise en scène. On retrouve ici Ambrogio Lorenzetti avec les panneaux du retable de la Bienheureuse Humilité et ceux sur la vie de Nicolas de Pietro.

Salles 5 et 6 : le gothique international et Lorenzo Monaco
Retable monumental magnifique aux couleurs très vives avec un très beau bleu de Lorenzo Monaco : *Le Couronnement de la Vierge* (1414). Une mode de l'époque consistait, pour les peintres, à se représenter dans leurs œuvres. Pour les repérer, c'est assez simple : c'est toujours le personnage qui vous regarde droit dans les yeux ! Cette commande réalisée pour les Strozzi, une famille de banquiers très influente à Florence, fut traitée comme une miniature, avec une remarquable utilisation des ors : certains détails (préciosité des tissus) apparaissent même en relief pour souligner l'aisance et la générosité du mécène. Également un admirable *Cristo Benedicente* d'Aretino.

Salle 7 : la 1re moitié du Quattrocento, Masaccio et Fra Angelico
Salle du début de la Renaissance. On introduisit derrière les personnages des paysages minutieusement peints, avec souvent plein de détails intéressants, en

particulier les scènes retraçant la vie dans les villes au Moyen Âge. Observez le travail minutieux effectué sur *La Thébaïde* de Fra Angelico. Étonnante *Madonna dell'Umiltà* qui donne le sein, de Masolino.
Voir aussi *Sainte Anne et la Vierge à l'Enfant,* exécuté à 2 mains par Masolino et Masaccio, ainsi qu'une ravissante petite *Vierge à l'Enfant* de Masaccio.

Salle 8 : Filippo Lippi, Masaccio et Uccello
Principalement des œuvres de Filippo Lippi, le maître de Botticelli, dont on peut admirer *Madone, Enfant et deux anges* et le *Couronnement de la Vierge,* où les essais de perspective ont fini par raccourcir la tête des anges ! Notez aussi l'autoportrait de Lippi, en bas du tableau, qui se tient la main.
Une œuvre capitale : *La Bataille de San Romano,* de Paolo Uccello, décrivant la victoire de Florence sur Sienne en 1432. Triptyque dont les autres parties sont au Louvre et à la National Gallery de Londres. Observer le fantastique jeu de lignes et de perspective.
Superbes *Federico da Montefeltro* et *Battista Sforza* de Piero della Francesca (on dit que les cheveux blonds étaient très prisés à la Renaissance et que pour la teinture rien ne valait... l'urine). Ces portraits figurent, sans doute, parmi les 10 chefs-d'œuvre des Offices.

Salle 9 : les frères Pollaiolo
Les vertus présentées sont l'œuvre des Pollaiolo (sauf la *Force* de Botticelli, la première en partant de la gauche). Les frères Pollaiolo, artistes polyvalents, étaient aussi des sculpteurs, ce qui se ressent. Également une série de portraits.

Salles 10 à 14 : Botticelli
La 1re salle est consacrée au tableau aux dimensions impressionnantes *Le Printemps,* de ***Botticelli*** : cette peinture allégorique représente Vénus, mais la ressemblance avec une Vierge est troublante. Le thème est la naissance d'une nouvelle humanité. Le personnage de Flore distribuant ses fleurs est magnifique dans sa robe aux motifs floraux, un style de robe que les dames revêtaient lors de grandes fêtes aristocratiques à la Renaissance. Regardez à droite du tableau Zéphyr, dieu du Vent, gonflant ses joues. Éblouissante technique du drapé des 3 Grâces représentées à gauche du tableau (qui incarnent la beauté, la vertu et la fidélité). Seule l'ondulation du tissu léger suggère le mouvement. Dans la même salle, également une émouvante *Madonna in trono col Bambino,* toujours du même peintre, ainsi qu'une fresque immense provenant d'un mur de l'hôpital San Martino della Scala à Florence, une *Annonciation* superbe. Remarquez la grâce exquise du mouvement de la Vierge.
Dans la salle suivante, la célèbre *Naissance de Vénus.* Le Printemps lui tend un manteau. Ici, quasiment pas de profondeur. On est fasciné par les lignes voluptueuses des drapés, des courbes du manteau, la finesse ondoyante des cheveux. Composition dépourvue de perspective pour mieux mettre en valeur le rythme quasi musical des lignes et des couleurs. Zéphyr, avec son manteau bleu, souffle sur la coquille portant une Vénus frêle et diaphane. On n'avait jusqu'à présent jamais poussé aussi loin le raffinement pictural. Botticelli utilisa à fond la technique de son maître, Filippo Lippi, dans la recherche de la beauté idéale.
La Calomnie est une œuvre tardive de Botticelli, qui va, à cette époque, vers des proportions plus réduites et peint des sujets dramatiques sous l'influence de Savonarole – celui-ci prônait un retour à une religion pure et dure (il a fini sur le bûcher !).
Un chef-d'œuvre de Botticelli : *La Melagrana.* Également 2 peintures sur bois où le peintre excelle dans la miniature, avec un beau portrait de Cosme l'Ancien.

Salle 15 : Hugo Van der Goes
À voir : le *Triptyque Portinari* d'Hugo Van der Goes, dont l'arrivée en Italie fut un choc pour les peintres du XVe s, qui découvrirent grâce à lui la peinture flamande et l'observation des détails réalistes (paysages, enfants, paysans) qui n'était pas, jusqu'alors, de tradition florentine.

Salle 17 : Stanzino delle Matematiche
Petite pièce adjacente à la tribune. C'est Ferdinand Ier de Médicis qui installa sa collection d'instruments scientifiques. Au plafond sont représentés des grotesques et des instruments scientifiques.

Salle 18 : la tribune, les maniéristes
La tribune de forme octogonale a été conçue par Buontalenti en 1582 pour le duc François Ier de Médicis. On ne peut plus y entrer, mais les œuvres sont bien visibles par les ouvertures extérieures. Voulue par les Médicis, cette salle rassemblait la plus belle collection du musée, un cabinet secret... Magnifique, elle a d'ailleurs toujours été considérée comme la plus belle du palais. Suite à de grands travaux, on retrouve, des siècles après, cet écrin toujours préservé et mis en valeur, même si le contenu a presque disparu. Les 4 éléments y sont représentés : le sol symbolise la terre ; les murs rouges, le feu ; les décorations nacrées et bleues, l'eau ; et les sortes de bulles sous la coupole (magnifique aussi) qui sont en fait 6 000 coquillages venus de l'océan Indien, l'air. Superbe *Vénus de Médicis,* une des sculptures antiques achetée à l'origine, au XVIIe s, par la famille Médicis pour sa villa à Rome. C'est Cosme III qui la rapatria aux Offices dans les années 1670. Voir également *Les Lutteurs,* remarquables dans leur représentation anatomique et leur mouvement, et le petit *Apollon.*

UNE BEAUTÉ... IRRÉSISTIBLE

Les statues antiques de la salle 18 sont d'une qualité remarquable, en particulier la fameuse Vénus de Médicis, *la pièce la plus importante de la collection des Médicis, original grec du IIe s av. J.-C. Elle symbolisait tellement la beauté parfaite que Napoléon la fit enlever pour l'exposer dans son projet de musée Napoléon à Paris. Après tout, pourquoi se gêner ? L'Histoire cependant en décida autrement, puisque, à la suite de sa défaite à Waterloo, ce dernier s'engagea, dans le traité de paix, à la remettre à sa place.*

Salles 19 (Quattrocento senese) et 20 (Mantegna, Bellini)
Juste après la tribune, admirez la *Madone à l'Enfant* d'Antonello da Messina ou encore l'*Histoire de la vie du Christ* par Andrea Mantegna, avec un extraordinaire panneau central. Le côté minéral de l'œuvre de Mantegna est toujours étonnant ! Un magnifique *Compianto di Cristo* de Giovanni Bellini (en noir et blanc) et une *Allégorie* sacrée, dont le sujet énigmatique n'est pas encore élucidé à ce jour. Cette pièce est l'occasion d'apprécier toute la singularité de l'école vénitienne (lumière chaude et dorée, paysages doux, beauté des femmes...).

Salle 21 : Quattrocento veneto
Admirez la *Madonna col Bambino* de Cima da Conegliano, avec le petit qui tient gentiment le pouce de sa maman. Et pour la petite histoire, remarquez le paysage de grotesques dans cette salle. En effet, en 1944, suite à l'endommagement d'une partie des Offices, les restaurateurs ont réalisé un « faux » paysage en montrant le quartier en ruine aux abords du ponte Vecchio, après les destructions allemandes de 1944.

Salle 22 : Quattrocento emilano-romagna
École de Ferrare avec Cosimo Tura et son *Saint Dominique.*

Salle 23 : Quattrocento lombardo
Alessandro Araldi avec un beau portrait réussi de Béatrice d'Este, avec sa coiffe (remarquez sa tresse postiche) et ses bijoux.

Salle 24, dite « des miniatures »
Abrite des médaillons qu'on aperçoit de loin car on ne peut pas accéder à la salle (barre métallique à l'entrée), ce qui en limite l'intérêt.

Galerie Ouest

De la loge, belle vue sur Florence, l'Arno et, bien sûr, le ponte Vecchio. Et, au loin, la chiesa San Miniato, qui veille sur la ville.

Le corridor Vasari

Prenez le temps d'admirer la vue sur l'Arno et le ponte Vecchio. Le fameux corridor Vasari se trouve à gauche, au début de la galerie Ouest. Il traverse l'Arno et permettait aux Médicis de rejoindre tranquillement leur demeure privée du palazzo Pitti. Le couloir, actuellement en rénovation, renferme une célèbre collection de portraits et d'autoportraits qui sera répartie prochainement dans les nombreuses salles du musée). Belle vue également sur les collines environnantes avec, au loin, l'église San Miniato. Un tel panorama nous rappelle que le bâtiment des Offices a notamment été conçu pour contrôler la vue sur le fleuve.

Salle 25 : Baldovinetti et Ghirlandaio

Belles œuvres de Ghirlandaio, dont un tondo (c'est un tableau de forme ronde ou ovale représentant souvent la Sainte Famille, qu'on offrait traditionnellement aux jeunes accouchées comme cadeau de naissance) pour la famille Tornabuoni datant de 1487 *(Adoration des Mages).* Également une très belle *Madone à l'Enfant,* entourée de saints. *Annonciation* délicate de Baldovinetti, où l'ange semble littéralement voler.

Salles 26 (Roselli), 27 (Perugino – le Pérugin), 28 (Signorelli) à 32 (Lorenzo di Credi et Signorelli)

Du Pérugin, le fameux *Francesco delle Opere,* de facture très moderne, la jolie *Pietà* ou encore l'*Agonie dans le jardin (Orazione nell'Orto),* dont on dit que la figure à droite du Christ a été réalisée par Raphaël... De Piero di Cosimo, *Andromède délivrée par Persée,* typique de ce peintre un peu hors norme et excentrique. Et puis Filippino Lippi (salle 28), Lorenzo di Credi (salle 29) et Luca Signorelli avec *Madone et Enfant* (salle 31).

Salle 33

Portraits grecs : collection des grands-ducs avec ces portraits de philosophes, d'athlètes, d'orateurs, qui sont d'excellentes répliques de la période républicaine et impériale.

Salle 34

Le jardin de San Marco et les collections antiques. Dans ce jardin, Laurent le Magnifique avait rassemblé de célèbres statues antiques (impossible de savoir aujourd'hui quelles étaient les statues conservées dans ce jardin fréquenté par les jeunes artistes de l'époque, dont Michel-Ange). Il s'agit ici d'une évocation. À noter, les frises de l'Ara Pacis (calques que Ferdinand de Médicis avait fait réaliser pour sa villa romaine).

Salle 35

Œuvres de ***Léonard de Vinci,*** dont *L'Adoration des Mages.* Ce tableau est très intéressant : comme il est inachevé, on saisit la façon de travailler de l'artiste et on apprend comment les volumes s'intègrent les uns aux autres. Également de Léonard de Vinci, la très célèbre *Annonciation.* Penser qu'il n'avait que 17 ans quand il exécuta ce chef-d'œuvre ! Noter l'utilisation géniale de la lumière sur les visages et les chevelures. On dit que son maître, Andrea del Verrochio, aurait renoncé à la peinture après avoir constaté son talent. Le *Baptême du Christ,* œuvre de Verrocchio et Léonard de Vinci, permet d'apprécier la main de Léonard dans les 2 anges et le paysage du fond, où l'on commence à voir ce que sera le célèbre sfumato de Vinci.

Salle 36 : vestibule

Salle d'aspirations antiques qui sert aussi de salle d'exposition temporaire.

Salle 41 : Michel-Ange et Raphaël
De Michel-Ange, *La Sainte Famille (Tondo Doni)* : là aussi, le sommet dans la perfection. Ce sont déjà les couleurs de la chapelle Sixtine. On y décèle la rigueur de Michel-Ange et son sens de la composition. Elle est organisée en plusieurs plans, allant vers la profondeur (au fond, les corps nus, presque flous, des hommes du temps du péché originel), tout en s'articulant autour d'un mouvement en spirale. À noter enfin qu'il s'agit de l'unique tableau de Michel-Ange exposé en dehors du Vatican. Offert aux Doni pour la naissance de leur 1re fille en 1507, il fut racheté par les Médicis et exposé aux Offices dès 1580 ! Également des œuvres de Raphaël avec la *Vierge au Chardonneret (Madonna del Cardellino)* et des portraits.

Salle 42 : salle de Niobé
Salle du nom du groupe de statues antiques retrouvé près de Rome. Ce groupe évoque un épisode de la mythologie, quand Artémis et Apollon ont tué les 7 filles et les 7 fils de Niobé. Beaux effets de drapé.

Salle 44 : salle de l'Hermaphrodite endormi

Salle 45 : les Flamands
Portraits de Memling, *Adam et Ève* de Cranach ainsi qu'une *Adoration des Mages* de Dürer.

DUOMO

Ici s'achève la visite du 2d étage. Au fond du corridor, l'imposant *Porcellino* (porcelet) de Tacca, dont il existe une copie à la loggia del Mercato, ainsi qu'une copie de la statue grecque du Laocoon.

Cafétéria : déco et mobilier contemporains pour un service rapide de boissons et *panini*. Également un marchand de glaces. Une halte qui vaut surtout pour la superbe terrasse en surplomb avec vue sur le campanile, le Duomo, le palazzo Vecchio et, au loin, la colline de Fiesole.

1er étage

Salles 46 à 55 : donation Contini Bonacossi
C'est une donation d'un collectionneur florentin assez récente (années 1960). On y trouve des peintures (Castagno, Bellini Gaya, Vélasquez) mais aussi du mobilier et des sculptures.

Salles 57 à 66 : peinture florentine du début du XVIe s (maniéristes)
Salles consacrées aux artistes toscans de renom comme Andrea del Sarto (salle 58) avec une belle *Madone aux harpies,* qui doit son nom aux sculptures visibles sur le piédestal de la Vierge. Entre maniérisme et académisme (c'est le maître des grands maniéristes florentins Pontormo et Rosso Fiorentino) : perfection de la composition et, outre le jeu complexe des courbes, on notera celui des couleurs. Tranchant avec la sobriété générale, éclatent le rouge et le jaune de la Vierge et le rouge du manteau de saint Jean.
Également des peintures de Rosso Fiorentino et Pontormo. Admirer le talent de Rosso Fiorentino dans la *Vierge à l'Enfant entourée de saints,* inachevée.

Salle 61
Repas d'Emmaüs de Pontormo.

Salle 74 : salle Parmesan
On y trouve la célèbre *Vierge au long cou* du **Parmesan.** Il y travailla 6 ans. Chef-d'œuvre du maniérisme italien : trait précieux, teint de peau artificiel, coiffures recherchées, composition et poses élégantes, silhouettes étirées... Mais l'œuvre est restée inachevée ! À droite du tableau, à côté de saint Jérôme tenant un rouleau, on aperçoit le pied isolé d'un saint qui n'a jamais été peint.

Salle 75 : portraits de Bronzino
Un des plus grands portraitistes de l'histoire de la peinture. Portrait d'Éléonore de Tolède avec son fils Jean sur fond bleu, son chef-d'œuvre.

Salle 83 : salle des Médicis et des ducs d'Urbain
Portrait célèbre de Laurent de Médicis par Vasari. Portraits de Pontormo, dont celui de Cosme l'Ancien de Médicis, qui fut donc l'élève d'Andrea del Sarto.

Dans les salles suivantes (salles vertes), la peinture vénitienne est à l'honneur avec Titien, Le Tintoret et Véronèse.

Salles 84 et 85 : Titien
Orgie d'œuvres de ***Titien,*** dont la *Vénus d'Urbino,* d'un érotisme troublant. La femme est belle, et ce n'est plus un péché de la peindre nue. L'étau de la religion commence à se relâcher. Remarquer l'opulence et les couleurs chaudes des fleurs. Également des portraits, dont un cavalier de Malte, le pape Sixte IV ou encore les ducs d'Urbino, les parents du commanditaire de la *Vénus.* Également la très belle *Madonna delle Rose.*

Salle 86 : Véronèse
Portrait du Comte de Porto avec son fils Adriano.

Passage avec une exposition d'œuvres qui offrent un bon aperçu de la sculpture du IVe au IIe s av. J.-C., dont la fameuse statue du petit garçon à l'épine *(Spinario),* réplique de la statue en bronze conservée au Capitole à Rome. On en trouve aussi une copie au palazzo Vecchio.

Salle 87 : le Tintoret

Leda et le Cygne.

Avant d'accéder aux salles du Caravage, prendre le temps d'admirer *Le Vase Médicis.* Il s'agit d'un vase venant de la propriété des Médicis à Rome. Plusieurs fois abîmé et recollé, il a été restauré en 1993, après l'attentat à la bombe des Offices, et en 2012. Également un beau bronze d'Ammannati.

Salles 90 à 99 : salles consacrées au Caravage et à ses disciples
Les salles rouges accueillent les chefs-d'œuvre du Caravage, comme la célèbre *Tête de Méduse,* peinte sur un bouclier et représentée le regard baissé puisqu'elle a le pouvoir de pétrifier qui la fixe dans les yeux, ou le fameux *Bacchus,* à la sensualité à fleur de peau. L'artiste, âgé d'à peine 20 ans, n'avait pas craint de scandaliser ses pairs avec l'attitude équivoque du jeune dieu. Moins ambiguë mais éprouvante, la scène du *Sacrifice d'Isaac* bouleverse par le réalisme des visages d'Abraham et de son fils, fidèles reflets de l'angoisse et de l'horreur (très bel éclairage). Admirer le travail d'Artemisia Gentileschi avec sa *Judith décapitant Holopherne.* Superbe utilisation de la lumière artificielle (souvent une bougie) également chez Gherardo delle Notti (salle 98) avec son *Adoration de l'Enfant*. Enfin, la salle 99 est consacrée à Rembrandt et Rubens (avec un beau portrait de sa femme Isabelle Brandt).

Piazza della Signoria *(zoom détachable D4)* **:** c'était le cœur palpitant de la cité. Toute l'histoire de Florence se résume en cette place. Elle fut le lieu des rassemblements populaires, des révolutions, le cadre des supplices, le décor de fêtes somptueuses. D'un côté, elle est dominée par le majestueux palazzo Vecchio et, de l'autre, par la loggia dei Lanzi.

SOUS ÉTROITE SURVEILLANCE

Lanzi *vient de* lanzichenecchi. *Les lansquenets étaient des soldats allemands employés par les Médicis pour surveiller le palazzo Vecchio, l'équivalent en quelque sorte des gardes suisses du Vatican à Rome. Quand les grands-ducs se sentirent en sécurité, ils renvoyèrent les soldats et remplirent la loggia de statues.*

– ***La loggia dei Lanzi*** **:** plusieurs statues d'un intérêt majeur en font un véritable musée en plein air. On y découvre, entre autres, le fantastique *Persée,* en bronze, de Benvenuto Cellini, et l'*Enlèvement d'une Sabine* de Giambologna (Jean de Bologne, grand sculpteur du XVIIe s), œuvre maniériste qui préfigure déjà le baroque. Admirer la délicate représentation des mains sur les fesses de la Sabine. Remarquer aussi les 2 lions, de part et d'autre de l'entrée de la loggia : celui de droite, quand vous faites face à la loggia, est un original antique, celui de gauche est une copie de la Renaissance.

De gauche à droite en faisant face au palazzo Vecchio

– ***La statue équestre de Cosme Ier de Médicis*** (réalisée entre 1587 et 1594). Encore une œuvre de Giambologna. Impressionnante par ses mesures parfaites.

– ***La fontaine de Neptune*** **:** on doit le *Neptune* à Ammannati et la fontaine, avec ses nymphes, à Giambologna (encore lui !). L'ensemble fut réalisé dans les années 1560. Déjà, les peintres n'hésitaient pas à chanter les louanges du corps humain, mais leurs œuvres étaient réservées à quelques privilégiés. Là, pour la 1re fois, la nudité descend dans la rue. C'est aussi le cas avec la fontaine de Jacopo della Quercia sur la place de Sienne, un ensemble sculptural novateur qui sera en partie à l'origine de la représentation classique des fontaines italiennes (Trevi à Rome, par exemple). En revanche, si l'ensemble est harmonieux, la représentation de *Neptune* fut, à l'époque, considérée comme très médiocre. Ammannati essuya les sarcasmes de Michel-Ange, qui, chaque fois qu'il passait devant, soupirait : « Quel gâchis de beau marbre ! »

– ***Judith et Holopherne de Donatello*** **:** l'original est à l'intérieur du palazzo Vecchio. Ce fut la 2de statue mise en place devant le *palazzo* par Savonarole, qui l'emprunta à la collection privée des Médicis. Il considéra à l'époque que Judith libérant le peuple juif du tyran Holopherne symbolisait le peuple florentin se libérant du joug des Médicis.

– ***Le Marzocco de Donatello*** **:** l'original est au musée du Bargello. Ce lion symbolise le courage des Florentins face à l'ennemi. Remarquer sous sa patte droite le blason de Florence avec sa fleur de lys rouge.

– ***David de Michel-Ange*** **:** ce marbre est encore une copie (décidément !). Ses dimensions sont d'ailleurs réduites. Les plus curieux ne manqueront pas d'aller admirer l'original à la galleria dell'Accademia.

– ***Hercule et Cacus de Bandinelli*** (XVIe s) **:** devant l'entrée du palazzo Vecchio. Représente avec une certaine brutalité Hercule tuant Cacus.

Le soir, la *piazza* est particulièrement agréable avec son animation et les lumières jouant sur la pierre jaune.

Palazzo Vecchio et son musée *(zoom détachable D4)* **:** *piazza della Signoria. ☎ 055-276-82-24. Entrée : 12,50 € (14 € avec la torre di Arnolfo ; 18 € avec le parcours archéologique, la torre di Arnolfo et le chemin de ronde). Avr-sept, tlj 9h-23h (14h jeu) ; oct-mars, tlj 9h-19h (14h jeu). Tablette interactive : 5 €.*

Ce palais-forteresse sévère, édifié à la fin du XIIIe s sur les ruines des demeures gibelines rasées par les guelfes, servit dans un 1er temps de siège au gouvernement des prieurs, avant que les Médicis n'y emménagent. Il devint le siège du pouvoir florentin quand Cosme de Médicis vint s'y installer avec Éléonore de Tolède ; ils en firent leur résidence principale. Ils en furent toutefois dépossédés un temps par Savonarole, qui s'en empara pour y installer le siège de son éphémère république florentine. Au XVIe s, lorsque les Médicis s'installèrent au « nouveau » palazzo Pitti, l'édifice prit le surnom de *palazzo Vecchio* (Palais vieux). Bien plus tard, au moment de

LE PREMIER TAG ?

Cherchez sur le mur du palazzo, juste derrière Hercule et Cacus, un graffiti représentant une tête de profil. Il s'agirait d'un graffiti original du XVe ou XVIe s qui, selon la petite histoire, serait de la main de Michel-Ange, mais réalisé de dos... Quel talent !

DUOMO

l'unification italienne (1865-1871), le palais servit un court moment de siège à la Chambre des députés. À l'intérieur, très belle cour à arcades ornées de stucs, avec la fontaine décorée du petit génie ailé de Verrocchio.

– La visite débute par la ***sala dei Cinquecento,*** salle immense avec un extraordinaire plafond à caissons peints. Créée à l'origine par Savonarole pour accueillir le Conseil de la République, elle fut utilisée par la suite comme salle d'audience par les Médicis. C'est pourquoi tous les thèmes choisis pour la décoration les glorifient (sur le médaillon du plafond, Cosme s'est même fait représenter en empereur romain !). Aux murs, fresques de Vasari racontant l'histoire de la ville (guerres contre Pise et contre Sienne) et très belles statues du XVIe s représentant les travaux d'Hercule. Seule celle de la *Victoire sur Sienne* (en face de l'entrée) est de Michel-Ange (admirable mouvement du personnage principal, le « Génie » dominant la force brutale). À droite en entrant dans la salle, jeter un coup d'œil au *studiolo* de François Ier de Médicis : superbes fresques de Vasari et de ses collaborateurs, mais surtout magnifiques bronzes dans les niches par Jean de Bologne et Ammannati, notamment ; ainsi qu'un portrait d'Éléonore de Tolède.

Avant de monter à l'étage, observer les très beaux plafonds des appartements de Léon X et les fresques qui racontent la vie des Médicis.

– Ensuite, succession de salles et appartements aux plafonds et parois richement ornés de peintures maniéristes et présentant de nombreuses œuvres, dont la salle des Éléments de Cosme de Médicis, entièrement restaurée et devenue une salle magnifique à la cheminée majestueuse.

Une fois à l'étage, vers la gauche, les salles ont moins d'intérêt (on passe toutefois devant un adorable *Chérubin au dauphin,* de Verrochio) ; néanmoins, depuis la terrasse dite « de Saturne », belle vue sur l'église San Miniato et les collines environnantes.

On repasse alors au-dessus de la *sala dei Cinquecento,* qu'on peut admirer à loisir pour visiter l'autre partie des appartements.

Parmi les salles les plus marquantes :

– ***Chambre verte d'Éléonore avec sa chapelle,*** ornée de fresques de Bronzino. Magnifique *Déposition* de belle facture maniériste ! Orgie de plafonds peints et dorés, notamment dans la salle qui porte l'inscription « Florentia ».

– Les 3 salles suivantes (Sabines, Esther et Pénélope) valent surtout pour leurs plafonds.

– ***Chapelle des Prieurs,*** décorée de peintures en fausse mosaïque.

– ***Sala delle Udienze*** *(salle des audiences)* **:** les prieurs y recevaient les citoyens de la ville. Plafond de Maiano assez outrageusement chargé. Fresques admirables d'une fraîcheur éclatante par Francesco Salviati, un maniériste de plus grand talent que Vasari (notamment celle de la *Pesée des trésors de guerre*).

– ***Salle du Lys :*** juste en entrant, remarquable porte de marbre sculptée par Benedetto da Maiano (notamment le délicat *Saint Jean-Baptiste*) ; la salle abrite aussi l'une des plus grandes œuvres de Florence, le groupe *Judith et Holopherne,* sculpture en bronze de Donatello. Celle-ci trôna de 1494 à 1980 devant le palazzo Vecchio, avant de partir en restauration, sérieusement victime des ravages du temps. Aux murs, à l'opposé de la porte de marbre, magnifiques fresques de Ghirlandaio. De cette salle également, belle vue sur le campanile, le Duomo et l'église de la Badia.

– ***Salle des Cartes*** avec des globes terrestres impressionnants.

– On termine par plusieurs salles abritant la collection Loeser. Vaut surtout pour la 2e pièce avec un bel ange de Tino di Camaino, une superbe *Vierge à l'Enfant* de Pietro Lorenzetti et une *Madone à l'Enfant* d'Alonso Berruguete. Dans la dernière salle également, belle série de panneaux de Pontormo.

– Enfin, au sous-sol : ***Percoroso archeologico-Scavi del Teatro romano*** *(possibilité de le visiter sans le palazzo Vecchio : mêmes horaires que le palazzo Vecchio ; 4 €).* Les archéologues ont découvert toute une zone remontant à l'époque romaine. Il s'agit ici des fondations du théâtre de l'ancien palais.

Torre di Arnolfo (zoom détachable D4) **:** *avr-sept, tlj 9h-21h (14h jeu) ; oct-mars, tlj 9h-17h (14h jeu). Entrée : 12,50 € avec le chemin de ronde ; plusieurs formules avec le palazzo Vecchio. Accès interdit aux moins de 6 ans. Attention, visite annulée en cas de pluie et nombre de visiteurs limité.* Elle permet une vue panoramique à 360° sur la ville et la campagne avoisinante. Les escaliers sont assez faciles et larges d'accès.

Gucci Garden (zoom détachable D4) **:** *piazza della Signoria, 10. ☎ 055-29-00-17. • gucci.com • Tlj 11h-19h. Entrée : 8 €.*
Situé sur la piazza della Signoria, le musée ne pouvait rêver rien de mieux que cette place emblématique ! Installé dans le sobre palazzo della Mercanzia, il laisse apparaître les vestiges d'un vieux palais Renaissance. Si vous avez un peu (beaucoup !) d'économies, une belle boutique destinée à la vente de sacs et de ceintures se trouve au rez-de-chaussée du palais. Le musée a été entièrement repensé par le directeur artistique Alessandro Michele, dont la collection s'expose sur 2 étages (et change tous les 6 mois).
À l'origine, Guccio Gucci n'était que simple groom dans un hôtel chic de Londres. Côtoyant la jeune bourgeoisie du début du XXe s, il eut l'idée en rentrant en Italie de créer une 1re série d'articles de voyage (en 1921) puis une sur l'univers du cheval dans les années 1940... On connaît la suite avec le lancement du prêt-à-porter en 1970.
Sur 2 étages, le musée invite les visiteurs à parcourir la nouvelle maison Gucci dans l'esprit de collaboration artistique. La 1re salle est consacrée à la « guccification » (découverte de tags de la marque mis en valeur sur Instagram) tout en révélant des archives, des photos et des objets vintage comme le sac avec l'anse en bambou créé en 1940 ou encore le fameux foulard à motifs floraux inspiré par Grace Kelly. Michele a gardé aussi les thèmes chers à la maison de couture : la nature et les animaux (attention, ils n'utilisent plus la peau des animaux). On retrouve parmi les nombreuses collections d'artistes la ceinture en forme de fer à cheval (l'équitation étant la grande passion de Gucci), les créations de robes de soirée et, bien sûr, les sacs, grandes vedettes de la maison, tous fabriqués en Italie (les usines sont situées dans les environs de Florence).
La boutique en fin de parcours a été entièrement repensée avec des pièces uniques. Le restaurant, dont la carte est signée par Massimo Bottura, prestigieux chef italien triplement étoilé, est une vraie réussite (table chère, forcément).

Complesso di Orsanmichele (zoom détachable D4) **:** *via Arte della Lana, entre la piazza della Repubblica et la piazza della Signoria. Tlj 10h-17h. Visite accompagnée et guidée sam à 14h15, 15h20 et 16h30 (résa obligatoire sur • firenzemusei.it • ; 3 €). 1er étage ouv lun ap-m, permettant de voir les sculptures originales exposées (celles qui ornent actuellement l'église à l'extérieur sont des copies).*

Orsanmichele est une abréviation d'*Orto di San Michele,* signifiant le « potager de saint Michel ». À l'origine, c'était la halle au blé, ce qui explique que le pavement n'est ni en marbre ni en matière précieuse. Les arcades étaient à l'époque ouvertes : l'architecte Arnolfo di Cambio avait construit une couverture en bois et en brique pour abriter les étals du marché des céréales. Un incendie détruisit partiellement le bâtiment et la légende raconte qu'il ne resta qu'un pilier sur lequel figurait une peinture de la Vierge.

LA HALLE AUX MIRACLES

Lors de la peste de 1348, les Florentins se réunirent au marché et implorèrent la Vierge de faire cesser l'épidémie... ce qui arriva ! Pour la remercier, ils commandèrent à Bernardo Daddi, élève de Giotto, un magnifique retable représentant la Vierge à l'Enfant. Les fidèles furent de plus en plus nombreux à remplir l'église d'ex-voto, rendant inaccessible l'accès à l'étage. On construisit alors un passage surélevé entre l'ancien grenier à blé et le palazzo dell'Arte di Lana, toujours visible aujourd'hui.

Les Florentins crurent à un miracle et s'arrêtèrent dans ce bâtiment pour prier. Le lieu connut un tel succès qu'il fallut consacrer le bâtiment au XIVe s... Ce qui explique la forme peu habituelle de cette église (à 2 nefs !). En revanche, une fois l'église consacrée au rez-de-chaussée, l'étage supérieur resta dédié au stockage du grain !
À l'extérieur, on perça des niches tout autour, ornées de statues réalisées par les plus grands artistes de l'époque et commandées par les grandes corporations. Chaque guilde de la ville avait été chargée de la réalisation d'une statue de son saint patron, si bien que ce bâtiment présente l'un des ensembles sculpturaux les plus importants et surtout les plus représentatifs de l'évolution stylistique. Via dei Calzaiuoli, on peut voir un *Saint Jean-Baptiste* de Ghiberti (celui du baptistère), un *Saint Thomas* (patron du tribunal des marchands) de Verrocchio et un *Saint Luc* (patron des juges) de Jean de Bologne. Via Orsanmichele, on trouve un *Saint Pierre* (protecteur des bouchers) et un *Saint Marc* (patron des drapiers) de Donatello. Via dell'Arte della Lana, superbe représentation dans le marbre du labeur des maréchaux-ferrants par Nanni di Banco.
À l'intérieur, les peintures du plafond ont conservé leurs couleurs éclatantes. Admirable *ciborium-retable* d'Andrea Orcagna, du XIVe s. Les vitraux, représentant les miracles de la Vierge, sont intacts et comptent parmi les plus anciens de la ville. Un détail intéressant, les trous situés dans les colonnes de gauche permettaient la livraison du blé directement du 1er étage au consommateur. Il est probable que le fait d'avoir consacré le rez-de-chaussée permettait de limiter les convoitises et la fraude...

Ponte Vecchio *(zoom détachable D4)* **:** il porte bien son nom, c'est le plus ancien de la ville (il existait déjà avant le Xe s). Pas difficile, cela dit, puisque l'armée allemande a fait sauter tous les autres le 4 août 1944 pour de nébuleuses questions stratégiques. Il est resté, à peu de chose près, tel qu'il était en 1345, date à laquelle il fut reconstruit et enrichi de boutiques et de maisons qui lui donnent son caractère bien particulier. À cette époque, bouchers et poissonniers occupaient les lieux, mais la famille Médicis, ne supportant plus l'odeur insoutenable de ces commerces, les fit partir pour laisser place aux bijoutiers qui sont encore là aujourd'hui. Les maisonnettes étaient louées par l'État, qui en récoltait une coquette somme. Le corridor au-dessus des maisons, qui relie les Offices au palais Pitti, date en revanche du XVIe s. Si vous voulez bien le voir, passez-y le matin tôt (vers 7h-8h) ou le soir pour éviter la foule. Dans la journée, on le voit beaucoup mieux depuis les autres ponts !

Chiesa Badia Fiorentina *(église de la Badia Fiorentina ; zoom détachable D4)* **:** *via del Proconsolo, près du Bargello. L'entrée se fait sur le côté, via Dante Alighieri. Cloître des orangers : lun 15h-18h ; entrée : 3 €.* À gauche en entrant, un sublime chef-d'œuvre de Filippino Lippi, *L'Apparition de la Vierge à saint Bernard.* La scène est proche d'un tableau de Botticelli avec l'élégance de l'enfant (regarder ses mains...). Sculptures du plafond splendides. Il a fallu 27 ans pour les réaliser. Œuvres sculptées de Mino da Fiesole (1464-1470). Les fresques du chœur, en trompe l'œil, sont de G. D. Ferretti (1733-1734). Demandez gentiment à la personne de l'entrée si vous pouvez pousser la porte de droite à côté de l'autel. Vous découvrirez un petit cloître charmant, le « cloître des orangers », qui faisait partie autrefois d'un couvent bénédictin. Vous pouvez admirer (mais la majeure partie est abîmée) les fresques de la vie de saint Benoît.

Chiesa Santa Maria dei Ricci *(zoom détachable D3)* **:** *via del Corso. ☎ 055-28-93-67. Concerts classiques presque tlj à 21h15 ; concert d'orgue sam à 18h. La vente des billets commence 1h avt le début du concert.* Voici un excellent moyen de profiter de la beauté de cet amour de petite église qui cultive une mise en lumière géniale. Ce qui marque d'abord, c'est l'absence de retable. À la place, un délire baroque où des angelots plus dorés les uns que les autres nagent dans une mer de nuages argentés. On sent vraiment que quelqu'un s'est ingénié à mettre en valeur la décoration. Ici, un rai de lumière fend la pénombre pour atterrir sur une statuette timide ; là, dans son alcôve damassée de velours bordeaux, un christ fait de l'œil à un gisant d'une blancheur luisante. Remarquer d'ailleurs les proportions étranges de ce dernier : ses membres inférieurs et sa tête sont manifestement disproportionnés par rapport au thorax.

Loggia del Mercato Nuovo *(zoom détachable D4)* **:** *via Porta Rossa.* Édifiée au XVIe s, avec hautes arcades et pilastres d'angle. Célèbre pour sa *fontaine du Porcelet (del Porcellino)* de Pietro Tacca, un artiste du XVIIe s, sanglier de bronze très expressif. Lui caresser le groin porte bonheur, paraît-il ! Et mieux encore, si vous voulez revenir un jour à Florence, il vous suffit de glisser une pièce sur sa langue et qu'elle retombe dans les rainures de la fontaine. Une reproduction en bronze est également conservée aux Offices.

Museo Galileo *(musée Galilée ; zoom détachable D4)* **:** *piazza dei Giudici, 1. ☎ 055-26-53-11. • museogalileo.it • Tlj 9h30-18h (13h mar). Entrée : 10 €.* Installé depuis 1930 dans l'un des plus vieux édifices de Florence (le *palazzo Castellani*), ce musée (anciennement *museo di Storia della Scienza*) a été rénové en 2010 et abrite désormais l'une des plus riches collections d'instruments scientifiques du monde. La qualité des pièces témoigne de la passion des grands de Florence pour le monde des sciences, en particulier sous le règne du grand-duc Ferdinand au XVIIe s. Protecteur de Galilée, cet érudit atypique en était même arrivé à négliger les affaires courantes de l'État !

Pas moins de 1 500 pièces datées du XVe au XIXe s sont exposées de manière didactique, réparties par thèmes. On y voit, par exemple, la lentille du télescope avec lequel Galilée découvrit les satellites de Jupiter, ainsi qu'un globe de verre contenant... un doigt de l'illustre savant. Un peu plus loin, amusez-vous avec ce portrait d'homme qui, réfléchi dans un miroir, vous montre une femme ! Et toutes sortes d'instruments savants délicatement ciselés jalonnent le parcours, sérieux comme ces beaux compas et ces cadrans solaires, surprenants comme cette lunette en ivoire pour dame... assortie d'un poudrier ! Les remarquables globes terrestres et les subtils mécanismes à mesurer le temps précèdent quelques salles plus éprouvantes, consacrées à la chirurgie et à l'obstétrique.

– *Meridiana Monumentale :* située sur la piazza dei Giudici et visible de tous, elle a été conçue en 2007 par les designers Luise Schnabel et Filippo Camerota. L'ombre projetée par la boule en verre indique à la fois l'heure réelle de la journée et la période de l'année, et la ligne transversale définit la course du Soleil dans l'année. Belle réussite associant verre et alliage, et se mariant très bien avec le palazzo Castellani.

Oratorio dei Buonomini di San Martino *(zoom détachable D4)* **:** *en face de la casa di Dante. Tlj sauf ven ap-m et dim 10h-12h, 15h-17h.* Fondé en 1441 par la confrérie des *Buonomini* (les « hommes bons »), dirigée par San Martino, qui venait en aide aux « démunis mais dignes ». Lorsque l'ordre manquait cruellement d'argent, une bougie était allumée devant la porte, signifiant « nous en sommes réduits à cette petite lueur ». La charité du voisinage jouait alors son rôle. On les aidait en leur donnant de l'argent, à manger, en leur prodiguant les soins dont ils avaient besoin. Fresques d'origine du XVe s, remarquablement conservées, représentant la vie de San Martino (dont on voit le portrait au-dessus de la porte extérieure).

LE QUARTIER DE SANTA CROCE

• Pour se repérer, voir le plan et le zoom détachables en fin de guide.

Santa Croce tient son nom de la magnifique basilique qui domine la piazza Santa Croce. Celle-ci est célèbre pour accueillir annuellement à la mi-juin le *Calcio Storico,* événement sportif typiquement florentin, un mélange de foot et de lutte gréco-romaine, le tout sans règles de jeu précises. Inutile de vous dire que le quartier est en ébullition jusqu'à la nuit de la Saint-Jean, date de la fin des tournois !
Le reste de l'année, Santa Croce est un quartier historique typique, sans histoires, avec ses petites rues entrelacées, ses commerces de proximité et surtout sa basilique que l'on compare souvent au panthéon romain. Elle renferme en effet des trésors, notamment les tombeaux des personnages qui ont illustré l'histoire artistique et politique italienne : Michel-Ange, Ghiberti, Machiavel, Rossini, Galilée... Un quartier aux multiples facettes qu'il faut découvrir en prenant son temps. D'autres musées méritent une petite halte. Courez au museo del Bargello, à la collection incroyable de sculptures, l'une des plus belles d'Italie, ou poussez jusqu'à la récente fondation Zeffirelli, du nom d'un réalisateur cinéaste florentin et ancien disciple de Visconti.

Où dormir ?

De prix moyens à chic

☗ ***Hotel Dali*** *(zoom détachable E3,* ***63****) : via dell'Oriuolo, 17. ☎ 055-234-07-06. • hoteldali@tin.it • hoteldali.com • Congés : 2 sem en janv. Doubles 50-95 €. Parking. Réduc de 10 % sur la chambre sur présentation de ce guide.* On aime cette petite pension sans histoires tenue par un couple charmant. Une dizaine de chambres agréables, bien tenues dans l'ensemble. L'atout de l'endroit ? C'est évidemment le parking privé gratuit, dans la cour de l'immeuble. Une aubaine à Florence ! Accueil souriant.

☗ ***Hotel Bavaria*** *(zoom détachable E3,* ***68****) : borgo degli Albizi, 26. ☎ 055-234-03-13. • info@hotelbavariafirenze.it • hotelbavariafirenze.it • Doubles 50-100 €. Réduc de 5 % pour tte résa directe avec l'hôtel sans passer par Internet ou une agence de voyages.* Les impressionnantes hauteurs sous plafond, les traces de fresques émergeant ici ou là du crépi et la taille atypique des chambres entretiennent l'atmosphère Renaissance du palazzo Ramirez, datant du XVIe s. Beaucoup de caractère, mais si l'établissement est dans l'ensemble bien tenu, on aimerait que les équipements (tuyauteries notamment) soient rénovés...

☗ ***Hotel Balestri*** *(zoom détachable D4,* ***35****) : piazza Mentana, 7. ☎ 055-21-47-43. • info@hotel-balestri.it • hotel-balestri.it • Doubles à partir de 130 €. Parking.* Bel et imposant édifice du XIXe s, bénéficiant d'une situation privilégiée sur les berges de l'Arno. Les chambres (une cinquantaine), dont une bonne partie a été rénovée, sont confortables et lumineuses. Celles donnant sur le fleuve avec les balcons sont évidemment un poil plus chères... mais tellement plus agréables ! Accueil professionnel.

Où manger ?

Sur le pouce

Salumeria Verdi – Pino's Sandwiches *(plan détachable E4, **109**) : via Giuseppe Verdi, 36 r. ☎ 055-24-45-17. • info@pozzodivino.com • ♿ Tlj sauf dim 9h-21h. Congés : août.* Panini *4-6 €, plat 10 €. Réduc de 10 % sur l'achat d'une bouteille de vin sur présentation de ce guide.* Repaire d'étudiants et de touristes flairant la bonne affaire, cette traditionnelle charcuterie-fromagerie plus connue sous le prénom de son sympathique propriétaire, Pino, propose *primi* (excellentes lasagnes), *secondi* et *panini* à des prix défiant toute concurrence. Une pause gourmande et rapide à n'importe quel moment de la journée.

Très bon marché

Le Vespe Cafè *(plan détachable E4, **200**) : via Ghibellina, 76 r. ☎ 055-388-00-62. • info@levespe.com • Tlj 9h (10h w-e)-15h ; brunch dim. Congés : août. Compter env 15 €.* Un lieu à l'image de ces 2 amies, l'une italienne, l'autre canadienne : chaleureux et cool. De l'*American breakfast* hyper *healthy,* copieux et vitaminé, aux plats végans et aux belles salades multicolores, on s'y régale à tout moment de la journée ! Excellents smoothies. Minuscule terrasse. Et l'accueil ? Comme l'endroit : chaleureux !

Pizzicheria Guadagni *(zoom détachable E4, **222**) : via Isola delle Stinche, 4 r. ☎ 055-239-86-42. Tlj sauf dim 8h-20h.* Panino *5 €.* Petite épicerie familiale qui tient bon malgré la pression des restos hyper touristiques du quartier. Pour un *panino,* il suffit de demander qu'on vous le prépare à votre goût. Vous choisissez parmi les bocaux d'*antipasti,* les fromages parfumés et les jambons appétissants, tranchés sous vos yeux. Accueil serviable. Une bonne petite adresse pas chère et rapide.

RivArno Caffè *(plan détachable E4, **260**) : lungarno delle Grazie, 12 r. ☎ 055-24-55-35. Tlj 9h30-21h.* Panino *6 €, salade 8 € ;* aperitivo *8 €.* Un café agréable le long de l'Arno, avec quelques tables nichées dans la ruelle jouxtant le café. Ici, la vedette, c'est la cuisine végane avec des salades *healthy,* des *panini* et *piadine* réalisés à partir de farine bio, des smoothies aux fruits et légumes de saison, sans oublier les délicieuses pâtisseries faites maison, le tout dans une déco végétalisée. Bonne ambiance et cuisine délicieuse. *Andiamo ! Autre adresse piazza di Santa Maggiore, 7 r (quartier du Duomo).*

La Cucina del Ghianda *(plan détachable E4, **88**) : via dell'Agnolo, 85 r. ☎ 055-386-05-34. • ristorante@lacucinadelghianda.it • Tlj sauf dim et j. fériés. Repas complet 15 € le midi (un peu plus cher le soir) ; menus 18-22 €.* On y déguste une cuisine typiquement italienne mais revisitée et vraiment réussie, dans une ambiance à la fois familiale, cosy et pas trop bruyante, le tout à des prix démocratiques. Le midi, service exclusivement en self-service avec des plats goûteux à petits prix. Le soir en revanche, c'est à la carte. Terrasse aux beaux jours.

De prix moyens à plus chic

Fishing Lab Alle Murate *(zoom détachable D3-4, **121**) : via del Proconsolo, 16 r. ☎ 055-24-06-18. • info@fishinglab.it • Tlj 11h-minuit. Compter 25 €.* Un lieu original entièrement tourné vers la mer. Vous pouvez toujours admirer dans cet ex-restaurant chic de la ville, au 1er étage, le plafond voûté aux fresques représentant Dante. Ici, le poisson est dans tous ses états : cru, cuit, cuisiné dans la tradition ou version « *street fish* », au comptoir ou à table, le tout servi par une équipe jeune et dynamique. La reconversion du très chic *Alle Murate* a bien pris ! Bonne pêche !

Osteria de' Pazzi *(plan détachable E4, **235**) : via dei Lavatoi, 3 r (à l'angle de la via Verdi). ☎ 055-234-48-80. • p.paroli@tiscali.it • Tlj sauf lun. Fermé à Noël. Repas 25-30 € ; menu fixe le midi*

18 €. Digestif offert sur présentation de ce guide. Une *osteria* populaire où les gens du quartier se retrouvent à la bonne franquette autour d'une succulente *bistecca* ou d'un copieux plat de pâtes. La déco ne vaut pas tripette, le service peut parfois être un peu rude. Le principal ? C'est qu'on y mange drôlement bien et pour un prix imbattable !

Il Gatto e la Volpe *(zoom détachable E4,* ***110****) : via Ghibellina, 151 r. ☎ 055-28-92-64. • osteriadelgattoelavolpe@yahoo.it • Tlj 12h-23h30. Repas 18-30 €. Digestif offert sur présentation de ce guide.* Dans une *trattoria* de quartier animée par les nombreux étudiants qui s'y pressent, copieux plats de pâtes pour caler les gros appétits. Idéal pour des repas entre amis. Attention, niveau sonore généralement élevé (on évitera le dîner en amoureux). Accueil jeune et souriant.

Chic

Ristorante Gastone *(zoom détachable E4,* ***237****) : via Matteo Palmieri, 24 r. ☎ 055-263-87-63. • info@gastonefirenze.it • Tlj sauf dim. Repas complet env 50 €.* Un cadre élégant, un brin chic, pour passer un bon moment gustatif et convivial sans pour autant vider son portefeuille. Le midi, on se régale de belles salades mélangées ou de carpaccios. Le soir, c'est plus cher : la carte prend une tournure gastro avec une grande place accordée aux poissons. Belle carte des vins aussi. Service agréable et discret.

Caffè Italiano *(zoom détachable E4,* ***223****) : via Isola delle Stinche, 11 r. ☎ 055-29-90-80. • info@caffeitaliano.it • Tlj. Fermé quelques j. vers Noël. Repas complet env 30 € ; menu dégustation 38 €.* Une institution florentine qui a fait peau neuve tout en conservant à sa carte les solides plats traditionnels typiquement toscans : salade de tripes, *pappa al pomodoro, fagioli bianchi* ou encore la fameuse *bistecca alla fiorentina.* Son annexe, le *Caffè Italiano Pizzeria,* propose de vraies pizzas napolitaines *(7-10 €),* toujours *deliziose.*

Où boire un bon café ?
Où déguster de bonnes pâtisseries ?

Melaleuca *(plan détachable E4,* ***256****) : lungarno delle Grazie, 18. ☎ 055-614-68-94. • melaleuca.florence@gmail.com • Tlj 9h-16h. Excellent brunch le dim. Compter 20-25 € le repas complet.* Non seulement cette boulangerie propose quotidiennement des viennoiseries savoureuses, des tartes sucrées appétissantes et des cafés extra, mais vous pouvez profiter aussi des salades *healthy* et colorées, des burgers végans et des jus de fruits faits maison incroyables et à tout moment de la journée. Un endroit face à l'Arno, où on aime s'éterniser dans cette ambiance de chlorophylle et de bois clair. Équipe à la bonne humeur.

Caffè Pasticceria La Loggia degli Albizi *(zoom détachable E3,* ***259****) : borgo degli Albizi, 21. ☎ 055-247-9574. Tlj sauf dim 7h-21h.* Un café bien dans son jus et bien connu des Florentins pour ses délicieuses pâtisseries. Pour les becs sucrés, passage obligé au petit déjeuner ou à la pause goûter. Propose aussi l'*aperitivo* et quelques en-cas salés. Terrasse aux beaux jours.

Ditta Artigianale *(zoom détachable D-E4,* ***161****) : via dei Neri, 33. ☎ 055-274-15-41. • info@dittaartigianale.it • Tlj 8h-22h (minuit ven-sam).* Le meilleur café de la ville, paraît-il ! Le proprio s'est illustré il y a quelques années dans une diatribe violente contre les cafetiers italiens ! Ici, il est fait dans les règles de l'art... un vrai délice. Dans une déco épurée et *arty*-vintage, on peut aussi déjeuner le midi. Et en plus, l'accueil est chaleureux. Que demander de plus ? *Autre adresse juste à côté du ponte Vecchio, via dello Sprone, 5 r (voir plus loin la rubrique « Où prendre son petit déjeuner ? Où boire un café ? » dans le quartier de Santo Spirito).*

Où savourer de bonnes glaces ?

Vestri (plan détachable E3, **163**) : *borgo degli Albizi, 11 r. ☎ 055-234-03-74. Lun-sam 10h30-20h. Congés : août.* Petite boutique de chocolat qui s'est mise aux glaces artisanales : peu de parfums mais souvent originaux et toujours délicieux. Les habitués viennent aussi faire la queue en basse saison pour y siroter le chocolat chaud maison, un vrai nectar concentré.

Rivareno (zoom détachable E3, **176**) : *borgo degli Albizi, 46 r. • info@rivareno.com • Tlj 11h-22h.* Cette chaîne de glaciers née près de Turin certifie sans colorant artificiel et sans graisses hydrogénées la fabrication de ses glaces. On y découvre des parfums raffinés, comme la noisette de Cuneo, la pistache sicilienne, ou encore le sublimissime gianduja-bacio ! Pour les plus téméraires, tentez les glaces du mois aux associations parfois farfelues.

Où boire un verre ?

Dondino (plan détachable E4, **99**) : *piazza Santa Croce, 6 r. ☎ 055-234-26-10. • dondinowinebar@gmail.com • Tlj 10h-1h. Panino + 1 verre de vin 10 € ; autrement compter 20-25 €.* Un petit bar qui d'extérieur ne paie pas de mine, mais qui, une fois à l'intérieur, nous a conquis par l'ambiance et la gentillesse des serveurs. Et en plus, les cocktails sont fameux. On peut aussi manger en terrasse un plat de pâtes ou une bonne viande face à la basilica di Santa Croce.

Achats

Studioteca (zoom détachable E4, **329**) : *via dei Benci, 32 r. ☎ 055-247-82-74. Mar-sam 11h-19h. Fermé dim-lun.* À deux pas de Santa Croce, voici une boutique vintage qui ne manque pas de cachet avec son beau plancher ciré, sa lumière tamisée, son côté *home sweet home*. Alors, on hésite entre la valse des portants, où des vêtements aux marques tendance sont en bonne place, et des objets de déco disposés joliment sur d'antiques commodes...

Bramada (zoom détachable D4, **344**) : *via del Proconsolo, 12. ☎ 055-239-99-82. Tlj 10h-19h30.* Une boutique originale et située dans une rue très passante. Vous vous arrêterez forcément devant la belle vitrine aux vêtements, foulards et bijoux confectionnés par des artisans de la région. Également de la vaisselle, des plaids et quelques objets de décoration. Ravissant. Un peu cher tout de même.

Aquaflor (zoom détachable E4, **324**) : *borgo Santa Croce, 6. ☎ 055-234-34-71. • florenceparfum.com • Tlj 10h-13h, 14h-18h.* Une adresse à l'enseigne discrète (presque trop) à deux pas de la basilica di Santa Croce. Ambiance feutrée, idéale pour humer senteurs et parfums, savons, bougies, crèmes et parfums d'ambiance.

Scuola del Cuoio (plan détachable E4, **304**) : *via San Giuseppe, 5 r. ☎ 055-24-45-33. Attenante à la basilica di Santa Croce, mais l'entrée se fait par la porte latérale est. Tlj 10h-18h (fermé dim en hiver).* Fondée il y a des siècles par les moines franciscains, l'école du Cuir continue à confectionner des accessoires de qualité. On peut regarder le travail de quelques artisans (et aussi des élèves venus des 4 coins du monde s'initier à la technique) et bien sûr acheter sacs, ceintures et autres objets en cuir.

I Mosaici di Lastrucci (plan détachable E-F4, **306**) : *via dei Macci, 9. ☎ 055-24-16-53. Tlj 9h-13h, 15h-19h (fermé dim en hiver). Entrée libre.* Lorsque Bruno Lastrucci et son fils esquissent une nouvelle œuvre, ils ne savent jamais à quel moment ils en viendront à bout. Qu'importe ! La technique de la pierre dure est un art exigeant, qui requiert autant d'habileté que de patience dans la découpe des pierres naturelles, comme le porphyre, le marbre ou l'agate, soigneusement taillées en biseau avant d'être assemblées avec de la cire d'abeille. En poussant les portes de cet ancien couvent, vous découvrirez d'abord l'atelier, où l'on vous expliquera en détail ces techniques, avant d'admirer les « peintures éternelles » exposées dans la galerie. Évidemment, tout ça a un prix !

À voir

Museo del Bargello (zoom détachable D4) : *via del Proconsolo, 4. ☎ 055-238-86-06. Tlj 8h45-13h30, 14h-18h. Attention fermé 1er, 3e et 5e lun du mois, ainsi que 2e et 4e dim du mois. Entrée : 8 € ; réduc.*
Le Musée national de sculpture est installé depuis 1865 dans un très beau palais (appelé aussi *palazzo del Podestà*). Édifice à l'aspect sévère du début du XIIIe s, dominé par une tour crénelée de près de 60 m de haut. D'abord palais du Podestat (qui garantissait la liberté du peuple), il devint tribunal, prison et lieu de tortures au crépuscule de la démocratie florentine (fin XVIe s). C'est une des visites les plus agréables de Florence, et les chefs-d'œuvre y sont nombreux. L'occasion de parcourir et de comprendre l'évolution de la sculpture florentine.

Cour du rez-de-chaussée
Dans la cour, à l'élégante architecture, œuvres de Bartolomeo Ammannati et adorable *Petit Pêcheur* en bronze (1877) de Vincenzo Gemito. *Canon de San Paolo* (1638) très ouvragé et orné de la tête de saint Paul avec 2 lionceaux, une œuvre d'art. Il faut s'imaginer que, aux XIIIe et XIVe s, la cour était dévolue aux exécutions. Regardez dans l'angle de l'escalier les anneaux qui servaient aux pendaisons. D'ailleurs Léonard de Vinci les a immortalisés lors de la conjuration des Pazzi (événement majeur qui opposa cette famille aux Médicis), où Francesco di Pazzi fut pendu nu.

La visite commence par le 1er étage, de manière chronologique
Après avoir monté le grand escalier en pierre, tout de suite à gauche, magnifique ***loggia*** abritant nombre d'œuvres du bestiaire à plumes de Giambologna et le *Jason* de Pietro Francavilla, d'une grande finesse.
– ***Salle Donatello :*** c'est, avec la salle dédiée à Michel-Ange, le must du Bargello – superbe volume pour des œuvres majeures de Donatello en particulier, dont le célèbre *David,* en bronze. C'est la 1re sculpture nue en ronde bosse. Elle a été commandée par Cosme de Médicis au XVe s (exécutée en 1430-1432) pour décorer son palais. Il s'en dégage une féminité incroyable (on pourrait penser que le bassin est celui d'une jeune fille). En 2007, la restauration de la statue a fait apparaître de l'or. Certaines parties du corps en étaient pourvues (cheveux). Quant au *David* en marbre (une œuvre de jeunesse), il devait être placé sur les contreforts du Duomo, mais il n'était pas assez colossal pour le clergé. Vous trouverez aussi l'original du *Saint Georges* d'Orsanmichele, avec son fameux bas-relief où saint Georges délivre la princesse et terrasse le dragon (effet de relief écrasé, *stiacciato*). Attardez-vous sur le *Amore-Attis* de Donatello, souvent oublié. Remarquez sa ceinture, ornée de pavots (emblème de la famille Bartolini) recouverts de minuscules fragments d'or. Et, enfin, le *Marzocco* (original) de Donatello, la copie étant sur la piazza della Signoria, au pied du palazzo Vecchio. C'est l'emblème de la ville.
Voir également les panneaux de bronze qui servirent au concours pour les portes du baptistère, par Ghiberti et Brunelleschi : la vivacité, la fluidité et la qualité de la mise en scène de Ghiberti sautent aux yeux, le *Sacrifice d'Isaac* de Brunelleschi a une interprétation plus forte, plus rigide... Magnifiques coffres peints. Dans cette salle toujours, les sculptures des Florentins de la 1re moitié du Quattrocento valent le détour (Michelozzo, Della Robbia, Agostino di Duccio...). Et de belles sculptures siennoises, par Vecchietta notamment.

- ***Salle de la céramique polychrome et des beaux objets, dite aussi « Salle islamique » :*** olifant en ivoire sicilien du XIe s, tapis et tissus anciens, casques turcs du XVe s. Lever la tête pour découvrir le plafond à caissons.
- ***Salle Carrand :*** elle rassemble la collection éclectique d'un riche donateur français de Lyon. Petites peintures flamandes du XVe s, dont de remarquables miniatures de Koffermans rappelant un peu les créatures fantastiques de Jérôme Bosch. Sinon, bel éventail de bijoux, émaux, merveilles de l'art limousin, serrures et marteaux de porte ouvragés, ou encore cette *Annonciation* et *Présentation au Temple* du maître de la légende de sainte Catherine, les *Grotesques* d'Alessandro Allori et des objets religieux. Avant de quitter la salle, profitez-en pour jeter un coup d'œil à l'ancienne chapelle (cappella della Maddalena), dont les fresques admirables de Giotto datent du milieu du XIVe s. C'est ici qu'on faisait méditer les condamnés à mort. On pouvait même payer sa place pour les voir !
- La visite continue en principe par la ***salle des ivoires*** : remarquable collection de petits ivoires ciselés (superbes diptyques), reliquaires, crosses d'évêque, coffrets sculptés. Prendre le temps de découvrir la qualité extrême de ces pièces pour la plupart d'origine française. Également statuaire de bois polychrome : *Madone de la Miséricorde* (XIVe s), art de l'Ombrie.
- ***Salle du Trecento :*** art florentin des XIIIe et XIVe s. Surtout Tino de Camaino, dont on remarquera *La Vierge et l'Enfant* (au torticolis). Également des œuvres de Simone di Francesco Talenti et une belle *Madone de la Miséricorde* avec le peuple se protégeant sous Marie, ainsi qu'une belle collection de porcelaines.

2e étage (ouvert seulement lors d'expos temporaires)
- ***Salle de Luca et Andrea Della Robbia,*** ainsi que ***de Buglioni,*** qui furent les grands représentants de la terre cuite émaillée. Explosion de bleu, de jaune et de vert. Très belle *Nativité* de Giovanni Della Robbia.
- Splendide ***salle d'armes*** *(souvent fermée !)* : selles en os et ivoire ciselés, mousquets et arbalètes incrustés de nacre, or et ivoire. Armures, armes perses et turques du XVe au XVIIe s.
- ***Salle Verrocchio :*** on y admire le superbe *David* de Verrocchio, dont la moue amusée due à la jeunesse le différencie du *David* de Donatello (au 1er étage), plus pensif, accomplissant sa tâche sans gloriole. À voir aussi, de Verrocchio, la magnifique et sobre *Dama del Mazzolino (Dame au bouquet).* Également des œuvres charmantes de Mino de Fiesole, Agostino di Duccio, Benedetto da Maiano...
- ***Salle des petits bronzes*** *(temporairement fermée l'ap-m)* **:** la présentation est un peu surchargée. On y trouve pourtant de magnifiques bronzes d'artistes célèbres (Jean de Bologne, Pollaiolo...), qui méritent le détour mais dont on ne profite malheureusement pas, car ils sont noyés dans la masse.
- Dans les ***salles de la verrerie et de la céramique*** : *Madone à l'Enfant* de Sansovino. Intéressante série de faïences de Castelli du XVIe s, avec des bleus remarquables.

Après la visite de l'étage, descendre au rez-de-chaussée
- ***Salle du Cinquecento :*** absolument magnifique mais à découvrir en dernier, après la visite de l'étage, pour des raisons chronologiques. On y découvre des œuvres de jeunesse de Michel-Ange, dont *Bacchus,* sa 1re sculpture importante qu'il n'a pas terminée. Il s'est rendu compte qu'il travaillait pour l'ennemi des Médicis, le cardinal Ridolfi. *Madone avec Jésus et saint Jean.* Mais aussi des compositions plus tardives comme *David,* ou le buste de *Brutus.* Également un buste de *Cosme Ier* de Benvenuto Cellini (œuvre extrêmement maîtrisée), *Mercure* de Giambologna (Jean de Bologne) et sculptures de Bandinelli, Ammannati, Vincenzo Danti, Tribolo, Jacopo Sansovino (le *Bacchus,* en particulier), Francavilla, Rustici.

Museo-fondazione Zeffirelli (zoom détachable D4) **:** *piazza San Firenze, 5.* • *fondazionefrancozeffirelli.com* • *Mar 14h-22h, mer-dim 10h-18h. Entrée : 12 € ; réduc. Possibilité de visite guidée gratuite.*

Installée dans l'ancien tribunal de la ville, la fondation a ouvert ses portes en 2017. Elle est consacrée au célèbre cinéaste et réalisateur ***Franco Zeffirelli*** (1923-2019), originaire de Florence. On y découvre des ***archives personnelles,*** des milliers de croquis, des prépas pour ses opéras, des ***habits de scène*** (surtout ceux du théâtre), des affiches, sans compter ses nombreux ouvrages personnels. En effet, pas loin de 140 000 livres répertoriés dans la bibliothèque ont servi à la préparation de ses pièces (consultables seulement le matin).

Franco Zeffirelli a débuté sa carrière artistique comme ***assistant du réalisateur Visconti.*** Puis il décide de voler de ses propres ailes en se tournant vers l'opéra (en travaillant notamment en étroite collaboration avec la Scala de Milan). Il revient ensuite au cinéma en adaptant des pièces de théâtre comme *La Mégère apprivoisée* ou *Romeo et Juliette* (son plus gros succès récompensé par plusieurs oscars). Dans les années 1990, il réalise *Un thé avec Mussolini,* film autobiographique, et *Jane Eyre,* avec Charlotte Gainsbourg.

Le musée s'organise autour d'une vingtaine de salles chronologiques qui retracent sa longue et dense carrière, du cinéma au théâtre en passant par la scénographie (il dessine très bien).

C'est aussi un centre d'activités artistiques pour les écoles et les adultes (initiation au théâtre notamment) et un auditorium pour accueillir des expos temporaires, des conférences en cogestion avec la Ville...

🍷 Le *Zeffirelli Tea's Room* est très agréable pour un verre, surtout aux beaux jours dans le *cortile*.

SANTA CROCE

👍👍 ***Piazza di Santa Croce*** *(plan détachable E4)* **:** vaste place très caractéristique de la ville, bordée de palais aux élégants encorbellements, et au fond de laquelle s'élève le plus intéressant des édifices religieux de Florence, la *basilica di Santa Croce.* L'un des palais de cet ensemble remarquable, le *palazzo dell'Antella,* présente des traces de jolies fresques.

À l'époque médiévale, c'est dans cet espace, alors hors les murs, que les Florentins se rassemblaient pour écouter les prédicateurs franciscains, pour participer aux fêtes populaires et pour assister aux différentes joutes princières. On y jouait notamment au fameux *calcio,* jeu de ballon local des plus virils, qui oppose les 4 quartiers d'origine de la cité depuis le XVIe s. Et comme les Transalpins avaient déjà la passion du ballon rond, le siège de Charles Quint en 1530 n'empêcha pas les équipes de s'affronter sous la mitraille !

👍👍👍 🚸 ***Basilica di Santa Croce e museo dell'Opera*** *(plan détachable E4)* **:** *piazza di Santa Croce, 16. ☎ 055-246-61-05. • santacroceopera.it • Tlj sauf mar 9h30 (14h dim et j. fériés)-17h30. Entrée : 8 €. Audioguide en français : 4 €. Plan en français disponible à l'accueil (1 €). Tenue décente obligatoire. Le matin, venir avant l'arrivée massive des touristes en visite organisée.*

Santa Croce fut construite pour l'ordre des Franciscains à la fin du XIIIe s, mais la façade en marbre blanc de style néogothique (totalement rajeunie pour le jubilé) date du XIXe s. Santa Croce doit également son immense célébrité aux nombreux personnages illustres qui y sont enterrés et en font un véritable panthéon toscan, voire italien.

Entrer par la porte latérale de l'église et démarrer la visite par le portail principal pour mieux apprécier les volumes. L'église est très large, de style simple et rigoureux, et coiffée d'une magnifique charpente de bois pour se conformer à la tradition des ordres mendiants. Dès l'entrée, l'une des 2 statues qui, dit-on, inspirèrent à Bartholdi sa statue de la Liberté de New York. Au sol, nombreuses dalles funéraires en marbre, certaines protégées par des cordons du piétinement des visiteurs. Dans le bas-côté droit (face au chœur), on rencontre d'abord le tombeau de Michel-Ange (par Vasari, qui a sculpté le buste de l'artiste à partir de son masque mortuaire), puis le cénotaphe de Dante (il est enterré à Ravenne). On trouve ensuite le tombeau du poète Alfieri (par Canova), la belle chaire du XVe s sculptée par Benedetto da Maiano, le tombeau de Machiavel et celui de Rossini. Le bas-côté gauche abrite pour sa part celui de Galilée (belles fresques du XIVe s

autour), de Marconi (l'inventeur de la radio), la pierre funéraire de Lorenzo Ghiberti (auteur des portes du baptistère) et les plaques commémoratives de Léonard de Vinci (enterré à Amboise). Toujours dans ce bas-côté gauche, beau monument funéraire de Carlo Marsuppini par Desiderio da Settignano.
– Le ***transept gauche*** est réservé à la prière, donc difficilement accessible. Belles fresques de Bernardo Daddi inspirées de Giotto dans la chapelle juste avant. Enfin, remarquer l'*Assomption* de Giotto et l'intéressant retable en terre cuite émaillée de Giovanni Della Robbia (quelle famille !).
– Sur l'autel du ***chœur principal*** (interdit au public), grand polyptyque du XIVe s représentant la Vierge, les saints et les Pères de l'Église, et immense crucifix peint par le Maître de Figline (élève de Giotto, encore un !). Superbes fresques du chœur, illustrant le cycle de la Croix d'après la *Légende dorée* de Jacques de Voragine, par Agnolo Gaddi (fils de Taddeo).
– ***Le transept droit :*** tout de suite à droite du chœur, les célèbres chapelles Bardi et Peruzzi, couvertes de fresques de Giotto. Dans la 1re chapelle, *Scènes de la vie de saint François.* Noter comme les personnages prennent du relief. Sur la voûte, les symboliques de la Pauvreté, de la Chasteté et de l'Obéissance, vertus qui caractérisent l'ordre franciscain. Dans la chapelle voisine, *Scènes de la vie de saint Jean-Baptiste* (toujours par Giotto).
Au fond, à droite du transept droit, *chapelle Castellani* (scènes de la vie de plusieurs saints par Agnolo Gaddi), *chapelle Baroncelli-Giugni* (fresques superbes de la *Vie de la Vierge* par Taddeo Gaddi en 1332, un des élèves les plus doués de Giotto, ainsi que le célèbre triptyque *Baroncelli* attribué à Giotto) et une 3e chapelle, celle de Bonaparte, où repose Julie Clary, épouse de Joseph Bonaparte, qui fut roi de Naples. Au fond du transept droit, un couloir mène au corridor.
Dans la sacristie, superbe *Crucifixion* suspendue de Cimabue (abîmée lors de la grande crue de l'Arno, en 1966) et *Scènes de la vie de la Vierge* par Giovanni da Milano dans la petite chapelle Rinuccini. À côté, vous pouvez aussi visiter l'*école du Cuir,* où l'on peut encore voir les artisans travailler, et la chapelle Bardi. À noter, au fond du couloir de l'école, une délicieuse *Annonciation* à fresque.
Depuis la nef, un autre passage débouche sur un *cloître* du XIVe s flanqué de la fameuse et somptueuse *chapelle des Pazzi,* de style Renaissance, construite par Brunelleschi (l'auteur du dôme de la cathédrale). Intérieur d'une très grande austérité, décoré de médaillons en terre cuite de Luca Della Robbia figurant les apôtres et les évangélistes. Élégance, sobriété, force et équilibre, cette chapelle incarne parfaitement le miracle du Quattrocento florentin.
À gauche en sortant de la chapelle, un autre *cloître,* dessiné également par Brunelleschi.
– Enfin, l'ancien réfectoire abrite le ***museo dell'Opera.*** On y trouve nombre d'œuvres qui décorèrent autrefois l'église. Enfilade de salles avec peintures et quelques sculptures d'un des plus grands sculpteurs du XIVe s, le Siennois Tino di Camaino. On entre ensuite dans la ***salle des vitraux.*** Dans le réfectoire, magnifique *Saint Louis de Toulouse* par Donatello. Enfin, au fond, vestiges d'une fresque d'Orcagna évoquant l'Enfer et le Triomphe de la mort, et immense *Arbre de vie* et la *Cène* de Taddeo Gaddi.

Museo della Fondazione Horne *(zoom détachable E4)* **:** *via dei Benci, 6. ☎ 055-24-46-61. Tlj sauf mer et j. fériés 10h-14h. Entrée : 7 €. Les œuvres sont décrites de haut en bas et de gauche à droite en entrant dans les pièces. Pour vous faciliter la visite, nous vous indiquons les numéros des œuvres particulièrement remarquables.*
Occupe le petit *palazzo degli Alberti,* une belle demeure patricienne caractéristique de la 1re Renaissance florentine, construite au XVe s pour de riches marchands d'étoffes, et passée ensuite entre les mains de la famille Corsini pendant la Renaissance, avant d'être rachetée en 1911 par un esthète londonien installé à Florence, Herbert Percy Horne. À la fois dessinateur, lettré, historien d'art, celui-ci rachète les œuvres de Bardini (voir plus loin dans le quartier de Santo Spirito). Il

achète principalement des objets du quotidien qui pourraient prendre place dans son palais. Il veut surtout y reconstruire une histoire sociale, mais il est mort juste avant de s'y installer.
Ce musée méconnu présente une collection qui regroupe de magnifiques peintures, œuvres des meilleurs maîtres italiens.
– Au 1er étage, dans la grande salle, remarquer, parmi les œuvres exposées, la petite *Sainte Catherine d'Alexandrie* (n° 51) de Luca Signorelli, une *Sainte Famille* siennoise, de belles petites crucifixions dans l'armoire en verre, un beau berceau en bois marqueté ainsi qu'un *Saint Jérôme* (n° 31) par Piero di Cosimo et 3 saints par Lorenzetti. Également un retable de Carnesecchi qui relate la vie (assez horrible) de saint Julien. Dans la petite salle à droite en entrant, magnifique *tondo* (sorte de tableau de forme circulaire généralement placé au-dessus d'une cheminée) de Beccafumi, ainsi qu'un magnifique coffre de mariage peint qui représente le thème du Grand Pardon, très apprécié dans les chambres à coucher ! Dans la petite salle du fond à droite, le superbe *Saint Stéphane* (n° 52) de Giotto, tableau devenu l'emblème du musée. On y trouve aussi, entre autres œuvres remarquables, *La Femme de Loth* (n° 7) de Francesco Furini, une *Sainte Famille* de Lorenzo di Credi, un buste de Giambologna en terre cuite sur la table, représentant Vénus au bain (celle représentée en bronze est au musée du Bargello), un superbe Beccafumi (n° 79) entouré de 2 très beaux Christs de Boccacano et d'Orioli. Enfin, un beau buste d'une Vierge en bois du XVe s.
– Au 2e étage, dans la petite salle, juste à droite en entrant, instruments de calcul et couverts d'époque. Dans la salle de gauche, sur le mur de droite en entrant, *Tobias, Raphaël et saint Jérôme,* de Neri di Bicci, et une copie du portrait du duc Federico da Montefeltre (n° 87) par Piero della Francesca (l'original est aux Offices). Dans la salle principale, ne pas rater le petit Christ de Filippo Lippi (caché dans une vitrine d'angle au fond à gauche, avec juste en dessous un petit coffre pour collectionneur de pièces) et l'admirable diptyque de Simone Martini (très belle *Vierge à l'Enfant* sous verre). Toujours de Lippi, *La Reine Vasti quittant le Palais* (n° 41), tout à fait admirable.
– Avant de quitter la maison, admirez les belles portes en bois achetées par le propriétaire en Ombrie et regardez les élégants chapiteaux sculptés de la cour intérieure. Une visite reposante, loin des foules...

Casa Vasari *(zoom détachable E4)* **:** *borgo Santa Croce, 8. ☎ 055-24-46-61. Visite sur résa (en collaboration avec la Fondazione Horne).* À l'occasion des 500 ans de la naissance de Vasari, la Ville de Florence a ouvert au public la maison où Vasari a vécu et est mort. Ensuite, le palais a été abandonné. Seule la grande salle qui lui servait d'atelier est encore visible. Hormis la partie basse datant du XIXe s, tout est resté d'origine. Les héritiers ont tout emporté, ne laissant que la cheminée ! D'ailleurs, au-dessus, portrait de Vasari avec les emblèmes de sa famille. Aux 4 coins de la pièce, allégorie des arts majeurs avec la Peinture, la Poésie, la Sculpture et l'Architecture. Vous pouvez observer la représentation de Vasari sur le mur de droite en entrant, on le voit derrière son tableau. Sur les murs, série de médaillons avec tous les artistes de l'époque. À vous de deviner ! Michel-Ange, Léonard de Vinci, Masaccio, Cimabue, Giotto, Raphaël, Donatello, Rosso...

Museo di casa Buonarroti *(plan détachable E4)* **:** *via Ghibellina, 70. ☎ 055-24-17-52. Tlj sauf mar 10h-16h30. Fermé 1er janv, dim de Pâques et à Noël. Entrée : 8 €.* Il s'agit de la maison de Michel-Ange, ou plutôt de celle qu'il avait achetée, car il n'y résida guère. Au XVIIe s, son petit-neveu, Michel-Ange le Jeune, décida de la dédier au génie de son grand-oncle. On y trouve des œuvres de jeunesse de l'artiste, dont la célèbre *Vierge à l'escalier* et la *Bataille des centaures.* La maison expose aussi, par roulement, quelques-uns de ses croquis. À ce propos, Vasari raconte que Michel-Ange, peu avant sa mort, détruisit bon nombre de ses ébauches et brouillons, de peur que la postérité ne découvrît que son geste n'était pas toujours... parfait.

LE QUARTIER DE SANT'AMBROGIO

● Pour se repérer, voir le plan détachable en fin de guide.

La charmante église a donné son nom au quartier et au marché de la piazza Ghiberti. Ce dernier, qu'on appelle familièrement « le mercato Sant'Ambrogio », fait saliver le badaud devant la profusion de saucissons, fromages, fruits, viandes, bocaux de légumes séchés, sans oublier les poissons (pêchés du jour dans la mer Ligure toute proche). Qui résisterait ? Moins connu que son grand rival – le mercato San Lorenzo –, c'est cependant le rendez-vous des Florentins avisés et des visiteurs gourmets.
Sant'Ambrogio, c'est aussi un quartier festif qui, à la tombée de la nuit, se mue en un lieu branché... Allez donc musarder du côté de la piazza Sant'Ambrogio, où quelques cafés font l'animation du coin. Et que dire de ces petites adresses, situées à deux pas du centre, qu'on se transmet de bouche à oreille ? On y mange divinement bien !

Où dormir ?

Institution religieuse

Istituto Oblate dell'Assunzione *(plan détachable E3,* ***22****)* **:** *borgo Pinti, 15. ☎ 055-248-05-82. ● info@oblate.it ● ♿ Couvre-feu à minuit. Résa indispensable car minuscule. Double 90 €. CB refusées.* Derrière une entrée discrète, un couvent tout à fait recommandable : belles chambres de 1 à 4 personnes, très propres (salle d'eau impeccable) et équipées du téléphone et d'un poste Internet. Certaines donnent sur un grand jardin intérieur accessible aux résidents. Évidemment, atmosphère très tranquille, à l'inverse de la rue souvent bruyante... Accueil en toute simplicité et gentillesse.

De prix moyens à chic

Hotel Bodoni *(plan détachable E3,* ***16****)* **:** *via Martini del Popolo, 27. ☎ 055-24-07-41. ● hotelbodonifirenze@virgilio.it ● hotelbodoni.it ● Doubles 50-80 € ; triples et familiales.* Situé au dernier étage d'un immeuble moderne, c'est l'un de nos meilleurs rapports qualité-prix dans le quartier, avec sa terrasse (qui se transforme en solarium en été) et sa vue magnifique sur la ville. Les chambres sont très simples, mais c'est propre et fonctionnel. Pour couronner le tout, solide petit déjeuner (compris) ! Accueil chaleureux du personnel. Un bon plan, vraiment !

Hotel Cardinal of Florence *(plan détachable E3,* ***67****)* **:** *borgo Pinti, 5. ☎ 055-246-64-50. ● helpdesk@hotelcardinalflorence.com ● hotelcardinaloflorence.com ● Doubles à partir de 70 €. Petit déj offert sur présentation de ce guide.* Un hôtel bien situé, au 3e étage, très propre et fonctionnel. Toutes les chambres sont climatisées et certaines bénéficient même de la vue sur le Duomo. Accueil pro et en français.

B & B Palazzo Galletti *(plan détachable E3,* ***73****)* **:** *via Sant'Egidio, 12. ☎ 055-390-57-50. ● info@palazzogalletti.it ● palazzogalletti.it ● Doubles 100-170 €.* Situé au 1er étage d'un ancien palais restauré, ce *B & B* labellisé *Residenza d'Epoca* propose une dizaine de chambres, dont 4 suites (ne confondez pas avec la structure pour étudiants au 3e étage, qui n'a strictement rien à voir). Aménagées avec goût, elles mixent judicieusement meubles contemporains et chinés chez les antiquaires, fresques d'origine datant du XVIIIe (celles des suites « Cerere » et « Giove »), sols en *terracotta*. Toutes avec clim et petit balcon donnant sur une paisible cour intérieure. Petit déj servi dans une jolie salle voûtée du XVIe s !

De chic à très chic

Firenze Suite *(plan détachable E3,* ***14****) : via Nuova de' Caccini, 25 (à l'angle de la via della Pergola). ☎ 055-200-17-30. • suitefirenze@gmail.com • firenzesuite.eu • Doubles 150-200 €.* Un peu de tranquillité et de luxe ? L'accueil adorable de ce jeune couple aura raison de votre choix. Ils ont rénové cet ancien palais pour le rendre cosy et chaleureux. Les chambres sont immenses, toutes décorées différemment et avec goût ! C'est charmant. Pas de salle de petit déj mais on vous l'apporte dans votre chambre. Également 2 suites avec petite terrasse et kitchenette qui conviendront aux familles. Une très belle adresse de charme.

The J and J Historic House Hotel *(plan détachable F3,* ***82****) : via di Mezzo, 20. ☎ 055-26-312. • info@jandjhotel.net • jandjhotel.net • Doubles 210-280 €. Possibilité de parking sur demande.* Hôtel installé dans un couvent du XVIe s, avec quelques fresques d'origine et un cloître intérieur qui laissent clairement entrevoir ce riche passé. Les chambres, elles, n'ont rien de monacal et sont dotées de tout le confort moderne. Certaines bénéficient même d'une terrasse privative. Mignonne salle du petit déjeuner avec son plafond en ogive. Ici règne un calme parfait, idéal pour convoler...

Hotel Mona Lisa *(plan détachable E3,* ***128****) : borgo Pinti, 27. ☎ 055-247-97-51. • info@monalisa.it • monalisa.it • Doubles à partir de 260 €.* Ce magnifique hôtel niché dans un beau palais du XVe s conviendra aux clients soucieux de leur confort. Belles chambres douillettes dans un bel écrin de verdure, le tout à une enjambée du Duomo. Un charme discret certain, mais à un certain prix tout de même...

SANT'AMBROGIO

Où manger ?

Marché

Mercato Sant'Ambrogio *(plan détachable F4) : piazza Ghiberti. Lun-sam 7h-14h.* Au nord-est de Santa Croce, un quartier animé et plein de charme. Marché populaire très complet, dont les étals débordent largement de la petite halle du XIXe s. *Alimentari, frutta, verdura, fiori...* et tutti quanti ! Plus intime et nettement plus florentin que son grand rival de San Lorenzo. À la sortie, pause *espresso* recommandée à la terrasse du *Cibreo Caffè.*

Sur le pouce

C.BIO *(plan détachable F3,* ***253****) : via della Mattonaia, 3 A. • info@cbio.it • Tlj sauf dim (ouv dernier dim du mois) 8h30-20h30. Congés : 1 sem en août.* Fabio Picchi, propriétaire de plusieurs restaurants dans le quartier, a encore sévi en transformant ce bâtiment abandonné en un pimpant supermarché bio. Beaux étals de fruits et de légumes. Rayonnages de bocaux bio à emporter dans vos valises. Tout est super bien présenté et, forcément, on peut vite se laisser déborder par des achats compulsifs ! Beaux choix de plats à emporter ou à manger sur place sur la jolie terrasse végétalisée au 1er étage.

Semel *(plan détachable F3,* ***213****) : piazza Lorenzo Ghiberti, 44 r. Lun-sam le midi seulement. Panini 6-10 €.* Grand comme un mouchoir de poche, *Semel* met à l'honneur la *Semela,* petit pain rond que Marco accommode de plusieurs façons. Les plus téméraires avaleront des *panini* à la viande de sanglier, de cerf ou encore de lapin. Les timides se rabattront sur le *panino* végétarien (*pecorino,* miel et céleri) ou sur celui aux anchois marinés. Tout provient du marché Sant'Ambrogio, juste en face.

La Divina Pizza (*plan détachable E-F4,* **241**) *: borgo Allegri, 50 r. ☎ 055-234-74-98. • ladivina@ladivinapizza.it • Tlj sauf dim 11h-23h30.* Quelques tables pour déguster des pizzas déclinées à (presque) l'infini qui ont empiété désormais le trottoir avec un comptoir et quelques chaises ! Servie *al taglio* ou entière, la pâte à pizza est épaisse grâce à une levure naturelle que Graziano laisse reposer 24h. Les garnitures changent en fonction des saisons (encore un bon point !).

Bon marché

Da Rocco (*plan détachable F4,* **108**) *: sous la halle du mercato Sant'Ambrogio. 📱 339-296-30-55. Tlj sauf dim, jusqu'à 14h30. Congés : 15 j. en août. Plat env 6 € ; repas complet env 15 €.* Une tranche de vie pour le prix d'un plat de pâtes ! Chez ce petit traiteur qui aligne quelques tables, les habitués viennent autant pour le spectacle du marché que pour les assiettes bien pleines. Cuisine toute simple de bistrot (lasagne, *panna cotta*), sans tambour ni trompette mais qui nourrit son homme et dont le menu change tous les jours. Et puis c'est communautaire... Il manque un ingrédient ? On interpelle l'étal voisin. Parfait pour tâter l'atmosphère florentine à moindres frais.

La Raccolta (*plan détachable F3,* **227**) *: via Giacomo Leopaldi, 2 r. ☎ 055-247-90-68. • info@laraccolta.it • Resto ouv le midi lun-sam et le soir jeu-sam 19h30-22h. Supermarché lun-mer 7h30-19h30, jeu-sam 7h30-22h. Fermé dim. Compter 20-25 € pour un repas.* Amateurs de viande, passez votre chemin ! Ici, honneur au bio et à la cuisine végétarienne. Le petit supermarché de ravitaillement côtoie une grande salle à la déco plutôt banale et sans fenêtre mais où l'on se délecte de plats savoureux et pleins d'originalité. Service enjoué et pas avare d'explications.

Il Pizzaiuolo (*plan détachable F3,* **111**) *: via dei Macci, 113 r. ☎ 055-24-11-71. ♿ Tlj sauf dim. Congés : 1 sem en août et période de Noël. Pizze 6-10 €.* Le royaume de la pizza ! Le ton est donné : dialecte local et carte des vins n'alignant que des flacons du sud de la Botte, et on se régale de pizzas à pâte épaisse, façon napolitaine. Service bourru, mais, à voir les files d'attente, ce n'est pas vraiment un obstacle à sa popularité.

Prix moyens

Acquacotta (*plan détachable E3,* **119**) *: via dei Pilastri, 51. ☎ 055-24-29-07. • acquacottafirenze@gmail.com • Tlj sauf lun. Repas 25-30 €.* Cette discrète adresse, tenue par des femmes, se révèle être une excellente *trattoria* de quartier ! Son nom vient d'une spécialité toscane : l'*acquacotta,* soupe de légumes servie avec du pain grillé et un œuf poché. Dans l'assiette, excellents plats élaborés avec des produits locaux de 1re qualité. Tout est fait maison, même le pain. Conseils avisés et accueil tout en gentillesse. Une très bonne adresse.

Ristorante Le Carceri (*plan détachable F4,* **125**) *: piazza Madonna della Neve, 3. ☎ 055-247-93-27. • info@ristorantelecarceri.it • Fermé lun midi. Pizze à partir de 8 € (le soir seulement).* Dans les anciennes prisons de Florence, entièrement réhabilitées, se cache une adresse insoupçonnable, celle d'un *ristorante* aux pizzas généreuses et aux pâtes savoureuses, accommodées de mille manières... Service rapide. Idéal avec des enfants, qui peuvent se défouler dans la jolie cour pavée et arborée.

De chic à plus chic

Circo-Lo Teatro del Sale (*plan détachable F3,* **114**) *: via dei Macci, 111 r. ☎ 055-200-14-92. • info@teatrodelsale.com • Tlj sauf dim soir et lun. Congés : 1 sem en janv et août. Résa conseillée le soir. Après s'être acquitté de la carte de membre valable 1 an (5 €), repas sous forme de buffet (boissons comprises) 30 € ; brunch sam-dim.* Un ancien garage à motos transformé en une association culturelle, doublée d'un resto et d'une salle de spectacle, par l'équipe de Fabio Picchi à la tête d'un mini-empire dans le quartier (café, restaurant, *trattoria,* bar à sushis, supermarché bio... ouf !). Un spectacle a lieu pratiquement tous les soirs (pièce de théâtre, concert, lectures). Attention, il faut impérativement arriver tôt (avant 19h30 pour dîner) car le spectacle commence à 21h30. À partir de cette heure, le buffet n'est plus servi.

Cibrèo Trattoria *(plan détachable F3,* ***111****) : via dei Macci, 122 r. ☎ 055-234-11-00. • cibreo.fi@tin.it • Tlj sauf lun. Congés : août. Pas de résa : venir tôt ou tard. Repas complet 25-30 €.* À ne pas confondre avec le resto très chic du même nom, beaucoup plus cher. Toutefois, ce bistrot classique estampillé *Slow food* bénéficie des mêmes cuisines que son illustre voisin ! Qualité et fraîcheur des produits garanties, pour une cuisine de terroir de bon ton privilégiant les spécialités toscanes. Très bons desserts. Assez cher et service peu aimable, ce qui n'aide malheureusement pas à faire passer la douloureuse.

Où déguster de bonnes pâtisseries ?

Dolci e Dolcezze *(plan détachable F4,* ***170****) : piazza Cesare Beccaria, 8 r. ☎ 055-234-54-58. À l'est du quartier de Sant'Ambrogio. Mar-sam 8h30-19h30, dim 9h-13h. Congés : août.* Cette coquette boutique vaut le déplacement à elle seule. Elle figure en bonne place sur le carnet d'adresses des becs sucrés florentins, c'est l'une des meilleures pâtisseries en ville, qui confectionne d'excellentes tartes. Dommage qu'elle soit si excentrée.

Où boire un verre ?

Où boire un verre en écoutant de la musique ?

Caffè Sant'Ambrogio *(plan détachable F3,* ***194****) : piazza Sant'Ambrogio, 7 r. ☎ 055-247-72-77. • caffesantambrogio@libero.it •* Tranquille dans la journée, on peut se sustenter d'une salade ou d'un plat de pâtes en terrasse. En fin de journée (et aux beaux jours), la place fait office de terrasse pour l'*aperitivo.* Plus tard, chaude ambiance sur fond de musique *trendy* avec un flot d'oiseaux de nuit jusque très tard dans la nuit.

Caffè Letterario Le Murate *(plan détachable F4,* ***236****) : piazza delle Murate. ☎ 055-234-68-72. • caffeletterario@lemurate.it • Tlj 10h30-1h ; brunch dim et j. fériés 11h-15h. Aperitivo (18h30-21h30) 8 €.* Un café littéraire reconnu qui accueille régulièrement des débats thématiques ou philosophiques ainsi que des émissions de radio. Il se transforme aussi en lieu de concerts de musique live et bar pour étudiants. Ne ratez pas le copieux *aperitivo...* La terrasse au milieu de l'ancienne prison est très agréable à l'heure estivale. Accueil jeune et parfois débordé.

Cibrèo Caffè *(plan détachable F3-4,* ***181****) : via Andrea del Verrocchio, 5 r. ☎ 055-234-58-53. Tlj sauf lun 8h-minuit. Congés : août.* Autrefois, c'était une pharmacie, d'où le magnifique comptoir en bois. Le reste des boiseries et le plafond à caissons proviennent d'églises. Une réussite esthétique qui confère à ce tout petit café beaucoup de chaleur, d'autant que l'endroit est généralement bondé... mais la terrasse en saison permet de doubler sa superficie ! Pour boire un verre seulement. Pour manger, préférez la *trattoria* (voir la rubrique « Où manger ? »).

Jazz Club *(plan détachable E3,* ***196****) : via Nuova dei Caccini, 3 r (à l'angle du borgo Pinti). ☎ 055-247-97-00. • casinomarchese@hotmail.com • Tlj sauf lun 23h-1h30. Entrée : 10 € (prix de la carte de membre valable 1 an).* Cette adresse bien cachée, à l'abri des regards, en sous-sol, réunit dans sa petite salle conviviale tous les amateurs de jazz du canton depuis une vingtaine d'années. Concerts de bonne tenue tous les soirs, jam-session le mardi. Lieu incontournable pour les amateurs de jazz.

Rex (plan détachable E3, **197**) **:** *via Fiesolana, 23-25 r. ☎ 055-248-03-31. • daniele@rexfirenze.com • Attention, en été, le Rex prend ses aises à l'extérieur de la ville. Tlj 20h-3h. Soirées thématiques.* Un feu d'artifice de couleurs vives, reflétées par des mosaïques de verre ou de céramique, le tout rythmé de luminaires design. Très *Bohemian chic* tout ça ! Bons cocktails qui délient les langues d'une clientèle jeune, bruyante et cosmopolite. Plantureux *aperitivo.* Concerts certains soirs.

Achats

Sbigoli Terrecotte (plan détachable E3, **309**) **:** *via Sant'Egidio, 4 r ; face à la piazza G. Salvemini. ☎ 055-247-97-13. Lun-sam 9h-13h, 14h30-19h30.* Cette petite affaire familiale, tenue par des passionnés, réalise des collections de pots, de vases ou de vaisselle classique, avant de les décorer à la main. Et si quelques pièces ne sortent pas de ses propres fours, il s'agit toujours d'une sélection du meilleur de la production florentine, notamment de la célèbre fabrique d'Impruneta, à 10 km au sud de Florence.

Lisa Corti (plan détachable F3-4, **348**) **:** *piazza Ghiberti, 33 r. ☎ 055-234-58-37. • firenze@lisafirenzeroma.com • Lun 10h-13h30 ; mar-sam 10h-13h30, 15h30-19h30.* Un univers aux motifs colorés avec des coussins, des jetés de lit, des rideaux d'inspiration indienne et orientale. Également quelques vêtements et de la vaisselle.

À voir

Sinagoga e museo di Storia e Arte ebraici (synagogue et musée d'Histoire et d'Art hébraïques ; plan détachable F3) **:** *via Luigi Carlo Farini, 6. ☎ 055-234-66-54. Tlj sauf lun mat, ven-sam et j. fériés 9h30-13h, 15h-18h30. Entrée : 6,50 €. Les épaules et les genoux doivent être couverts.* C'est la plus grande synagogue d'Italie et l'une des plus belles, construite à la fin du XIXe s dans une sorte de style mozarabe, avec des lignes élégantes. Belle façade où alternent marbres blanc, rose et rouge (que l'on retrouve au sol à l'intérieur), surmontée d'un dôme de couleur verte, le cuivre d'origine ayant viré de couleur, qui tranche bien avec l'ensemble. L'intérieur entièrement peint, avec une coupole superbe, rappelle les formes et les volumes byzantins. Un guide pourra vous expliquer (gratuitement) les traditions hébraïques, avec pièces à l'appui, dans le petit musée à l'étage.

Chiesa Sant'Ambrogio (plan détachable F3) **:** *piazza Sant'Ambrogio.* Un des sites les plus anciens de la ville, situé à deux pas du marché Sant'Ambrogio. Un 1er édifice remonterait au VIIe s, érigé à la place d'une chapelle d'un ancien couvent. Plusieurs fois reconstruite à partir du XVe s, l'église a sa forme définitive depuis la fin du XIXe s. Sa façade, elle aussi maintes fois remaniée, ne présente pas grand intérêt. Les fidèles sont particulièrement attachés à cette église : un miracle sauva la ville de la peste de 1340 grâce à un mystérieux calice rempli de sang séché. À l'intérieur, elle se présente sous une forme rectangulaire, avec une seule nef. Dans la ***chapelle du Miracle,*** beau tabernacle en marbre réalisé par le sculpteur Mino da Fiesole, qui repose ici, ainsi que Verrocchio, un des maîtres de Léonard de Vinci. Dans cette même chapelle, superbe fresque de Cosimo Rosseli qui retrace le miracle du calice.

LE QUARTIER DE SAN MARCO

● Pour se repérer, voir le plan détachable en fin de guide.

C'est un quartier à la fois central et étonnamment tranquille, loin du brouhaha et du tumultueux quartier de San Lorenzo, son voisin.
Peu de visiteurs en effet poussent la curiosité au-delà de l'Accademia, et c'est bien dommage ! Car c'est ici que se nichent quelques merveilles de l'art toscan. Hormis le sculptural *David* de Michel-Ange, qu'on s'empresse d'admirer à l'Accademia, on découvre avec ravissement le couvent de San Marco et ses fresques merveilleuses de Fra Angelico, le palazzo Medici Riccardi avec la fresque du *Cortège des Rois mages* de Gozzoli et la *Vierge à l'Enfant* de Lippi, sans oublier des trésors religieux comme la très belle chiesa Santissima Annunziata, très chère dans le cœur des Florentins, ou encore l'ancien hospice des orphelins, rénové en un beau musée...
Et puis, surtout, promenez-vous le nez en l'air, vous tomberez forcément sous le charme d'un détail architectural, d'une statue antique, du palais décrépi d'une riche famille florentine. Un quartier qu'on apprend à connaître... et où l'on revient... forcément !

Où dormir ?

De bon marché à prix moyens

Wow Florence Hostel *(plan détachable E1,* ***43****) : via Venezia, 18 r. ☎ 055-57-96-03. ● info@wowflorence.com ● wowflorence.com ● Ouv 24h/24. Accueil lun-ven 10h-18h. Lits en dortoir à partir de 19 € ; double 49 €.* Une *guesthouse* bien placée, en plein centre de la ville, c'est plutôt rare ! Un salon accueillant tout en couleur, une belle cuisine équipée pour faire la popote (dispo de 8h à 23h) et tous les services nécessaires au bon fonctionnement d'un *backpacker* (wifi gratuit, laverie, salle de gym, jeux de société). Côté chambre, les traditionnels dortoirs de 4 à 8 lits, mais aussi des chambres doubles pour plus d'intimité. Délicieux petit déjeuner bien fourni. Le plus : le *rooftop,* avec une vue superbe sur Florence, idéal pour l'*aperitivo.* On peut même y prendre des cours de yoga dans la journée.

Ostello Gallo d'Oro *(plan détachable E1,* ***25****) : via Cavour, 104. ● info@ostellogallodoro.com ● Au 1er étage. Lit en dortoir env 30 € ; doubles avec douche et w-c 55-85 €.* Petite structure conviviale parfaitement tenue. Chambres avec sanitaires propres, salle à manger où l'on peut se préparer quelques petits plats : l'esprit d'une AJ mais le confort d'un petit hôtel ! En été, apéro festif 4 fois par semaine sur la terrasse ou dans le salon de l'auberge. Sans doute l'un des meilleurs rapports qualité-prix du centre-ville, à une vingtaine de minutes à pied du Duomo.

B & B Il Giglio d'Oro *(hors plan détachable par G1,* ***65****) : via Pacinotti, 11. 📱 347-484-30-98. ● info@ilgigliodoro.eu ● ilgigliodoro.eu ● Au nord-est du centre-ville. Doubles 70-130 €.* Un havre de tranquillité joliment arrangé par les proprios. Petit jardin d'intérieur où il fait bon prendre son petit déj aux beaux jours ou se reposer après une journée de visite (les chaises longues sont si tentantes, ma foi !). Bonne literie et déco cosy (boutis, carrelage d'époque, rocking-chairs). C'est propre, et l'accueil saura rendre votre séjour agréable. *B & B* excentré, certes, mais immersion assurée.

De prix moyens à chic

Hotel Loggiato dei Serviti *(plan détachable E2,* ***84****) : piazza SS. Annunziata, 3. ☎ 055-28-95-92 ou 93. • info@loggiatodeiservitihotel.it • Doubles 100-180 €.* Niché sous les voûtes de la place, l'hôtel, d'un aspect extérieur assez austère, se révèle cosy et chaleureux une fois à l'intérieur. Il a en effet gardé un certain cachet (c'est un ancien monastère du XVIe s) qui n'enlève rien au confort des chambres, bien au contraire ! Et en plus le service est adorable. Que demander de mieux ?

Mr My Resort *(plan détachable D1,* ***59****) : via delle Ruote, 14 a. ☎ 055-468-45-98. • info@mrflorence.it • mrflorence.it • Doubles 80-140 €.* Un repaire pour ceux qui aiment allier tranquillité et visites. Les 5 chambres sont toutes aussi charmantes les unes que les autres (avec une petite préférence pour celle avec son petit bout de terrasse). Adorable patio et accueil sympathique du propriétaire.

Antica Dimora Johlea *(plan détachable E1,* ***36****) : via San Gallo, 80. ☎ 055-463-32-92. • anticajohlea@antichedimorefiorentine.it • antichedimorefiorentine.it • Doubles 80-180 €. Parking. Café offert sur présentation de ce guide.* Au dernier étage d'un palais du XIXe s, cette délicieuse demeure florentine offre de jolies chambres avec de beaux espaces, dans une ambiance cosy. L'atout de cette adresse : la très jolie terrasse sur le toit, où l'on peut prendre le petit déjeuner en profitant de la vue sur la coupole du Duomo. Bon rapport qualité-prix.

Antica Dimora Firenze *(plan détachable D-E1-2,* ***37****) : via San Gallo, 72. ☎ 055-462-72-96. • anticafirenze@antichedimorefiorentine.it • antichedimorefiorentine.it • Chambres 70-170 €. Café offert sur présentation de ce guide.* Même direction que l'adresse précédente et autant de charme. Avec ses lits à baldaquin et ses meubles de style, cette adresse discrète promet à ses hôtes un séjour de charme à la florentine. Rien n'est laissé au hasard, à l'image du thé servi dans le petit salon au retour d'une promenade. Accueil charmant.

The Student Hotel *(plan détachable D1,* ***15****) : viale Spartaco Lavagnini, 70. ☎ 055-062-18-55. • florence@thestudenthotel.com • thestudenthotel.com • Doubles 100-220 €. Fait également résidence étudiante, pour de longs séjours, voir directement le site.* Cette chaîne d'hôtels hollandaise débarque à Florence dans un ancien palais Renaissance entièrement rénové avec plusieurs cordes à son arc : résidence étudiante, restos, espace de *coworking,* salle de gym, magasin de cycles, mais aussi boîte de nuit. Dès l'entrée, le ton est donné avec les balançoires en guise d'accueil. À la réception, tout est automatique et la clé de la chambre est à récupérer à une borne. Certaines chambres sont réservées aux locations à moyen et long termes (de 1 semaine à 6 mois). Les étudiants s'y sentent très vite à l'aise. Faut dire qu'avec un *rooftop* avec piscine et bar surplombant la ville, on peut faire difficilement mieux ! Salles de jeux, laverie, cafés, *food trucks...* rien n'est laissé au hasard. Il reste quand même quelques chambres aux visiteurs les plus chanceux, qui bénéficieront de tarifs internet lors de leur réservation.

De chic à très chic

Hotel Royal *(plan détachable D1,* ***41****) : via delle Ruote, 50-54. ☎ 055-48-32-87. • info@hotelroyalfirenze.com • villaroyalfirenze.com • Doubles 160-250 €. Parking.* Un véritable havre de paix non loin du bouillonnant quartier de la gare. Cet îlot résidentiel réjouira les amateurs de calme et de tranquillité. Magnifique endroit où le temps semble s'être arrêté. Jardin séculaire et piscine. Les chambres confortables et spacieuses ont été décorées avec goût et respect de la tradition toscane.

On regrette seulement que l'accès à la piscine soit payant *(8 €/j.)*. Accueil professionnel.

Hotel California *(plan détachable D3,* ***72****) : via Ricasoli, 28-30. ☎ 055-28-27-53 ou 055-28-34-99. • hotelcalifornia@inwind.it • californiaflorence.it • ♿ Compter 80 € (très basse saison)-380 € (ça grimpe très vite en hte saison !). Réduc de 10 % pour tte résa directe avec l'hôtel sans passer par Internet ou une agence de voyages. Possibilité de parking. Apéritif offert sur présentation de ce guide.* Un hôtel aux parties communes très « Renaissance » avec fresques, bas-reliefs et tutti quanti ! Les chambres, même si elles sont coquettes – certaines disposent même d'un jacuzzi et ont un balcon avec vue sur le dôme du Duomo (les n°s 122 et 123) –, n'ont pas le lustre des parties communes. La cerise sur le gâteau, c'est sans conteste la terrasse très calme dissimulée parmi les toits, idéale pour le petit déj.

Où manger ?

Sur le pouce

Vecchio Forno *(plan détachable D2,* ***116****) : à l'angle de la via San Gallo et de la via Guelfa. ☎ 055-265-40-69. • vecchiofornofirenze@gmail.com • Lun-sam 7h30-20h.* Titillé par la bonne odeur du pain chaud, vous succomberez aux variétés de pains, mais aussi aux délicieux *panini* et *pizze* à la coupe. Goûtez au *pan de rameirino* (le pain des Rameaux, mais qu'on boulotte toute l'année). Idéal quand on ne veut pas perdre trop de temps à la pause déjeuner.

SandwiChic *(plan détachable D2,* ***116****) : via San Gallo, 3 r. ☎ 055-28-11-57. • info@sandwichic • Tlj 11h-17h.* Ici, tous les produits sont estampillés « locavores » : plutôt bon signe. D'ailleurs, ça ne trompe pas : de nombreux habitués font la queue le midi et attendent patiemment pour savourer un *panino* bien fourni de leur choix. Un comptoir, et quelques tabourets pour les plus chanceux. Un bon plan tout à côté de l'Accademia.

Pugi *(plan détachable D-E2,* ***214****) : piazza San Marco, 9 b. ☎ 055-28-09-81. • info@focacceria-pugi.it • ♿ Lun-sam 7h45-20h. Congés : 3 sem en août.* Cette institution florentine a pignon sur rue depuis 1925. Les *focacce* sont délicieuses, et les parts de *pizze* déclinées en une vingtaine de variétés régalent les habitués depuis des générations avec des ingrédients variant selon les saisons. Le midi, il faudra pousser du coude pour dégotter un bout de table. Spécialité : le *Pugine,* pain à base de fruits secs et d'abricots. Accueil enjoué et service rapide. Autres adresses un peu partout dans Florence.

Cecineria Itaco *(plan détachable E2,* ***155****) : via dei Servi, 116-118. ☎ 055-28-78-43. • ciao@itaco-casa.com • Tlj 9h30-22h. Cecina 8 €, panino 7,50 €.* Idéal pour une pause rapide entre 2 musées. La *cecina* est une sorte de petite galette, spécialité de la Ligurie, que l'on peut manger nature ou accommodée selon ses envies. Également des *panini* bien garnis, et plein de tables pour s'asseoir.

De prix moyens à plus chic

Il Vegetariano *(plan détachable D1,* ***92****) : via delle Ruote, 30 r. ☎ 055-47-50-30. • info@il-vegetariano.it • ♿ À 2 mn de la piazza dell'Indipendenza, en remontant la via San Zanobi. Ouv le soir tlj, plus le midi mar-jeu. Congés : à Pâques, 3 sem en août et à Noël. Carte 7,50-14 € (plus cher le soir). Digestif offert sur présentation de ce guide.* Une fois passé la porte et les imposantes cloisons aux vitraux colorés, on découvre une petite salle façon bistrot, avec tables en bois, vitrines chargées de bocaux remplis d'épices, grosses poutres en bois et fresque sur l'un des murs, le tout débouchant dans une cour ombragée, charmante dès le printemps venu. Pour manger, il faut déjà avoir préalablement choisi

SAN MARCO

son plat/menu puisqu'on paie à la caisse avant de s'installer, façon self-service. Sur le tableau noir, les plats changent tous les jours : tartes aux légumes, couscous végétariens, pâtes, aubergines farcies, soufflés, quiches, soupes traditionnelles... Très bon pain et savoureuses pâtisseries. Beaucoup de Florentins en pause travail le midi : il vous faudra jouer des coudes. Le soir, c'est plus calme, avec service à table. Sans aucun doute l'un des meilleurs végétariens de la ville !

Ristorante Skipper *(plan détachable E2,* ***112****) : via Alfani, 78 r. ☎ 055-28-40-19. • ristoranteskipper@yahoo.it • Fermé sam midi, dim et j. fériés. Congés : août et fin déc-début janv. Repas env 40 €.* Contrairement à l'enseigne, aucun marin en vue mais des poissons frais qui arrivent directement des côtes ligures et siciliennes. Les habitués se régalent d'excellentes pâtes aux fruits de mer et de poissons joliment cuisinés. Le service est agréable, dans une ambiance familiale avec une grande salle traversée par un magnifique mât de navire. Qualité des plats et service extra. Une très bonne adresse dans le quartier.

Trattoria Tiberio *(plan détachable D1,* ***226****) : via delle Ruote, 26 r. ☎ 055-384-12-66. • info@trattoriatiberio.it • Tlj sauf dim. Plat du jour 9 € ; plat de pâtes 8 € le midi seulement.* Une *trattoria* qui ne paie pas de mine mais qui fidélise ses clients grâce à des plats du jour tout à fait corrects. Jolie terrasse à l'abri des regards, où il fait bon se relaxer en avalant le plat du jour. Cuisine typique où l'on retrouve toutes les spécialités toscanes. Le soir, c'est nettement plus cher. Service agréable et attentif.

Antica Trattoria da Tito *(plan détachable E1,* ***267****) : via San Gallo, 112 r. ☎ 055-42-24-75. Tlj sauf dim soir. Compter 25 € pour un repas complet. Résa recommandée le soir.* Cette *trattoria* familiale bien dans son jus (visez un peu les murs graffités par le passage des clients !) fait honneur aux plats traditionnels toscans comme la célèbre *bistecca* ou la *trippa alla fiorentina* ou encore la *baccalà alla livornese*. Les desserts ne sont pas en reste non plus. Une bonne adresse dans ce quartier qui en manque cruellement. Ambiance chaleureuse et survoltée.

Fuoco Matto *(plan détachable D2,* ***266****) : via XXVII Aprile, 16. ☎ 055-495140. • info@fuocomatto.it • Tlj sauf sam midi. Compter 20-25 € (plus si vous prenez de la viande).* Une bonne surprise dans ce quartier plutôt paisible et à deux pas de la piazza San Marco. Un bon rapport qualité-prix et une équipe compétente et très sympathique. Pour les viandards, c'est l'endroit idéal pour déguster une *bistecca,* réputée fameuse, ainsi que des plats toscans bien ficelés. Sans oublier les excellentes pizzas cuites au feu de bois, aux ingrédients soigneusement sélectionnés. Vraiment une bonne adresse.

Bar à vins *(enoteca)*

La Mescita *(plan détachable E2,* ***167****) : via degli Alfani, 70 r. 338-992-26-40. Tlj 11h-16h. Congés : 15 j. en août. Plat env 15 €.* Minuscule débit de boissons à l'ancienne (depuis 1927 !), laissé dans son jus avec du carrelage aux murs et quelques tables en bois. Idéal pour se sustenter d'une petite restauration ou du plat toscan du jour, et, surtout, pour boire un petit coup !

Où savourer de bonnes glaces ?

Arà *(plan détachable D2,* ***162****) : via degli Alfani. Tlj 10h-22h (horaires restreints en hiver).* À deux pas de l'Accademia, ce glacier sicilien est une vraie bonne nouvelle. Gentillesse de l'accueil et délicats parfums, voilà les points forts de cet excellent glacier, sans compter les *cannoli,* ces petits gâteaux typiquement siciliens (faits maison aussi)... un délice ! Également des en-cas salés. *Autre adresse au 1er étage du marché central.*

Où boire un verre ? Où boire un café ?

Caffè del Verone *(plan détachable E2,* ***238****) : piazza Santa Annunziata, 12. 350-097-03-02. • caffedelverone@gmail.com • Situé dans le museo dello Spedale degli Innocenti. Entrée indépendante du musée mais mêmes horaires.* Au dernier étage, les amateurs de panorama seront comblés en sirotant leur café : époustouflante terrasse pour profiter de la vue sur la ville.

Un Caffè *(plan détachable E2,* ***107****) : via Cesare Battisti, 2 r. 347-373-43-07. • camaljoni@gmail.com •* Un lieu comme on les aime, chaleureux et décontracté. Ici, on vient prendre un *espresso* au comptoir ou s'attabler le midi pour un plat du jour à un prix imbattable. Fond musical qui fleure bon la tradition (on y passe de temps en temps de la variété française comme Barbara ou Léo Ferré), et accueil extra.

Kitsch 2 *(plan détachable D2,* ***203****) : via San Gallo, 22 r (ne pas confondre avec le* Kitsch, *via Antonio Gramsci, 1, même proprio). ☎ 055-384-13-58. • info@kitsch.it • Tlj 18h30-23h. Aperitivo 12 €.* Serveurs dynamiques, programmation de concerts de musique, clientèle jeune et active... on retrouve ici tous les bons ingrédients pour passer une excellente soirée. À commencer par le plantureux buffet de l'*aperitivo* (vraiment excellent), où la jeunesse florentine et quelques touristes égarés se pressent... Un endroit animé dans un quartier plutôt calme.

À voir

Palazzo Medici Riccardi *(plan détachable D3) : via Cavour, 3. ☎ 055-276-03-40. Tlj sauf mer 10h30-18h30. Entrée : 10 € ; réduc.* ***Attention,*** *visite de la chapelle par groupe de 7 pers max, pour une durée de 10 mn seulement.*

Aujourd'hui palais provincial, voué à un rôle administratif, cet édifice construit pour les Médicis au XVe s (puis vendu aux Riccardi) abrite une splendeur méconnue, la fresque du ***Cortège des Rois mages*** par Benozzo Gozzoli, cachée à l'étage dans la chapelle comme pour se protéger des regards extérieurs. Joyau de la peinture italienne réalisé à partir de 1459, cette composition éclatante de couleurs illustre le cheminement des Rois mages vers la grotte de Bethléem ; elle subit dès la fin du XVIIe s une 1re altération : vous remarquerez le décrochement du mur ouest, qui coupe les fresques de Balthazar et Melchior.

Cosme l'Ancien a choisi ce thème parce qu'il parrainait la confrérie des Mages, lesquels symbolisaient à l'époque « les parfaits vassaux du Grand Roi », c'est-à-dire de Dieu. Ils étaient également vénérés comme saints patrons des rois et des chevaliers : se placer sous leur protection n'était donc pas un acte anodin... D'autant moins que l'une des curiosités de la fresque, outre sa ***fantastique beauté,*** est de reprendre la symbolique des 3 âges des rois, qui se lit le dos tourné à l'autel : sur votre gauche, Gaspar, le mage enfant ; face à l'autel, Balthazar, le mage adulte, et, sur votre droite, Melchior, le vieux mage. Ces âges rappellent aussi l'histoire de la famille des Médicis : on reconnaît dans la suite de Gaspard les portraits de Piero et Carlo, fils de Cosme, mais aussi Cosme lui-même âgé, ainsi que le très jeune Lorenzo (futur Laurent le Magnifique)... L'artiste s'est également amusé à faire figurer des ***Florentins contemporains*** du commanditaire dans la procession : noter ***la finesse et la précision de ces visages,*** comparés au modelé beaucoup plus classique (mais tout aussi délicat) des visages des anges en adoration, représentés sur les murs de l'abside.

À voir également, au 2e étage du palais, la très délicate ***Vierge à l'Enfant*** de Filippo Lippi. Passer derrière le tableau, la tête d'homme dessinée à l'arrière est également attribuée à Lippi. Mais aussi : la salle des Quatre Saisons, tendue de tapisseries, où se réunit le Conseil provincial. Ensuite, la galerie baroque décorée avec l'***Apothéose des Médicis*** par Luca Giordano, un chef-d'œuvre qui fourmille de détails et de scènes mythologiques. Admirer également les glaces peintes ornées de putti (angelots) et la bibliothèque *Riccardiana* (qui abrite de belles boiseries et qui est toujours en activité).

🏛🏛🏛 ***Galleria dell'Accademia*** *(galerie de l'Académie ; plan détachable D-E2)* **:** *via Ricasoli, 60. ☎ 055-29-48-83. Au nord du Duomo. Tlj sauf lun 8h15-18h50 (22h début juin-fin sept). Fermé 1er janv, 1er mai et 25 déc. Résa conseillée (+ 4 €). Entrée : 8 € (plus cher si expo temporaire) ; réduc. Audioguide en français : 6 € (8 € les 2).*

L'un des incontournables du circuit artistique florentin. Dans la 1re salle, qui présente au centre une copie en plâtre de l'*Enlèvement d'une Sabine* de Jean de Bologne (visible dans la loggia de la piazza della Signoria), l'éclairage est franchement décevant mais on y découvre de superbes peintures.

Sur le mur de droite, en entrant dans la 1re salle, 2 grands tableaux du Pérugin, une *Assomption* et une *Descente de la Croix,* un touchant diptyque de Lippi représentant Marie-Madeleine et saint Jean-Baptiste vieillissants, et 2 beaux prophètes de Fra Bartolomeo. Sur le mur du fond, un grand tableau de Giovanni Antonio Sogliani avec des *dottore* de l'Église discutant pour savoir si la Vierge est exempte du péché originel. Également un magnifique *tondo* représentant une *Vierge à l'Enfant* par Franciabigio. Toiles florentines du XVe s. Sur le mur d'entrée (il faut se retourner, donc), 2 tableaux attribués à Botticelli tout à fait charmants (*Madone de la mer* et *Vierge à l'Enfant et saints*) et 2 *Annonciation* intéressantes par le Pérugin et Bicci. Si vous aimez la musique, poussez jusqu'à la salle à l'extrême gauche, il s'agit du petit ***museo degli Instrumenti musicali,*** avec des violoncelles, des violons ainsi qu'un piano d'Anton Gabbiani. Ici est rassemblée toute la collection lorraine, grande influence musicale à Florence après la fin de la dynastie Médicis. Un peu partout, écrans tactiles pour vous sensibiliser à la musique. Puis revenez sur vos pas, vous entrez alors dans la salle abritant des ***œuvres majeures de Michel-Ange.*** Ne ratez pas les statues inachevées des *Captifs* ou *Esclaves,* et une belle *Pietà* d'Andrea del Sarto, où le Christ est très touchant dans la mort. Juste avant le *David,* à gauche, se trouve *Vénus et l'Amour* de Pontormo (vers 1532), peint sur un dessin préparatoire de Michel-Ange.

Mais, bien sûr, le célèbre ***David*** reste l'œuvre phare qui justifie les longues heures d'attente. Ce formidable athlète de 5,5 t et de 5,17 m de haut subjugue le visiteur par l'intensité de son regard et ses proportions apparemment parfaites. En réalité, Michel-Ange s'est permis des libertés avec l'anatomie réelle, et c'est là tout le paradoxe de mieux rendre compte de la réalité : regarder les mains, énormes mais pourtant parfaites... C'est d'ailleurs en partie l'essence même du mouvement maniériste, qui reproduisit sans fin les postures inventées par Michel-Ange (notamment à la chapelle Sixtine du Vatican). Regarder le réalisme des dessins de la peau : on distingue même les veines sur les pieds. On ne peut résister à l'envie de vous encourager à tourner autour de ce *David* pour voir ses fesses ! Il ornait la piazza della Signoria jusqu'en 1873, où il est aujourd'hui remplacé par une copie. Avec *Judith et Holopherne* de Donatello, le *David* symbolisait le ***combat perpétuel contre la tyrannie et pour la liberté,*** combat que la petite cité-État de Florence mena à de nombreuses reprises. Mais ce *David*-là, avec son air calme et détendu (il n'a pas, comme souvent, le pied posé, triomphant, sur la tête coupée de Goliath), montre plus encore la ***victoire de l'intelligence sur la brutalité.***

À droite du *David,* des tableaux maniéristes avec *Allegoria della Fortezza* de Maso da San Friano. À gauche du *David,* on a surtout aimé la *Déposition* du Bronzino et celle de Pieri.

Au fond, la salle des statues de plâtre du XIXe s, destinées à l'étude (d'où les nombreux trous pour le calcul des lignes et perspectives). On passe alors dans 3 salles dédiées aux primitifs (fin XIIe-début XIVe s) : dans la salle du Duecento, un *Arbre de vie* de Pacino di Bonaguida, dont il faut s'approcher pour admirer tous les détails, ainsi qu'une *Crucifixion* d'un peintre florentin où la position du Christ

est inhabituelle ; dans la salle des disciples de Giotto, quelques belles pièces de Bernardo Daddi (*Crucifixion* remarquable et *Couronnement de la Vierge*) et de Taddeo Gaddi (*Histoire du Christ* et *Saint François d'Assise*). Enfin, dans la salle Orcagna, admirer un triptyque de la *Trinité* de Nardo di Cione et le *Couronnement de la Vierge* de Jacopo di Cione ; un triptyque montre la *Vision de saint Bernard* par le maître de la chapelle Rinucini, Matteo di Pacino.
À l'étage, 4 salles. Dans la première, un fabuleux *Christ en pitié* de Giovanni da Milano. Dans la deuxième, un ensemble exceptionnel de tableaux florentins des XIVe et XVe s avec un polyptyque de Giovanni del Biondo *(Annonciation)* ; tandis qu'un groupe d'œuvres de Lorenzo Monaco, dont un *Crucifix,* un *Christ avec les instruments de la Passion* et une *Annonciation,* peuvent être vues dans la 3e salle. La dernière abrite, entre autres, des peintures en provenance du tabernacle du couvent de Santa Lucia.

Museo di San Marco (plan détachable D-E2) **:** *piazza San Marco, 1. ☎ 055-238-86-08. Tlj 8h15-13h50 (16h50 w-e et j. fériés). Fermé 1er, 3e et 5e dim et 2e et 4e lun de chaque mois. Entrée : 6-8 € selon saison.*

Un peu d'histoire
Fra Angelico, de son vrai nom Guidolino di Pietro, commença à peindre au couvent de San Marco vers 1440, sur la demande de Cosme de Médicis. Ce moine utilisait son art pour traduire sa foi, à l'abri du monde extérieur. Il en résulte une œuvre plutôt sobre mais pleine de lumière et de béatitude, dont il retirera d'ailleurs le surnom de Beato Angelico. Ses anges en particulier sont remarquables par leur légèreté. Le pape Jean-Paul II l'a canonisé en 1984 : il est ainsi devenu le saint patron des artistes.
On trouve ici la majeure partie des œuvres de Fra Angelico, ce moine qui exécuta des fresques dans tout le monastère pour exprimer son amour de Dieu. Il s'agit en fait d'un ancien couvent dominicain du XIIIe s, reconstruit en 1438 sur décision de Cosme l'Ancien. Celui-ci en confia l'architecture à Michelozzo (voir notamment la bibliothèque au 1er étage), qui travailla en si étroite collaboration avec Fra Angelico que, à peine les murs construits, le peintre commença les fresques. On en compte à peu près une centaine. Outre Fra Angelico, Savonarole, saint Antonin et Fra Bartolomeo y résidèrent.

Début de la visite
On accède d'abord au cloître du couvent, décoré de fresques des XVIe et XVIIe s. De là, on visite les différentes salles.
– On commence à droite par l'*Hospice des pèlerins* : une profusion de chefs-d'œuvre de Fra Angelico, un régal pour les yeux ! Très belle *Déposition,* dégageant une grande sérénité (en contraste d'ailleurs avec l'événement). Équilibre de la composition, douceur des tons, extrême finesse de la chevelure de Marie-Madeleine. L'homme au bonnet bleu, à gauche de Jésus, n'est autre que Michelozzo, l'architecte du couvent. Dans *Le Jugement dernier,* on découvre plutôt un manichéisme sublime : à gauche, les anges font la ronde dans un délicieux jardin nimbé de lumière, où les bons se congratulent, tandis qu'à droite les méchants mijotent dans des chaudrons (certains en sont même réduits à avaler des crapauds et des scorpions).
Nombreux et somptueux retables. Remarquable cycle sur le thème de la vie du Christ. Ravissant petit *Couronnement de la Vierge* pour le tabernacle de Santa Maria Novella. Sur celui de Linaioli (1433), *Adoration des Mages* et *Martyre de saint Marc.*
– *Le Grand Réfectoire et la salle de Fra Bartolomeo :* dans le Grand Réfectoire, au fond, *Cène miraculeuse de saint Dominique* par Sogliani (XVIe s) et, sur les murs, des peintures inégales. Noter la *Déposition* de Suor Plautilla Nelli (regarder également le réalisme des yeux rougis !), puis *Vierge trônant et saints,* et *Vierge à l'Enfant* par Fra Paolino. Dans la salle de gauche, uniquement des œuvres de Fra Bartolomeo, disciple de Savonarole, d'un classicisme qui influencera Raphaël, *Visages* et *Madone et Enfant avec sainte Anne* (œuvre inachevée).

– *La salle du Chapitre :* superbe *Crucifixion,* où Fra Angelico a réussi à exprimer l'idée d'expiation et de rédemption.
– En allant vers le Petit Réfectoire et l'escalier qui monte au 1er étage, quelques belles toiles caravagesques.
– *Le Petit Réfectoire (Cenacolo) : Cène* exécutée par Ghirlandaio (en face de la petite librairie). La présence du chat dans ce tableau montre l'apparition d'un danger. Étonnant également ce saint Jean qui dort sur la table. *Pietà* de Luca Della Robbia. Dans le corridor des cellules, petite expo lapidaire et plusieurs consoles en bois.

1er étage
Toutes les cellules ont été décorées de scènes des Évangiles par Fra Angelico (ou par ses élèves sur un dessin du maître). Peintes de 1437 à 1445, comme s'il y avait représenté aussi son âme. En haut de l'escalier, le 1er choc, une très belle *Annonciation* (attention au syndrome de Stendhal !). Commencez par la gauche. Vous entrez dans le 1er couloir. Sur la gauche, le must, les cellules peintes de la main du maître (on aime surtout les cellules nos 1, 3, 5, 7, 9 et 10) ; sur la droite, les cellules peintes par ses disciples. Dans quelques cellules (nos 17 ou 22), vous pouvez apercevoir, sous le niveau du sol, par des jeux de miroir, des fresques du XIVe s du couvent précédent recouvertes par la construction actuelle de Michelozzo.
Au fond à droite, le couloir des novices, des cellules de moindre intérêt.
En continuant, on trouve les 3 pièces utilisées par ***Savonarole*** (oratoire, cabinet de travail et cellule). Ce moine, ***dénonçant les mœurs dissolues des Médicis, réussit à les chasser de la ville.*** Il instaura un régime tellement dur que le peuple s'insurgea, le pendit, puis le brûla sur la piazza della Signoria. On y trouve de belles petites fresques du XVIe s et, surtout, un tableau illustrant le supplice de Savonarole, où l'on peut voir que les seules statues présentes à l'époque devant le palazzo Vecchio étaient le *Marzocco* (lion assis) et *Judith et Holopherne,* de Donatello.
On retourne sur nos pas jusqu'à l'escalier pour voir les cellules de droite dites « du 3e couloir ». Elles sont plus tardives, plus narratives. En particulier, au fond à droite, remarquable *Adoration des Mages* par Benozzo Gozzoli, le plus talentueux des disciples de Fra Angelico, dans la cellule qu'occupa Cosme de Médicis (noter qu'il bénéficiait d'un duplex...).
Dans la bibliothèque réalisée par Michelozzo, sur la droite, double rangée de colonnes et arcades. Grands psautiers enluminés.

Chiesa San Marco *(plan détachable D-E2)* **:** *à côté du couvent. Tlj 7h-12h, 16h30-19h30.* Date du XIIIe s mais fut souvent remaniée. Façade du XVIIIe s. Chœur couvert de fresques. Jolie mosaïque de *Mater Misericordia.* Momie de San Antonino Pierozzi, fondateur du couvent (1389-1459), réformateur de l'ordre des Dominicains et archevêque de Florence.

Piazza della Santissima Annunziata *(plan détachable E2)* **:** *à deux pas de San Marco.* Très jolie place dessinée par Brunelleschi. Bordée par le *spedale degli Innocenti* (hôpital des Innocents) de Brunelleschi avec son élégant portique et les médaillons d'Andrea Della Robbia, l'*église Santissima Annunziata* et la *loge des Servites,* de l'autre côté de la place par rapport à l'hôpital, réalisées par Antonio da Sangallo et Baccio d'Agnolo. Au centre, la statue de Ferdinand Ier de Médicis, œuvre tardive de Jean de Bologne (1608), aidé par Tacca, qui réalisa également les fontaines baroques.

Museo dello Spedale degli Innocenti *(plan détachable E2-3)* **:** *piazza della Santissima Annunziata, 12. ☎ 055-203-73-08. • museodeglinnocenti.it • Tlj sauf mar 10h-19h. Entrée : 9 € (10 € avec l'audioguide anglais/italien) ; réduc.*
Le musée a subi un sérieux lifting permettant ainsi l'ouverture de salles existantes (mais non visitables) et des activités pour les enfants. 1 500 m² répartis sur 3 niveaux. De quoi vous occuper facilement quelques heures. Très belle cour

intérieure avec, comme symbole répétitif, une échelle représentant l'hôpital (on retrouve ce signe pour l'hôpital Santa Maria della Scala à Sienne, qui s'occupait d'enfants aussi).
L'hôpital des Innocents est à proprement parler le 1er édifice Renaissance de Florence. Construit à partir de 1419 par Brunelleschi, il était destiné à recueillir les enfants abandonnés, qu'on donnait ensuite aux nourrices qui habitaient la campagne. En 1421, c'est le ***1er orphelinat en Europe*** à ouvrir ses portes. L'architecte y a emprunté à la fois des éléments romans et des éléments antiques.
À l'entrée de l'hôpital, les mamans pouvaient abandonner leurs enfants et les déposer dans une roue entre les statues de Marie et de Joseph. Au préalable, elles prenaient soin de couper une moitié de la médaille (alors accrochée au cou de leur petit), qu'elles gardaient précieusement, et l'autre moitié était récupérée par les sœurs autour du cou de l'enfant. ***En cas de remords, la maman pouvait reprendre son enfant*** avec sa moitié de médaille, facilement reconnaissable.
À l'entresol, expo sur l'individualité et quelques réflexions sur l'enfance à l'époque (notamment sur le travail des enfants). Dans le parcours actuel, salle ovale avec une émouvante série de médaillons. Une tablette tactile présente également les témoignages poignants d'orphelins devenus adultes. En effet, jusque dans les années 1980, l'endroit accueillait encore de jeunes enfants.
Dans les étages supérieurs : suivez le parcours muséal avec l'***extraordinaire Adoration des Mages*** de Ghirlandaio, qui mit 4 ans à la réaliser (1480-1484) ; les rouges y sont sublimes. À l'arrière-plan, *Le Massacre des innocents* et de ravissants paysages. D'autres œuvres intéressantes, une *Vierge de la miséricorde* de Pontormo et une *Crucifixion* maniériste de Poppi dans un magnifique cadre. Également un *Couronnement de la Vierge* de Lorenzo Monaco, un autre de Neri di Bicci, qui réalisa également *L'Annonciation*. Superbe *Vierge à l'Enfant* de Filippo Lippi et Botticelli. Également quelques putti (angelots) restaurés de l'artiste Andrea Della Robbia (1463), avec leur fameux fond bleu en terre cuite émaillée, qui décoraient autrefois la façade de l'hôpital. Le musée abrite également le café littéraire *Caffè del Verone,* avec sa belle terrasse dominant la ville (voir plus haut « Où boire un verre ? Où boire un café ? »).

Chiesa Santissima Annunziata *(plan détachable E2)* **:** *piazza della Santissima Annunziata. ☎ 055-26-61-81. Tlj 7h-12h30 (sauf la 1re demi-heure de chaque heure à cause de la messe), 16h-18h30.*
L'une des plus chères au cœur des Florentins. Œuvre de Michelozzo (qui reconstruisit également le couvent San Marco) en 1441. Ne pas manquer le cloître des vœux qui précède l'entrée dans l'église. Il contient des ***fresques importantes,*** presque toutes restaurées, d'un groupe de peintres florentins de la fin du XVe au début du XVIe s. Réalisées par Andrea del Sarto, Pontormo et Rosso, elles racontent l'histoire de l'ordre des Serviteurs de Marie. À droite, fresques plus tardives : *Assomption* de Rosso, *Visitation* de Pontormo, *Mariage* de Franciabiagio, le reste par Andrea del Sarto. À gauche de l'entrée se trouvent les fresques de la 1re époque ; en face, une Nativité fin XVe s d'Alesso Baldovinetti, puis une fresque de Cosme Rosselli (également fin XVe s, les autres sont d'Andrea del Sarto, 24 ans à l'époque !).
En entrant dans l'église, à gauche également, on distingue une *Annonciation* (du XIIIe s), dont la légende dit que le visage de la Vierge fut terminé par des anges en 1252. Les fidèles lui vouent encore un culte, tant et si bien que les offices se déroulent souvent en direction de cette dernière et non vers le chœur.
C'est à partir de l'église qu'on accède au cloître des morts (le plus souvent fermé au public) où se trouvent d'autres fresques qui racontent l'histoire de l'église. Mais une seule est vraiment digne d'intérêt : *La Vierge au sac* d'Andrea del Sarto (qui est d'ailleurs enterré dans cette église, comme Jean de Bologne ou Benvenuto Cellini). À l'intérieur, l'un des décors baroques les plus fous qu'on connaisse. Plafond or et argent outrageusement chargé, décor grandiloquent, fresques.
Au fond de cette chapelle, à droite, un beau christ d'Andrea del Sarto. Les chapelles de la nef et du transept sont inégales. Quelques beaux tableaux et fresques.

À noter, un beau christ de Sangallo dans la 2de nef de droite et, dans le transept droit, une puissante *Pietà* de Bandinelli, qui s'est représenté dans les traits du vieillard soutenant le Christ. La sacristie et les absides derrière le chœur (qui contiennent quelques belles peintures) sont en général fermées au public.

Museo dell'Opificio delle Pietre dure *(musée de la Manufacture des pierres dures ; plan détachable D-E2)* **:** *via degli Alfani, 78. ☎ 055-26-51-11. Lun-sam 8h15-14h. Entrée : 4 € (gratuit avec le billet de la galerie des Offices).* Le travail des pierres dures *(pietre dure)* est un art d'une grande finesse qui rappelle la marqueterie sur bois. On l'appelle aussi ***« la mosaïque florentine »***. Des pierres semi-précieuses comme l'onyx, l'obsidienne, la cornaline, l'agate ou le porphyre sont découpées, taillées puis incrustées dans des compositions aussi colorées que variées (bouquet de fleurs, nature morte, etc.). Pendant 3 siècles, les artisans de l'*Opificio delle Pietre dure* eurent comme objectif de décorer les palais et les églises de Florence, en particulier le caveau des Médicis et la chapelle des Princes de l'église San Lorenzo. À présent, l'atelier est voué à la restauration, ainsi qu'au travail de la marqueterie de bois et de la majolique. Ce petit musée d'une dizaine de salles permet d'admirer quelques magnifiques exemples de composition de pierres dures, d'un étonnant réalisme et d'une remarquable finesse. Sur la mezzanine, présentation des outils et des sortes de pierres (ou d'essences pétrifiées) utilisés pour réaliser ces chefs-d'œuvre.

Museo archeologico *(plan détachable E2)* **:** *piazza della Santissima Annunziata, 9. ☎ 055-235-75. Tlj 8h30-19h (14h sam-lun). Fermé 2e et 4e dim de juil-août. Jardin abritant des tombes étrusques ouv sam seulement. Entrée : 8 €. À l'entrée de la plupart des pièces, feuilles explicatives en français, indispensables pour éclairer votre lanterne.* Le musée possède l'une des plus anciennes collections italiennes. Il a été inauguré en présence du roi Victor-Emmanuel II en 1870. Avec sa disposition aérée, il propose un parcours au rez-de-chaussée en 2 parties, l'une dédiée aux expos temporaires et l'autre aux étrusques toscans (Populonia, Vulci entre autres). De belles pièces y sont présentées, notamment étrusques, de l'âge du bronze à la période hellénistique. Très belle collection égyptienne (2e collection italienne la plus importante après Turin) avec des statuettes en bronze, des sarcophages, des poteries, des pierres sculptées, des hiéroglyphes très bien conservés. Également des vases grecs et des statues romaines. Les plus belles pièces de la collection sont au 2e étage (malheureusement souvent fermé et aux horaires farfelus – se renseigner à l'entrée). Avant d'entrer dans les salles, admirer au fond du couloir la superbe *Minerve* en bronze qui vient d'être restaurée. Dans l'une des salles à droite, ne pas manquer l'urne funéraire d'une aristocrate ainsi que le vase François datant du VIe s av. J.-C., dans un état de conservation incroyable. On peut même remarquer certaines parties colorées bien visibles. Et on peut suivre les explications avec un écran tactile très bien fait. Bien sûr, le must du musée est la Chimère d'Arezzo, statue en bronze étrusque représentant une bête mythologique. Également de beaux bustes en marbre de philosophes comme Homère, Eschyle ou Sophocle. Non loin de ces portraits, une impressionnante tête de cheval exposée autrefois dans le jardin des Médicis. Grande collection numismatique des Médicis et des Lorraine. Un musée qui regorge donc de trésors et qui mériterait d'être plus (re)connu.

ON A VOLÉ *LA JOCONDE* !

1911. Coup de tonnerre ! Aussitôt, on arrêta Apollinaire, Picasso fut longuement interrogé, et on retrouva le chef-d'œuvre rue du Vert-Bois, avec la signature de l'artiste. Mais les enquêteurs mirent un certain temps à savoir que Léonard n'avait jamais signé son tableau. C'est dans un hôtel de Florence, en 1913, qu'on retrouva l'authentique, volé par un vitrier italien qui travaillait dans le musée. Depuis, l'hôtel s'appelle Gioconda *et existe toujours.*

Museo Leonardo da Vinci (plan détachable D-E3) **:** *via dei Servi, 66-68 r. ☎ 055-28-29-66. • mostredileonardo.com • Tlj 10h-19h (18h nov-mars). Entrée : 7 €.* Encore un musée sur Léonard, comme il en existe beaucoup en Italie. Il est divisé en 5 thèmes, 5 salles pour l'eau, l'air, la terre, les mécanismes et le feu. Présentation des principales créations du maître. On a aimé le prototype du deltaplane, ou encore la barque à pédales ! Au fond du musée, une petite salle présente les copies des tableaux les plus célèbres de Vinci *(La Joconde, La Cène, L'Annonciation...)*. Un moment à partager entre petits et grands.

Cenacolo di Sant'Apollonia (plan détachable D2) **:** *via XXVII Aprile, 1. ☎ 055-238-86-07. Tlj sauf 1er, 3e et 5e w-e de chaque mois 8h15-13h50. Fermé 1er janv, 1er mai et 25 déc.* Couvent fondé au XIVe s, il fut consacré à sainte Apolline, chrétienne martyre morte en 236 qui se jeta dans les flammes pour échapper à ses bourreaux. On retiendra dans ce réfectoire l'œuvre la plus importante : la ***fresque d'Andrea del Castagno représentant la Cène*** (représentation commune à tous les réfectoires des monastères). Détail amusant : les 2 fenêtres (réelles celles-ci) qui se fondent dans la fresque. Admirer également le décor entourant le dernier repas du Christ : le plafond aux formes géométriques, les tuiles rouges et les pavements muraux qui donnent de la profondeur à la fresque. La nappe blanche, quant à elle, donne plutôt l'impression d'un immense rectangle blanc et n'offre aucune perspective.

Giardini dei Semplici – Orto botanico (plan détachable E2) **:** *entrée par la via Pier Antonio Micheli, 3. Tlj sauf mer 10h-18h30 (16h en hiver). Entrée : 6 € ; gratuit avec la* Firenze Card *ou avec l'entrée du musée d'Histoire naturelle.* Le Jardin botanique, de plus de 2 ha, est une belle halte pour ceux que la botanique intéresse. On y trouve plus de 9 000 variétés de plantes et une jolie fontaine centrale. Il fait partie du musée d'Histoire naturelle de Florence. C'est sous la houlette de Cosme Ier de Médicis que le jardin fut créé, en 1545. C'est à cette époque qu'il connut toute sa splendeur avec Giuseppe Casabona, qui fit apporter du monde entier des plantes rares. Au XVIIIe s, le botaniste Pier Antonio Micheli en fit son jardin d'études. Il fut enfin ouvert au public en 1864. Aujourd'hui, on peut toujours admirer les serres qui renferment de belles variétés de plantes exotiques (bananiers, caféiers, arbres du voyageur), un plan d'eau bordé de lierre et tout un parterre destiné aux plantes médicinales.

LE QUARTIER DE SAN LORENZO

• Pour se repérer, voir le plan et le zoom détachables en fin de guide.

San Lorenzo, c'est avant tout son marché central à deux pas de la gare, grouillant et coloré avec ses maraîchers et ses marchands de fruits qui s'interpellent, où les Florentins et les touristes aiment venir remplir leurs paniers de denrées alimentaires de toutes sortes ou se retrouver au 1er étage où un *hall food* accueille les comptoirs des meilleurs chefs et restos du coin. San Lorenzo, c'est aussi son église édifiée par Brunelleschi, l'une des plus importantes de Florence, et les chapelles construites par Michel-Ange qui renferment les tombeaux de la famille Médicis. San Lorenzo, c'est encore sa place avec son marché de peaux et cuirs, où le pire côtoie le meilleur et où le marchandage devient un art !
Les amoureux de Florence trouveront le quartier certainement très touristique, mais ce dernier mérite tout de même qu'on y passe un peu de temps pour l'apprécier à sa juste valeur.

Où dormir ?

Auberge de jeunesse

Plus Florence *(plan détachable D1,* ***62****)* **:** *via Santa Caterina d'Alessandria, 15-17. ☎ 055-628-63-47. • plusflorence@humancompany.com • plushostels.com • Compter 24 €/pers en dortoir et à partir de 50 € pour une chambre 2-4 lits.* Une AJ privée très fonctionnelle et d'une propreté irréprochable. Chambres spacieuses et joliment colorées (avec une mention spéciale pour celles des filles, aux murs parme). Ici, les *backpackers* de tous pays se retrouvent dans une ambiance conviviale, n'hésitant pas à se refiler moult conseils et bonnes petites adresses. Soirées thématiques. Bar, piscine intérieure et agréable terrasse sur le toit de l'immeuble, avec une vue imprenable sur la ville. Que demander de mieux ?

De prix moyens à chic

Hotel Accademia *(plan détachable C3,* ***46****)* **:** *via Faenza, 7. ☎ 055-29-34-51. • info@hotelaccademiafirenze.com • hotelaccademiafirenze.com • Doubles 65-130 €.* L'entrée fait bonne impression, avec son escalier tout de velours rouge revêtu. Les chambres, reliées par un dédale de couloirs, sont confortables. Petite cour intérieure, salle pour le petit déj et espaces communs conviviaux (jeux de dames et d'échecs).

Tourist House Liberty *(plan détachable D2,* ***60****)* **:** *via XXVII Aprile, 9. ☎ 389-314-19-58. • info@touristhouseliberty.it • touristhouseliberty.it • Doubles 40-90 €. En hte saison, séjour de 2 nuits min exigé. Réduc de 10 % sur la chambre sur présentation de ce guide.* Cet endroit confortable propose des chambres très agréables, lumineuses, bien arrangées (mobilier de style, tons chauds et harmonieux, jolies tentures, parquet...). Propreté irréprochable. Une bonne adresse.

Hotel Casci *(plan détachable D2,* ***70****)* **:** *via Cavour, 13. ☎ 055-21-16-86. • info@qnt.it • hotelcasci.com • ♿ Au 2e étage (ascenseur). Doubles 80-160 €. Parking payant (22-27 €/j.).* Hôtel familial situé dans un palais du XVe s où vécut le compositeur Rossini.

2 chambres donnent sur un jardin et sont destinées en priorité aux jeunes couples en voyage de noces ! Accueil courtois (et en français) et chambres tout confort, même si on peut parfois regretter la (petite) taille. Les salles de bains mériteraient un petit coup de jeune !

Residenza Castiglioni *(zoom détachable C3,* ***38****) : via del Giglio, 8. ☎ 055-239-60-13. • info@residenzacastiglioni.com • residenzacastiglioni.com • Au 2e étage (ascenseur). Chambres 100-200 €.* La différence de prix se justifie par la présence ou l'absence de fresques peintes dans la chambre. À l'étage de la réception, chambres supérieures avec déco florentine plutôt réussie (bémol pour le carrelage pas raccord avec le reste). Au 3e étage, chambres plus modernes mais toutes avec un très bon confort. Coin salon-bar pour papoter avec les autres résidents ou avec l'intarissable patron. Une bonne adresse idéalement située.

Florence Dream Domus *(plan détachable D2,* ***218****) : via dei Ginori, 26. ☎ 055-29-53-46. • info@florencedream.it • florencedream.it • Au 1er étage (sans ascenseur). Doubles 80-140 €.* Une petite adresse sans prétention qui conviendra aux amoureux du calme et de la tranquillité, à deux pas du Duomo. Les chambres portent toutes un nom de la famille Médicis. Préférez celles de Marie, Giovanni ou Lorenzo, à l'arrière. Petit déj correct avec vue sur l'agitation matinale des commerçants. Pour la déco, il faut aimer le très classique avec tentures, lustres, dorures et putti. Accueil prévenant.

Hotel Burchianti *(zoom détachable C3,* ***38****) : via del Giglio, 8. ☎ 055-12-17-96. • info@hotelburchianti.it • hotelburchianti.it • Doubles 120-150 €.* Cette petite pension de charme, à l'abri des regards, occupe l'une de ces vieilles demeures qui fleurent bon la Florence d'antan, à peine la lourde porte entrouverte. Des meubles de style agrémentent les vastes chambres, toutes couvertes de fresques du XVIIe s (celle réservée aux jeunes mariés en lune de miel est particulièrement jolie). De quoi faire de beaux rêves ! En revanche, le confort est bien du XXIe s. Une escapade romantique ? Cette adresse est pour vous. Accueil en français, de surcroît.

Hotel dei Macchiaioli *(plan détachable D2,* ***39****) : via Cavour, 21. ☎ 055-264-81-53. • info@hoteldeimacchiaioli.com • hoteldeimacchiaioli.com • Double env 120 € (mais prix très fluctuants selon remplissage). Parking payant.* Hôtel de standing niché dans le palazzo Morrochi. Chambres spacieuses, décorées avec goût et avec tout le confort nécessaire. Coup de cœur pour la salle du petit déj décorée de fresques (autrefois le salon des peintres avant-gardistes toscans dans les années 1850, les fameux Macchiaioli). Idéalement placé et calme malgré la proximité de la via Cavour. Accueil serviable et personnel aux petits soins.

Très chic

Hotel Cellai *(plan détachable D2,* ***24****) : via XXVII Aprile, 52 r. ☎ 055-48-92-91. • info@hotelcellai.it • hotelcellai.it • Doubles 140-210 € (baisse en basse saison). Parking payant. Apéritif maison offert sur présentation de ce guide.* Ici, on a le souci du détail et de l'authenticité jusque dans les chambres. Atmosphère intime et conviviale dans les parties communes avec une enfilade de petits salons cossus et cosy (certains avec cheminée), décorés d'objets et de meubles chinés. On a l'impression d'un retour au XIXe s... En revanche, les chambres, elles, sont bien modernes, dotées de tout le confort requis pour ce genre d'adresse. Un endroit où tout n'est que luxe, calme et volupté... et un accueil tout en gentillesse. *Andiamo !*

Hotel Il Guelfo Bianco *(plan détachable D2,* ***74****) : via Cavour, 29. ☎ 055-28-83-30. • info@ilguelfobianco.it • ilguelfobianco.it • ♿ Doubles 80-350 € selon taille et saison ; familiales. Offres parfois plus intéressantes en réservant par Internet.* Un lieu de bon goût, qui restitue l'atmosphère médicéenne. Essai réussi pour les chambres supérieures, coiffées de plafonds à caissons ou de voûtes rustiques et pourvues de beaux tapis et de mobilier de style. En revanche, les chambres standard, bien que cossues et joliment décorées, ne se démarquent pas du classicisme bon teint des hôtels de standing. Pour les insomniaques, les chambres situées à l'arrière profitent d'une jolie vue sur les toits et échappent à toute nuisance sonore. Un mariage réussi de luxe et de charme...

Relais & Maison Grand Tour *(plan détachable D2, **44**) : via Santa Reparata, 21. ☎ 055-39-952-23. • info@florencegrandtour.com • florence.grandtour.com • Doubles à partir de 85-195 €. Café offert sur présentation de ce guide.* Belle adresse nichée dans un palais et un petit théâtre du XVIIIe s. Plafond à caissons, fresques, pavage XVIIIe, chambres meublées avec de belles antiquités. Coup de cœur pour le patio mignon tout plein avec ses plantes vertes et son mobilier de jardin, qui donne sur les chambres aux noms évocateurs : « L'Acteur », « La Diva ». L'étage supérieur propose une suite pouvant accueillir 7 personnes. Pour ceux qui recherchent le calme et la volupté, c'est l'adresse idéale ! Accueil très sympathique de la propriétaire, pas avare de conseils.

Où manger ?

Marché

Mercato centrale di San Lorenzo *(plan détachable C-D2) : via dell'Ariento. • mercatocentrale.it • Lun-sam 7h-14h.* Halles du XIXe s abritées par une charpente métallique. Un marché idéal comme introduction à la gastronomie locale. Au rez-de-chaussée, marché traditionnel avec moult charcuteries, boucheries, triperies, crémeries et épiceries. C'est très touristique et assez cher au demeurant, mais la qualité des produits n'a pas baissé et le choix est immense. Au 1er étage *(entrée par la via dell'Ariento ; tlj 10h-minuit),* multiples comptoirs qui font le bonheur des petits et des grands ; il y en a pour tous les goûts ! Pizzas, poissons, glaces, *focacce,* végan, viande, *enoteca...* Tous ces comptoirs, joliment présentés sous l'immense verrière du marché couvert, feront le bonheur des amateurs gourmands. Évitez le dîner en amoureux (bruyant). Les autres trouveront l'endroit bien pratique, rapide et d'un bon rapport qualité-prix. Idéal pour les familles.

Sur le pouce

Focaccine Bondi *(plan détachable C2, **229**) : via dell'Ariento, 85 r. Panino 4 €.* Une adresse connue comme le loup blanc depuis des générations de Florentins. Ici pas de chichis, on commande sur l'ardoise les ingrédients qu'on veut intégrer dans son sandwich, et on repart avec son *panino.* Et basta ! Rapide, pas cher et très bon !

Perini *(plan détachable D2, **90**) : au rdc du marché de San Lorenzo. ☎ 055-239-83-06. Mêmes horaires que le marché.* Épicerie qui propose à la vente fromages et charcutailles à foison. À côté de l'étal, quelques tables pour accueillir les clients venus goûter les savoureux plats du jour. Un bon plan.

Trattoria da Nerbone *(plan détachable D2, **90**) : à l'intérieur du mercato centrale di San Lorenzo. 339-648-02-51. • klausdavide@hotmail.com • Lun-sam 8h-15h seulement. Congés : 1 sem en janv et 3 sem en août. Repas complet 13-15 €.* Irremplaçable dans le cœur des Florentins, cette gargote populaire accueille les vieux habitués et les nombreux touristes sur quelques mètres carrés de comptoir et une poignée de tables en marbre. Côté plats, la maison propose de savoureuses spécialités (également à emporter). On y vient surtout pour ses tripes, son *lampredo* (intestin de veau bouilli dans son jus et saupoudré de poivre) ou sa *ribollita.* Et, pour faire passer le tout, un chianti au verre *e poi, il conto e basta !*

Nobile Bistrò *(plan détachable C-D3, **96**) : piazza Madonna degli Aldobrandini, 13 r. 338 967-02-07. Tlj sauf sam-dim 8h-16h. Compter 5-15 €.* Adossé aux chapelles des Médicis, un petit café qui tire son épingle du jeu avec sa terrasse toute mignonne, en retrait du va-et-vient des touristes. Des *panini* aux produits tout frais ou une salade fraîche et colorée, à vous de choisir ! Parfait aussi pour avaler son *cappuccino* le matin accompagné d'une brioche. Et en plus, l'accueil est charmant.

Bon marché

Trattoria Sergio Gozzi *(plan détachable D3,* ***98****) : piazza San Lorenzo, 8 r. ☎ 055-28-19-41. • trattoriasergiogozzi@tiscali.it • ♿ Ouv le midi seulement. Fermé dim. Congés : août. Repas env 20 €.* Pas facile de dénicher cette *trattoria* familiale, dont l'entrée se fait discrète. Joyeuse assemblée d'habitués et de touristes en goguette qui se mélangent dans un brouhaha bon enfant. Côté cuisine, c'est de la bonne tambouille toscane... à commencer par la copieuse *ribollita* (soupe de légumes et de pain), la *pappa al pomodoro* ou la *trippa alla fiorentina.* Et, pour finir, un petit *biscottini di Prato* à tremper dans un verre de *vino santo* suffira amplement. Accueil bousculé mais toujours dans la bonne humeur.

Simbiosi *(plan détachable D2,* ***212****) : via dei Ginori, 56 r. ☎ 055-064-01-15. • contatti@simbiosi.bio • Ouv tlj. Résa conseillée. Repas env 15 €.* Cette pizzeria bio propose un choix restreint mais, cuites devant vous au feu de bois avec de bons produits locaux, ses pizzas sont extra. C'est bruyant car la salle est un peu exiguë, donc peu propice aux roucoulades... Juste à côté, le proprio a ouvert le même concept en version *pasta,* excellente aussi.

Trattoria Palle d'Oro *(plan détachable C2,* ***216****) : via Sant'Antonino, 43-45 r. ☎ 055-28-83-83. • trattorialapalledoro@gmail.com • Tlj sauf dim et j. fériés. Congés : août. Repas 15-30 €. Digestif offert sur présentation de ce guide.* Cette institution florentine (depuis 1860) à deux pas du marché central régale Florentins et touristes dans une atmosphère conviviale (quoiqu'un peu bruyante parfois). Au menu : solides plats toscans comme la *ribollita,* la *panzanella,* ou encore les *ravioli al tartufo.* Pour les amateurs de tripes, petit stand de *panini* le midi à l'entrée du resto (attention, il y a souvent la queue), ainsi qu'un *bancone* (comptoir avec quelques tabourets) pour déguster rapidement un plat du jour *(6-10 €).* Service rapide et efficace.

Osteria Pepò *(plan détachable D2,* ***122****) : via Rosina, 6 r. ☎ 055-28-32-59. • info@pepo.it • ♿ Petite rue débouchant sur la pl. du mercato centrale. Tlj sauf mar. Repas env 25 €. Apéritif offert sur présentation de ce guide.* Adresse à l'ambiance calme et discrète, coincée entre ses bruyants voisins. Ici, on mange des plats typiquement toscans. Le service est rapide et souriant. Bon point pour les pâtes et la *bistecca alla fiorentina.*

Prix moyens

La Ménagère *(plan détachable D2-3,* ***228****) : via dei Ginori, 8 r. ☎ 055-075-06-00. • info@lamenagere.it • Tlj sauf lun 9h-1h ; resto 12h-23h.* Un bel endroit qui a gardé le nom de l'ancien établissement, une quincaillerie où on vendait tout pour la cuisine ! Aujourd'hui, place au mobilier de bois et de béton, aux pierres apparentes et aux grands espaces laissant passer la lumière. Également un fleuriste et quelques objets déco à acheter. Côté papilles, on opte pour le bistrot le midi et pour la version plus chic sous la verrière avec des plats plus élaborés le soir.

Trattoria La Gratella *(plan détachable C2,* ***234****) : via Guelfa, 81 r. ☎ 055-21-12-92. • info@lagratella.it • Repas 25-30 €.* Cette authentique *trattoria* de quartier fait honneur aux plats traditionnels locaux drainant une forte clientèle d'habitués et quelques touristes flairant la bonne affaire et la bonne humeur. Un excellent rapport qualité-prix.

Ristorante Le Fonticine *(plan détachable C2,* ***250****) : via Nazionale, 79 r. ☎ 055-282-21-06. • info@lefonticine.com • Repas 25-30 €.* La maison s'est fait connaître pour ses pâtes fraîches, sa viande grillée et sa bonne cave. Grande salle donnant sur le *corte* très sympa avec son sol pavé et les céramiques aux murs. Malgré un changement de main, la qualité et la bonne humeur sont toujours de mise et font de cette adresse une bonne étape culinaire (bons desserts au passage) dans le quartier.

Bars à vins *(enoteche)*

Fratelli Zanobini *(plan détachable C-D2,* ***141****)* **:** *via Sant'Antonino, 47 r. ☎ 055-239-68-50. Tlj sauf dim 8h-14h, 15h30-20h.* Caviste réputé, avec un petit comptoir pour les dégustations, usé par des générations de connaisseurs. C'est d'ailleurs un des plus anciens magasins de la ville, avec 3 000 étiquettes (en comptant les mousseux, les spiritueux et les vins français !). Bons conseils.

Casa del Vino *(plan détachable D2,* ***143****)* **:** *via dell'Ariento, 16 r. ☎ 055-21-56-09. Lun-ven 9h30-19h, sam 10h-15h (fermé sam mai-juil). Réduc de 10 % sur le prix de la bouteille sur présentation de ce guide.* Minuscule bar à vins qui donne sur le marché central, où l'on déguste debout (2 chaises et une table pour ceux qui auront de la chance !) un choix de charcuteries, *crostini* et *panini* du jour.

Où déguster de bonnes pâtisseries ? Où boire un bon café ?

Caffè Rainer *(plan détachable D1,* ***239****)* **:** *via San Zanobi, 97 r (à l'angle de la via delle Ruote). • info@cafferainer.it • Brunch dim.* Cette pâtisserie autrichienne rassasiera les becs sucrés de grands classiques comme le gâteau au chocolat, la tarte aux poires, le strudel et autres gâteries pour alimenter votre tour de taille. Et surtout ne loupez pas leur café, un des meilleurs de Florence à notre humble avis.

Où déguster les meilleurs *cantuccini* de Florence ?

Il Cantuccio di San Lorenzo *(plan détachable C2,* ***171****)* **:** *via Sant'Antonino, 23 r. • info@ilcantucciodisanlorenzo.it • Tlj sauf dim.* Une minuscule boutique dont l'odeur de biscuit chaud nous attire déjà depuis le bout de la rue ! Ici, tout est fait maison ; la famille Marini, d'une longue tradition de boulangers (depuis 1950), propose ses fameux *cantuccini*, les meilleurs de la ville à notre avis ! Également de délicieuses pâtisseries de tradition toscane et des *cantuccini* salés, gouteux et savoureux comme leurs confrères sucrés. Rien ne vous empêche de faire une petite réserve dans vos valises...

Achats

Fiori del Tempo *(plan détachable D2,* ***340****)* **:** *via dei Ginori, 27 r (en face de La Ménagère).* Une petite boutique qui ne paie pas de mine et pourtant Francesco cisèle métaux et pierres depuis plus de 35 ans. C'est un endroit incroyable pour dégoter des bijoux à un prix imbattable et avec le conseil en sus !

Melrose *(plan détachable D2,* ***349****)* **:** *via dei Ginori, 18 r. ☎ 055-267-00-30. Lun-sam 10h-20h30, dim 14h-20h.* C'est la caverne d'Ali Baba pour les amateurs du style (avec ses nombreux recoins aux vêtements vintage de toutes tailles et de toutes époques). Également un grand choix d'accessoires (gants, chaussures, chapeaux). On peut y fureter des heures durant. Une des bonnes adresses vintage de la ville. *Autre boutique à deux pas : via Largo Alinari, 8, près de la gare.*

À voir

Chiesa San Lorenzo *(plan détachable D3)* **:** *piazza San Lorenzo. ☎ 055-21-66-34. Lun-sam 10h-17h30. Entrée : 7 € (avec tablette interactive sans supplément de prix !). Billet combiné avec la bibliothèque Laurentienne : 9 €.*
L'une des églises les plus importantes de Florence, avec un décor intérieur à ne pas manquer. Édifiée en 1425 par Brunelleschi, l'auteur du dôme de la cathédrale (il faut dire que le commanditaire n'était autre que la famille Médicis). À sa mort, on prit d'autres architectes pour achever la façade (dont Michel-Ange), mais les problèmes techniques et les difficultés d'approvisionnement en marbre les arrêtèrent. À l'intérieur, plan de basilique à 3 nefs. Décor de marbre froid et élégant tout à la fois, et impression d'équilibre et d'harmonie car toutes les proportions furent calculées mathématiquement.
– Dans la nef en entrant à droite, dans la 2de chapelle, superbe *Mariage de la Vierge* par Rosso Fiorentino. Au centre de la nef, 2 ambons en bronze de Donatello (à gauche l'ambon de la Passion et à droite celui de la Résurrection ; *payant : 1 €*). Surtout, prenez le temps de regarder les détails, c'est fantastique. Il s'agit d'une œuvre majeure de la sculpture italienne, sorte de testament artistique d'un Donatello âgé et malade. Superbe fresque de Bronzino à gauche, juste avant le transept, figurant le martyre de saint Laurent.
– *L'ancienne sacristie :* au fond du transept gauche. À ne pas rater. Association des immenses talents de Brunelleschi (architecte) et de Donatello (décorateur-sculpteur), c'est l'un des plus grands chefs-d'œuvre de la Renaissance. Admirables panneaux de bronze des portes de la sacristie. Tout de suite à gauche de l'entrée, sarcophage des fils de Cosme l'Ancien. Joli travail en porphyre et bronze de Verrocchio. Ce sarcophage est peint par Léonard de Vinci sur son *Annonciation* à la galerie des Offices. Au milieu de la sacristie, sarcophage en marbre blanc des parents de Cosme l'Ancien. Tout le reste est l'œuvre de Donatello : le petit lavabo dans la chapelle de gauche, la frise de chérubins, les médaillons qui cernent la coupole, les évangélistes dans les tympans, les bas-reliefs en terre cuite au-dessus des portes de bronze, le buste sur le meuble à droite de l'entrée. Entre les portes de bronze, constellations qui représenteraient le ciel de Florence lors de l'arrivée de Renato d'Anjou dans la ville en 1427.
– Dans le transept, la 1re chapelle à gauche (dos au chœur) contient un autre chef-d'œuvre, l'*Annonciation* par Filippo Lippi, tandis que la 1re chapelle de droite (toujours dos au chœur) abrite une *Annonciation* sculptée en perspective avec un superbe *Christ mort* en dessous par Desiderio da Settignano (1461).
– Le *cloître* est en accès libre directement de l'extérieur, sur le côté de l'église. Accès à la crypte en entrant à droite ; Donatello y est enterré à côté de Cosme de Médicis, dont il était très proche. Au fond, petite salle où l'on peut voir sur des panneaux en bois de peuplier des dessins non terminés par Pontormo vers 1556. Pour ceux que ça intéresse, salle de reliquaires. Même entrée que la bibliothèque Laurentienne.

Biblioteca medicae Laurenziana *(bibliothèque Laurentienne ; plan et zoom détachables D3)* **:** *piazza San Lorenzo, 9. Tlj sauf w-e et j. fériés 9h30-13h30. Entrée : 3 € (billet combiné avec la chiesa San Lorenzo : 9 €). Accueille désormais des expos temporaires.* Créée par Cosme l'Ancien et enrichie par Laurent le Magnifique. Hors expos, on peut admirer le vestibule dessiné par Michel-Ange et achevé par Ammannati. À l'intérieur, des manuscrits de Virgile, des écrits de Pétrarque, des autographes de Léonard de Vinci, qui malheureusement ne se consultent pas.

Cappelle Medicee *(chapelles des Médicis ; plan détachable D3)* **:** *piazza Madonna degli Aldobrandini (derrière l'église San Lorenzo). ☎ 055-238-86-02. Tlj 8h15-13h50. Fermé 1er, 3e et 5e lun du mois, ainsi que 2e et 4e dim du mois. Entrée : 9 € (franchement cher, vu les travaux à l'intérieur). Audioguide : env 4 €.*

Cette vaste chapelle abrite de nombreux tombeaux de la famille Médicis. Sous une coupole, les sarcophages des grands-ducs (Ferdinand II, Ferdinand III, Cosme III et Cosme IV) en granit égyptien constituent un décor vraiment grandiose, d'un aspect funèbre impressionnant. Somptueux autel en marbre avec un travail minutieux de marqueterie. Quelques reliques dans la petite salle à gauche de l'autel.
Près de la sortie, un couloir mène à la chapelle funéraire qui abrite les tombeaux de Laurent et Julien de Médicis. Ils sont chacun représentés dans une niche au-dessus de leur tombeau. Ceux-ci sont ornés de statues couchées, personnifiant les différents moments du jour : l'Aurore et le Crépuscule pour Laurent, le Jour et la Nuit pour Julien. Réalisées à partir de 1525, ces œuvres font partie des plus beaux chefs-d'œuvre de Michel-Ange.
Sous l'abside de l'*antica sacrestia* (ancienne sacristie), on a découvert en 1975 des dessins secrets de Michel-Ange. Le local ne se visite pas (l'humidité associée aux visiteurs dégraderait les esquisses), mais on peut regarder une vidéo intéressante située derrière le petit autel, qui retrace le processus de restauration. Privé de son atelier car fâché avec les Médicis, Michel-Ange est accueilli en 1530 par le vicaire de l'église, qui l'autorisa à s'y réfugier quelques semaines... jusqu'à son retour sur la scène artistique, rappelé par le pape Clément VII. À son départ, on recouvrit la cave de crépi.

LA CACHETTE DE MICHEL-ANGE

*Le peuple chassa les Médicis en 1527, et Michel-Ange soutint cette révolte. Quand ils revinrent en 1530, l'artiste se cacha 3 mois. Ce n'est qu'en 1975 (!) qu'on découvrit que son lieu secret était sous l'*antica sacrestia *de San Lorenzo (entrée derrière l'autel, sur la gauche). On découvrit des esquisses au fusain dont il s'inspira pour la chapelle Sixtine. Vu la fragilité des dessins, on a édifié une reproduction de la cachette, à côté.*

AUTOUR DE LA VIA DEI TORNABUONI

- Pour se repérer, voir le plan et le zoom détachables en fin de guide.

La via dei Tornabuoni, avec ses magasins de luxe, est la rue chic de la ville. On se prend à rêver devant ces vitrines de créateurs italiens et internationaux qui ont investi dans ces palais centenaires bordant la rue et rivalisant de beauté par leurs dimensions et leur majesté. Les prix vous ramèneront vite à la réalité ! Malgré tout, la via dei Tornabuoni demeure une promenade agréable, d'autant que la rue piétonne s'y prête ! Les calcéophiles visiteront le musée Ferragamo, installé dans le palais familial, le palazzo Spini Ferroni. Les amateurs de vieilles pierres, quant à eux, profiteront du palazzo Davanzati, à deux pas, un bel exemple d'un palais Renaissance et de la vie quotidienne d'une famille florentine. C'est aussi un axe intéressant et agréable pour rejoindre rapidement l'Oltrarno par le ponte Santa Trinità.

Où dormir ?

De prix moyens à chic

Hotel Cestelli *(zoom détachable C4,* ***56****)* **:** *borgo S. S. Apostoli, 25. ☎ 055-21-42-13. • info@hotelcestelli.com • hotelcestelli.com • Congés : 3 sem en janv et en août. Doubles 50-100 € ; pas de petit déj. Sur présentation de ce guide, réduc en basse saison pour tte résa de plus de 2 nuits.* Au 1er étage d'un vieux palais, l'hôtel est idéalement situé, à deux pas de la piazza Santa Trinità. Il propose une petite dizaine de chambres hyper propres et bien aménagées. Certaines sont plus spacieuses que d'autres, n'hésitez pas à les demander lors de votre réservation. L'accueil sympathique du proprio, qui n'est pas avare de conseils sur sa ville, rendra votre séjour d'autant plus agréable. Un bon rapport qualité-prix si près du centre.

Hotel Davanzati *(zoom détachable D4,* ***54****)* **:** *via Porta Rossa, 5. ☎ 055-286-66-66. • info@hoteldavanzati.it • hoteldavanzati.com • Doubles 140-200 €.* Un hôtel familial d'une vingtaine de chambres chaleureuses et confortables. Le seul hic, ce sont les 25 marches à grimper pour arriver à la réception. À l'accueil, personnel charmant. Vu la situation, le rapport qualité-prix est imbattable !

Hotel Scoti *(zoom détachable C4,* ***51****)* **:** *via dei Tornabuoni, 7. ☎ 055-29-21-28. • hotelscoti@hotmail.com • hotelscoti.com • Doubles 120-130 €.* Niché dans un vaste palais du XVIe s, le *Scoti* se divise en 2 structures d'à peine une dizaine de chambres. D'une part, l'*albergo,* avec des chambres parfaitement calmes, adaptées et avantageuses pour les familles. D'autre part, des chambres classées « *Residenza d'Epoca* » côté avenue, à la déco assez sobre, impeccables, spacieuses, parfaitement équipées et indépendantes. Un ensemble avec beaucoup de caractère et, en prime, un accueil absolument charmant.

Hotel Bretagna *(zoom détachable C4,* ***53****)* **:** *lungarno Corsini, 2. ☎ 055-28-96-18. • info@alfiericollezione.com • hotelbretagna.net • Doubles 75-150 €.* Sur les bords de l'Arno, un hôtel de taille moyenne, situé dans le palazzo Gianfigliazzi (ancienne habitation de Louis Bonaparte). Les parties communes ont conservé le cachet de l'ancien, et les chambres confortables sont dotées de meubles chinés, certaines même avec jacuzzi. Demandez celles avec vue sur l'Arno.

Hotel Abaco *(zoom détachable C3, **32**) : via dei Banchi, 1. ☎ 055-238-19-19. • info@hotelabaco.it • hotelabaco.it • Au 3e étage sans ascenseur. Doubles avec douche 60-85 € ; petit déj 5 €. Réduc de 10 % sur la chambre de nov à mi-mars sauf période de j. fériés sur présentation de ce guide.* Outre l'accueil charmant de Bruno, le propriétaire, on découvre des chambres confortables pour le prix (excellent double vitrage). Pour la déco, style rococo un peu trop chargé pour nous, mais la gentillesse du personnel compense... Également un petit bar en vieux bois et un coin petit déj (dommage qu'il soit servi un peu tard). Un bon rapport qualité-prix pour le quartier.

Très chic

Floroom2 *(zoom détachable C3, **17**) : via del Sole, 2. ☎ 355-21-66-74. • info@floroom.com • floroom.com • Doubles à partir de 145 € (moins chères en basse saison).* Un appartement familial chic plutôt qu'un *B & B* classique. Une entrée discrète, à l'image des propriétaires, 4 belles chambres cosy, un style épuré dans les tons blancs et gris. Les familles ou les couples d'amis apprécieront ce petit cocon design. Pas donné au total, mais les prestations sont de qualité. *Autre adresse dans l'Oltrarno, via del Pavone, 7.*

Antica Torre di via dei Tornabuoni nº 1 *(zoom détachable C4, **40**) : via dei Tornabuoni, 1. ☎ 055-265-81-61. • info@tornabuoni1.com • tornabuoni1.com • Doubles 180-350 € (pour celle avec vue panoramique et terrasse privée). Parking payant. Réduc de 10 % sur la chambre et apéritif offert sur présentation de ce guide.* Le palazzo Gianfigliazzi est une maison-tour médiévale, l'une des dernières de la ville à être encore debout. Les 22 chambres ont été restaurées avec des matériaux nobles et possèdent bien sûr tout le confort du XXIe s ! Et que dire du toit-terrasse où l'on prend son petit déj ou un verre à toute heure de la journée ? Magique ! Les clients au portefeuille bien garni s'offriront la suite panoramique avec une vue imprenable à 360° sur la ville. Accueil très agréable. L'emplacement est idéal pour parcourir la ville. Un bel endroit, vraiment !

Où manger ?

Sur le pouce

Alimentari Mariano *(zoom détachable C4, **268**) : via del Parione, 19 r. ☎ 055-21-40-67. Lun-sam 9h-20h. Compter 8-10 € ; assiette avec un verre de vin 14 €.* Un endroit atypique à deux pas de la chicissime via dei Tornabuoni. Il vous suffit de descendre quelques marches pour vous retrouver dans une belle cave fraîche au plafond voûté et au carrelage d'époque. C'est surtout l'étal réfrigéré qui met en appétit : jambon, fromages, moult *antipasti* et quelques desserts pour les becs sucrés. On peut se faire confectionner un *panino* ou s'attabler (quelques places seulement) pour déguster la traditionnelle assiette de *prosciutti* et fromages de pays, le tout accompagné d'un petit verre de chianti, un régal ! Attention, prenez vos précautions car il n'y a pas de toilettes !

Leopoldo Procacci *(zoom détachable C3, **85**) : via dei Tornabuoni, 64 r. ☎ 055-21-16-56. • procacci@antinori.it • Tlj 9h (10h dim)-21h. Congés : août.* Cette boutique créée en 1885 a subi un lifting... et même si certains regrettent le carrelage à l'ancienne et les antiques étagères cirées, la sélection de produits est toujours excellente ! Perché sur des tabourets, on y consomme des mini-*panini (tartufati, salmone con salsa di rucola...)* avec un verre de vin. Résolument chic, comme les boutiques du quartier.

Amblé *(zoom détachable C-D4, **113**) : chiasso dei del Bene. ☎ 055-26-85-28. • info@amble.it • Tlj 10h (17h dim)-2h.* Non loin du ponte Vecchio, niché dans un petit recoin qui fait office de terrasse, voici un lieu bien tranquille pour siroter son *aperitivo* de fin de journée ou déjeuner d'un bon gros *panino* à votre convenance. On choisit son pain, ses ingrédients, on commande, et hop, y a plus qu'à l'avaler ! Le soir, c'est plus animé avec parfois un DJ et ses platines. Le mobilier vintage est consommable aussi : on l'aime, on l'achète !

Pastificio Morioni *(plan détachable C3, **261**) : via Palazzuolo, 56 r. ☎ 055-239-61-73. Tlj 9h-13h30, 15h30-19h. Fermé mer ap-m et dim. Compter 9-16 € le kilo de pâtes.* Un endroit grand comme un mouchoir de poche qui propose des pâtes maison à emporter. Elles sont fameuses. D'ailleurs, de nombreux Florentins viennent s'approvisionner ici, c'est bon signe ! Pratique quand on est en résidence locative ou comme souvenir gustatif à emporter dans ses valises.

Prix moyens

Ristorante La Spada *(plan détachable C3, **97**) : via della Spada, 62 r. ☎ 055-21-87-57. • laspadaitalia@gmail.com • Tlj. Congés : sem de Noël. Menus 11 € le midi, 25-35 € le soir ; carte 25-35 €.* Rôtisserie à l'origine, c'est désormais une *trattoria* avec 2 belles salles, qui propose des plats toscans roboratifs et bien ficelés. Côté via del Sole *(au 35 r)*, la petite rôtisserie propose toujours de la vente à emporter avec ses poulets embrochés, ses légumes rissolés et ses plats de traiteur qui laissent présager de la qualité de la cuisine. Accueil souriant et personnel chaleureux. Une bonne adresse.

Il Borro Tuscan Bistro *(zoom détachable C4, **100**) : lungarno Acciaiuoli, 80 r. ☎ 055-29-04-23. • firenze@ilborrotuscanbistro.it • Tlj 12h-15h, 19h-22h. Congés : fév. Plat env 15 € ; repas env 50 €.* À deux pas de la via dei Tornabuoni, ce bistrot chic est né sous les auspices de la famille Ferragamo. Après le luxe, la restauration ! C'est plutôt bien réussi ! Les plats sont joliment présentés, mettant à l'honneur les produits du terroir toscan. Propose également à la vente huile et vins de leur exploitation située dans les collines toscanes. Accueil pas du tout guindé, comme on pourrait le croire.

Mangiafoco *(zoom détachable C4, **101**) : borgo S. S. Apostoli, 26 r. ☎ 055-265-81-70. • mangiafococaffe@yahoo.it • Repas env 25 €.* Ici, produits de qualité riment avec service attentionné ! C'est plutôt rare dans le quartier, et ça vaut la peine d'être souligné. On y retrouve les grands classiques de la Toscane à des prix doux. Une bonne adresse.

Obicà Mozzarella Bar *(zoom détachable C3, **91**) : palazzo Tornabuoni, via dei Tornabuoni, 16. ☎ 055-277-35-26. • firenze@obic.it • Tlj 10h-23h ; brunch dim. Repas complet 30 €.* Littéralement, *Obicà* signifie en napolitain « on est là » ! Cette adresse, en effet, est bien là, nichée dans un magnifique palais florentin. La déco résolument design et volontairement épurée (acier trempé, verre poli) tranche avec les moelleuses et rondes mozzarellas, accommodées de 1 000 façons. Très agréable *cortile* aux beaux jours.

Chic

Trattoria Gargani *(plan détachable C3, **89**) : via del Moro, 48 r. ☎ 055-239-88-98. • lorenzolandi.fi@gmail.com • Ouv ts les soirs. Congés : 2 sem en août. Repas complet 35-40 €.* Derrière cette façade quelconque se trouve l'un des bons restos de la ville, spécialisé dans la viande. En effet, les habitués raffolent de sa *bistecca,* tendre et savoureuse, dans un décor pour le moins original. Les murs ont été décorés par le père des proprios, autrefois propriétaire de l'endroit et artiste à ses heures. On vous laisse les découvrir.

Bar à vins *(enoteca)*

Cantinetta Antinori *(zoom détachable C3, **145**) : palazzo Antinori, piazza Antinori, 3. ☎ 055-29-22-34. • cantinetta@antinori.it • Tlj sauf sam 8h-16h30. Congés : août et à Noël. Compter env 40 €.* La maison *Antinori* se démarque par la qualité et la grande régularité de ses vins. Nichée dans le palais du comte, elle possède un savoir-faire immense, héritage de générations d'œnologues en poste depuis 1385. Son gigantesque domaine (dans le Chianti) produit aujourd'hui pas moins de 10 rouges : du tignanello au santa Cristina (entrée de gamme) en passant par le tenute del Marchese, le badia a Passignano ou le villa Antinori. Une dégustation à la *Cantinetta* fait partie des grands classiques florentins. Cuisine à l'avenant, à la fois traditionnelle et élégante, un peu chère tout de même. Service impeccable.

Où boire un verre ?

Colle Bereto *(zoom détachable C3,* ***183****)* **:** *piazza degli Strozzi, 5 r. ☎ 055-28-66-01. • collebereto@cafe collebereto.com • Tlj 8h30-2h.* Les Florentins de tous âges viennent à l'heure de l'*aperitivo* profiter du plantureux buffet juste en face du palazzo Strozzi. Ambiance festive et décibels qui grimpent au fur et à mesure de la soirée. Bien plus calme en journée pour prendre un café...

Achats

Flo Concept Store *(plan détachable C4,* ***322****)* **:** *lungarno Corsini, 30 r. ☎ 055-537-05-68. Tlj 10h-19h.* Large éventail de vêtements de marques essentiellement italiennes pour toute la famille et pour tous les goûts. Ici, on met en avant les jeunes talents ayant une éthique artisanale. Petit coin craquant destiné aux enfants. Conçu comme un endroit cosy et chaleureux.

Letizia Fiorini *(zoom détachable C4,* ***314****)* **:** *via del Parione, 60 r. 348-914-69-11. Lun-sam 15h-19h.* Minuscule boutique où la créatrice propose de jolies marionnettes toutes personnalisées et faites à la main. Farfadets en feutrine ou encore adorables pantins peints en bois, qui amuseront les plus petits.

Officina de Tornabuoni *(zoom détachable C3,* ***321****)* **:** *palazzo Larderel, via Tornabuoni, 19n. ☎ 055-21-74-81. • info@odt1843.com • Lun-sam 10h30-19h30 ; dim 14h-19h30.* Dans un magnifique palais Renaissance, cette adresse typiquement florentine propose des produits cosmétiques de grande qualité, élaborés avec des herboristes, des pharmaciens et des biologistes. La plupart des plantes médicinales proviennent essentiellement de l'Italie et particulièrement de la Toscane (comme l'iris). Présentation élégante, tout comme l'accueil.

À voir

Museo Marino Marini e cappella Rucellai *(plan détachable C3)* **:** *piazza San Pancrazio. ☎ 055-21-94-32. Mar et jeu 10h-13h, dim 10h-19h. Fermé en août. GRATUIT, sauf en cas d'expo temporaire (6-9,50 €).*
Situé dans l'ancienne église San Pancrazio, ce musée éloigné des circuits touristiques étonne par sa muséographie, réalisée par les architectes Bruno Sacchi et Lorenzo Papi. On prend plaisir à admirer ces œuvres agréablement mises en valeur dans un espace clair et aéré, à la manière d'une promenade architecturale. À la mort de Marino Marini, en 1980, sa femme, Marina, a légué à la Ville de Florence la majorité de ses créations (dont la collection représente plus de 180 œuvres). Elles sont regroupées par thèmes et non par ordre chronologique, selon le souhait de l'artiste. Les architectes ont privilégié la lumière naturelle et l'espace. Belle mise en valeur des statues, qui devaient à l'origine être exposées en plein air.
Au centre du musée (dans l'ancienne abside), on peut admirer sa création la plus célèbre : *Il Cavaliere,* sculpté en 1957-1958. Certaines de ses sculptures se rapprochent de l'art étrusque. Il suffit de regarder les cavaliers et les statues réalisés dans les années 1950 pour s'en rendre compte. Les jongleurs font partie aussi de

l'univers de Marini (admirer celui de l'escalier permettant d'accéder à la mezzanine). Quelques beaux portraits de peintures jalonnent également la visite. Un musée qui gagnerait à être connu.
– ***Chapelle Rucellai*** **:** *attenante au musée. Visite limitée à 25 pers.* Tombeau d'une famille noble pourvu de l'emblème des Médicis. Notez l'encorbellement en marbre gravé des insignes de Pierre et Laurent de Médicis. À l'intérieur, scène de l'Annonciation : admirez les 2 anges agenouillés avec le geste de la foi.

Museo di palazzo Davanzati – Museo dell'Antica Casa *(zoom détachable C-D4)* **:** *via Porta Rossa, 13. ☎ 055-238-86-10. Lun-ven 8h15-13h50, sam-dim 13h15-18h50. Fermé 1er, 3e et 5e lun du mois, ainsi que 2e et 4e dim du mois. Possibilité de visiter sur résa les 2e et 3e étages (le 1er étage est en visite libre). Entrée : 6 € (billet cumulatif avec le musée Bargello et la chapelle des Médicis : 18 €, valable pour 3 j.).*
Un bel exemple de demeure bourgeoise du XIVe s, à l'aspect sévère avec ses 3 étages et sa loggia qu'on peut admirer de l'extérieur.
Début de la visite par une vidéo retraçant l'origine et la vie du palais. Les 3 étages ont exactement le même plan, avec une grande salle centrale et les autres autour communicant entre elles. Les 1ers propriétaires sont les Davizzi, qui, au XVIe s, vendent le palais aux Davazanti, qui eux-mêmes le revendent à l'antiquaire Volpi. Finalement, il atterrira dans les mains d'un antiquaire français, Bengujat. Ce n'est que dans les années 1990 que la Ville de Florence rachète cette demeure cossue. Elle rouvrira en 2009 après des années de rénovation. Le palais était vide, et les meubles que l'on peut voir proviennent en majorité des réserves du musée de la Ville, sauf certains meubles de Volpi, qui avait fait faillite et dont certains sont restés.
Superbe *salla dei Pappagalli* avec ses rideaux en trompe l'œil. La *camera dei Pavoni* n'est pas en reste avec son magnifique plafond peint et sa fresque d'écussons représentant les familles Davizzi et Strozzi. Une petite salle est également consacrée à la dentelle (donation de la famille Todorov, qui possédait une manufacture). Mobilier, tapisserie, tableau, plafond d'époque. Tout a été restauré dans les règles de l'art.

Palazzo Strozzi *(zoom détachable C3)* **:** *entre la piazza degli Strozzi et la via dei Tornabuoni. Tlj 9h-20h. Abrite des expos temporaires ; prix selon expo.*
Exemple typique de la puissance montante de certains Florentins qui voulaient, au XVe s, rivaliser avec les Médicis. Façade à bossages massifs. Très belle corniche. Sympa aussi pour se reposer les gambettes entre 2 visites de la ville. Beau *cortile* où l'on peut s'asseoir.

Piazza Santa Trinità *(zoom détachable C4)* **:** ensemble architectural assez rare comprenant une colonne provenant des thermes de Caracalla (au centre de la place), puis l'église baroque *Santa Trinità,* le *palazzo Bartolini-Salimbeni* du XVIe s (y pointent déjà des éléments de l'époque baroque), le *palazzo Ferroni* (du XIIIe s, à l'allure de forteresse) et le *palazzo Gianfigliazzi* (à côté de l'église).

Chiesa Santa Trinità *(zoom détachable C4)* **:** *☎ 055-21-69-12. Tlj 8h-12h, 16h-18h.* Très agréable et reposante. L'éclairage des œuvres est gratuit (à l'exception des fresques de Ghirlandaio). On entre dans l'église par le transept droit. Tout de suite à droite, les magnifiques fresques de Ghirlandaio. À gauche en entrant, également de magnifiques fresques de Lorenzo Monaco. Traverser l'église vers le transept gauche. Dans la chapelle de droite, le tombeau de Federighi (lui-même sculpteur) par Luca Della Robbia et, à gauche, une belle *Marie-Madeleine* par Desiderio da Settignano. Les chapelles à gauche de la nef (quand on fait face au chœur) contiennent de très belles fresques et peintures.

Collezione Roberto Casamonti *(zoom détachable C4)* **:** *piazza Santa Trinità, 1. ☎ 055-60-20-30. • collezionerobertocasamonti.com • Mer-dim 11h30-19h (fermeture billetterie à 18h30). Entrée : 10 €. Audioguide : 5 €.*

Cet espace d'art contemporain est installé au 1er étage du palazzo Bartolini-Salimbeni, imposant palais datant de 1520. Admirer au passage la superbe cour aux *sgraffiti* (fresques géométriques sur les murs). La collection privée a vu le jour en 2018 grâce au collectionneur Roberto Casamonti, lui-même galeriste d'art et qui a fait ses débuts en 1981... via dei Tornabuoni. Un juste retour à la source et un joli pied de nez à toutes les marques luxueuses qui occupent désormais cette rue prestigieuse.
La collection de tableaux étant trop nombreuse, Casamonti a choisi de les présenter ***par roulement sur 2 ans.*** La 1re année est consacrée aux artistes du début du XXe s, principalement les peintres du Novecento italien dont Chirico, Fontana, Mario Marini, Burri, et aux années 1960 ; pour les artistes étrangers, on retrouve Picasso, Chagall, Kandinsky ou Max Ernst. La 2e année, l'accrochage propose une série de tableaux et d'installations d'artistes des années 1960 jusqu'à nos jours. On y retrouve Basquiat, Mirò, Andy Warhol, mais aussi Maurizio Cattelan ou Gilbert & George.

Museo Salvatore Ferragamo *(zoom détachable C4)* **:** *piazza Santa Trinità, 5. ☎ 055-336-04-56. Situé dans le sous-sol du palazzo Feroni. Tlj 11h-19h. Entrée : 8 € (audioguide fourni gratuitement et en français). Expos temporaires régulières.*
Aficionados de chaussures made in Italy, voici un musée pour vous ! Ici, on retrace la vie et le travail du célèbre chausseur napolitain. À l'origine, il était parti rejoindre sa famille installée à Los Angeles, qui fabriquait à l'époque des... santiags ! Ces bottes ne lui plaisant guère, il commença alors à créer ses propres modèles. Par un heureux hasard, on eut besoin de lui sur un plateau de tournage : ce fut pour Greta Garbo, et la grande saga de l'histoire Ferragamo débuta ! Toutes les vedettes devinrent ses clientes (Audrey Hepburn, Ava Gardner...). Il déposa plus de 100 brevets. Quand il revint en Italie, c'est à Florence qu'il choisit de s'installer, car c'est une ville qui reflète l'image de la beauté et, surtout, qui se trouve à proximité de tanneries. Ici sont exposés ses nombreux modèles phares portés par les vedettes d'Hollywood. L'invention de la célèbre chaussure compensée, en liège, c'est lui ! Brevetée en 1936 et copiée depuis dans le monde entier, sa fabrication n'aura plus de secret pour vous. Les chaussures, exposées par roulement, sont choisies parmi les 10 000 paires que conserve jalousement la famille Ferragamo (et on la comprend !). Le magasin se trouve juste au-dessus, donnant sur la luxueuse via dei Tornabuoni *(14 r ; ☎ 055-29-21-23 ; lun-sam 10h-19h30).* Tout le monde n'a pas les moyens de s'offrir les services du bottier des stars d'Hollywood, mais vous pouvez toujours y jeter un œil...

LE QUARTIER DE SANTA MARIA NOVELLA

• Pour se repérer, voir le plan et le zoom détachables en fin de guide.

On l'imagine grouillant et bruyant (Florence est l'un des axes ferroviaires les plus importants en Italie). Certes, le quartier est populaire, mais certaines rues et places sont pleines de charme et de simplicité. La piazza Santa Maria Novella, quant à elle, est majestueuse car bordée de palais Renaissance de toute beauté. Embellie depuis qu'elle est interdite aux voitures, ce sont les piétons qui en profitent. Ils prennent le temps de lézarder sur les bancs et d'admirer la majestueuse chiesa Santa Maria Novella. À deux pas, poussez jusqu'à l'une des plus anciennes parfumeries du monde, fondée en 1612, l'officina Profumo Farmaceutica di Santa Maria Novella. Le quartier est, avec sa large gamme d'hôtels toutes catégories, un endroit agréable et stratégique pour poser ses valises et rayonner dans la ville.

Où dormir ?

Auberge de jeunesse

Archi Rossi Hostel *(plan détachable C2,* ***26****) : via Faenza, 94 r. ☎ 055-29-08-04. • info@hostelarchirossi.com • hostelarchirossi.com • À 200 m de la gare ferroviaire. Réception 24h/24. Nuit en dortoir (4-9 lits) 23-32 €, petit déj léger compris ; 2 doubles 55-80 €.* Une AJ hyper active, envahie de groupes de jeunes occupés à refaire le monde ou à jouer aux cartes. Dortoirs basiques mais propres. Petits « plus » : lave-linge, énorme vidéo et consigne gratuite. Également frigo et micro-ondes à disposition. Terrasse.

Prix moyens

Frimi Boutique Rooms *(plan détachable B1-2,* ***61****) : via Guido-Monaco, 9. 📱 392-236-71 • info@frimi.it • frimi.it • Doubles 80-120 €. Check-in 14h-19h.* Viola a eu la bonne idée de transformer l'appartement de ses grands-parents en un *B & B* ravissant, confortable, coloré et chic. Elle propose 4 grandes chambres toutes différentes avec une spécificité commune à chacune : la plupart des objets ou éléments de déco sont à vendre ; tous sont issus d'artisans florentins ou *vintage*. Pas de petit déj sur place mais de quoi se faire un café, un thé avec quelques biscuits pour dépanner. Frigo, bouilloire, micro-ondes à disposition. Pour ceux qui en veulent plus, Viola a un accord avec le café du coin pour un copieux petit déj, c'est pratique. Pour terminer, le jardin (oui, oui !) est hyper agréable avec ses chaises longues et son *gazebo* pour se reposer après une journée éreintante à galoper dans la ville. Que des avantages ! On est du côté tranquille de la gare (proximité de celle-ci pour visiter les environs et centre historique à deux pas) mais sans les inconvénients. De plus, la charmante Viola se met en quatre pour rendre agréable votre séjour. *Andiamo* !

Albergo Merlini *(plan détachable C2,* ***31****) : via Faenza, 56. ☎ 055-21-28-48. • info@hotelmerlini.it • hotelmerlini.it • Au 3e étage (sans ascenseur) du palazzo Barbera. Fermeture des portes à 1h. Congés : août. Doubles 80-100 € ; petit déj 6 €.* Pension propre et bien tenue, située dans un palais du XVIIIe s, avec un brin de caractère pour les chambres avec vue sur le Duomo, le campanile et la chapelle médicéenne. Belle salle à manger. Les propriétaires sont disponibles pour vous donner des infos pratiques sur la ville.

Hotel Pensione Elite *(plan détachable C3, **55**) : via della Scala, 12. ☎ 055-21-53-95. • hotelelitefi@libero.it • Au 2e étage. Doubles 75-90 €.* Sur 2 étages, une pension de taille moyenne sans prétention (qui porte donc assez mal son nom) mais qui propose des chambres tout à fait convenables et très bien tenues. Pas de fantaisie dans la déco, mais ce n'est pas pour ça qu'on est là. Accueil souriant et humour (communicatif) de la patronne.

Hotel Azzi *(plan détachable C2, **31**) : via Faenza, 56-58 r. ☎ 055-21-38-06. • info@hotelazzi.it • Doubles 80-120 €. Possibilité de parking.* Possède un cachet certain avec ses chambres meublées à l'ancienne, sa vue sur les toits, son atmosphère confinée, à la manière d'une pension de famille. Matériaux écolo. 2 terrasses. Un emplacement idéal.

Tourist House *(plan détachable C3, **50**) : via della Scala, 1. ☎ 055-26-86-75. • info@touristhouse.com • touristhouse.com • Doubles 60-120 €.* Petite structure bien située, dont les chambres sont concentrées sur l'arrière du bâtiment ou autour d'une petite cour intérieure. Les durs de la feuille pourront toujours choisir une chambre côté rue pour profiter à plein de l'animation de la piazza di Santa Maria Novella ! Pour le reste : propre et sobre, et clim pour tout le monde.

Hotel Cosimo de Medici *(plan détachable C2, **45**) : largo Fratelli Alinari, 15. ☎ 055-21-10-66. • info@cosimodemedici.com • cosimodemedici.com • Au rdc à gauche dans le hall d'entrée de l'immeuble. Congés : déc. Doubles 70-140 € (mais prohibitif lors de manifestations). Parking privé payant.* Chambres rénovées à la déco simple, mais bien tenues, confort adéquat. Pour plus de calme, éviter les chambres côté via Cavour (très bruyant). Petite cour intérieure en été pour le petit déj. Emplacement idéal près de la gare et juste à côté du terminus du tramway venant de l'aéroport. Accueil professionnel.

Hôtel Vasari *(plan détachable C2, **120**) : via B. Cennini, 9-11. ☎ 055-21-27-53. • info@hotelvasari.com • hotelvasari.com • Doubles 80-120 €.* Un hôtel situé près de la gare, d'un très bon rapport qualité-prix. Chose rare, il possède un (petit) parking *(résa préalable ; 15 €/j.).* Autrefois monastère, il a su en garder quelques vestiges avec ses beaux plafonds voûtés et ses sols en mosaïques bien cirés. Les chambres, en revanche, sont plus modernes mais propres et confortables. Pour la petite histoire, Alphonse de Lamartine y a séjourné lors de son voyage initiatique en Italie en 1811. Accueil agréable et souriant.

Bellevue House *(plan détachable C3, **52**) : via della Scala, 21. ☎ 055-260-89-32. • info@bellevuehouse.it • bellevuehouse.it • Doubles 90-180 € ; familiales ; sans petit déj. Parking payant. Apéritif offert et réduc de 10 % sur le prix de la chambre sur présentation de ce guide.* Chambres situées au 3e et dernier étage (avec ascenseur) d'un ancien palais, comme en témoigne la fresque tapissant la voûte de la cage d'escalier. Dans ce quartier populaire, rapport qualité-prix imbattable pour ces quelques chambres spacieuses et confortables, à la déco soignée et à l'ambiance familiale. Accueil sympathique et en français, de surcroît !

Très chic

Casa Howard Guest House *(plan détachable C3, **57**) : via della Scala, 18. ☎ 055-709-46-05 (à Rome). • info@casahoward.it • casahoward.com • Doubles 100-280 €, sans petit déj. Un petit déj offert par chambre sur présentation de ce guide.* Maison de charme ! Et quel charme... Le patron a aménagé, avec son épouse, dans cette somptueuse demeure héritée de sa tante, une maison d'hôtes de 14 chambres à la déco de très bon goût mais pour le moins (d)étonnante. Subtil et audacieux mélange : lavabos en inox et fauteuils imitation zèbre côtoient rideaux en toile de Jouy et autres tissus baroques. On a un faible pour la « Terrace room » dotée d'une terrasse privative ! La « Library room », avec ses étagères remplies de livres, n'est pas mal non plus ! Parties communes (salon et terrasse intérieure) très agréables. Une adresse hors du commun...

Grand Hotel Minerva *(plan détachable C3,* ***48****)* **:** *piazza di Santa Maria Novella, 16. ☎ 055-272-30. • info@grandhotelminerva.com • grandhotelminerva.com • Doubles à partir de 200 €. Réduc intéressante selon remplissage.* Idéalement situé, à deux pas du cœur historique, cet hôtel imposant aligne des chambres élégantes et sobres dans les tons crème, et propose évidemment la panoplie complète des services attendus dans ce genre d'endroit... L'atout indéniable qui le différencie de ses homologues, c'est la piscine sur le *rooftop* avec un panorama sur le Duomo et le campanile.

J.K. Place *(plan détachable C3,* ***47****)* **:** *piazza di Santa Maria Novella, 7. ☎ 055-264-51-81. • info@jkplace.com • jkplace.com • Chambres à partir de 300 € et jusqu'à... 1 000 € en hte saison pour une (superbe) suite.* Magnifique palais florentin à la déco résolument moderne, avec au final un résultat... bluffant. Chaque meuble a été pensé avec soin, les pièces communes sont chaleureuses, et le personnel est aux petits soins. Au dernier étage, somptueuse terrasse, idéale pour prendre un dernier verre. Pour les routards amoureux aux portefeuilles bien fournis.

Hotel Santa Maria Novella *(plan détachable C3,* ***49****)* **:** *sur la place du même nom, au n° 1. ☎ 055-27-18-40. • info@hotelsantamarianovella.it • hotelsantamarianovella.it • Compter 200-280 € pour 2.* Belles chambres joliment classiques et décorées dans un style florentin revisité. Salles de bains majestueuses en marbre, beaucoup de classe et confort douillet. Belle terrasse panoramique pour admirer les toits rouges de la ville et les plus beaux monuments. Sauna. Centre de fitness. Accueil très pro.

Où manger ?

Bon marché

Mercato delle Cascine *(hors plan détachable par A2)* **:** *viale Lincoln. Bus n° 17 c. Mar 8h-14h.* Le long de l'Arno, une profusion de stands proposant, entre autres, de l'alimentation et des vêtements. Un peu excentré mais ça vaut vraiment le coup. Beaucoup de Florentins s'y retrouvent pour faire de bonnes affaires.

Gastronomia Boschetti *(plan détachable B3,* ***265****)* **:** *borgo Ognissanti, 121 r. ☎ 055-21-30-78. • fratelliboschetti@hotmail.it • Tlj sauf dim 8h-20h. Compter 10-15 €.* Voici une épicerie qui ravitaille les gens du quartier et les nourrit aussi avec de bons petits plats du jour ! Il suffit de s'attabler parmi les rayonnages regorgeant de victuailles. Un endroit qui ne manque pas de charme et qui accueille avec le même plaisir habitués et touristes égarés. Une bonne trouvaille dans ce quartier qui manque d'adresses.

Prix moyens

Cicalone *(zoom détachable C3,* ***269****)* **:** *via delle Belle Donne, 43 r. ☎ 055-21-54-92. • osteriacicalone@gmail.com • Repas complet 20-25 €.* Situation très tranquille pour cette petite *osteria* de quartier, à deux pas de la piazza di Santa Maria Novella. On s'y attable pour de bons petits plats copieux et bien ficelés. Pratique pour la pause déjeuner.

Osteria Pastella *(plan détachable C3,* ***263****)* **:** *via della Scala, 17 r. ☎ 055-267-02-40. • info@osteriapastella.it • Tlj. Résa conseillée. Compter env 40 € ; pâtes 14-28 €. Digestif et apéritif de bienvenue offerts.* Il n'y a qu'à regarder la vitrine pour savoir ce qu'on mange ! Ici, honneur à la *pasta* fraîche, faite maison avec des farines scrupuleusement sélectionnées ! Servies de mille façons (aux légumes, au poisson, à la viande), vous y trouverez bien votre compte ! Également des *secondi* très roboratifs (mais beaucoup plus chers).

Le tout servi dans une grande salle un peu bruyante et aux meubles dépareillés. Réputé pour le savoir-faire, c'est souvent plein, pensez à réserver.

Pizzeria-osteria Centopoveri *(plan détachable C3,* ***224****)* **:** *via Palazzuolo, 31 r.* ☎ *055-21-88-46.* • *info@centopoveri.it* • *Fermé pour les fêtes de Noël. Résa conseillée le soir. Repas complet env 25 € ; menus 28-35 €.* À l'angle de la rue, c'est le côté pizzeria avec de bonnes pizzas croustillantes. Mention spéciale pour la pizza napolitaine bien épaisse et savoureuse. Un peu plus loin, le côté *osteria* où l'on travaille les plats typiquement toscans, dont l'incontournable *bistecca.* Service virevoltant.

I Due G. *(plan détachable C2,* ***93****)* **:** *via B. Cennini, 6 r.* ☎ *055-21-86-23.* • *abuba@libero.it* • *Tlj sauf dim et j. fériés. Repas complet max 20 €.* Cantine de quartier qui se distingue par ses belles spécialités florentines (signalées clairement sur le menu) à prix doux et par ses desserts maison. L'accueil, quant à lui, pourrait être plus chaleureux.

Trattoria Baldini *(plan détachable A2,* ***95****)* **:** *via Il Prato, 96 r.* ☎ *055-28-76-63.* • *info@trattoriabaldini.com* • *En hiver, lun-ven et dim soir seulement ; juin-août, fermé sam-dim. Congés : Pâques, août et Noël. Repas 30-35 €.* Une *trattoria* bien dans son jus appréciée par les Florentins. Honneur à la cuisine toscane avec l'incontournable *bistecca,* la *ribollita* ou les tripes. Plats roboratifs, bonne carte de vins, service enjoué et excellent rapport qualité-prix.

Buoneria *(plan détachable A2,* ***172****)* **:** *via del Fosso Macinante, 4.* ☎ *055-36-55-00.* • *info@buoneria.com* • *Tlj. Congés : août. Compter 20-25 €.* Un peu excentré, on vous l'accorde, mais ceux qui ont des enfants en bas âge seront ravis de se retrouver ici. Non seulement on y mange bien (mention spéciale à la pizza cuite au four à bois), mais c'est un lieu idéal pour les enfants, qui pourront se dégourdir les jambes en profitant des activités (square, balançoires, tourniquets, menus-enfants). L'été, les pizzaiolos s'installent dehors avec leur four. Ambiance familiale. Évidemment beaucoup de monde en été. Hors saison, c'est un endroit plus calme, où les amateurs d'opéra (le teatro del Maggio Musicale est tout près) viennent dîner après les concerts.

Où savourer de bonnes glaces ?
Où déguster de bonnes pâtisseries ?

B-Ice *(plan détachable B3,* ***179****)* **:** *borgo Ognissanti, 150. Tlj 11h-minuit.* Glacier un peu excentré mais qui nous a emballés pour ses glaces artisanales aux parfums subtils et naturels (la fraise est excellente, tout comme le sorbet au chocolat).

Forno Becagli *(plan détachable B3,* ***164****)* **:** *borgo Ognissanti, 92.* ☎ *055-21-50-65. Lun-sam 6h30-19h30.* Une boulangerie grande comme un mouchoir de poche, bien connue des habitants du quartier. Pains et viennoiseries italiennes régaleront les bouches sucrées et les petites faims. Et cette odeur qui vient vous chatouiller les narines...

Pasticceria Gamberini *(plan détachable B3,* ***180****)* **:** *via Curtatone, 6.* ☎ *055-098-21-94.* • *info@gamberini.eu* • *Tlj 7h-22h.* Pâtisserie historique, originaire de Bologne, réputée pour ses gâteaux et ses viennoiseries. Idéal pour avaler un petit café au comptoir accompagné d'une douceur ou, à toute heure, pour se laisser tenter par une pâtisserie et même une tarte salée le midi.

Où danser ?

Tenax : *via Pratese, 46.* • *tenax.org* • *Dans le secteur de l'aéroport, à 5 km du centre. Ouverture et prix de l'entrée variables. Pour la programmation, consulter le site internet.* Une des boîtes les plus chics (il faut passer l'épreuve de la porte d'entrée !). Sa réputation a largement dépassé les frontières toscanes et draine une faune étudiante et post-étudiante qui vibre à l'unisson au rythme de la house et de la techno. Les DJs les plus célèbres s'y produisent régulièrement.

Space Electronic *(plan détachable B3,* ***206****) :* *via Palazzuolo, 37. ☎ 055-29-30-82. À deux pas de la piazza della Stazione. Tlj sauf dim 22h-3h (4h sam).* Grosse boîte (la plus grande de Florence, pouvant accueillir jusqu'à 800 personnes) sur 2 niveaux, où afflue une clientèle très jeune (16-25 ans), principalement anglo-saxonne, qui ingurgite avidement la musique commerciale, house et hip-hop, assénée sans modération par les DJs. Karaoké au 1er niveau et *dance floor* avec laser et écran vidéo à l'étage.

Achats

DolceForte *(plan détachable C3,* ***300****) :* *via della Scala, 21. ☎ 055-21-91-16. Juste en face de la pharmacie Santa Maria Novella. Tlj sauf mar mat, dim et j. fériés 10h-13h, 15h30-19h45.* Depuis plus de 20 ans, Elena régale ses clients de petites douceurs italiennes (chocolats, biscuits, sauces, huiles, *panforte*), dénichées avec gourmandise et passion. Boutique ravissante et produits joliment présentés. Vous ne pouvez pas résister. Miam !

Mio *(zoom détachable C3,* ***346****) :* *via della Spada, 34 r. ☎ 055-264-55-43. • mio-concept.com • Tlj sauf dim.* Un *concept store* qui concentre le meilleur de la production toscane ! Objets recyclés, bijoux, papeterie, vaisselle, mobiliers, déco, écharpes... tout est réalisé par des artistes locaux. Idées à tous les prix. Vous y trouverez certainement votre bonheur. Et, en plus, l'accueil est charmant.

Aprosio & Co *(zoom détachable C3,* ***320****) :* *via del Moro, 75-77 r. ☎ 055-210-127. • info@aprosio.it • Lun-ven 10h30-19h30, sam 10h30-13h30. Congés : 15 j. en août.* La dynamique créatrice Ornella Aprosio travaille perles et cristaux avec habileté. Des modèles, façon petites bébêtes (coccinelles, abeilles, insectes divers) et fleurs, délicatement sertis sur des colliers, bracelets ou boucles d'oreilles. C'est joli, ça brille, et c'est de très bon goût.

Sermoneta *(plan détachable C3,* ***317****) :* *via della Vigna Nuova, 69 r. ☎ 055-28-53-05. Tlj sauf dim et lun mat.* Cette enseigne est née dans les années 1960 d'un gantier romain, Giorgio Sermoneta. Il a su faire évoluer le gant longtemps réservé à une certaine classe sociale en un accessoire pratique, beau et à un prix tout à fait démocratique. Conseils avisés et disponibilité de rigueur dans cette jolie boutique.

Dr Vranjes *(zoom détachable C3,* ***336****) :* *via della Spada, 9 r. ☎ 055-28-87-96. • info@drvranjes.it • Tlj sauf dim et lun mat.* Voici plus de 30 ans que Paolo Vranjes sélectionne avec soin ses fragrances, une passion héritée de son grand-père, grand voyageur. Une jolie boutique aux parfums délicats présentés dans des flacons en verre de Murano, ainsi qu'une ligne pour le corps, des parfums d'intérieur, des bougies parfumées... *Autres adresses : via San Gallo, 63 r (plan détachable D2,* ***336****), et borgo La Croce, 44 r (plan détachable F3,* ***336****).*

Officina Profumo Farmaceutica di Santa Maria Novella *(plan détachable C3) :* *via della Scala, 16. ☎ 055-21-62-76. Tlj 9h-20h.* Un lieu incontournable à Florence. Depuis plus de 400 ans, elle est renommée pour ses herbes officinales cultivées autrefois par ses moines. L'enseigne historique est aujourd'hui à la tête d'une grande entreprise commerciale, implantée dans le monde entier. Crèmes, eaux florales, savons joliment emballés de façon rétro (vieilles étiquettes, écriture manuscrite), rien n'est laissé au hasard pour vous attirer. N'oubliez pas de demander les prix avant de passer commande. Sinon, c'est le coup de bambou assuré ! Dommage que l'accueil soit si commercial... Pour la partie historique, se reporter plus loin à la rubrique « À voir ».

Mario Luca Giusti *(plan détachable C3,* ***341****) :* *via della Vigna Nuova, 88 r. ☎ 055-239-95-27. Tlj sauf dim.* Mario Luca Giusti, designer florentin, fabrique des objets du quotidien en plastique, parfaites répliques d'objets en verre. Dans le magasin, vous craquerez pour des assiettes, des verres à pied, des candélabres, des pichets aux couleurs toniques. Prix encore raisonnables. Un concept original qui a ses adeptes. *Autre adresse : via della Spada, 20 r.*

À voir

Chiesa Santa Maria Novella *(plan détachable C3)* **:** *piazza di Santa Maria Novella. ☎ 055-264-51-84. Lun-jeu et sam 9h-17h30, ven 11h-17h30, dim 13h-17h30. Entrée : 10 € (avec le musée ci-après ; billetterie fermée 45 mn avt).*
– On entre par le cloître des Morts, puis la chapelle de l'Annonciation avec l'emblème de Filippo Strozzi (sa veuve a payé ts les décors et les tombes des grandes familles présentes). Au niveau de l'office de tourisme pl. de la Gare, entrée réservée aux détenteurs de la Firenze Card.
Église édifiée par les Dominicains à partir du XIIIe s. Remarquable façade en marbre polychrome réalisée en 1470 par Alberti à la demande de Rucellai. Sur la droite, l'ancien cimetière de la noblesse florentine. À l'intérieur de la chapelle Rucellai dans le transept gauche, fresques du Jugement dernier inspirées de *La Divine Comédie* de Dante. Dans la nef centrale, au-dessus de l'entrée, une *Nativité* à fresque de Botticelli. Au milieu, un crucifix suspendu, peint par Giotto. Dans la nef à gauche (juste après la chaire en marbre peint magnifiquement sculptée), la *Sainte Trinité* de Masaccio (1424-1425), où l'artiste introduit un effet de trompe-l'œil (plafond à caissons, cadre en arc de triomphe) qui rappelle la structure intérieure de l'église elle-même. Les 2 personnages agenouillés et priant, au 1er plan, sont le commanditaire de l'œuvre et sa femme. Derrière le maître-autel, extraordinaires fresques de Domenico Ghirlandaio sur la vie de la Vierge et de saint Jean-Baptiste. Sur le panneau en bas à gauche, c'est Ghirlandaio lui-même qui se montre (le doigt). Scènes d'extérieur et d'intérieur d'une fraîcheur réaliste, plongée unique dans le quotidien du XVe s florentin. À droite, chapelle de Filippo Strozzi et fresques de Filippino Lippi (finies en 1502), qui comptent parmi les plus étonnantes de l'artiste (*Vie de saint Philippe* à droite et *Vie de saint Jean l'Évangéliste* à gauche). À gauche du chœur, la chapelle Gondi avec un magnifique *Christ en croix* par Brunelleschi.
Dans la sacristie (vers le fond, à droite), lavabo tout en couleur de Giovanni Della Robbia.
– **Museo di Santa Maria Novella** *(plan détachable C3)* **:** *piazza della Stazione. ☎ 055-28-21-87. Mêmes horaires que l'église ci-dessus.*
On pénètre dans le *cloître vert* (ainsi nommé à cause des nuances vertes des terres de Sienne utilisées). Découvrir, à droite, la remarquable ***chapelle des Espagnols,*** recouverte de fresques au XIVe s par le Florentin Andrea Buonaiuto. C'est Éléonore, reine de Tolède, qui a choisi cette chapelle pour ses offices, qu'on célébrait... en espagnol. La *Crucifixion* est à voir.
– ***Réfectoire :*** les fresques sur le Déluge, restaurées, sont attribuées à Paolo Uccello. On y admire plusieurs scènes, dont celle avec la création d'animaux ou encore la création d'Ève.
Petit musée situé dans le réfectoire. Immense fresque à droite représentant la société civile d'un côté et les religieux de l'autre (Dominicains). Au plafond, prédication de saint Pierre de Vérone (1er martyr de l'ordre des Dominicains). Bustes-reliquaires (du XIVe s), tapisserie florentine très ancienne, fragments de fresques d'Andrea Orcagna, belle orfèvrerie religieuse, *Cène* d'Alessandro Allori, etc.

Museo Novecento *(plan détachable C3)* **:** *piazza di Santa Maria Novella, 10. • museonovecento.it • Avr-sept, tlj 11h-20h (14h jeu, 23h ven) ; oct-mars, tlj 11h-19h (14h jeu). Entrée : 9,50 €.* Dans l'ex-couvent Léopoldine, on a installé plus de 300 œuvres représentant l'art italien du XXe s, divisées en 4 sections. Elles proviennent d'un fonds de la ville (institutions surtout) et du fonds privé Rosai (collectionneur toscan). Les œuvres (peintures et sculptures) sont réparties sur 2 niveaux dans 15 salles thématiques. Elles sont présentées par rotation. C'est la raison pour laquelle nous n'indiquons pas d'œuvres précises. On y voit notamment celles d'Alberto Moretti, d'Emilio Vedova, d'Alberto Magnelli et du spécialiste de la lumière, Lucio Fontana. Au 2e niveau, les salles sont consacrées à la mode et au Maggio musicale fiorentino (incontournable festival de musique à Florence), où l'on peut écouter des morceaux d'opéras, de chants et autres sur des tablettes. Le parcours se termine avec une section consacrée au cinéma à Florence et à ses extraits de tournages et lieux de films. D'ailleurs, on peut regarder une vidéo (20 mn) retraçant l'histoire des principaux films. C'est aussi un espace initiatique à l'art contemporain italien avec un espace multimédia et une salle de conférences.

Officina Profumo Farmaceutica di Santa Maria Novella *(plan détachable C3)* **:** *via della Scala, 16 n. ☎ 055-21-62-76. Tlj 9h-20h.*

C'est l'une des plus anciennes pharmacies du monde, fondée par les pères dominicains. Dès 1221, année de leur arrivée à Florence, ils cultivaient dans leur potager des herbes médicinales pour la pharmacie du couvent. En 1612, on décida de l'ouvrir au grand public. Très vite, on reconnut les bienfaits des formules des frères pharmaciens jusqu'en Russie et aux Indes. En 1866, le gouvernement italien confisqua les biens de l'Église mais autorisa toutefois le neveu du dernier frère directeur à lui rétrocéder la pharmacie.

C'est maintenant dans une usine située au nord de Florence (Reginaldo Giuliani) que sont fabriquées toutes les préparations présentées à l'officina Profumo. Les savons sont encore fabriqués avec les machines du XIXe s et emballés à la main ! On peut rester néanmoins sceptique sur l'efficacité réelle de certains remèdes, comme l'*aceto dei sette Ladri,* une potion contre l'évanouissement... ou encore l'eau anti-hystérique, appelée plus communément *Acqua di Santa Maria Novella...* La tentation est grande, mais les prix sont évidemment très élevés. Les vitrines en noyer du XVIe s, les voûtes ornées de fresques et les statues veillant sur les rangées de pots pharmaceutiques hors d'âge ensorcèlent néanmoins les visiteurs, qui repartent en grande majorité avec un savon ou un flacon à la senteur délicate...

Chiesa di Ognissanti *(plan détachable B3)* **:** *piazza Ognissanti, le long de l'Arno. Lun-mar et jeu-sam 9h30-12h30, 16h-19h30 ; dim et j. fériés 16h-19h30. La sacristie de l'église est fermée au public (sauf sam mat). Fermé mer. Visite du cloître tlj sauf lun et ven (sam-dim et j. fériés 16h-19h30). Entrée indépendante à gauche du portail principal.*

En entrant, vous pouvez apercevoir la présence des Médicis à leur blason en marbre, au sol. Belles orgues ainsi qu'une chaire magnifiquement sculptée. Jolie église un peu chargée, au décor plutôt baroque. Beau plafond peint en trompe l'œil. À droite, chapelle des Vespucci. Dans la nef, sur la gauche, belle fresque du XVIe s ; sur la droite en entrant, admirable *Pietà* réaliste (d'inspiration flamande) par Ghirlandaio. Mais surtout, au-dessus du confessionnal, à droite, le célèbre *Saint Augustin* de Botticelli et, en face à gauche, le non moins célèbre *Saint Jérôme* de Ghirlandaio. À gauche dans la chapelle, le magnifique crucifix de Giotto. Enfin, à droite au fond du transept droit dans la chapelle di San Pietro Alcantara, la pierre tombale de Sandro Botticelli, ainsi que la chapelle funéraire de Caroline Bonaparte Murat. Dans la sacristie, fresques de Taddeo Gaddi, disciple de Giotto.

Dans le cloître, vous apercevrez en entrant, à droite, l'indication du niveau de la crue de novembre 1844, puis celle de novembre 1966. Cela explique en grande partie la disparition presque totale des fresques de la partie inférieure des murs du cloître. Celles-ci racontent la vie de saint François. On peut admirer dans le réfectoire une magnifique *Cène* de Ghirlandaio. Petit détail, la nappe ne couvre pas les pieds des apôtres, et le 3e personnage (en partant de la gauche) semble bien pensif...

LE QUARTIER DE SAN FREDIANO

• Pour se repérer, voir le plan détachable en fin de guide.

Suivant le cours de l'Arno, vous traverserez le ponte alla Carraia et vous échouerez sur les rivages du borgo San Frediano, coincé entre la via dei Serragli à l'est, le giardino Torrigiani au sud, les murailles à l'ouest et le fleuve au nord. C'est une tout autre ambiance ici que celle du centre historique ! La piazza del Carmine est le point névralgique du quartier. D'ailleurs, les jeunes (et moins jeunes) viennent y faire la fête. Elle renferme également un joyau de la Renaissance, la chapelle Brancacci, avec les fresques somptueuses de Masolino, Masaccio et Lippi.
Il faut surtout déambuler dans les ruelles, sans but précis, pour profiter de ce quartier oublié des touristes.

Où dormir ?

Auberges de jeunesse

Ostello Tasso *(plan détachable A4-5, **86**)* **:** *via Villani, 15. ☎ 055-06-02-087. • info@ostellotassofirenze.it • ostellotassofirenze.it • Congés : janv-mars sauf quelques jours et à Noël. Compter 25-33 €/pers en dortoir ; doubles 70-90 €. Aperitivo et musique live en sem. Cuisine à dispo.* Installée dans une ancienne école rénovée, cette AJ est une aubaine pour les *backpackers.* Accueil extra à l'ambiance chaleureuse (malles en guise de table basse, ancien théâtre transformé en salle de musique, vieux fauteuils de cinéma, grande table dans la cuisine...). L'auberge reçoit aussi beaucoup de musiciens d'avril à septembre. Au total, 13 chambres, dont le nombre pourrait doubler d'ici quelque temps puisque la direction lorgne sur le monastère d'à côté... À suivre... Également prêt de vélos et laverie.

Ostello Santa Monaca *(plan détachable B4, **27**)* **:** *via Santa Monaca, 6. ☎ 055-26-83-38. • info@ostellosantamonaca.com • ostellosantamonaca.com • Attention, chambres fermées 10h30-13h30. Couvre-feu à 2h. Résa online ou par e-mail seulement ; sinon, se présenter le mat, le plus tôt possible (ouv à 6h), et laisser son nom sur une liste d'attente. L'attribution se fait dès 10h30, lorsque les lits ont été libérés. Accueil 6h-2h (du mat). Dortoirs mixtes et dortoirs filles (4-18 lits) 11-28 €/pers (draps fournis) ; chambres 40-70 €.* Située dans un palais du XVe s, c'est une vaste AJ privée, à deux pas de la piazza del Carmine et ouverte à tout le monde, sans limitation d'âge (carte des AJ pas obligatoire). La déco n'est pas exceptionnelle, mais les équipements et l'entretien sont convenables. Dortoirs fonctionnels équipés de casiers et de ventilos, blocs sanitaires corrects. Côté services : cuisine basique à dispo (mais apporter son matériel), lave-linge, consigne. Vaste salle commune aussi, avec distributeurs de boissons et snack.

Institutions religieuses

Antico Spedale del Bigallo : *via Bigallo e Apparita, 14, 50012 **Bagno a Ripoli** (suivre les panneaux marron indiquant ce monument historique). ☎ 055-63-09-07. • matrimoni@anticospedalebigallo.it • bigallo.it • À 8 km au sud-est de Florence ; compter 25 mn avec le bus n° 33 depuis la gare S. M. Novella ou la gare Campo* *di Marte (ou le nº 71 21h-0h30), arrêt La Fonte, puis 15 mn à pied. Check in 18h-22h30. Auberge fermée 10h-18h. Pas de couvre-feu. Congés : 1er janv-31 mars. Nuit en dortoir 26 €/pers, double 40 €, petit déj compris. Loc de set de toilette 3 €.* Depuis le XIIIe s, cette vieille hostellerie a pour vocation d'accueillir les pèlerins. Rien n'a vraiment changé, les messes en moins ! Dans la cuisine, la cheminée est assez grande pour rôtir des sangliers, la vaisselle est faite dans des éviers de pierre, et les grosses tables communes entretiennent la camaraderie. On dort dans différents dortoirs aux lits juchés sur des estrades ou bien répartis dans de petites alcôves aux allures monacales. Un dépouillement digne du *Nom de la rose,* qui ne manque pas de charme ! Et puis la campagne toscane est si belle...

☗ ***Casa Santo Nome di Gesù*** *(plan détachable B4,* ***21****) : piazza del Carmine, 21. ☎ 055-21-38-56. • info@fmmfirenze.it • fmmfirenze.it • Réception tlj 6h30-11h30. Avis aux fêtards : couvre-feu à 23h3à (23h en hiver !). Congés : 3 sem en janv. Résa conseillée. Doubles avec sdb privée à partir de 65 €, petit déj inclus ; familiales (4-5 lits) 115-165 €. Parking 13 €/j.* Vieux palais florentin du XVe s à la façade ocre, appartenant à des sœurs franciscaines. Atmosphère feutrée dans le magnifique jardin, propice au repos. Chambres plaisantes, très propres, pourvues d'un mobilier ancien, sans clim mais avec ventilo. Celles qui donnent sur la rue peuvent être un peu bruyantes. Si vous êtes 4, demandez la chambre nº 8, particulièrement agréable avec ses colonnes et sa fresque au plafond. Éviter les nos 6 et 7, donnant directement sur la place.

De prix moyens à chic

☗ ***Residenza Il Carmine*** *(plan détachable B4,* ***76****) : via d'Ardiglione, 28. ☎ 055-238-20-60. • info@residenzailcarmine.com • residenzailcarmine.com • Résa conseillée très longtemps à l'avance. Compter 80-180 €/j. pour 2 ; plus cher pour les apparts « Domus », « F. Lippi » et « Masaccio », qui sont plus grands.* Avec 6 appartements entièrement équipés (un petit béguin pour « Masaccio »), la *Residenza Il Carmine,* nichée dans une ruelle exceptionnellement calme, constitue une alternative originale aux hôtels. Meublés à l'ancienne et décorés avec goût, 3 appartements donnent sur un jardin intérieur privatif génial à l'heure de l'apéro. Les 3 autres occupent la partie principale du palais, où les plafonds voûtés ou à caissons ajoutent au charme et à l'intimité du lieu. Pour un peu, on se sentirait plus florentin qu'un Florentin ! Accueil chaleureux d'Emilio et de Myriam.

☗ ***Horto Convento*** *(plan détachable A4,* ***20****) : viale Ludovico Ariosto, 1. ☎ 055-22-35-29. • info@hortoconvento.com • Doubles 110-300 €. Parking.* Une adresse d'une trentaine de chambres, comme on les aime, tranquille, accueillante et douillette, éloignée du centre historique qu'on rejoint rapidement en traversant le pont Vespucci. L'hôtel est installé dans une ancienne école de filles, jouxtant le couvent où vivent encore des sœurs de la congrégation Saint François de Sales. C'est un lieu idéal pour poser vos valises, le temps de profiter des visites de la journée et de buller sur la jolie terrasse, sans oublier les bonnes adresses dans le coin. Certaines chambres ont vue sur la campagne. Coup de cœur assuré. Ô temps, suspends ton vol !

Où manger ?

Sur le pouce

Trippaio di San Frediano *(plan détachable B4,* ***131****) : piazza dei Nerli. Ouv le midi lun-ven.* Une institution ici, qui régale les amateurs de tripes à un prix imbattable. Quelques tabourets pour les jambes fatiguées, et hop ! c'est avalé. Également des *panini* pour les appétits de moineau !

Santo Forno *(plan détachable B4,* ***115****) : via Santa Monaca, 3 r. Tlj sauf ven 7h30 (8h30 sam-dim)-19h30.* Ici, on pétrit le pain comme autrefois, normal. En effet, les proprios (qui sont aussi ceux du *Santo Bevitore* et du *Santino* – voir les rubriques « Où manger ? » et « Où boire un verre ? » dans le chapitre « Le quartier de Santo Spirito ») font confiance à Angelo, le boulanger qui n'a pas quitté son four depuis plus de... 40 ans ! Son savoir-faire fait toujours l'unanimité chez les Florentins qui y ont leurs habitudes. Également sandwichs et quiches salées le midi. Quelques tabourets pour les déguster, et rayon épicerie (cher) pour dépanner.

Bon marché

Da Gherardo *(plan détachable B4,* ***231****) : borgo San Frediano, 57 r. ☎ 055-205-28-88. • dagherardo@gmail.com • Ouv le soir seulement sauf mar à partir de 19h. Congés : août. Pizze à partir de 8 €. Digestif offert sur présentation de ce guide.* *Bravissimo* pour cette adresse grande comme un mouchoir de poche et tenue par des jeunes hyper dynamiques et souriants ! Les *pizze* cuites au feu de bois sont tout simplement excellentissimes. Chouette ambiance et service endiablé.

Trattoria Sabatino *(plan détachable A4,* ***151****) : via Pisana, 2 r. ☎ 055-22-59-55. • info@trattoriasabatino.it • ♿ Un peu excentré, à côté de la porta San Frediano. Tlj sauf w-e et j. fériés. Congés : août. Repas env 20 €.* Petite *trattoria* familiale populaire ouverte dans le quartier depuis les années 1950. Elle offre un bon petit choix de plats toscans typiques, à un prix imbattable. Il n'y a qu'à voir le défilé d'habitués pour s'en rendre compte. Ici, pas de chichis, ni dans le service, ni dans la déco, ni dans l'assiette ! On s'attable (où il y a de la place) pour un plat de pâtes du jour ou un *tiramisù* maison. Et basta !

Berberè *(plan détachable B4,* ***154****) : piazza de' Nerli, 1. ☎ 055-23-82-946. • info@berbere.it • Ouv le soir seulement. Repas env 15-20 €.* Encore une pizzeria, nous direz-vous ! Celle-ci a des allures de pizzas napolitaines bien épaisses sur les bords et garnies d'excellents produits locaux. Également des pizzas dégustation que l'on savoure à plusieurs. Miam, miam ! Fait aussi vente à emporter.

Trattoria l'Brindellone *(plan détachable B4,* ***232****) : piazza Piatellina, 10-11 r. ☎ 055-21-78-79. Fermé dim soir et lun. Repas env 25 €.* Une *trattoria* typique bien dans son jus, qui a conservé sa structure familiale et ses bons petits plats toscans. Ici, la *bistecca* est reine, et, le dimanche, les habitués viennent l'apprécier en famille. Le *vino della casa* n'est pas mauvais du tout. Accueil dans la joie et la bonne humeur !

Prix moyens

L'OV – Osteria Vegetariana *(plan détachable B4,* ***254****) : piazza del Carmine, 4 r. ☎ 055-20-52-388. • info@osteriavegetariana.it • Fermé dim soir et lun. Menu 15 € ; repas complet 25-30 €. Digestif et café offerts sur présentation de ce guide.* Niché dans l'ancienne halle aux poisons de la ville, l'endroit surfe sur le végan, les produits bio et le « km 0 ». Belle salle claire avec un long comptoir végétalisé, du mobilier coloré et de gros coussins rayés pour se mettre à table. Belle carte courte et saisonnière aux envolées exotiques (Pérou, Brésil, Inde, Mexique, Japon...).

Trattoria All'Antico di Cambi *(plan détachable B4,* ***94****) : via San Onofrio, 1 r. ☎ 055-21-71-34. • info@anticorstorodicambi.it • Tlj sauf sam. Menu 20 € ; compter 25-30 € pour un repas complet.* Cette antique *trattoria* est une institution florentine, à l'écart des sentiers touristiques. Elle mérite une halte gourmande pour ses plats traditionnels et authentiques comme sa fameuse *bistecca alla fiorentina,* sa *ribollita* ou encore ses *tagliatelle al cinghiale.* Il n'y a plus qu'à choisir entre sa belle salle aux plafonds voûtés ou sa jolie terrasse végétalisée. Accueil sympathique.

Vico del Carmine *(plan détachable A3-4,* ***138****) : via Pisana, 40 r. ☎ 055-233-68-62. • info@maestridilievitazione.it • ♿ À 30 m de la porta San Frediano. Ouv le soir tlj sauf lun, plus le midi sam-dim. Congés : août. Résa vivement conseillée. Pizze à partir de 10 €.* Une adresse excentrée mais réputée pour ses bonnes pizzas napolitaines et pour ses spécialités de poissons. Tout provient de la région de la Campanie, du pizzaiolo à la mozzarella en passant par les tomates et les *pesci*. Les *pizze* sont savoureuses et bien fournies, un régal ! Les Florentins s'y pressent en famille, entre amis, rejoints par les touristes de plus en plus nombreux.

Trattoria del Carmine *(plan détachable B4,* ***129****) : piazza del Carmine, 18 r (à l'angle du borgo San Frediano). ☎ 055-21-86-01. Tlj sauf dim soir en hte saison. Carte 25-30 €.* Cette *trattoria* d'habitués est réputée pour sa cuisine simple et goûteuse (mention spéciale pour sa *bistecca* et pour le *cremino al cioccolato*). Aux beaux jours, préférer la petite terrasse ombragée, plus agréable que l'intérieur. Prix honnêtes et service efficace.

Trattoria Il Guscio *(plan détachable A4,* ***152****) : via dell'Orto, 49. ☎ 055-22-44-21. • info@ristorante-ilguscio.it • Tlj sauf sam midi et dim. Congés : 15 j. en août. Menu le midi 15 € ; carte env 35 €. Trattoria* familiale dirigée par Francesco, sommelier de métier, et sa femme, Elena. La *mamma* de Francesco, Sandra, officie en cuisine. Ici, les plats font honneur aux produits de saison. Le poisson occupe une large place sur la carte. Tout est fait maison, des *antipasti* aux desserts en passant par les pâtes fraîches. Évidemment, belle sélection de vins. Accueil prévenant et service charmant.

Chic

Burro e Acciughe *(plan détachable B4,* ***252****) : via dell'Orto, 35 r. ☎ 055-045-72-86. • info@burroeacciughe.com • Fermé lun. Compter 35-40 €. Digestif offert sur présentation de ce guide.* Le détour vaut la peine dans ce quartier un peu boudé des touristes. Ici, on cuisine exclusivement les poissons pêchés sur les côtes ligures et toscanes, mais aussi en Sicile. Frais et accompagnés de délicieux *contorni*, aux petits oignons. En plus, les assiettes sont joliment présentées et le service extra. Adresse plébiscitée par nos amis florentins.

B.O.R.G.O *(plan détachable B4,* ***242****) : borgo San Frediano, 145 r. ☎ 055-22-34-49. Ouv le soir mar-dim. Fermé lun. Compter 30-35 €.* Voici une petite adresse originale non seulement pour son ambiance tamisée mais aussi pour sa cuisine aux envolées exotiques... La maestria de cette adresse c'est de mêler une cuisine locale inventive aux souvenirs gustatifs de l'adorable patron et voyageur Gabriele. Une belle découverte.

Al Tranvai *(plan détachable B4,* ***124****) : piazza T. Tasso, 14 r. ☎ 055-22-51-97. • info@altranvai.it • Tlj sauf dim. Congés : 1 sem en août. Résa conseillée. Repas env 30 €. Trattoria* minuscule nichée au cœur du quartier populaire de San Frediano. La déco évoque l'intérieur d'un tram (d'où son nom), celui-là même qui parcourait autrefois les rues de Florence. La carte change tous les jours pour satisfaire les nombreux habitués, mais on retrouve les spécialités toscanes comme la *pappa al pomodoro*, la *ribollita* (en hiver) et la *panzanella* (en été). Le tout se déguste au coude à coude dans une atmosphère conviviale, très agitée selon le moment.

Alla Vecchia Bettola *(plan détachable A4,* ***132****) : viale Vasco Pratolini, 3-5-7. ☎ 055-22-41-58. Tlj sauf dim-lun. Congés : 10 j. en août et 10 j. Noël-Jour de l'an. Repas complet 35-40 €. CB refusées.* Décor d'*osteria* d'antan (carreaux de faïence aux murs, vieux zinc en marbre, présentoir chargé de charcuteries alléchantes...), ambiance conviviale et nourriture florentine traditionnelle de qualité constante. Bonnes pâtes ; sinon, les amateurs d'abats ne seront pas déçus. Un repaire bien connu des Florentins, qui apprécient le joli coin terrasse aux beaux jours.

Enoteca Le Barrique *(plan détachable B4,* ***135****) : via del Leone, 40 r. ☎ 055-22-41-92. Tlj sauf lun. Congés : 3 sem en août. Repas complet 35-45 €.* Beau choix de vins italiens et étrangers (français, chiliens, sud-africains...) conseillés par le patron, qui ne pousse pas à la consommation (ça mérite d'être souligné). À déguster : les suggestions du jour et d'appétissantes spécialités de la cuisine florentine (tagliatelles aux courgettes, raviolis au vin...). Et, dès les 1ers rayons de soleil, on file dans le jardin tranquille à l'ombre d'une treille. Accueil charmant.

Où savourer de bonnes glaces ?
Où déguster de bonnes pâtisseries ?

La Sorbettiera *(plan détachable B4, **178**)* **:** *piazza Tasso, 11 r. • lasorbettiera@gmail.com •* On est prêt à traverser la ville pour goûter ces sorbets légers, 100 % naturels ! Une bonne adresse rafraîchissante.

Gelateria La Carraia *(plan détachable B4, **166**)* **:** *piazza N. Sauro, 25 r. Juste en face du ponte alla Carraia. Tlj 11h-22h30.* Vaste choix de parfums maison pour ce glacier très apprécié des Florentins, donc plutôt bon signe ! *Autre adresse : via dei Benci, 24.*

Pasticceria Buonamici *(plan détachable B4, **165**)* **:** *via dell'Orto, 27 r. ☎ 055-22-40-04. • info@pasticceriabuonamici.it • Tlj sauf dim ap-m et lun.* Étape (voire détour !) obligatoire pour cette pâtisserie historique. À notre humble avis, l'une des meilleures de la ville. Qualité extra des pâtisseries dont les recettes sont transmises depuis plusieurs générations. Petite boutique attenante qui propose des produits locaux : miel, confitures, café, chocolat. Personnel hyper gentil. Pour les becs sucrés, un vrai repaire gourmand !

Où boire un verre ? Où écouter de la musique ?

Santarosa Bistrot *(plan détachable A3, **150**)* **:** *lungarno di Santa Rosa. ☎ 055-23-09-057. Tlj 8h-minuit.* Un petit coin de verdure bien caché, propice à la détente : grand bout de gazon avec transats et palettes en guise de tables pour boire un verre dans la journée ou l'*aperitivo* le soir. Ambiance bohème avec *hipsters* florentins et déco dépareillée.

Libreria Café La Cité *(plan détachable B4, **210**)* **:** *borgo San Frediano, 20 r. ☎ 055-21-03-87. • info@lacitelibreria.info • Tlj 10h30-1h ; brunch dim.* Un concept original, celui d'une librairie le jour qui s'anime le soir d'une programmation musicale souvent chargée (de jazz principalement). Fort de son succès, l'endroit est devenu un incontournable de la nuit florentine.

Aurora *(plan détachable A4, **198**)* **:** *viale Vasco Pratolini (angle de la piazza Tasso). ☎ 055-22-40-59. • info@circoloaurorafirenze.it • Tlj 18h30-1h30 ; aperitivo 19h-21h30.* Voici un café bien agréable sous la porta Romana, où il fait bon siroter un verre. D'ailleurs, aux beaux jours *(juin-sept)*, on installe une terrasse en bois, un véritable extérieur avec kiosque, tables et chaises. Le reste de l'année, on dîne entre amis ou on profite du buffet à l'heure de l'*aperitivo*. Humeur joyeuse.

À voir

Chiesa Santa Maria del Carmine e cappella Brancacci *(plan détachable B4)* **:** *piazza del Carmine. Église ouv 7h30-12h, 17h-18h30. Chapelle ouv tlj 10h (13h dim et j. fériés)-17h. Fermé mar ainsi que 1er, 3e et 5e lun du mois. Accès limité à 30 pers max pour un délai de 1h. Entrée : 8 €.* À droite du transept, la fabuleuse *chapelle Brancacci,* demeurée miraculeusement intacte après l'incendie de 1771, est entièrement décorée de fresques de Masolino, Masaccio et Filippino Lippi (XVe s). Thèmes du Péché originel et de la vie de saint Pierre. Depuis une restauration, la nudité d'Adam et Ève est à nouveau dévoilée, débarrassée du feuillage ajouté pudiquement par Cosme III au XVIIe s. Masolino, à qui l'on avait commandé l'ensemble des fresques en 1424, s'était probablement fait seconder dès le début du chantier par son jeune élève Masaccio. On mesure d'ailleurs toute la modernité de la peinture de Masaccio, aux visages expressifs débordant de vie, comparée au style plus sage et élégant de Masolino. Chez Masaccio, les corps sont tout en volume, fruit d'une étude poussée de l'anatomie et de l'application des règles de la perspective. L'homme devient ici le sujet central des compositions. Le chantier sera abandonné suite à la mort (l'assassinat selon certains) de Masaccio, jusqu'à ce que Lippi termine à sa manière ce cycle de fresques 50 ans plus tard. Sous la voûte, trompe-l'œil impressionnant.

LE QUARTIER DE SANTO SPIRITO

- Pour se repérer, voir le plan et le zoom détachables en fin de guide
- Plan Palazzo Pitti *p. 158-159* • Carte Giardino di Boboli *p. 161*

Situé dans l'Oltrarno, Santo Spirito est le quartier où bat le véritable cœur de la ville, un quartier populaire, un peu à l'écart des circuits touristiques (quand bien même il connaît un beau succès). Il faut parcourir cet entrelacs de rues étroites qui débouchent sur des places et des églises pittoresques. Prenez votre temps pour flâner, jeter un œil aux échoppes d'artisans et aux nobles portails blasonnés des palais. Les amateurs de pierre et d'art se retrouveront au palazzo Pitti, un bâtiment aux dimensions architecturales impressionnantes. Il renferme 3 musées, dont la galerie Palatine, la plus grande collection de peinture des Médicis. Les fêtards se rejoindront sur la piazza Santo Spirito, qui s'anime dès la tombée de la nuit. Un quartier particulièrement attachant.

Où dormir ?

Camping

⛺ ***Camping Internazionale :*** *via San Cristofano, 2, 50029* ***Bottai-Impruneta.*** *☎ 055-237-47-04. • internazionale@florencecamping.com • florencecamping.com • À 6 km au sud de la ville. De l'autoroute A 1, sortir à « Autosole Firenze-Certosa ». De la ville, emprunter la route de Sienne et de la Certosa del Galluzzo ; bien indiqué. Sinon, bus n°s 37 (le jour) et 68 (21h-minuit). Ouv tte l'année. Compter 35 € pour 2 avec tente et voiture, douches et électricité gratuites ; mobile homes (4 pers) 60-80 € et chalets (2-4 pers) 50-115 €.* Vaste camping avec piscine, situé pratiquement en face de la chartreuse de Galluzzo. Hyper pratique pour rejoindre le centre de Florence ou pour une excursion dans le Chianti. Les emplacements ombragés tapissent une petite colline d'où l'on perçoit toutefois le ronronnement de l'*autostrada* voisine (mais rien de gênant). Propre et bien équipé (épicerie, resto, piscine...), mais hélas surpeuplé en saison. Et comme les emplacements ne sont pas délimités, on a vite l'impression de se retrouver comme des sardines dans une boîte !

Prix moyens

🏠 ***Florence Old Bridge*** *(plan détachable C4,* ***77****)* ***:*** *via Guicciardini, 22 n. ☎ 055-28-30-28. • info@florenceoldbridge.com • florenceoldbridge.com • Doubles 50-150 € ; petit déj 6 €, à prendre à la pâtisserie* Maioli, *en face. Même propriétaire que* La Scaletta, *situé de l'autre côté de la rue (voir la rubrique « De chic à très chic » ci-après). C'est d'ailleurs ce dernier qui vous accueillera, cet hôtel n'ayant pas sa propre réception. Un coup de sonnette, et le voilà ! Apéritif offert sur présentation de ce guide.* Les chambres, réparties aux 2e et 3e étages, sont sobres et classiques, meublées d'armoires anciennes. Un très bon rapport qualité-prix à mi-chemin entre le ponte Vecchio et le palazzo Pitti.

🏠 ***Convitto della Calza*** *(plan détachable B5,* ***30****)* ***:*** *piazza della Calza, 6. ☎ 055-22-22-87. • calza@calza.it • calza.it • Doubles 95-120 € (70 € en basse saison).* Cet ancien couvent transformé en hôtel a l'avantage de posséder une quarantaine de chambres sobres et propres plus grandes que la moyenne. Une adresse pratique (un peu éloignée du centre historique, certes), qui pourra dépanner ceux qui veulent bénéficier de tranquillité et de confort. Lors de la résa, demandez bien s'il n'accueille pas de congrès ou de groupes, charme en moins assuré, c'est certain !

De chic à très chic

Soprarno Suites *(plan détachable C5,* ***42****) : via Maggio, 35. ☎ 055-046-87-19. • info@soprarnosuites.com • soprarnosuites.com • Doubles 160-280 €.* Niché dans un palais de la célèbre rue des antiquaires, le *Soprarno* est un repaire idéal pour les amoureux. Cette maison d'hôtes, avec sa dizaine de chambres, qui ont chacune leur déco personnalisée, propose également plein de services (vélos, résa de musées et restos). Surtout, la propriétaire réserve un accueil exceptionnel à ses hôtes.

Palazzo Guadagni *(plan détachable C4,* ***79****) : piazza Santo Spirito, 9. ☎ 055-265-83-76. • info@palazzoguadagni.com • palazzoguadagni.com • Doubles à partir de 150 €.* Au dernier étage de cet imposant palais, un hôtel très agréable avec des chambres spacieuses, confortables, joliment meublées à l'ancienne et d'une propreté irréprochable. Son atout : sa loggia avec vue sur les collines du Chianti est fabuleuse. On peut venir y prendre un verre même sans être client... Pour ceux que ça intéresse, 4 chambres au 1er étage peuvent être louées et sont moins chères. Accueil professionnel et charmant.

Hotel La Scaletta *(plan détachable C4,* ***78****) : via Guicciardini, 13 n. ☎ 055-28-30-28. • info@hotellascaletta.it • hotellascaletta.it • Doubles 60-190 € (beaucoup moins cher en hiver) ; petit déj en sus. Parking payant (situé via Romana). Apéritif offert sur présentation de ce guide.* Hôtel situé dans une vénérable demeure du XVe s, garantissant une petite touche d'authenticité. Une trentaine de chambres, de style toscan et très propres, toutes équipées de double vitrage. 3 d'entre elles offrent même une jolie vue sur le jardin de Boboli (les nos 20 à 22) et sont donc très silencieuses, et la suite no 48 donne sur le corridor Vasari. Mais le must, ce sont les 2 extraordinaires terrasses fleuries sur les toits *(avr-nov),* avec une vue formidable sur la ville et les contreforts de la campagne toscane.

Où prendre son petit déjeuner ?
Où boire un café ?

Ditta Artiginiale *(plan détachable C4,* ***161****) : via dello Sprone, 5 r. ☎ 055-274-15-41. • info@dittaartiginiale.it • Tlj 8h (9h w-e)-23h.* Voici un endroit, à deux pas du ponte Vecchio, où il fait bon s'installer dans de confortables fauteuils pour un copieux petit déjeuner façon *American breakfast,* ou pour un plus léger avec bol de muesli et smoothie. L'*espresso* reste le breuvage par excellence puisque l'heureux propriétaire a été élu meilleur *barista* du monde ! Pour le déjeuner, grosses salades, plats de pâtes ou bons burgers *fatti a mano.* Le tout dans une déco très années 1960 avec papier peint imprimé et lampes vintage. Accueil jeune et ambiance tranquille – beaucoup moins le soir, où l'endroit se met à l'heure de l'*aperitivo* sur fond de musique branchée avec de temps en temps la venue d'un DJ.

Où manger ?

Sur le pouce

Gustapizza *(plan détachable C4-5,* ***134****) : via Maggio, 46. ☎ 055-28-50-68. Tlj 11h30-15h, 19h-23h. Congés : 3 sem en août. Pizze 5-8 €.* Un endroit grand comme un mouchoir de poche, où l'on savoure des pizzas légères et croustillantes. Idéal pour une pause salée le midi. Attention, le week-end, la file d'attente déborde sur le trottoir, succès oblige... Préférer alors la vente à emporter.

De bon marché à prix moyens

Caffè degli Artigiani *(zoom détachable C4, **87**) : via dello Sprone, 16 r (angle piazza della Passera). ☎ 055-29-18-82. Tlj 8h-1h (fermé dim en basse saison). Congés : 2 sem en nov. En-cas, pâtes et salades env 5-8 €.* À deux pas du palazzo Pitti. Agréable petite salle aux murs tapissés de photos grimaçantes d'illustres inconnus et célébrités. On y grignote un sandwich frais ou une *piadina calda* (crêpe salée fort nourrissante), ou encore, pour ceux qui ont un peu de temps, un plat de pâtes ou une grosse salade. Quelques tables en guise de terrasse dans la ruelle ou au comptoir pour avaler son *espresso*.

Carduccio *(plan détachable C4, **240**) : Sdrucciolo de Pitti, 10 r. ☎ 055-238-20-70. • info@carduccio.com • Lun-sam 8h-20h, dim 10h-17h.* Adresse grande comme un mouchoir de poche qui fait la part belle aux smoothies et aux petits plats *veggies*. Copieux brunch *healthy* le dimanche. Le tout dans une charmante ambiance. Petit rayon d'épicerie et de fruits et légumes de producteurs locaux.

Raw *(plan détachable B4, **225**) : via Sant'Agostino, 11 r. ☎ 055-21-93-79. Non loin de l'église Santo Spirito, dans une petite rue tranquille. Repas complet env 15 €.* Une adresse tenue par un jeune couple italo-suédois qui régale les végétaliens (décidément, le quartier est bien pourvu d'adresses de ce genre !) d'assiettes colorées et vitaminées dans une ambiance très nordique (tabourets hauts et mobilier en chêne clair). On se délecte de rouleaux aux légumes frais, de smoothies et d'extraits de jus que l'on boit dans d'authentiques noix de coco ! Une excellente pause *healthy*... avec petite terrasse aux beaux jours !

Il Conventino *(plan détachable A5, **221**) : via Giano della Bella, 20. • info@ilconventinofirenze.it • ☎ 055-709-25-63. Tlj sauf dim-lun 9h-23h. Compter 20 €.* Poussez jusqu'à cet ancien monastère qui accueille désormais un espace culturel où se côtoient café littéraire et résidence d'artisans et d'artistes. Dans un cadre extrêmement serein et reposant (terrasse végétalisée très agréable dans le cloître), on se sustente d'une belle salade composée ou d'un plat de pâtes. On peut aussi prendre un verre en profitant du lieu. Et pour ceux qui s'intéressent à l'artisanat, entrée libre des ateliers d'artisans (céramique, mosaïque, travail du cuir, du tissu, peinture...) et possibilité d'acheter leurs œuvres.

Prix moyens

5e Cinque *(zoom détachable C4, **104**) : piazza della Passera, 1. ☎ 055-274-15-83. • info@5ecinque.it • Tlj sauf lun. Congés : de mi-janv à début fév. Compter 25-28 €.* Une adresse au menu estampillé bio et végétarien aux accents ligures *(cecina)* et méridionaux (couscous, houmous). On y passe un moment agréable, encore mieux avec la vue sur l'adorable petite place.

Olivia *(plan détachable C5, **128**) : piazza dei Pitti, 14 r. ☎ 055-267-03-59. • info@oliviafirenze.com • Ts les midis sauf lun. Compter 20-25 € le repas.* On ne peut rêver mieux pour ceux qui, fourbus après des heures à déambuler dans le palazzo Pitti, trouveront refuge dans ce petit local tout en longueur (ou en terrasse encore mieux !) pour picorer une planche de charcutailles ou d'*antipasti* délicieusement préparés. Bon point aussi pour la *pasta*. Accueil charmant et souriant.

Tamerò Pasta Bar *(plan détachable C4-5, **257**) : piazza Santo Spirito, 11 r. ☎ 055-28-25-96. • info@tamero.it • Tlj. Menu env 12 € ; repas env 25 €. Réduc de 10 % sur le menu à la carte sur présentation de ce guide.* Vous l'aurez compris, on vient ici surtout pour les pâtes fraîches préparées sous vos yeux. Un lieu résolument tendance où les serveurs virevoltent dans des salles dont la déco ressemble plus à une salle de concerts qu'à un resto classique ! Également des plats de pâtes à emporter *(vente 9h-15h)*.

Aux beaux jours, on sort les tables sur la place.

Osteria Angiolino ai 13 Arrosti *(plan détachable C4, **264**) : via di Santo Spirito, 36 r. ☎ 055-239-89-76. • info@casatrattoria.com • Repas env 30 €.* Ici, place à une cuisine bien florentine et roborative avec l'incontournable *bistecca* (à commander pour 2) et autres plats de la région. Parfois bruyant en raison de la hauteur de plafond, demandez si possible d'être dans la petite salle à côté, plus paisible. Service virevoltant et enjoué.

Osteria del Cinghiale Bianco *(zoom détachable C4, **117**) : borgo San Jacopo, 43. ☎ 055-21-57-06. • info@cinghialebianco.com • Ouv ts les soirs, ainsi que sam midi et dim midi. Compter 20-25 € pour un repas.* Situé dans une petite rue tranquille, à deux pas du Ponte Trinità, cette petite *trattoria* de quartier régalera les amateurs de *bistecca*, trippes florentines et autres spécialités toscanes. Le menu tient sur une seule feuille, c'est bon signe ! Une adresse très prisée des Florentins, qui attire également de nombreux clients de passage. Pensez à réserver, c'est plus sûr.

Trattoria Sant'Agostino *(plan détachable B4, **249**) : via Sant'Agostino, 23 r (à l'angle avec la via Maffia). ☎ 055-28-19-95. • info@trattoriasantagostino.com • Ouv tlj. Compter 30 €.* Une *trattoria* bien connue dans le quartier, reprise il y a quelques années par un couple accueillant et fier d'élaborer une cuisine toscane goûteuse. On retrouve donc de copieux plats traditionnels chers à la région *(bistecca, ribollita).* Le plus, c'est la belle carte de vins privilégiant ceux du Chianti. Et si vous avez encore un petit creux, piochez dans la (courte) carte des desserts, ils sont fameux. Aux beaux jours, terrasse donnant sur la rue animée de Sant'Agostino.

Hostaria Da Fulvio *(plan détachable B4, **220**) : via Sant'Agostino, 10 r. ☎ 055-013-50-39. Ouv tlj. Compter 25 € pour un repas.* Une adresse excentrée mais qui mérite le détour. Aux murs, fresques végétales réalisées par un peintre toscan local. Quant au grand comptoir en bois ciré trônant dans la pièce, c'est un clin d'œil au bistrot parisien, d'ailleurs le reste du mobilier est du même tonneau. Belle carte classique toscane avec une spécialité de la maison qui déroute : 1 kg de moules servies avec des frites ! Ambiance un tantinet chic et service chaleureux.

SignorVino *(plan détachable D4, **127**) : via dei Bardi, 46 r. ☎ 055-28-62-58. • firenze.pontevecchio@signorvino.it • Tlj 9h30-minuit. Compter 25-30 €.* Une *enoteca* (avec 1 500 références de vins) qui séduit les visiteurs avec son emplacement de rêve... face à l'Arno. On ne saurait trop vous conseiller de réserver car les places sont chères ! Belle carte de cuisine toscane classique qui propose les accords plats-vins. Conseils avisés de jeunes sommeliers. Accueil jeune et sympathique, et quelle vue !

Trattoria La Casalinga *(plan détachable C4, **120**) : via dei Michelozzi, 9 r. ☎ 055-21-86-24. • lacasalinga@freeinternet.fr • Tlj sauf dim. Congés : 3 sem en août et Noël. Repas env 20 €.* Cantine bien typique des petits budgets de l'Oltrarno. N'hésitez donc pas à entrer dans cette 1re salle sans charme, ou dans celle du fond aux allures de réfectoire, et prenez place dans ce brouhaha incessant. Ici, on mise sur l'assiette et son contenu. Les classiques italiens (y compris les fameuses *trippa fiorentina*) figurent sur la carte. Plats copieux, service rapide.

Caffè Pitti *(plan détachable C5, **186**) : piazza Pitti, 9. ☎ 055-239-98-63. • info@caffepitti.it • Jusqu'à 2h. Repas env 25 €.* En face de l'imposant palais Pitti. Cet endroit est autant un resto qu'un bar ; on l'indique aussi pour sa terrasse idéalement située et pour son cadre chic agréable. Découvrez les petits recoins où l'on s'installe pour trinquer à l'écart des dîneurs.

Il Santo Bevitore *(plan détachable C4, **130**) : via di Santo Spirito, 64-66 r. ☎ 055-21-12-64. • info@ilsantobevitore.com • Tlj sauf lun midi. Congés : 10 j. en août. Résa conseillée. Menu 12 € servi le midi en sem ; carte env 25 €.* Grand frère d'*Il Santino* (voir « Où boire un verre ? »), ce resto propose une cuisine toscane de bonne qualité, avec toujours une pointe d'originalité et des détours régionaux, comme l'assiette de fromages sardes. Grandes tablées propices au papotage entre amis, qui peuvent parfois s'avérer bruyantes (tout dépend du niveau sonore de vos voisins). Accueil et service souriants. Bons conseils sur le choix du vin.

De chic à très chic

Trattoria da Ruggero *(hors plan détachable par B5,* ***126****) : via Senese, 89 r. ☎ 055-22-05-42. Bus nº 33, arrêt Piazzale di Porta Romana. Tlj sauf mar-mer. Congés : de mi-juil à mi-août. Résa conseillée. Compter env 30-35 €.* Cette adresse *Slow food* vaut le détour. Les plats faits maison sont mitonnés à base de produits frais : *arosta di maiale, braciola della casa, tartuffo al cioccolato...* Un air de campagne qui se retrouve aussi dans le décor. Sans oublier le chianti de la maison. Accueil empreint de gentillesse.

Cuculia *(plan détachable B4,* ***157****) : via dei Serragli, 1-3 r. ☎ 055-277-62-05. • info@cuculia.it • Ouv le soir seulement 17h-minuit. Compter 35-40 € ; brunch dim (12h-15h).* Un lieu résolument chic à la déco épurée. Les bibliothèques bien fournies donnent une touche chaleureuse. Cuisine créative et plats joliment travaillés et bien présentés par un jeune chef à l'avenir prometteur. Large place dédiée à la cuisine végane.

Olio Restaurant *(plan détachable C4,* ***133****) : via di Santo Spirito, 4 r. ☎ 055-265-81-98. • info@oliorestaurant.it • Tlj sauf lun. Résa conseillée. Assiettes variées de charcuterie-fromage 25-30 € ; plat du jour 15 € ; compter env 35 € le soir.* Ici, on n'a pas rompu avec la tradition : sélection des meilleurs produits toscans, comme les huiles d'olive, le *prosciutto,* les fromages ou les pâtes. On mange entre les rayonnages chargés de victuailles et, pour le vin, le sommelier saura vous aiguiller... C'est chic et pas donné. Et, bien sûr, on ne résiste pas à faire quelques emplettes en sortant de table...

Trattoria Cammillo *(zoom détachable C4,* ***137****) : borgo San Jacopo, 57 r. ☎ 055-21-24-27. • cammillo@momax.it • Tlj sauf mar-mer et sam. Congés : août et de mi-déc à mi-janv. Compter env 40 €.* Une institution à Florence. Cadre classique bon teint et sans extravagance avec ses 3 salles voûtées en enfilade, ornées de tableaux et de luminaires discrets. Pour l'ambiance, nappes blanches et serveurs en nœud pap' sont de rigueur. Une cuisine toscane de bon goût, travaillée dans le respect de la tradition ! Pour les portefeuilles bien garnis.

Bar à vins *(enoteca)*

Le Volpi e l'Uva *(plan détachable D4,* ***146****) : piazza dei Rossi, 1 r. ☎ 655-239-81-32. • info@levolpieluva.com • Sur une petite place à deux pas du ponte Vecchio. Tlj 11h-21h. Repas env 15 €.* Un endroit très chaleureux, avec un grand bar fait de barriques aux lignes rebondies prometteuses... et son mur garni de bouteilles. Belle sélection de vins rouges et blancs (secs ou liquoreux) accompagnée de délicieuses charcuteries. Ici, on privilégie depuis 25 ans les petits producteurs locaux. Bons conseils et accueil jovial des patrons. Une adresse incontournable à Florence.

Où savourer de bonnes glaces ?

Gelateria della Passera *(plan détachable C4,* ***169****) : via Toscanella, 15 r. • cinotri@alice.it • Tlj 12h-minuit.* Glacier réputé pour élaborer ses glaces avec des arômes naturels soigneusement sélectionnés. Celle à la fraise (de saison, bien sûr), celle à la pistache de Sicile ou encore celle au chocolat à l'orange confite sont épatantes. Beaucoup de douceur dans ces glaces délicieuses et crémeuses. Un des meilleurs glaciers de la ville.

Où boire un verre ?

Il Santino (plan détachable C4, **149**) **:** *via di Santo Spirito, 60 r. ☎ 055-230-28-20. Tlj. Congés : 2 sem en août. Compter 10-15 €.* Petite annexe du *Santo Bevitore,* tout à côté. Minuscule salle où charcutailles toscanes et fromages italiens font bon ménage avec un verre de chianti à l'heure de l'*aperitivo*. Bien sûr, plus on avance dans la nuit, plus le trottoir déborde de monde...

Volume Café (plan détachable C4, **191**) **:** *piazza Santo Spirito, 5. ☎ 055-238-14-60. • hello@volume.fi.it • Tlj 11h30-1h30 ; aperitivo 19h-22h30.* Petite adresse à l'emplacement d'un ancien atelier de menuiserie, d'où les nombreux outils (ciseaux, tenailles, marteaux...) aux murs, ainsi que des sculptures en bois exposées sur les étagères. Joyeux bazar (bien organisé soit dit en passant) avec le coin bibliothèque, les expos temporaires, les objets en bois sculptés... et le café. Le soir, c'est une autre ambiance, plus festive mais tout aussi conviviale, avec musique live, DJ et concerts. Une petite adresse comme on les aime.

Caffè degli Artigiani (zoom détachable C4, **87**) **:** *via dello Sprone, 16 r (angle piazza della Passera). ☎ 055-29-18-82. Tlj 8h-1h (fermé dim en basse saison). Congés : 2 sem en nov.* Un petit bar idéal qui a gardé intacte son authenticité. Ici, pas de chichis, et à l'heure de l'*aperitivo* les esprits s'échauffent, les jeunes et moins jeunes affluent... et refont le monde dans une ambiance bon enfant. Idéal dans la journée pour un plat rapide (voir « Où manger ? »).

Achats

Olio & Convivium (plan détachable C4, **133**) **:** *via di Santo Spirito, 4 r. ☎ 055-265-81-98. Tlj sauf lun. Voir* l'Olio Restaurant *dans la rubrique « Où manger ? ».*

Enoteca Obsequium (zoom détachable C4, **313**) **:** *borgo San Jacopo, 17-39 r. ☎ 055-21-68-49. • info@obsequium.it • Tlj sauf dim.* Belle boutique proposant un large choix de produits régionaux, vins compris. Moult bocaux aux préparations typiquement toscanes auront raison de vos papilles. Quelques tables et chaises disséminées entre les rayonnages pour vous régaler d'une planche de charcutailles ou de fromages du pays accompagnés d'un bon verre de vin *(à partir de 10 €).*

Angela Caputi (plan détachable C4, **312**) **:** *via di Santo Spirito, 58 r. ☎ 055-21-29-72. • angelacaputi.com • Mar-sam 10h-13h, 15h30-19h30.* La créatrice Angela Caputi fabrique depuis 40 ans des bijoux en perles de résine colorée du plus bel effet : colliers, broches, boucles d'oreilles... Une petite fantaisie à offrir ou, mieux, à se faire offrir (pas donné quand même !). Adresse très prisée des Florentines. *Autre adresse : borgo S. Apostoli, 44-46. ☎ 055-29-29-93.*

Giulio Giannini e Figlio (plan détachable C4, **310**) **:** *piazza dei Pitti, 37 r. ☎ 055-239-96-57. Lun-sam 10h-19h, dim 11h-18h30.* Paysages et scènes animalières sont les sujets de prédilection de la famille Giannini depuis 6 générations. Carnets, albums photos ou jolies boîtes, à des prix encore raisonnables. De grands couturiers viennent même s'inspirer de ses motifs pour leurs futures collections ! C'est beau mais pas donné !

L'Ippogrifo (plan détachable C4, **328**) **:** *via di Santo Spirito, 5 r. ☎ 055-21-32-55. Tlj sauf dim.* Gianni Raffaelli est un véritable artiste, qui manie la même technique de l'aquarelle qu'il y a 500 ans. On peut le voir ainsi créer ses œuvres (son atelier et la boutique ne font qu'un) : natures mortes et portraits. Possibilité d'en réaliser sur commande à condition d'en faire la demande quelques jours avant.

La Bottega di Geppetto (plan détachable C4, **328**) **:** *via Santo Spirito, 16 r. 348-460-86-77. Horaires aléatoires.* La vitrine surtout fera le bonheur des enfants. À l'intérieur, vrai bric-à-brac dédié entièrement au fils de Geppetto. Nul doute que cette boutique minuscule comblera petits et grands.

À voir

Chiesa Santo Spirito *(plan détachable C4)* **:** *piazza Santo Spirito. Tlj sauf mer et dim 10h-13h, 15h-18h. Accès au Christ en bois de Michel-Ange : 2 € (qui donne aussi accès au cloître et au réfectoire ; lun-mar et jeu-sam 10h-12h45, 15h-17h45, dim 11h30-13h15).* Une église sobre de l'extérieur, non par désir mais par raison, puisque le projet de Brunelleschi (1440) resta en partie inachevé, l'architecte étant mort avant la fin des travaux. Ses successeurs n'osèrent pas terminer la façade et la laissèrent à nu. À l'intérieur, on retrouve toutefois les harmonieuses proportions chères à Brunelleschi. Quant aux œuvres exposées, elles sont d'une telle richesse qu'elles mériteraient de figurer en bonne place dans les galeries des meilleurs musées florentins ! Superbes retables des autels latéraux, œuvres de Filippino Lippi (très belle *Vierge à l'Enfant* encadrée de saint Martin et sainte Catherine, avec en toile de fond une reproduction très précise du quartier de San Frediano), d'Andrea Sansovino (retable en marbre), d'Alessandro Allori et de bien d'autres artistes florentins. Mais la vraie perle de Santo Spirito est sans conteste cet ***émouvant christ en bois sculpté par Michel-Ange,*** exposé dans la sacristie. L'artiste n'avait que 18 ans lorsqu'il a modelé le visage si délicat du Christ, lui donnant un corps d'adolescent aux proportions parfaites. Il l'a offert au prieuré de Santo Spirito en remerciement des dessins anatomiques.

DIS, DESSINE-MOI UNE ÉGLISE...

La façade de l'église ne fut jamais terminée. Le patron de la Gelateria Ricchi, située sur la piazza Santo Spirito, eut une idée géniale. Il demanda à tous les artistes qu'il connaissait de dessiner un projet de décoration pour la façade de l'église. Tous les dessins et peintures qui en résultèrent sont exposés dans une petite salle de la gelateria (fermée le dimanche). N'hésitez pas à allumer la lumière pour les admirer.

Palazzo Pitti *(plan détachable C5)* **:** *piazza Pitti. ☎ 055-238-87-60. Tlj sauf lun 8h15-18h50. Entrée : 16 € mars-oct, 10 € nov-fév. Billet combiné avec les Offices et le giardino di Boboli : 18 € oct-mars, 38 € avr-sept.*
Avec une façade de plus de 200 m dominant une vaste place surélevée, le palais Pitti est l'un des monuments les plus impressionnants de Florence. Sa construction a débuté en 1458, sur des plans de Brunelleschi, pour le compte du banquier Pitti. Mêlés à la conspiration des Pazzi, les Pitti furent décimés et le chantier abandonné. Ce qui n'empêcha pas Cosme Ier de s'installer en 1560 chez l'ancien rival de sa famille... après avoir tout de même agrandi le palais et fait réaliser le passage le reliant au palazzo Vecchio ! En revanche, c'est à son épouse Éléonore de Tolède que l'on doit l'aménagement du beau jardin de Boboli. Installé sur la pente d'une colline, le palais servit dès lors de résidence aux Médicis, puis aux Habsbourg-Lorraine qui leur avaient succédé en 1736. Marie de Médicis, qui y passa sa jeunesse, s'inspira de cette noble demeure lorsqu'elle fit construire le palais du Luxembourg à Paris (aujourd'hui le Sénat).
Le palais abrite plusieurs galeries, dont la célèbre ***galerie Palatine,*** qui rassemble toutes les œuvres acquises par les Médicis. Les collections comprennent principalement des peintures des XVIe, XVIIe et XVIIIe s, ce qui fait de la galerie un complément idéal des Offices.

Galleria Palatina : *dans le palazzo Pitti. ☎ 055-238-86-11. Tlj sauf lun 8h15-18h50. Entrée : 16 € mars-oct, 10 € nov-fév (billet combiné avec la galleria d'Arte Moderna). Audioguide : 6 € (10 € les 2).*
Impossible, bien sûr, de tout détailler. Voici donc, dans le désordre, les principales œuvres. Et n'oubliez pas de lever la tête pour admirer les fresques, moulures et autres décorations flamboyantes qui ornent ces anciens appartements princiers.

Présentation des tableaux à l'ancienne, la lumière laisse parfois à désirer, mais quelle richesse ! Finalement, la meilleure façon d'en profiter est de se laisser guider par ses yeux, sans vouloir systématiquement identifier l'auteur...

– ***Salle Castagnoli*** *(salle 3)* **:** noter la superbe *table des Muses* marquetée de pierre polychrome (technique de la pierre dure développée par les Médicis).

– ***Galerie Poccetti*** *(salle 16)* **:** *Martyre de saint Barthélemy* de Ribera ; *Le Duc de Buckingham* de Rubens.

– ***Salle de Prométhée*** *(salle 17)* **:** *Madone à l'Enfant (La Vierge à la grenade)* de Filippo Lippi. Noter le remarquable équilibre dans la composition des personnages situés au 1er plan (mais aussi des scènes se déroulant derrière, à différents niveaux de profondeur). La délicatesse du visage annonce Botticelli, dont il fut le maître. On peut d'ailleurs s'en convaincre en détaillant le *Portrait d'un jeune homme,* œuvre méconnue de Botticelli exposée dans la même salle. Autres œuvres notables : *Sainte Famille* de Luca Signorelli ; *Martyre des onze mille martyrs* de Pontormo.

– ***Salle de la Justice*** *(salle 19)* **:** le Tintoret, nombreux Titien dont le *Portrait de Tommaso Mosti,* remarquable pour la finesse des traits du personnage.

– ***Salle de Flora*** *(salle 20)* **:** Cigoli, Véronèse et une *Vierge à l'Enfant* d'Alessandro Allori, composition caractéristique des œuvres peintes à l'époque de la Contre-Réforme.

– ***Salle des Putti*** *(salle 21)* **:** peintres flamands, comme Jacob Jordaens, ou *Les Trois Grâces* de Rubens.

– ***Salon d'Ulysse*** *(salle 22)* **:** *Vierge de l'Impannata* de Raphaël ; Andrea del Sarto ; *Ecce Homo* de Cigoli (son œuvre maîtresse) ; le Tintoret... Suivi de la salle de bains aménagée pour Napoléon Ier, de style Empire, évidemment.

– ***Salle de l'Éducation de Jupiter*** *(salle 24)* **:** Van Dyck ; *Le Duc de Guise* par Clouet ; *L'Amour endormi* du Caravage.

– ***Salle du Poêle*** *(salle 25)* **:** splendide carrelage et fresques figurant *Les Quatre Âges du monde* par Pierre de Cortone.

– ***Salle de l'Iliade*** *(salle 27)* **:** Vélasquez, Andrea del Sarto, Titien, Van Dyck, Sustermans et Artemisia Gentileschi (une des rares femmes peintres de l'époque) ; *La Gravida* de Raphaël ; *Portrait de Marie de Médicis* de Fiorentino, père de l'école française de Fontainebleau.

– ***Salle de Saturne*** *(salle 28)* **:** une explosion de Raphaël avec la célèbre *Madonna della Seggiola (La Vierge à la chaise).* Tout s'y inscrit en rond, renforçant la tendresse et l'intimité de la scène. Autres célèbres portraits, la *Madone du grand-duc* (car c'était l'œuvre préférée de Ferdinand III de Lorraine) et la *Madone du baldaquin. Déposition* du Pérugin, *San Sebastiano* d'Il Guercino.

– ***Salle de Jupiter*** *(salle 29)* **:** ancienne salle des audiences. Au plafond, *Le Couronnement de Cosimo III* (placé entre Jupiter et Hercule) réalisé par Pierre de Cortone. *Les Trois Âges de l'homme,* chef-d'œuvre de Giorgione ou la maîtrise totale du fondu de couleurs ; la célèbre *Femme au voile (La Velata)* de Raphaël ; *Sainte Famille* de Rubens ; *Madone et quatre saints* d'Andrea del Sarto ; *Christ mort* de Fra Bartolomeo (sa dernière œuvre) ; *La Vierge au sac* du Pérugin. Noter le raffinement extrême des visages de la Vierge et de l'ange.

– ***Salle de Mars*** *(salle 30)* **:** *Luigi Cornaro* du Tintoret ; Murillo, Luca Giordano ; *Ipolito de Medicis* de Titien ; *Le Conseguenze della Guerra,* fantastique parabole contre la guerre, de Rubens. La vie s'y exprime par la lumière, la sensualité, la couleur, et la guerre par le chaos des corps et des ténèbres. De Rubens encore, *Les Quatre Philosophes* (le personnage de gauche n'est autre que l'artiste lui-même). Belle et douce *Madone* de Murillo.

– ***Salle d'Apollon*** *(salle 31)* **:** *Sainte Famille* et *Déposition* d'Andrea del Sarto ; *L'Homme aux yeux gris* et *Marie-Madeleine* où Titien effectua un admirable travail sur la chevelure, renforçant la sensualité du personnage ; *Charles Ier d'Angleterre* et *Henriette de France* par Van Dyck.

– ***Salle de Vénus*** *(salle 32)* **:** magnifique *Concert* nimbé de lumière où éclate la complicité des musiciens, et *La Bella,* par Titien ; rare paysage de Rubens *(Paysans rentrant des champs).* Noter le délirant décor du plafond.

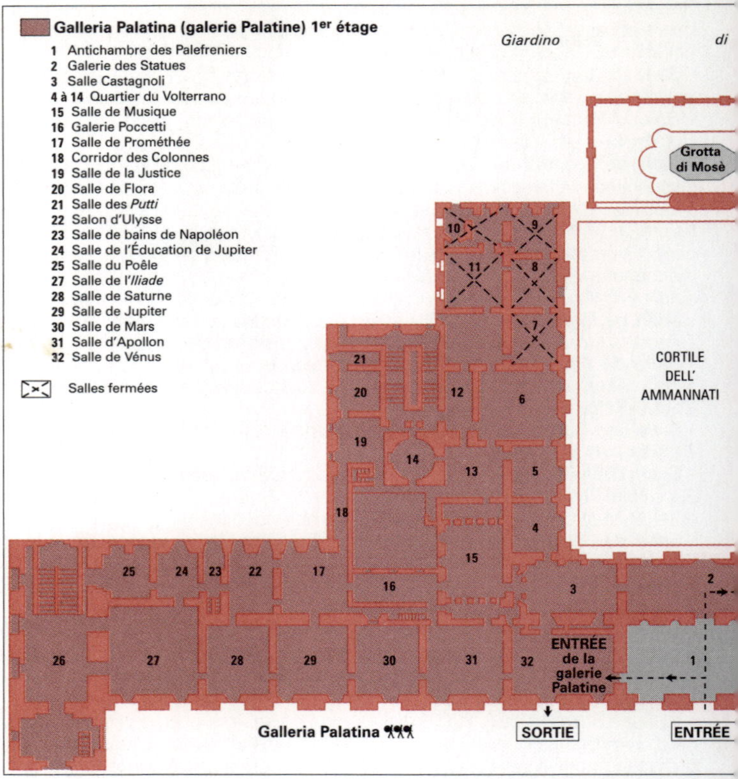

Les plus robustes feront un tour dans les ***appartements royaux*** *(appartamenti reali ; inclus dans le prix d'entrée),* juste en face, dans l'autre aile du palais, occupés successivement par les Médicis, les Habsbourg-Lorraine et les Savoie. Riche décoration intérieure : fresques, stucs et mobilier d'époque...
On entre dans les pièces du fond en enfilade depuis la salle blanche. On y trouvera les salles des *Allégories,* des *Beaux-Arts,* de l'*Arche,* d'*Hercule,* de l'*Aurore,* de *Bérénice,* de la *Renommée.* Quelques tableaux importants dont *Bataille,* de Salvatore Rosa, quelques Cigoli, Giovanni San Giovanni, Lorenzo Lippi et L'Empoli.

Galleria d'Arte Moderna : *dans le palazzo Pitti. ☎ 055-238-86-16. Tlj sauf lun 8h15-18h50. Entrée : 16 € mars-oct, 10 € nov-fév (billet combiné avec la galleria Palatina).* Sculptures, peintures et objets décoratifs du XVIIIe s aux années 1920 sont exposés dans un ordre chronologique au fil des 30 salles que compte cette galerie. Les œuvres de Benvenuti et Bezzuoli y ont leur place. Et si vous avez le mal du pays, *Victor Hugo* (sculpté par Gaetan Trentanove) vous donne rendez-vous dans la salle no 17, de même que *Napoléon Ier,* auquel est consacrée la salle no 2. Encore quelques beaux plafonds : penser à lever le nez !

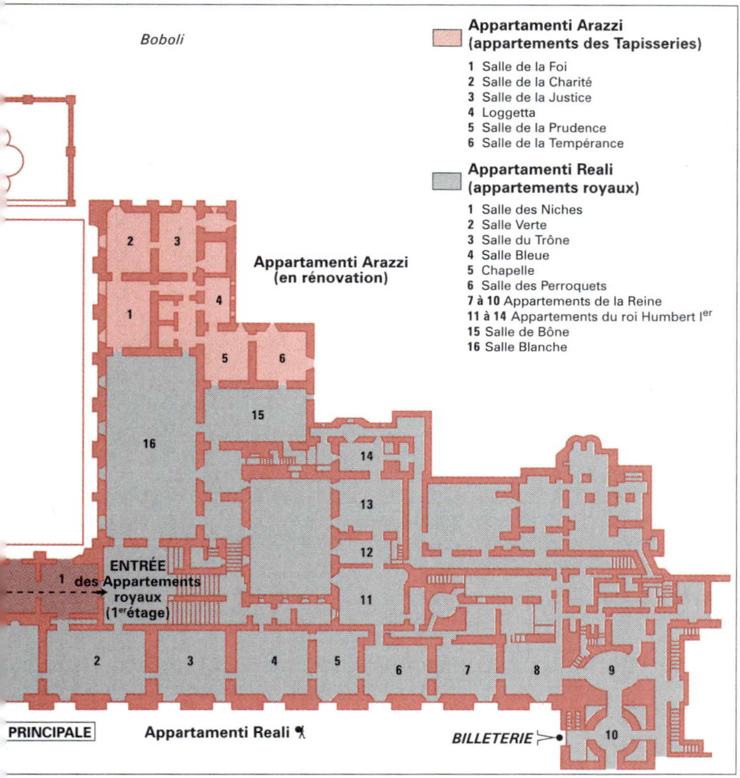

PALAZZO PITTI

Galleria del Costume : *dans le palazzo Pitti. ☎ 055-238-87-13. Tlj 8h15-16h30 (19h30 selon saison). Fermé 1er et dernier lun du mois. Entrée : 10 € mars-oct, 6 € nov-fév (billet combiné avec le jardin de Boboli, le musée de l'Argenterie, celui de la Porcelaine et le jardin Bardini).* C'est un peu l'histoire de la mode qui s'expose ici, des tenues grandioses portées par les nobles au XVIIIe s jusqu'à la haute couture d'aujourd'hui, en passant par les styles légers des années 1960 ou de la Belle Époque. Les accessoires (ombrelles, sacs à main, bijoux...) ne sont pas oubliés. Curiosité : une salle expose les vêtements que portaient Cosme Ier, son épouse Éléonore de Tolède et un de leurs fils lors de leur inhumation au XVIe s. Ils ont été exhumés en 1947 et sont aujourd'hui présentés à l'abri de la lumière du jour après 10 ans de restauration ! Bien sûr, la peinture est présente dans cette galerie, aux murs comme au plafond. Des expositions thématiques s'y tiennent tous les 6 mois.

Museo degli Argenti : *dans le palazzo Pitti. ☎ 055-238-87-09. Tlj 8h15-16h30 (19h30 selon saison). Fermé 1er et dernier lun du mois. Entrée : 10 € (billet combiné, voir plus haut).* De belles salles ornées d'imposantes fresques et trompe-l'œil. Et un festival de coupes ciselées, de reliquaires sertis de pierres précieuses, ou de délicates compositions en ambre ou ivoire. Ne pas manquer le trésor, au 1er étage : collection de joyaux ayant appartenu aux grands noms de l'histoire florentine.

Museo della Porcellana (plan détachable C5) : *dans le giardino di Boboli. ☎ 055-238-86-05. Tlj 8h15-16h30 (19h30 selon saison). Fermé 1er et dernier lun du mois. Entrée : 10 € (billet combiné, voir plus haut).* Dans ce pavillon qui domine le jardin sont rassemblés de beaux services provenant des plus grandes manufactures d'Europe (Sèvres, Vienne, Berlin...). De l'extérieur, belle vue sur le paysage florentin.

Giardino di Boboli (plan détachable C5) : *☎ 055-238-87-60. Tlj 8h15-16h30 (17h30 mars et oct, 18h30 avr-mai et sept, 19h juin-août). Fermé 1er et dernier lun du mois. Entrée : 10 € mars-oct, 6 € nov-fév ; réduc ; billet combiné avec le musée de l'Argenterie, celui de la Porcelaine, le jardin Bardini et la galerie du Costume 13 €. Billet combiné avec la galerie des Offices et le palais Pitti : 18-38 € selon saison.* Autour du palais Pitti, une merveilleuse promenade du dimanche, que ne ratent jamais familles et amoureux. Voir la *grotte artificielle* de Buontalenti, réalisée en 1583 (à droite quand on fait face au palais depuis les jardins). Ce genre de décor était très à la mode au XVIe s. Le gouffre est orné de fresques et de statues, parmi lesquelles moutons et bergers semblent se fondre littéralement dans l'environnement. En revenant vers le palais, la grotesque *fontaine de Bacchus* représente en réalité l'un des nains favoris de Cosme, à cheval sur une tortue. Faire aussi un saut au *piazzale dell'Isolotto,* un jardin aquatique avec, au centre, un îlot sur lequel s'élève la *fontaine de l'Océan* de Giambologna : monstre marin, rochers et eaux donnent à cet ensemble inspiré du théâtre maritime d'Hadrien, à Tivoli, toute sa poésie. À deux pas du bassin, la *porta Romana,* ex-porte de la ville fortifiée.

Chiesa Santa Felicità (plan détachable C-D4) : *piazza dei Rossi, sur la via Guicciardini. Tlj sauf dim 9h-12h30, 15h-17h30.* Œuvres les plus célèbres de Pontormo, peintes entre 1525 et 1528 pour Ludovico Capponi : la *Déposition,* dont les couleurs acides et la déstructuration de l'espace en font un chef-d'œuvre du maniérisme, et *L'Annonciation,* influencée par Michel-Ange ; ici, l'artiste a tenu compte de l'éclairage naturel de l'église.

Chiesa San Felice in Piazza (plan détachable C5) : *piazza di San Felice.* Au 6e autel, *Vierge en trône* de Ridolfo del Ghirlandaio. La chapelle principale (le chœur) est de Michelozzo, avec, au centre, un grand *Crucifix* de Giotto, récemment restauré et très peu connu.

La **via dei Bardi** (plan détachable D4-5) est une petite rue bordée de vieux palais, parallèle au lungarno Torrigiani. Visiter l'atelier artisanal de reliure et du travail du papier, au no 17, *Il Torchio (fermé en août).* Tenu uniquement par des femmes sympa et volubiles. Une vitrine expose un très beau travail. Vente au détail.

Giardino Bardini (plan détachable D5) : *via dei Bardi, 1 r, ou Costa S. Giorgio, 2 (entrée possible aussi par le jardin de Boboli). ☎ 055-263-85-99 ou 055-234-69-88. Fermé 1er et dernier lun du mois. Billet combiné avec la galleria del Costume, le museo degli Argenti, le museo della Porcellana et le giardino di Boboli : 6-10 € selon saison. Supplément de 3 € pour l'accès à la forteresse.* Ce jardin renaît de ses cendres après de longues années à l'abandon. Après avoir connu successivement plusieurs propriétaires, c'est à l'antiquaire Stefano Bardini que revint l'acquisition de ce jardin idéalement situé. Il le transforma et l'embellit de manière visible sans pour autant altérer sa structure originelle. Au contraire, il y ajouta sa touche personnelle, originale pour son époque (fin XIXe s). De nouveau à l'abandon en 1965 à la mort de son fils, le jardin a rouvert ses portes depuis peu, grâce à l'aide de financements privés et publics. On peut admirer le superbe escalier baroque qui permet de rejoindre le belvédère. De là, vue spectaculaire sur la ville (l'une des plus belles sans doute avec celle de la chiesa San Miniato al Monte). Des fontaines glougloutantes où il fait bon se poser, des variétés de

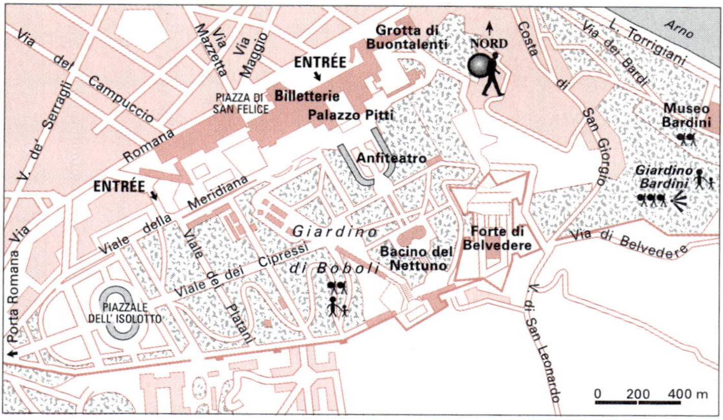

GIARDINO DI BOBOLI

fleurs par centaines (roses, iris, hortensias) et de plantes font de ce jardin l'un des plus beaux de Florence, sans compter la magnifique pergola de glycines, les bosquets à l'anglaise, l'allée d'hortensias, les plantations de menthe, de lavande, de romarin... Bref, une explosion d'odeurs et de couleurs à découvrir absolument. À l'intérieur du jardin, la *villa Bardini,* datant de 1641, a été également entièrement rénovée. Elle abrite, entre autres, une salle de conférences, des expos temporaires et le ***museo Pietro Annigoni*** *(mer-dim 10h-16h – 18h en été).*

LE QUARTIER DE SAN NICCOLÒ

- Pour se repérer, voir le plan détachable en fin de guide
- Plan Escapade pédestre au sud de Florence *p. 169*

Ce quartier de l'Oltrarno est l'un des moins fréquentés de Florence mais il est très agréable car il a lui aussi son lot d'adresses et d'endroits typiques. Un quartier délimité par les remparts et les 3 portes (San Niccolò, San Miniato et San Giorgio), le fort du belvédère, le piazzale Michelangelo et l'Arno. Ici, à 10 mn à peine du ponte Vecchio et du Duomo, on respire déjà une atmosphère plus tranquille. Un quartier avec des artisans qui tentent de résister à la hausse des loyers mettant leur travail en péril... Beaucoup ont déjà baissé le rideau en raison d'un pas-de-porte trop onéreux...
Le soir venu, le quartier s'anime pour le plus grand plaisir des noctambules. Au pied de la porte San Miniato, on trouve bars et restos pour s'amuser ou refaire le monde... Et pour profiter de la vue sur Florence, ne pas hésiter à grimper les marches pour atteindre l'église San Miniato al Monte qui surplombe la ville... un panorama à couper le souffle vous y attend. Un de nos quartiers préférés.

Où dormir ?

De prix moyens à chic

Mò Sì B & B *(plan détachable G5, **9**) : via B. Fortini. 349-880-36-08. • info@mosi-firenze.com • mosi-firenze.com • Doubles 69-109 €. Café offert et réduc de 10 % sur le prix de la chambre sur présentation de ce guide.* Loin des foules et pourtant à seulement 15 mn à pied de Santa Croce. À mi-chemin entre un *B & B* et une AJ, Simona, Napolitaine d'origine, a conçu l'endroit comme un lieu de partage et de convivialité. Grande voyageuse, elle a posé ses valises dans cette charmante villa où elle vous reçoit avec humanité et gentillesse. Les chambres sont ravissantes, joliment décorées, avec un jardin hyper agréable, idéal après de longues marches dans la cité.

Silla Hotel *(plan détachable E5, **81**) : via dei Renai, 5. ☎ 055-234-28-88. • hotelsilla@hotelsilla.it • hotelsilla.it • Doubles à partir de 98 €.* Un des rares hôtels dans ce quartier, installé dans un palais du XVe s. Situation idéale avec quelques chambres qui ont vue sur l'Arno. Chambres au papier peint fleuri équipées de tout le confort, mais il faut s'y prendre tôt. Aux beaux jours, profiter de l'immense terrasse arborée donnant sur le fleuve pour prendre le petit déj. Magique ! Pour ne rien gâcher, l'accueil est sympathique et le personnel très prévenant.

Où manger ?

Bon marché

ZEB – Zuppa e Bollito *(plan détachable E5, **139**) : via San Miniato, 2. Ouv le midi tlj sauf mer, plus le soir jeu-sam. Repas 10-15 € ; plats à emporter.* On aime cet endroit pour sa vitrine discrète comme sa déco résolument tendance. Mais c'est dans l'assiette que tout se passe : *sformato di melanzane, lampredetto, torta al limone...* On peut aussi choisir ses ingrédients pour une salade (préparée sous nos yeux) en toute simplicité et la savourer assis sur un tabouret, accoudé au bar en bois clair qui entoure l'officine. Pâtes fraîches faites maison. Le soir, un poil plus cher. Une halte reposante et gourmande pour ceux qui ont prévu la montée vers San Miniato.

I Tarocchi *(plan détachable D-E5,* ***123****)* **:** *via dei Renai, 14 r. ☎ 055-234-39-12. Tlj sauf lun. Compter env 15 € ; pizza max 10 €.* Un établissement convivial et une cuisine sans chichis, généreuse et de bonne tenue, à l'image des belles (et bonnes) pizzas propres à satisfaire les plus gros appétits ! Aux beaux jours, terrasse agréable sur une rue tranquille. Ambiance chaleureuse assurée par un contingent d'habitués.

La Beppa Fioraia *(plan détachable E5,* ***211****)* **:** *via dell'Erta Canina, 6 r. ☎ 055-234-76-81. • info@beppafioraia.it • Juste après l'embranchement avec l'*Enoteca-bar Fuori Porta*. Congés : 14-20 août. Résa conseillée. Repas 20-25 €.* Une institution à Florence où l'on retrouve la population locale de tous âges venue se délecter d'une bonne pizza ou d'un bon plat de pâtes au frais, en hauteur de la ville, noyé dans la verdure. D'ailleurs, le jardin et sa terrasse sont pris d'assaut aux beaux jours, il est donc conseillé de réserver. Accueil jeune et dynamique.

Prix moyens

Negroni Cocktail Restaurant *(plan détachable E5,* ***255****)* **:** *via dei Renai, 17 r. ☎ 055-247-88-53. Tlj 9h (10h w-e)-3h.* Aperitivo *(19h-22h) 10 €.* Après avoir été pendant longtemps une étape du *Florence by night,* voici le nouveau *Negroni,* plus sage, proposant une formule-buffet le midi et des petits plats honnêtes. Son point fort reste la belle carte de cocktails qu'on peut déguster à l'heure de l'*aperitivo* en terrasse ou à l'intérieur, totalement repensé.

Chic

Le Follie di Romualdo *(plan détachable E5,* ***251****)* **:** *via di San Niccolo, 39 r. ☎ 055-493-19-23. • info@lefolliediromualdo.it • Ouv le soir seulement. Fermé lun. Résa conseillée. Compter 35 € pour un repas.* Romualdo Rizutti, talentueux pizzaiolo collaborateur déjà au *Al Fresco,* restaurant du célèbre hôtel *Four Seasons,* a trouvé un lieu bien à lui en s'installant dans ce quartier typique de Florence. Il nous régale de ses pizzas légères mais généreuses dont lui seul a le secret. Une ambiance tamisée, d'excellents *antipasti* en guise de mises en bouche, un service attentionné...Vous voilà assuré de passer une excellente soirée !

Lungarno 23 *(plan détachable D4-5,* ***158****)* **:** *lungarno Torrigiani, 23. ☎ 055-234-59-57. • info@lungarno23.it • Ouv le soir tlj, plus le midi le w-e. Compter 30-35 €.* Les amateurs de viande rouge seront comblés, d'autant que l'emplacement le long du fleuve est agréable avec vue directe sur la galerie des Offices. La spécialité de la maison ? Des burgers à la fameuse viande bovine de race *chianina,* venant des pâturages d'Arezzo. Pour les autres, salades, soupes et fromages. Carte des vins longue comme le bras. Belle terrasse, agréable aux beaux jours (un poil trop chaud en été).

Trattoria Omero *(plan Escapade pédestre au sud de Florence, B3)* **:** *via Pian dei Giullari, 47. ☎ 055-22-00-53. • omero@ristoranteomero.it • À l'extérieur de la ville. Pour les courageux, ce sera la marche à pied (la journée seulement, le soir c'est nettement moins agréable) ; pour les autres, le taxi proposé par la maison quand on réserve. Repas env 40 €.* La *trattoria* est située juste en face de la casa Galileo (Galilée) : c'est un véritable havre de paix, surtout si vous avez pris soin de réserver une table près de la fenêtre, ou mieux encore sur la terrasse aux beaux jours. Et dans l'assiette ? À l'image du cadre : fraîcheur, produits du terroir et belle carte des vins. Service stylé. Une adresse sans fausse note.

Bar à vins *(enoteca)*

Enoteca-bar Fuori Porta *(plan détachable E5,* ***147****) : via del Monte alle Croci, 10 r. ☎ 055-234-24-83. • info@fuoriporta.it • À côté de la porte San Miniato et des remparts de la ville. Tlj 12h30-minuit. Bonnes assiettes de charcutaille-fromage 20-25 €.* Le rendez-vous des œnophiles du quartier : pas loin de 600 étiquettes d'Italie ou d'ailleurs, négociées à un tarif raisonnable. C'est un vrai bonheur de s'installer sur la terrasse en regardant les passants tout en buvant un *nobile* ou un *brunello* accompagné de *crostini* ou de *bruschette.* On peut étoffer le menu avec un plat de pâtes ou une salade. Les salles sont tout aussi agréables, avec les tables au milieu des rayonnages. Le soir, venir tôt pour prendre de vitesse les nombreux habitués !

Où savourer de bonnes glaces ?

Il Gelato di Filo *(plan détachable E5,* ***175****) : via San Miniato, 5 r. Tlj 12h30-20h30.* Une adresse qui propose d'excellents sorbets de fruits de saison et des glaces crémeuses à souhait. Peu de parfums, ce qui garantit la qualité et la fraîcheur. Servies copieusement et moins chères que celles vendues dans le centre historique ! Idéalement placé pour prendre des forces avant la grimpette jusqu'à San Miniato al Monte (et il en faut...).

Gelateria Vivaldi *(plan détachable E5,* ***174****) : via dei Renai, 15 r. • posta@vivaldigelato.it • Tlj 8h-minuit.* On retrouve ici tous les bons ingrédients pour réaliser une excellente glace. Pour les fans de chocolat, large éventail de chocolats de tous pays. Dans la salle de dégustation, petites expos temporaires d'artistes italiens. Également des gâteaux glacés à emporter.

Où boire un verre ? Où écouter de la musique ?

High Pub Bar *(plan détachable E5,* ***202****) : via dei Renai, 27 a. ☎ 055-234-70-82.* Un endroit qui ne paie pas de mine mais ô combien sympathique pour une bonne mousse au moment de l'*aperitivo.* Le midi, petits plats sans prétention mais d'un bon rapport qualité-prix. Accueil jovial et plein d'allant. Une bonne adresse dans le quartier.

Flo Gallery *(plan détachable F5,* ***195****) : piazzale Michelangelo, 84. ☎ 055-65-07-91. • flo@humancompany.com • À 20 mn à pied du centre et à côté du Camping Michelangelo. En hte saison, tlj 19h-4h ; le reste de l'année, seulement jeu-sam.* Un incontournable des nuits florentines. On commence par un *aperitivo* et on termine en se déhanchant sur la piste de danse... Tenue correcte recommandée.

Achats

Il Torchio *(plan détachable D4-5,* ***326****) : via dei Bardi, 17. ☎ 055-23-28-62. • info@legatoriailtorchio.com • Lun-ven 9h30-13h30, 14h30-19h ; sam 9h-13h.* Albums photos et papiers traditionnels fabriqués selon un procédé du XVIIe s, un savoir-faire qu'on ne manquera pas de vous expliquer. Possibilité de passer commande si vous êtes dans la région quelques jours.

Lorenzo Villoresi *(plan détachable D5,* ***303****) : via dei Bardi, 12. • info@lorenzovilloresi.it • lorenzovilloresi.it • Lun-sam 10h30-19h30.* C'est dans le palais familial que le parfumeur florentin a installé sa boutique-écrin. Ici, on prend son temps pour choisir un des nectars du célèbre parfumeur. Évidemment, ce n'est pas donné.

Clet Studio *(plan détachable E5,* ***347****) : via dell'Olmo, 8 r. • cletabraham@*

yahoo.it • Breton installé à Florence depuis des années, Clet Abraham a eu la curieuse idée de détourner les panneaux de signalisation de la ville, en quelque sorte du *street art* version florentine. Il va sans dire que cette idée n'est pas toujours du goût de la municipalité... Provocateur et à la fois porteur de message, Clet est un personnage haut en couleur, indissociable de Florence.

À voir

Chiesa San Niccolò *(plan détachable E5)* **:** *a priori ouv seulement le mat. Petite offrande bienvenue.* Une église peu mise en valeur de par sa situation encaissée. À l'intérieur, où l'on trouve quelques peintures du XVIe et du XVIIe s, ambiance un tantinet austère. Demander qu'on vous éclaire l'église... Pousser jusqu'à la sacristie pour admirer un triptyque de Fabriani, récemment restauré (un peu trop à notre goût car les couleurs sont un peu agressives), avec les portraits de Marie, saint Côme et saint Damien.

Museo Bardini *(plan détachable D-E5)* **:** *via dei Renai, 37. ☎ 055-226-40-42. Ven-lun 11h-17h. Fermé mar-jeu. Entrée : 7 €.* Stefano Bardini (1836-1922) est l'un des plus grands collectionneurs et antiquaires italiens. On l'appelait « le prince des antiquaires ». Peintre à l'origine, il est devenu au fil des ans un grand collectionneur. Il achète tout, il s'intéresse à tout : du papier mâché, des cadres, des armes, des dessins, en passant par des tapis, des coffres de mariage... Il récupère et achète les palais de la ville en pièces détachées. En effet, au XIXe s, on a détruit beaucoup de palais en centre-ville pour faire de grandes percées (à la manière du baron Haussmann à Paris). Sa clientèle est russe, américaine et même française, comme les Jacquemart-André, à Paris – ils ont un musée à leur nom. Il utilise son palais (qu'il a racheté aux Mozzi, une riche famille florentine) comme un show-room. Il regroupe les objets par thèmes. D'ailleurs, à sa mort, quand il lègue son palais à la Ville, on a du mal à comprendre le mélange des genres, les copies et les originaux. Après un testament et un héritage bien complexes, c'est à l'État italien que revient la totalité des œuvres du collectionneur. Le vœu de ce dernier a été respecté : conserver les pièces exposées aux murs bleus (à la manière russe), ainsi que l'agencement de ses œuvres. On peut être surpris en effet par le musée en lui-même. Il faut le regarder dans son ensemble et non comme une somme d'œuvres individuelles. De ses nombreux voyages en Europe et en Amérique, ***Stefano Bardini a réuni une riche collection éclectique.***

– *Au rez-de-chaussée :* la 1re salle à gauche est dédiée aux statues antiques, mais l'œuvre majeure est le tableau de Tino di Camaino, *La Carità,* montrant une femme allaitant ses 2 enfants. On y admire aussi des chapiteaux corinthiens, des portails, une tombe en marbre d'Arnolfo di Cambio. Toujours au rez-de-chaussée, le célèbre *Porcellino* de Pietro Tacca, offert par le pape Pie IV à Cosme Ier en visite à Rome en 1560. Cosme II en a commandé une copie en bronze pour le palazzo Pitti, transférée aux Offices. Également une copie dans l'actuelle loggia del Mercato Nuovo (vous suivez ?).

– *Après avoir monté le majestueux escalier en marbre* (jeter un œil au *Poséidon*) *:* belle collection de tapis perses du XVIIe s aux murs. Par ailleurs, collection unique de dessins au crayon de Tiepolo. Quelques œuvres d'art comme la *Madonna dei Cordai* de Donatello ou encore le *San Michele Archangelo* de Pollaiolo. Salle d'armurerie assez impressionnante. Admirer au passage les magnifiques plafonds à caissons du palais. Un bel endroit qui mérite la visite.

Museo Villoresi *(plan détachable D5)* **:** *via de Bardi, 12. • museovilloresi.it • ☎ 055-234-07-15. Lun-sam 11h-17h (sur rdv seulement). Infos et résa lun-sam 9h-18h. Entrée : 18 € (réduc). Musée situé dans les mêmes locaux que la parfumerie. Photos interdites.*

Musée crée en 2019 dans un palais du XVe s, par ***Lorenzo Villoresi, artisan parfumeur florentin.*** La maison Villoresi, c'est avant tout une marque fondée en 1990 par Lorenzo Villoresi, qui après des études de philosophie, des années de voyages, d'aventures et d'expérimentation, a choisi l'aventure du parfum. Par ses voyages (en Orient surtout) mais aussi par ses racines toscanes (pour la composition de ses parfums, il s'est imprégné de matériaux toscans comme le cristal de Colle di Val d'Elsa, l'albâtre de Volterra, le marbre de Carrare, le bois d'olivier ou encore le cuir florentin. Le musée offre un parcours sensoriel, un jardin des arômes et une riche collection de plantes aromatiques.
La visite commence par le jardin et la terrasse où sont exposées plus de ***90 variétés de plantes aromatiques*** (citron, bergamote, mandarine, yuzu, différentes variétés de rose, mais aussi frangipane ou patchouli...).
L'espace se poursuit au sous-sol, dans les anciennes caves du palais avec une ***petite dizaine de salles thématiques.*** En guise d'introduction, une carte-glossaire liée au monde des odeurs et du parfum, pas facile à déchiffrer pour les néophytes (mais la guide est là pour vous donner les clés). La 1re salle est consacrée à l'histoire du parfum avec une petite vidéo de 20 mn environ. 3e salle intéressante avec une planisphère montrant les différentes routes inhérentes aux parfums comme la route des épices, celle de l'encens ou encore celle des agrumes. Le clou de la visite (salle 4), c'est la bibliothèque des parfums avec toutes les fragrances naturelles ou de synthèse répertoriées (il y en en a plus de 1000 !). La salle 5, c'est la présentation de fleurs de provenance et d'utilisation variées (pensez donc que l'iris vaut 15 000 € le kilo !) ou encore celle des essences naturelles ou animales (civette, castor, baleine) désormais interdites à la vente. Dans la salle 8, c'est un peu plus technique avec des explications sur l'extraction de molécule de parfum ainsi qu'un schéma explicatif entre la distillation et l'extraction. Parfait pour des apprentis chimistes !
Enfin, un diagramme de parfums représentés par couleur, selon les fragrances (floral, boisé, fruité, oriental, épicé, etc.), très instructif.
Évidemment, vous ne couperez pas, en fin de parcours, à la visite de la boutique-écrin, pour découvrir les 17 fragrances phares de la maison dont *Teint de neige,* à base de rose et de géranium. Le tout présenté dans des flacons hexagonaux, l'originalité de la maison. Des cours-ateliers sont également proposés. Un voyage sensoriel et interactif qui attire autant les connaisseurs que les néophytes.

⚲⚲ ⩤ *Giardino delle Rose* *(jardin des Roses ; plan détachable E5)* **:** *viale Giuseppe Poggi. Tlj 9h-20h. GRATUIT.*
Agréable jardin qu'on peut désormais visiter toute l'année. Coincé entre la chiesa San Miniato al Monte et la porta San Miniato, on y accède par la via di San Salvatore al Monte. Inauguré en 1865, le jardin était ***connu pour sa magnifique roseraie.*** Plus d'un siècle après (en 1998), en partenariat avec Kyoto, la Ville de Florence a enrichi le site d'un jardin japonais.
Depuis septembre 2011, on peut admirer une dizaine de sculptures du célèbre artiste belge Jean-Michel Folon, disséminées dans le parc. Celui-ci affectionnait l'Italie et particulièrement Florence. Admirer *La Valise,* dans laquelle on voit une vue panoramique de la ville, le gros *Chat* couché dans l'herbe, ou l'imposante *Méditerranée* avec son bateau penché. Pour l'anecdote, les plus âgés se souviendront que Folon avait créé les fameux petits bonshommes bleus qui s'envolent pour le générique d'Antenne 2 à la fin des années 1970-début des années 1980.
La cerise sur le gâteau, c'est tout de même la vue magnifique sur Florence. Une halte reposante, loin du tumulte du centre-ville. Quant à la roseraie, l'idéal est de la voir en mai. Mignonne, allons voir si la rose...

⚲⚲⚲ ⩤ *Chiesa San Miniato al Monte* *(hors plan détachable par E-F5)* **:** *via del Monte alle Croci. ☎ 055-234-27-31. On y accède facilement à pied depuis les ponts San Niccolò et alle Grazie (mais ça grimpe !) ou en bus (n° 13). En été, tlj 8h-20h ; le reste de l'année, tlj 9h30-13h, 15h30-19h.*

Une des plus belles réussites du roman florentin : façade incrustée de marbre de Carrare et de marbre vert de Prato, décorée d'une mosaïque. À l'intérieur, décoration à base de marbres polychromes et parement du XIIIe s, une partie de celui-ci représentant les signes du zodiaque. Le plafond est de toute beauté, tout en étant sobre. Pavement du XIIIe s. Devant le chœur, *chapelle du Crucifix,* œuvre de Michelozzo (1448). Bas-côté gauche, chapelle du cardinal du Portugal, au riche décor Renaissance. Admirer le travail de marqueterie en marbre sur la clôture du chœur. Dans l'abside, belle mosaïque du XIIIe s. Enfin, jeter un œil aux fresques de la sacristie. Une de nos églises préférées.

COUP DE PUB

L'aigle représenté au sommet de l'église est l'emblème des marchands florentins. Celui-ci tient dans ses serres un torsello, petit sac qu'on utilisait au Moyen Âge pour transporter des échantillons d'étoffes. On y cousait l'emblème de la corporation. À l'époque, les riches marchands finançaient en grande partie la construction des églises. Montrer leur logo permettait, à coup sûr, un bon coup de pub pour les corporations.

Jouxtant l'église, le ***cimetière de San Miniato.*** Immense et magnifique, ce cimetière, propriété communale depuis 1911, offre plusieurs styles, du néoclassique en passant par une inspiration russe ou encore Art déco. Plusieurs chapelles et sépultures méritent le détour. Noter que l'auteur de *Pinocchio,* Carlo Lorenzini (« Collodi »), Libero Andreotti, Frederick Stibbert ou encore Vasco Pratolini, pour ne citer qu'eux, y sont enterrés. Profitez-en, les touristes ont tendance à oublier cet endroit (à tort).

San Salvatore al Monte *(plan détachable F5)* **:** *juste en dessous de San Miniato. Tlj 6h30-12h30, 15h-19h.* À pied, ça grimpe dur pour atteindre cette petite église qui domine Florence. On vous conseille de monter par le jardin des Roses, qui longe la via del Monte alle Croci. L'église en elle-même, d'une grande sobriété, avec de solides murs et une charpente en bois, ne présente guère d'intérêt.

En revanche, ne manquez pas le ***coucher de soleil*** sur tout Florence à partir du piazzale Michelangelo sous l'église San Salvatore al Monte. Très touristique, certes, mais les reflets sur l'Arno et les couleurs du ponte Vecchio valent d'affronter le monde. Inoubliable !

LES ENVIRONS DE FLORENCE

• Carte *p. 173*

ESCAPADE PÉDESTRE AU SUD DE FLORENCE

• Plan *p. 169*

Après avoir arpenté le pavé florentin, pourquoi ne pas tenter une petite virée à pied dans la campagne florentine, l'une des plus belles régions de Toscane ? Les collines entourant la ville offrent des points de vue magnifiques, le tout dans une très grande sérénité. Les cyprès et les villas accentuent cette atmosphère exceptionnelle, à l'écart du tumulte touristique.
Aventurez-vous du côté des collines au sud de l'Arno, que peu de visiteurs prennent le temps de découvrir. Cette enclave aux portes de la capitale toscane mérite bien une petite escapade d'une demi-journée. En l'espace de quelques instants, le flâneur se retrouve dans la quiétude d'un charmant faubourg résidentiel aux allures de village toscan.
➢ La randonnée fait ***une bonne dizaine de kilomètres.*** Compter 3h sans vous presser. Prévoir des lunettes de soleil (en été), de bonnes chaussures et, surtout, de l'eau.

PROPOSITION D'ITINÉRAIRE

Le départ et l'arrivée de cette balade se font du célèbre ***ponte Vecchio*** *(plan A1).* De là, prendre à gauche la via dei Bardi et admirer, au n° 4 de la piazza de Mozzi, le palazzo Nasi *(plan B1),* avec de superbes sgraffites (technique murale s'apparentant à la fresque) où l'on observe de belles allégories en excellent état, juste en face du musée Bardini. Puis contourner pour prendre la via dei Renai. À droite, la *chiesa San Niccolò (ouv a priori le mat).* Puis prendre à droite la via San Miniato pour passer sous la ***porta San Miniato*** *(plan B1).* Cette belle porte médiévale marque les limites de la vieille ville, encore ceinturée ici par une longue section intacte de remparts datant de 1258. Continuer quelques mètres par la via del Monte alle Croci (en direction de l'église San Miniato) et prendre la 2e à droite, la via dell'Erta Canina, juste en face de l'entrée du giardino delle Rose. L'abandonner 50 m plus loin pour suivre la voie de droite à la fourche. On passe devant la pizzeria *La Beppa Fioraia,* une adresse bien connue des locaux (*plan B1* ; voir la rubrique « Où manger ? » dans le chapitre « Le quartier de San Niccolò »). On est déjà à la campagne, loin du bruit et de la foule. On laisse sur la gauche, 400 m plus loin, un petit jardin public *(parco della Carraia)* abritant des jeux pour enfants et quelques tables de pique-nique sous les frondaisons, et un peu plus loin sur la droite le tennis club de Florence. Là, il faut toujours être sur la via dell'Erta Canina, encore 300 m environ, jusqu'au croisement avec le viale Galileo : sur la droite, voir l'allée principale de cyprès

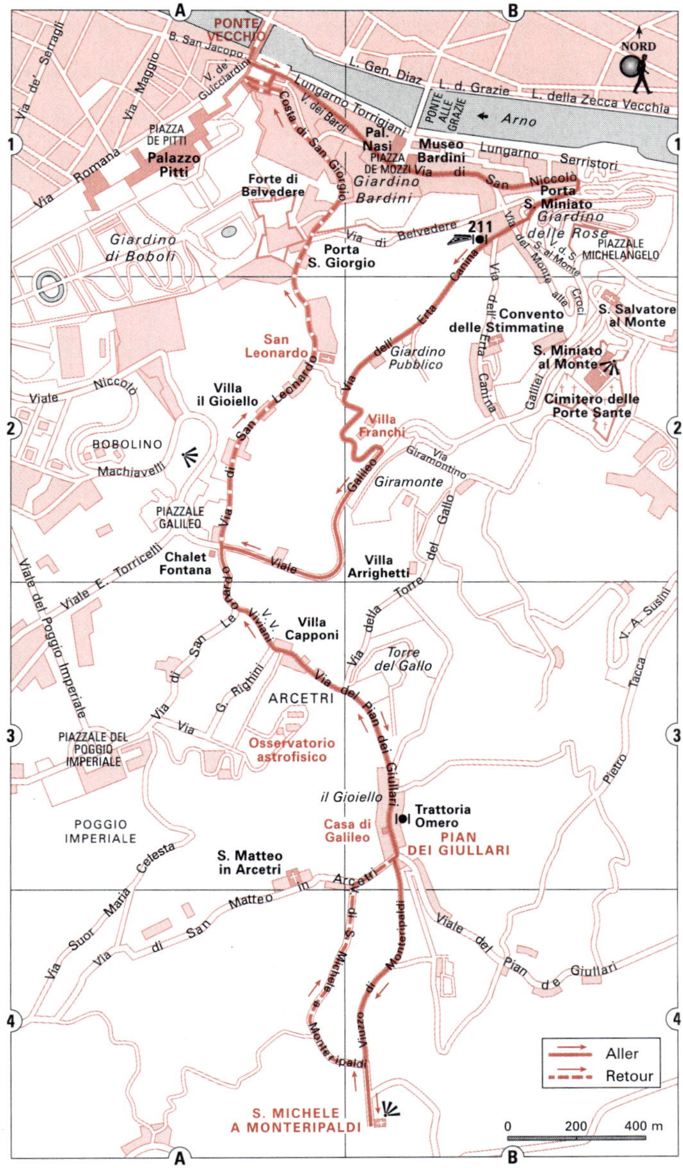

ESCAPADE PÉDESTRE AU SUD DE FLORENCE

qui monte en se faufilant au creux d'un vallon très vert. On y aperçoit les toits ou une partie des façades de belles villas cossues et de leurs jardins que l'on devine joliment entretenus. Environ 300 m après ce jardin public, on tombe sur un petit croisement. Ignorer les petites allées secondaires et suivre sur la gauche le chemin sinueux sur le flanc de la colline, qui traverse un quartier résidentiel de maisons cossues.

Au bout de ce chemin, une porte métallique réservée aux marcheurs permet d'accéder au ***viale Galileo*** *(plan A-B2).* Marcher environ 10 mn en direction du piazzale Galileo. Ce n'est pas la partie la plus intéressante de la balade, car vous retrouvez la route circulaire de Florence où bon nombre de voitures roulent à vive allure. Certes, c'est un axe passant, mais les larges trottoirs pavés sont bordés d'arbres. Sur la droite, superbes points de vue sur les jardins en contrebas et sur Florence au loin, dans le fond de la vallée.

Arrivé au carrefour du viale Galileo et de la ***via di San Leonardo*** *(plan A2),* prendre comme repère le *Chalet Fontana,* ex-café littéraire historique reconverti désormais en un restaurant chic pourvu d'un jardin magnifique avec vue sur Florence. De là, prendre la direction d'Arcetri (via S. Leonardo puis via V. Viviani) et de Pian dei Giullari en suivant les rues de gauche. Même si l'atmosphère redevient instantanément sereine après le viale Galileo un peu agité, se méfier toutefois des riverains qui conduisent parfois rapidement (l'absence de trottoirs n'arrange rien !). Sur ce chemin étroit en pente, on passe à côté de l'observatoire d'astrophysique, qu'on peut visiter à condition de parler couramment la langue de Dante *(plan A3 ;* ***Osservatorio astrofisico di Arcetri,*** *rens et résas : • arcetri.astro.it •),* et on traverse le village d'***Arcetri*** *(plan A3),* poumon vert de la banlieue sud (et chic !) de Florence. Avec un peu de chance, vous apercevrez peut-être les belles demeures cachées derrière de hauts murs débordant de plantes grimpantes. Dissimulée aussi, la ***villa Capponi*** *(plan A3)* possède des jardins considérés parmi les plus beaux de Florence.

À partir du croisement avec la via della Torre del Gallo, prendre à droite via Pian dei Giullari, où les hauts murs cèdent la place à de larges ouvertures livrant de beaux panoramas sur la campagne toscane.

À ***Pian dei Giullari,*** la ***maison de Galilée*** *(plan B3)* se trouve au n° 42 de la rue principale, sur la droite en venant d'Arcetri. Cette maison bourgeoise n'est pas ouverte au public. Dans une niche sur le mur de façade, un buste représente le célèbre astronome Galilée. Juste en face, un resto classique et renommé, *Trattoria Omero* (*plan B3* ; voir la rubrique « Où manger ? » dans le chapitre « Le quartier de San Niccolò »). Une belle halte culinaire avant de reprendre le chemin inverse. Si vous avez un peu de temps, poussez jusqu'au centre du village de Pian dei Giullari, l'arrêt du bus n° 38 se trouve sur un petit carrefour fort tranquille. De celui-ci part un étroit chemin creux, le ***viuzzo di Monteripaldi*** *(plan B4),* bordé de murs tapissés de plantes grimpantes. Le suivre jusqu'au bout.

On débouche à 200 m environ au village de ***San Michele a Monteripaldi*** *(plan A-B4).* De là, vue superbe et étendue sur les collines toscanes, où l'on distingue à l'ouest l'imposante *certosa del Galluzzo* (chartreuse de Galluzzo). Le village, très modeste (une église et quelques maisons), se tient sur une colline en forme de crête.

Pour le retour, emprunter la via di San Michele a Monteripaldi, qui contourne la colline escaladée précédemment, puis tourner à droite vers le carrefour du bus n° 38 et suivre exactement le même chemin à l'envers jusqu'au *carrefour.* On conseille de redescendre à Florence par la ***via di San Leonardo*** *(plan A2),* étroite, dallée et bordée de vieilles maisons cossues (c'est tout droit). On passe sous la ***porta San Giorgio*** *(plan A1),* la porte la plus ancienne de Florence (1260), et on continue à descendre par la ***costa di San Giorgio.*** On passe devant le giardino Bardini, dont l'entrée principale se situe via di Bardi, 1. On poursuit son chemin avec un petit arrêt au passage devant la façade du n° 19, où Galilée habita un temps. Puis retour vers la via dei Bardi et le ponte Vecchio.

LA CAMPAGNE FLORENTINE

Pour ceux qui en veulent encore plus, il est possible de suivre une très belle balade à travers les collines entourant Florence (environ 6 km). Cette promenade est connue sous le nom de *viale dei Colli,* avenue conçue au XIXe s par l'architecte Giuseppe Poggi.
– Les points infos de la ville vous orienteront sur le bon itinéraire. • *feelflorence.it* •
Départ de la piazza Ferrucci, près du pont San Niccolò. Arrivée à la porta Romana (extrémité du jardin de Boboli). Cette promenade prend 3 noms différents : viale Michelangelo (jusqu'à la place du même nom) ; viale Galileo (partie centrale) ; viale Machiavelli (dernière partie, jusqu'à la porta Romana). Elle offre de somptueux panoramas sur la ville.
On peut encore, de la porta San Frediano, près du pont Amerigo Vespucci (dans l'Oltrarno), prendre le viale Ludovico Ariosto pour retrouver la ***via Monte Oliveto,*** qui mène en 30 mn de marche sur une colline surplombant Florence. Villas magnifiques et superbes jardins sur la route. Balade agréable, car peu connue des touristes.

LES VILLAS MÉDICÉENNES (ville medicee)

Le principe de la villa (attention aux faux amis, le terme *villa* en italien ne désigne pas seulement une habitation, mais un domaine rural au sens large du terme) date des Romains, qui inventèrent la résidence secondaire. Après une éclipse de plusieurs siècles, les villas redevinrent à la mode grâce à la famille Médicis, qui commanda à ses architectes de somptueuses résidences et jardins. ***Les villas de campagne étaient un lieu de repos où les riches familles pouvaient échapper au tumulte de la cité,*** mais elles étaient surtout un lieu de délectation artistique et intellectuelle tel que la pensée humaniste pouvait le concevoir. Ces villas constituées de beaux jardins (très nombreuses dans les environs proches de Florence) n'ont pas toujours très bien traversé les siècles, certaines ont été abandonnées en raison d'un manque d'argent, de descendants ayant quitté la région ou d'une trop forte fiscalité de l'État. Fort heureusement, certaines propriétés sont encore debout ou en état de réhabilitation et méritent le déplacement. D'ailleurs, elles sont même ***inscrites depuis 2013 au Patrimoine mondial de l'Unesco***.

Villa La Petraia : *via della Petraia, 40, à* ***Castello.*** *À 7 km au nord-ouest du centre de Florence, non loin de l'aéroport. Prendre le bus n° 28 (direction Sesto Fiorentino). Tlj 8h30-18h30 (16h30 fin sept-début avr). Visites guidées de la villa obligatoires ttes les heures à partir de 8h30. Fermé 2e et 3e lun du mois. Résas : ☎ 055-45-26-91. GRATUIT.* Il s'agissait ni plus ni moins du château des Brunelleschi, famille du grand architecte de Florence, passé aux mains des Médicis en 1575. Buontalenti fut chargé de rénover la villa au goût du jour, tandis que Tribolo, l'architecte paysagiste du jardin de Boboli, dessinait un parc à l'italienne aux parterres géométriques dans lequel Jean de Bologne inscrira une *Florence sortant des eaux.* Un grand chassant l'autre, ce fut le tour de la maison de Savoie de prendre possession de cette demeure historique... en y apposant sa marque. Victor-Emmanuel II en fit sa résidence d'été et s'empressa de faire couvrir la cour intérieure pour la transformer en une vaste salle de bal. C'était la plus luxueuse de l'époque. Même si la nouvelle décoration n'a pas laissé grand-chose du temps des Médicis, la petite chapelle et les appartements richement décorés donnent une idée du faste de cette villa. Magnifiques jardins avec une vue exceptionnelle sur Florence.

Villa di Castello : *via di Castello, 42. ☎ 055-45-26-91. À env 1 km de la villa La Petraia. Tlj 8h30-18h30 (16h30 en automne). Téléphoner toujours avt pour vérifier que c'est bien ouvert. GRATUIT.* C'est actuellement le siège du Conservatoire de langue italienne dont les origines remontent aux années 1570. Également dessiné par Tribolo, ce vaste jardin Renaissance, rythmé de parterres bien ordonnés et de nombreuses statues, s'étage sur le flanc d'une colline. Les allées conduisent vers un grand bassin, où patiente un monstre de bronze, et vers une grotte ornée de fausses roches parmi lesquelles s'affaire un peuple d'animaux. Les appartements, en revanche, ne se visitent pas.

Villa di Poggio a Caiano : *piazza dei Medici, 12. ☎ 055-87-70-12. Bourg situé à 18 km à l'ouest, sur la route de Pistoia par la N 66. Prendre un autobus Cap ou Copit, départ piazza S. M. Novella ttes les 30 mn. La villa se situe au centre du village, en haut de la colline. Avr-oct, tlj 8h15-18h30 (19h30 juin-août) ; le reste de l'année, tlj 8h15-16h30. Fermé 2e et 3e lun du mois. Visites guidées de la galerie de peintures sur résa. GRATUIT.*
C'est Laurent le Magnifique qui chargea l'architecte Giuliano da Sangallo des travaux de reconstruction. Posée sur un embasement à arcades, la villa se démarque de ses consœurs par son péristyle surmonté d'une frise d'Andrea Sansovino et d'un fronton de temple grec. Cette référence inédite à l'Antiquité est une commande du pape de la famille, Léon X. Malheureusement, les occupants successifs de la villa ont sérieusement mis à mal les décorations héritées des Médicis. Les Bonaparte ouvrent le bal sous la houlette d'Élisa, alors grande-duchesse de Toscane. Les fresques, qui ne sont pas à son goût, sont revues et corrigées sans pitié. Puis ce sera au tour de Victor-Emmanuel II de participer à ce grand nettoyage de printemps ! À l'arrivée, les 60 pièces de la demeure sont l'occasion d'une promenade instructive ; on y admire des fresques d'Andrea del Sarto, de Pontormo et d'Alessandro Allori. Une palette de choix ! À l'extérieur, sur un mur de la loggia, on peut admirer une fresque de Filippino Lippi, encore en état, retraçant l'épisode du sacrifice du Lacoon.
Cette villa fut la plus célèbre des villas médicéennes, notamment pour ses réceptions auxquelles participaient de nombreux humanistes (dont Montaigne). C'est ici d'ailleurs qu'en 1587 François Ier de Médicis et son épouse Bianca Capello moururent empoisonnés dans des conditions demeurées mystérieuses. La villa abrite au 2e étage, depuis 2007, le plus grand musée de la nature morte en Europe, regroupant plus de 200 œuvres et peintres italiens, flamands et hollandais, dont notamment Bartolomeo Bimbi et Brueghel l'Ancien.

UN COU FATAL

Offerte à Laurent de Médicis en 1486 par un sultan mamelouk en guise de cadeau diplomatique, la girafe des Médicis fit grande impression lorsqu'on la promena dans les rues de Florence. Malheureusement, l'animal se brisa le cou, peu de temps après son arrivée dans l'écurie qu'on avait spécialement aménagée pour elle, dans la villa de Poggio a Caiano. Il a fallu attendre 1826 pour qu'une girafe repointe le bout de ses cornes en Europe, en l'occurrence à Marseille. Elle gagna Paris en compagnie de 3 vaches la nourrissant au lait, le tout escorté par les gendarmes !

Villa Medicae di Fiesole : *via Beato Angelico, 2 (Fra Giovanni Da Fiesole detto l'Angelico),* ***Fiesole.*** *☎ 055-594-17. Accès par le bus n° 7 (voir plus loin la rubrique « Arriver – Quitter » à Fiesole). Lun-ven 9h-13h. Visite sur résa : • anna marchimazzini@gmail.com • Entrée : env 6 €.* C'est la 1re véritable villa Renaissance, construite entre 1458 et 1461 pour Cosme l'Ancien. Il s'agit malheureusement d'une propriété privée, et seuls les jardins, suspendus comme ceux de Babylone, sont ouverts au public (magnifique panorama).

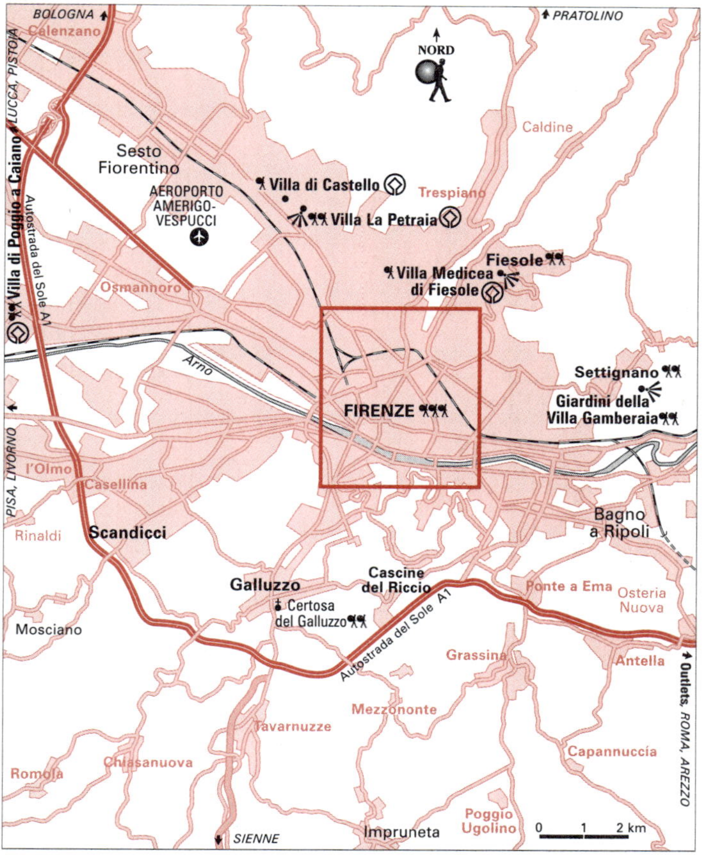

LES ENVIRONS DE FLORENCE

SETTIGNANO

À 8 km à l'est de Florence. Prendre le bus nº 10 de la piazza San Marco. Charmant village coiffant une colline, célèbre pour avoir accueilli plus d'un illustre résident, comme Michel-Ange ou D'Annunzio. Beaucoup de magnifiques villas dans ce coin qui inspira de nombreux sculpteurs. Michel-Ange passa d'ailleurs une partie de sa jeunesse dans la villa Buonarroti.

Giardini della villa Gamberaia *(jardins de la villa Gamberaia)* **:** *via del Rossellino, 72. ☎ 055-69-72-05. ● visits@villagamberaia.it ● Tlj 9h-19h (dernière entrée à 18h). Il est préférable de téléphoner avt. Entrée : 20 € ; réduc.* La villa n'est pas classée à l'Unesco mais elle est remarquable par son jardin dessiné au XVIIIᵉ s. Possibilité de louer la villa ou l'un des 4 appartements à la semaine. Seul le jardin se visite. Ce somptueux jardin s'est vu attribuer 4 bassins formant un beau parterre d'eau à la fin du XIXᵉ s, avant que la baronne Van Kelteler n'en affirme le côté formel en multipliant les topiaires au début du XXe s. Ils donnent sur un mur de cyprès percé d'arcades, fenêtres ouvertes sur un magnifique panorama. Une autre partie abrite des grottes renfermant quelques statues, dont celle de Neptune, évidemment.

CERTOSA DEL GALLUZZO (chartreuse de Galluzzo)

Via della Certosa, 1. ☎ 055-204-92-26. ● certosadifirenze@gmail.com ● À 6 km de Florence. Bus nº 37 de la piazza Santa Maria Novella (en face de la gare) ou de la porta Romana. En voiture, suivre la via Senese depuis la porta Romana (panneaux). Tlj sauf dim mat et lun. Visites guidées seulement mais gratuites mar-sam à 10h, 11h, 15h et 17h (en hiver, cette dernière heure de visite passe à 16h), dim à 15h, 16h et 17h. Compter 45 mn de visite (6 pers min), en italien seulement. Entrée gratuite mais donation bienvenue.

Dressée sur une éminence à la sortie du bourg, cette vaste chartreuse fondée au XIVe s abrite depuis 1958 des cisterciens... qui vous proposeront tout de même de délicieuses liqueurs. On ne perd pas les bonnes habitudes !

À voir : la pinacothèque (fresques de la Passion, de Pontormo), l'église gothique (stalles délicatement ciselées du XVIe s) et les bâtiments conventuels. Dans la salle capitulaire, s'attarder sur la belle *Crucifixion* d'Albertinelli. Le grand cloître, décoré de médaillons des Della Robbia, renferme un cimetière dont les tombes ne portent ni nom ni date, par souci d'humilité, et dont le nombre est strictement égal à celui des cellules de moines qui le bordent, c'est-à-dire 18. Leur extrême simplicité et leurs jardinets privés rappellent que les chartreux vivaient en reclus dans le silence et le recueillement, ne partageant que les principaux offices et les repas de fêtes. Le Corbusier, qui le visita à 2 reprises en 1907 et 1911, s'en inspira pour la construction du couvent de Sainte-Marie-de-la-Tourette, près de Lyon.

FIESOLE (50014) 14 000 hab.

● Plan *p. 175*

Perchée au sommet d'une colline (à 300 m d'altitude) au nord-est de la capitale toscane, cette petite cité autrefois très puissante offre un panorama extraordinaire sur Florence. Son versant nord, en revanche, marque le début de l'arrière-pays avec de belles échappées sur les douces collines plantées de cyprès et d'oliviers.

Ce paysage bucolique, tout en nuances de vert, inspira la plume de nombreux auteurs. Boccace (XIVe s) y situait le refuge des héros du *Décaméron.* Proust y rêvait du printemps « qui couvrait déjà de lis et d'anémones les champs de Fiesole et éblouissait Florence de fonds d'or pareils à ceux de L'Angelico... ». Tandis que, dans les années 1930, Gide y contemplait la « Belle Florence » couchant à Fiesole une partie des *Nourritures terrestres.* On y croise beaucoup de monde en été, bien sûr, mais également le 1er dimanche de chaque mois, quand se tient la grande braderie des antiquaires...

Arriver – Quitter

En bus

De Florence, prendre le bus nº 7 à l'arrêt situé piazza San Marco. Ts les horaires sur ● *ataf.net* ●

➢ ***De Florence à Fiesole :*** bus ttes les 20 mn env 6h-0h40 (dim 6h30-18h20).

➢ ***De Fiesole à Florence :*** bus ttes les 20 mn env 5h30-1h (dim 6h20-18h40).

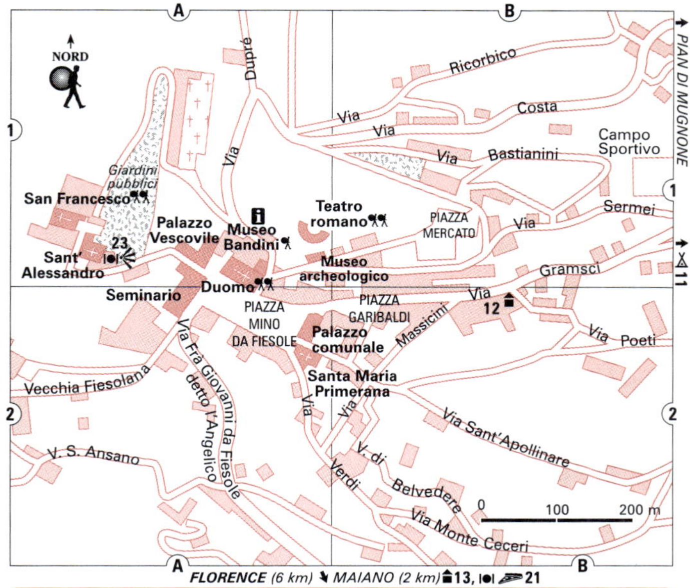

FIESOLE

Adresse utile Office d'information touristique (A1)	12 B & B Le Cannelle (plan B2) 13 Pensione Bencistà (hors plan par B2)
Où dormir ? 11 Camping panoramico Fiesole (hors plan par B1)	**Où manger ?** 21 I Giuggiolo (hors plan par B2) 23 La Reggia degli Etruschi (A1)

Adresse utile

Office d'information touristique *(plan A1)* **:** *via Portigiani, 3-5. ☎ 055-596-13-11. • info.turismo@comune.fiesole.fi.it • fiesoleforyou.it • Tlj 10h-18h30 (17h30 mars et oct, 13h30 nov-fév).* Compétent et bien documenté. Plan du centre historique de Fiesole avec le commentaire en français. Assure également la billetterie du Museo civico.

Où dormir ?

Camping

Camping panoramico Fiesole *(hors plan par B1,* ***11****)* **:** *via Peramonda, 1. ☎ 055-59-90-69. • panoramico@florencevillage.com • campingpanoramicofiesole.com • À 7 km du centre de Florence. Bus n° 7 depuis Florence jusqu'à Fiesole, puis navette gratuite tlj 8h-12h, 14h-17h (19h en été) ou 20 mn à pied. Compter 45 € pour 2 avec tente et voiture ; mobile homes 2-4 pers 49-69 €, ou chalets pour 4 pers avec petite cuisine (apporter sa vaisselle !) et* *sdb 80-120 € (draps fournis).* Un beau camping à flanc de colline (attention à la dernière ligne droite, très pentue !). Bonnes prestations, piscine *(juin-sept)* bien entretenue, resto *(avr-oct)*, supérette, machines à laver... Emplacements bien ombragés mais un tantinet caillouteux pour les tentes. Sanitaires propres. Vue imprenable sur Florence. Excellent accueil. Surpeuplé en haute saison, cela va sans dire !

De prix moyens à chic

B & B Le Cannelle (plan B2, **12**) : *via Antonio Gramsci, 52-56. ☎ 055-597-83-36. 338-874-13-28. • info@lecannellefiesole.com • lecannellefiesole.com • Doubles 80-125 €.* Ravissant *B & B* niché en plein cœur du village, avec une vue splendide sur Florence et à proximité de toutes les commodités (bus n° 7 pour rejoindre le centre de Florence). 5 chambres élégantes et spacieuses avec salle de bains privée dans le style traditionnel local : belles poutres, sol en terre cuite, pierres apparentes et meubles toscans. Son atout : l'excellent petit déjeuner d'Eleonora concocté avec des produits locaux. La charmante propriétaire est aussi intarissable sur les visites à Florence. Une très bonne adresse à tout point de vue.

Pensione Bencistà *(hors plan par B2,* ***13****) : via Benedetto da Maiano, 4. ☎ 055-591-63. • info@bencista.com • bencista.com • En contrebas du bourg en arrivant de Florence (panneaux). Congés : de mi-nov à mi-mars. Résa impérative. Double 160 €.* Vieux manoir toscan, agrippé à flanc de colline et entouré d'un jardin paisible, transformé en un hôtel de charme à l'atmosphère délicieusement surannée avec une quarantaine de chambres cossues. De la terrasse, tout habillée de glycine, Florence s'évanouit dans la brume. Côté confort, les plus fortunés choisiront les n°s 18 et 21 pour leurs balcons plongeant sur la plaine. Idéal aussi pour les familles, qui opteront pour les quadruples. Également spa, massage, jacuzzi et piscine. Une belle tranche de Toscane, en somme...

Où manger ?

|●| ***I Giuggiolo*** *(hors plan par B2,* ***21****) : viale Righi, 3 a, 50137 Firenze. ☎ 055-60-62-40. • info@igiuggiolo.com • À la limite de Florence et de Fiesole, à l'extrémité de la via Salviatino (juste en face de l'AJ). Tlj midi et soir. Compter 20-25 €. CB refusées.* Tenue par des jeunes dynamiques, une auberge toscane reconstituée avec faux murs de brique et divers objets des champs. On y sert des pizzas si croustillantes qu'on dirait de la dentelle. Autrement, une cuisine toscane qui se tient bien, comme le prouvent les nombreuses familles qui déboulent pour s'attabler ici dans la bonne humeur. Bons raviolis à la mortadelle et excellente glace à la pistache et aux pignons caramélisés.

|●| ***La Reggia degli Etruschi*** *(plan A1,* ***23****) : via San Francesco, 18, 50137 Firenze. ☎ 055-593-85. • info@lareggia.org • En contrebas du couvent San Francesco. Tlj 11h-15h, 18h-23h. Compter 30-40 € sans les vins.* Service souriant et plats raffinés dans ce resto panoramique dont on aura pris soin de préciser « avec vue » lors de la réservation. La carte dépasse largement les classiques toscans : tartares ou carpaccios en entrée, *gnochetti* sauce safranée, morue au brandy... Beau plateau de fromages et vins assortis. Endroit agréable et romantique à souhait.

À voir

– ***Pour info,*** les musées de Fiesole font partie de la *Firenze Card.*

Duomo di San Remolo *(plan A1-2) : piazza della Cattedrale, 1. Tlj 7h30-12h, 15h-18h (17h en hiver).* Construit au XIe s sur l'emplacement du forum antique, il fut modifié dans un 1er temps au XIVe s et très restauré depuis. Magnifique campanile crénelé. À l'intérieur, architecture très austère de plan basilical, interrompue par un inhabituel chœur surélevé. Magnifique polyptyque de Bicci di Lorenzo (1450) sur l'autel. Fresque sur la voûte. À droite, en montant l'escalier : petite chapelle avec des fresques de Cosimo Rosselli et des sculptures de Mino da Fiesole.

Chiesa San Francesco *(plan A1)* **:** *via San Francesco, 13. En haut de la colline. En été, tlj 9h-12h (11h dim), 15h-19h (18h en hiver) ; interruption lors des offices sam à 18h et dim à 11h.*
C'est en montant vers San Francesco que vous aurez la plus belle vue sur la plaine florentine. Édifiée au XIVe s, cette église très simple est tout à fait adorable. Sous le porche d'entrée, petite fresque du XVe s représentant saint François, un peu dégradée, mais on devine sur l'ange la délicatesse du drapé. À l'intérieur, quelques primitifs religieux : *Immaculée Conception* de Piero di Cosimo (1510), gracieuse *Annonciation* de Raffaellino del Garbo, *Adoration des Mages* du XVe s. Dans la chapelle, *Nativité* de Luca Della Robbia.
– Au sous-sol, intéressant petit ***museo etnografico della Missione francescana*** *(musée des Missions) : ☎ 055-591-75. Mar-ven 10h-12h, 15h-17h ; w-e 15h-17h. GRATUIT.* Un peu fourre-tout : porcelaines de Chine, estampes, gravures, artisanat, instruments de musique, petite section archéologique avec quelques objets étrusques et romains. Avant de quitter le site, jeter un coup d'œil au charmant cloître en retrait sur la droite de l'église. Rassérénant !

Teatro romano e Museo archeologico *(plan AB-1)* **:** *via Portigiani, 1. ☎ 055-596-12-93. Avr-sept, tlj 9h-19h ; mars et oct, tlj 10h-18h ; nov-fév, tlj sauf mar 10h-15h. Entrée : 10 €. Ticket combiné avec le musée Bandini et la chapelle San Jacopo (l'ancien oratoire du palais épiscopal, où l'on trouve le Musée diocésain) : 12 € (supplément de 2 € si expo temporaire).*
Construit dans un endroit stratégique, le site de Fiesole fut occupé dès le VIe ou le Ve s av. J.-C. par les Étrusques. À leur tour, les Romains s'y trouvèrent mieux qu'en plaine, jugeant l'air nettement plus salubre, et recouvrirent la colline de bâtiments civils importants. Les vestiges de la zone archéologique témoignent de ce glorieux passé. Emblème du site, le beau théâtre romain du Ier s av. J.-C. donne une petite idée de la taille de la cité, avec une capacité de plus de 3 000 spectateurs. Bien restauré, il accueille différentes manifestations pendant l'été (concerts de musique classique, ballets...). Moins bien conservés, les thermes datent de l'époque impériale et furent agrandis sous Hadrien, tandis que le soubassement d'un temple et un tronçon d'un puissant mur de fortification rappellent l'implantation étrusque. Le musée attenant rassemble des statues votives, des stèles et des urnes funéraires étrusques et romaines découvertes sur le site, ainsi qu'une très intéressante collection de céramiques attiques à figures rouges.
Le samedi, le même billet permet également d'aller découvrir les collections d'orfèvrerie liturgique de la petite chapelle *San Jacopo,* située via San Francesco et dans laquelle on trouve une belle collection d'objets liturgiques témoignant du savoir-faire des artisans florentins.

Museo Bandini *(plan A1)* **:** *via Dupré, 1. ☎ 055-596-12-93. Mars-oct, ven-dim 10h-19h (18h mars et oct) ; nov-fév, ven-dim 10h-15h. Entrée : 5 € ; réduc (ticket combiné avec le théâtre romain : 12 €).* Ce petit musée présente une intéressante collection d'œuvres du Moyen Âge et de la 1re Renaissance italienne, ainsi qu'une sélection notable de terres cuites vitrifiées de la famille Della Robbia. Belles compositions de Bernardo Daddi, Taddeo Gaddi ou encore Lorenzo Monaco.

HOMMES, CULTURE, ENVIRONNEMENT

ARNO (LE FLEUVE)

Long seulement de 241 km, l'Arno prend sa source au mont Falterona (1 385 m), dans les Apennins, puis il décrit une boucle vers le sud, traverse Florence et coule vers l'ouest en passant par Empoli, Pontedera et Pise. Puis, en fin de parcours, il descend vers la mer Ligure, où il se jette à 10 km au nord de Livourne. À Florence, ce fleuve marque la séparation entre les 2 rives : l'Oltrarno (rive gauche) et Lungarno (rive droite).
Comme l'a si bien dit Jean Giono à propos de ce fleuve : « C'est un torrent qui a du caractère... C'est un fleuve comme un chat est un tigre. » Construite au fond d'une vallée encaissée, Florence fut engloutie le ***4 novembre 1966*** par les eaux dévastatrices de l'Arno. Les Florentins assistèrent alors impuissants à cette catastrophe qui s'abattit sur leur cité avec une violence inouïe. Il faut remonter à l'an 1333 pour trouver le souvenir d'une telle catastrophe naturelle. Dans le quartier de l'église Santa Croce, le niveau des eaux atteignit 5 m ! Les portes de bronze du baptistère de la piazza del Duomo furent défoncées par le courant : certains panneaux furent arrachés et retrouvés à plus de 2 km. De nombreux chefs-d'œuvre exposés dans les églises de la ville furent défigurés par la boue mazoutée et rongés par l'humidité ; nombre d'entre eux sont toujours en restauration. D'ailleurs, on peut encore voir sur certains tableaux les dégâts de la crue (en particulier le *Christ en Croix* de Cimabue, dans le musée accolé à la basilique de Santa Croce, qui, bien que restauré, est resté endommagé). On remarque aussi à certains endroits de la ville, notamment sur les places, un trait ou une discrète plaque commémorative rappelant le niveau de l'eau en 1966 : impressionnant !
Chaque année en octobre et en novembre, le niveau de l'Arno monte irrésistiblement, sans provoquer d'inondation. Cependant, certains observateurs estiment que les risques d'une nouvelle catastrophe ne sont pas totalement écartés. Malgré les travaux de canalisation entrepris après 1966 et la construction de digues, Florence ne serait toujours pas, selon eux, à l'abri d'une nouvelle inondation destructrice. Ce grave problème, Léonard de Vinci l'avait déjà envisagé. Vers 1503-1504, le génie de la Renaissance avait présenté à la cité de Florence un projet de déviation de l'Arno pour construire une sorte de canal reliant la ville des Médicis à la mer. Le souci de Léonard était le même qu'aujourd'hui : éviter les terribles inondations.

BOISSONS

Les appellations et les différents types de vins

Les vins de Toscane

Symbole du renouveau des vins italiens, la Toscane est aujourd'hui l'une des régions productrices les plus dynamiques du pays, celle qui a su se remettre en question il y a une trentaine d'années et qui caracole aujourd'hui en tête des ventes ! Il est loin le temps du mauvais chianti vendu en flasque...
La Toscane a beau fournir moins de 5 % de la production nationale, près de la moitié de celle-ci correspond à des DOC *(denominazione di origine controllata)* et DOCG *(denominazione di origine controllata e garantita)* !

Pas moins de 6 appellations ont droit à la DOCG, le top du top en Italie ! La 1re d'entre elles est le ***chianti,*** qui couvre un large territoire de collines entre Florence et Sienne. On dit du chianti que c'est un vin « polyvalent » : jeune, il accompagne les charcuteries, les pâtes et la viande blanche ; vieilli, il se marie avec les viandes rouges et le gibier. On le sert à température ambiante (donc souvent chaud) ; nos palais y sont peu habitués. C'est dans le cœur de cette région que nous trouvons le *chianti classico,* reconnaissable au coq noir *(gallo nero)* qui figure sur le col des bouteilles (l'emblème de la Ligue du Chianti médiéval, qui défendit âprement ses droits !). Pour les puristes, rien de ce qui se fait en dehors du secteur du *chianti classico,* qui couvre 7 000 ha, n'est véritablement du chianti. L'essentiel du chianti, en termes de production et de superficie (23 000 ha), ne serait donc pas du chianti ! Propos un peu exagérés qui ne sont pas sans expliquer la naissance d'un 2e consortium, à côté du *chianti classico,* le *chianti putto.* Il regroupe les autres dénominations : *colli Fiorentini, Rufina, Montalbano, Montespertoli, colli Senesi, colli Aretini* (d'Arezzo), *colli Pisane* (de Pise). De couleur rouge rubis, le chianti devient grenat en vieillissant. Charpenté, son parfum est intense. Les chiantis de base sont des vins à boire jeunes et frais. Sans faire une fixation sur le *chianti classico* (il y a de très bons chiantis parmi les *chianti putto*), soyez plutôt attentif à ce que vous dit l'étiquette. S'il s'agit d'une *riserva,* cela signifie que votre vin a vieilli 2 ans avant d'être commercialisé : une autre garantie de qualité !

UN VRAI FIASCO !

Le fiasco (fiasque), bouteille recouverte d'une enveloppe de paille, ne se retrouve guère que sur les tables pour entretenir le folklore. Elle fut pourtant à l'origine du succès du chianti et servait à protéger les bouteilles lors du transport. Cet emballage a quasiment disparu au profit des bouteilles « bordelaises », plus sérieuses. Sachez d'ailleurs que la plupart des housses de paille sont aujourd'hui importées des Philippines !

Un autre vin rouge fait la renommée de la Toscane : le ***nobile di Montepulciano.*** C'est un vin de garde plutôt généreux en bouche, souvent très puissant. Privilégier la *riserva* (3 ans de vieillissement)...

L'autre « vin star » toscan est certainement le ***brunello di Montalcino.*** Il s'agit d'une véritable petite merveille... C'est un vin de grande garde, qui peut vieillir sans problème 25 ans avant d'atteindre son acmé. La *riserva* ne peut être vendue avant 5 ans. Un minimum, car ce vin exige beaucoup de patience... Le *brunello,* d'un prix très élevé, est dur et tannique. Très complexe, il ne déçoit qu'exceptionnellement.

C'EST À BOIRE QU'IL NOUS FAUT !

Petites ouvertures creusées dans les murs, les buchette del vino *étaient utilisées pendant la peste pour permettre à la population de s'offrir un verre de vin sans craindre les infections. Avec la pandémie de Covid-19, ces petites fenêtres retrouvent leur fonction d'autrefois. On n'en compte pas moins de 149 à Florence !*

D'autres appellations ont droit au titre honorifique de DOCG, comme le ***Morellino di Scansano*** et le ***Montuccio Sangiovese,*** 2 appellations de Maremme qui se distinguent par des vins fruités moins puissants que les traditionnels toscans, ou encore le ***Val di Cornia Rosso*** et le ***Suvereto,*** produits sur la côte tyrrhénienne. Enfin, le ***carmignano,*** tout petit vignoble d'à peine 120 ha à l'ouest de Florence, produit un excellent rouge nettement moins cher que les précédents ; et le ***vernaccia di San Gimignano,*** un vin blanc généralement sec. Très doux, il peut être légèrement poivré. Vous aurez plus

de chance de le rencontrer sur l'autel de l'église du coin que dans votre verre ! À l'origine, il s'agit en effet d'un vin de messe.
Un voyage en Toscane est l'occasion idéale de tester par ailleurs certains vins de pays. Ceux qui découvriront un ***tignanello*** (Antinori), un ***cortona*** (Cortone), un ***ornellaia*** (Tenuta dell'Ornellaia) ou un ***sassicaia*** (Tenuta San Guido, à Bolgheri) ne jugeront plus de haut le vin italien. Le *sassicaia,* qui n'était qu'un simple vin de table dans les années 1950, a obtenu son DOC en 2013. Il compte aujourd'hui parmi les vins dits « super toscans » dont les prix atteignent des sommets...

Chianti : la légende du coq noir

Au palazzo Vecchio de Florence, sur les panneaux du plafond du salon des Cinquecento, on peut admirer une peinture de Vasari représentant un coq noir *(gallo nero).* Une évocation qui rappelle l'époque où Florence et Sienne n'arrêtaient pas de se battre pour agrandir leur territoire. Un jour, la sagesse l'emporta : au lieu de continuer ces luttes meurtrières, les 2 villes misèrent le sort des conquêtes sur 2 coqs. Au chant du coq choisi par chaque cité, un cavalier devait partir en direction de l'autre ville et le point de rencontre déterminerait la frontière. Sienne la magnifique se devait d'avoir le plus beau coq. On choisit un superbe coq blanc qui fut bichonné et nourri comme... un coq en pâte ! Florence, ville naissante et pauvre, n'avait qu'un coq noir et maigre qu'il lui fut difficile d'entretenir. Le jour J, le pauvre coq florentin se mit à chanter tant il avait faim, alors que l'aurore n'était pas encore levée, pendant que son alter ego faisait la grasse matinée. C'est, paraît-il, la raison pour laquelle le territoire de Florence est bien plus étendu que celui de Sienne. Depuis, le coq noir est l'emblème des caves de certains chiantis, dont celles du *Consorzio del Gallo Nero.* L'estampille « Gallo Nero » est désormais le label du *chianti classico.*

Le vin santo et la grappa

Un peu partout en Toscane vous sera proposé, en guise de dessert, un verre de ***vin santo*** accompagné des *biscotti di Prato (cantuccini),* qu'il faut tremper dans cet élixir suave. Celui-ci s'obtient par la vinification de raisins séchés à l'ombre après avoir été suspendus aux poutres des greniers. D'une couleur ambre foncé, doré, le « vin pour les saints » (à l'origine consommé par les prêtres) séduit par sa douceur qui compense une forte teneur en alcool. Il accompagne aussi très bien un assortiment de *crostini.*
La ***grappa*** est le nom italien du marc... donc de l'eau-de-vie obtenue par la distillation du marc de raisin. Sa teneur en alcool avoisine les 45° et elle n'est donc pas à conseiller aux plus inexpérimentés ! La grappa n'est pas toujours médiocre, contrairement à certaines idées reçues. Que les sceptiques trempent leurs lèvres dans la *grappa de brunello di Montalcino* pour réviser leur jugement ! Cet alcool se retrouve un peu partout en Italie... y compris dans votre café (il s'agit alors d'un *caffè corretto*).

Un marquis et un prince dans les vignes

Depuis longtemps en Toscane comme en Ombrie, l'aristocratie italienne est très impliquée dans la production viticole. De vieilles familles de la noblesse florentine ou orviétane possèdent depuis plusieurs siècles des domaines qu'elles exploitent avec passion et savoir-faire. Un exemple : le ***marquis Piero Antinori,*** un aristocrate de Florence, possède 7 domaines viticoles en Toscane et un 8e en Ombrie.

Le café

Comme partout en Italie, le café (dites *cafffèèè* en avalant le « a » et en exagérant le « è ») est toujours servi fort. Tout le monde connaît l'incontournable *espresso,* mais rares sont les Italiens qui le demandent tel quel. En effet, certains le souhaitent *ristretto* (serré), ou au contraire *lungo* (préciser *una tazza grande,* ça fait toujours une gorgée de plus). D'autres le veulent *al vetro* (dans un verre), *doppio* (double), ou bien *macchiato* (« taché » d'une goutte de lait froid, tiède ou chaud). Le café au lait se demande : *caffè latte, latte macchiato.* À ne pas confondre avec le fameux *cappuccino, espresso* coiffé de mousse de lait et saupoudré, si on le demande, d'une pincée de poudre de cacao. Sublime quand il est bien préparé ! À moins que vous ne préfériez le *caffè corretto,* c'est-à-dire « corrigé » d'une petite liqueur ou eau-de-vie. Souvent servi avec un petit verre d'eau plate ou *frizzante* (gazeuse). Quel que soit le café choisi, mieux vaut le boire debout au comptoir, en 2 gorgées, à l'italienne... Assis, il coûte beaucoup plus cher ! ***N'oubliez pas de passer d'abord à la caisse*** pour pouvoir présenter votre ticket au *barista...* car le risque, sinon, c'est de n'être jamais servi...

L'eau

L'eau du robinet est potable, mais elle n'a pas forcément bon goût et n'est pratiquement jamais servie dans les restaurants. On vous proposera toujours une bouteille d'eau minérale (1 ou 3 € en général), voire de l'eau microfiltrée issue d'une machine. Précisez *naturale* si vous souhaitez de l'eau plate, *frizzante* ou *gassata* pour de l'eau gazeuse. Si vous tenez vraiment à l'eau du robinet, demandez *acqua del rubinetto,* mais c'est plutôt mal vu, et on vous catalogue illico comme touriste radin !
En été, des fontaines d'eau fraîche gratuites sont mises à la disposition des touristes. On les trouve piazza della Signoria, piazza del Duomo, piazza Santa Croce ou encore piazza Tasso dans le quartier San Frediano, dans l'Oltrarno.

CINÉMA

La Toscane offre un cadre privilégié pour les tournages de films en raison de l'exceptionnelle beauté de ses paysages, et de Florence dans une mesure encore plus grande. Figure de la région, ***Franco Zeffirelli,*** né à Florence et mort à Rome (1923-2019), est 1er assistant de Visconti au début des années 1950 et réalisateur de nombreux films comme *Jésus de Nazareth, Un thé avec Mussolini* ou *Callas Forever.* Passionné par Shakespeare, il réalise *La Mégère apprivoisée,* avec Elizabeth Taylor et Richard Burton (1967), *Roméo et Juliette* (1968) et, bien plus tard, en 1990, *Hamlet,* avec Mel Gibson et Glenn Close. Il s'attaque aussi à l'opéra en adaptant pour le grand écran *La Traviata.*

LE CHOC DES PHOTOS

En 1959, Fellini sort son chef-d'œuvre, La Dolce Vita, *avec Marcello Mastroianni. On y raconte les tribulations d'un photographe pour vedettes, plutôt sans foi ni loi. Dans le film, il s'appelle* Paparazzo. *Ce qui donne, au pluriel,* paparazzi. *Ce nom propre deviendra vite un nom commun.*

Paolo et Vittorio Taviani, eux, sont nés dans le village de San Miniato, dans la province de Pise. Leur 1er documentaire sera d'ailleurs consacré au massacre perpétré par les nazis dans la cathédrale de ce village, avant de tourner, en 1982, *La Nuit de San Lorenzo* au même endroit. Ensuite se dérouleront plusieurs autres fictions en Toscane : à Florence et à Pise *(Les Affinités électives, Good Morning Babilonia),* à San Gimignano *(Le Pré)...*
En 1962, ***Valerio Zurlini*** réalise *Cronaca familiare (Journal intime)* avec le célèbre Mastroianni et le Français Jacques Perrin, film pour lequel il obtiendra le Lion d'or du meilleur film.
Auteur de nombreux films, essentiellement comiques, sur le thème de la critique sociale, ***Mario Monicelli*** a tourné *Mes chers amis,* avec Philippe Noiret et Ugo Tognazzi, à Florence, et *Pourvu que ce soit une fille,* dans la campagne siennoise.

C'est également à Florence que se déroule l'action de *Metello* et de *La Viaccia* (*Le Mauvais Chemin,* avec Belmondo et la belle Claudia Cardinale) de ***Mauro Bolognini*** (réalisateur des *Garçons,* avec Laurent Terzieff et Jean-Claude Brialy). Comédies « à l'italienne » également avec ***Luigi Comencini,*** qui fit un triomphe avec *Pain, amour et fantaisie.* Il abandonna ensuite le genre pour se consacrer à des films plus « sérieux », dont *La Ragazza,* film psychologique et historique qui recrée l'atmosphère de l'après-guerre en Toscane. C'est également l'endroit que choisit ***Bernardo Bertolucci*** en 1996 pour *Beauté volée,* avec Liv Tyler, l'histoire d'une jeune Américaine qui va émoustiller les sens quelque peu endormis d'un groupe d'artistes locaux. Et encore, comment oublier les scènes magnifiquement interprétées par ***Roberto Benigni*** à Arezzo dans *La vie est belle* ? Coup de cœur pour *Nos meilleures années* (*La Meglio Gioventù,* 2003), récompensé à Cannes (prix Un certain regard) puis nominé en 2004 aux césars, grande fresque générationnelle qui retrace l'histoire de 2 frères et de leur famille dans l'Italie de la fin des années 1960, dont des scènes ont été tournées en Toscane, avec par exemple la grande crue de Florence en 1966. Mais la région a aussi inspiré des réalisateurs du monde entier, dont James Ivory *(Chambre avec vue),* Ridley Scott *(Hannibal),* Brian de Palma *(Obsession),* pour ce qui est de la ville de Florence. Également Kenneth Branagh, qui a tourné le magnifique *Beaucoup de bruit pour rien* dans la région du Chianti, ou Jane Campion, dont le *Portrait de femmes* (avec Nicole Kidman) est situé à Lucques, sans oublier Anthony Minghella, qui a fait de nombreuses prises à Pienza pour *Le Patient anglais,* ou encore Ridley Scott pour *Gladiator.* Et puis, si on remonte dans le temps, Gérard Oury a filmé beaucoup de scènes du *Corniaud* à Pise et dans sa région.

Pour aller plus loin

• ***cinecitta.com*** • En italien. Site officiel du géant italien avec le box-office hebdomadaire, des infos et l'actualité du cinéma...
– Pour les adeptes, la région regorge de festivals de cinéma tout au long de l'année dans diverses villes. Pour en savoir plus : • ***mediatecatoscana.it*** •
• ***anica.it*** • En italien. Le site de l'association du cinéma et de l'audiovisuel italiens possède une base de données qui remonte aux années 1905 *(• archiviodelcinemaitaliano.it •).* Une mine d'or !

CUISINE

OÙ MANGER : COMMENT S'Y RETROUVER ?

Caffè, trattoria, enoteca, osteria, ristorante...

Le visiteur risque d'être désorienté les 1ers jours devant la variété des enseignes. Les voici classées de la plus populaire à la plus chic (sachant que, dans les faits, il n'est pas toujours facile de faire une réelle distinction entre les 3 dernières).
– Le ***caffè*** et la ***paninoteca.*** Pour le petit déjeuner simple qu'affectionnent les Italiens : *cappuccino* (ou *caffè*) et *cornetto* (croissant couvert de sucre ou fourré – de chocolat, crème, confiture...) sur un bout de comptoir. On y vend aussi des gâteaux, des *panini* et des *tramezzini* (sandwichs triangulaires en pain de mie). Si vous vous asseyez, les prix grimpent, sans parler des cafés avec terrasse stratégique...
– ***Rosticceria :*** correspond au traiteur français. Vend des plats à emporter avec parfois quelques tables et chaises pour soulager les jambes fatiguées.
– ***Alimentari :*** épicerie disposant d'une vitrine réfrigérée regorgeant de bons produits, et pouvant vous confectionner un délicieux sandwich pour quelques euros.

– ***Tavola calda :*** sorte de cantine où l'on sert une restauration rapide, offrant un nombre assez limité de plats déjà cuisinés à un prix très abordable.
– ***Pizzeria :*** les vraies *pizzerie* possèdent un four à bois, qui n'est généralement allumé que le soir. Également de bonnes pizzas dans certaines boulangeries *(panificio)*, vendues à la part *(al taglio)*.
– ***Enoteca*** *(bar à vins)* ***:*** on y mange et on y boit ! Les œnothèques s'enorgueillissent d'une riche sélection de vins, servis au verre ou à la bouteille, ainsi que d'un excellent choix de fromages et de charcuteries. Certaines se révèlent de véritables restos. D'autres accueillent les œnophiles à l'heure de l'apéro, pour grignoter au comptoir, un ballon à la main. C'est vraiment le meilleur moyen de découvrir les vins de la région.
– ***Trattoria :*** c'est un restaurant comparable au bistrot français proposant une cuisine *casalinga*. Choix restreint de plats censé garantir une plus grande fraîcheur de la cuisine.
– ***Osteria :*** à l'origine, endroit modeste où on allait pour boire et qui proposait quelques plats pour mettre un peu de solide dans le liquide... L'appellation a été reprise par des restaurateurs (transformée parfois en « *hosteria* » pour faire plus chic !) pour donner un goût d'antan tout en appliquant des tarifs moins modiques... On la compare à nos brasseries.
– ***Ristorante :*** correspond au resto au sens général du terme. Dans cette catégorie, on trouve tout et son contraire, surtout la note salée en fin de repas. Attention à ne pas vous laisser appâter par la déco guindée, par la terrasse avec vue plongeante ou par les serveurs rabatteurs.

Aperitivo

Originaire de l'Italie du Nord, c'est une formule magique pour marier tous les plaisirs à moindres frais ! À l'heure fatidique de l'*aperitivo,* certains établissements proposent ainsi un buffet de petits plats typiques accessibles dès le 1er verre payé. Peu à peu, tout le monde s'est emparé de la formule et, par endroits, devant le succès rencontré, les buffets se sont faits de plus en plus sophistiqués. Très souvent, le prix du verre a connu lui aussi une augmentation non négligeable. *Spritz* ou verre de vin, qu'importe le flacon. Très convivial, nourrissant et nettement meilleur qu'un bol de cacahuètes ; bref, une formule qui a du succès ! Et si vous vous demandez quelle est cette boisson orange que tout le monde boit, il s'agit du *spritz* !
Le ***spritz*** a été inventé en Vénétie au début du XIXe s, du temps où celle-ci était occupée par l'Autriche-Hongrie. Les soldats autrichiens demandaient au serveur d'asperger d'eau leur verre de vin blanc. De l'expression allemande « *spritzen* » est né le *spritz.* C'est un cocktail peu alcoolisé que l'on prend en apéritif. Il se compose de vin blanc pétillant *(prosecco)* et d'eau de Seltz. À cela on ajoute de l'*Aperol,* alcool d'orange amère, ou du *Campari,* qui donne une teinte plus rouge. Enfin, on y trempe une tranche d'orange, sanguine ou non. Pour ceux qui n'adhèrent pas au goût plutôt amer du *spritz,* pas d'inquiétude ! Le cocktail *Hugo,* avec ses feuilles de menthe, est aussi très apprécié dans le nord-est de l'Italie.

Marchés alimentaires

Véritable institution, le ***mercato*** a lieu une ou plusieurs fois par semaine dans les quartiers de la ville. Seuls les marchés couverts (San Lorenzo et Sant'Ambrogio) sont ouverts 5 jours sur sept. On y trouve les excellents produits du terroir local : charcuterie, fromages, vins, huile d'olive, miel, fruits, légumes, etc., mais aussi des petits traiteurs qui étalent d'alléchants *antipasti.* Idéal pour se constituer un excellent pique-nique à prix juste, ou pour rapporter chez soi quelques souvenirs gourmands.

LES SPÉCIALITÉS FLORENTINES...

La cuisine est simple mais variée. Sobre, rigoureuse, voire sévère, elle n'est pas sans faire penser aux Toscans eux-mêmes. Elle est, en fait, le pur produit de leur caractère. Des influences étrusques seraient toujours visibles. Au moment de la Renaissance, la cuisine florentine s'est enrichie de produits étrangers provenant d'Amérique, à commencer par la tomate... devenue incontournable. Les anciennes recettes florentines se retrouvent dans la *ribollita*, la *pappa al pomodoro*, la *bistecca*... Des plats remis à l'honneur au cours des fêtes et chez les restaurateurs désireux de partir à la redécouverte du passé gastronomique de leurs régions, sous la poussée du mouvement *Slow Food* (voir plus loin « Le succès du *Slow food* »). De plus en plus, on peut voir aussi afficher sur les menus la mention « locavore » ou « km 0 », qui consiste à faire travailler les producteurs locaux. Comme en France et dans de nombreux pays, désormais.

POURQUOI « TOMATE » SE TRADUIT PAR *POMODORO* ?

Les grands explorateurs et conquistadores espagnols du XVIe s découvrirent la tomate chez les Aztèques, au Mexique. Elle avait bien la forme d'une pomme et valait le prix de l'or parce qu'elle était particulièrement difficile à conserver. D'où son nom en italien.

On trouve également encore à Florence, au coin d'une rue, quelques tripiers (spécialité de la ville) venus s'installer avec leur camionnette de fortune pendant les pauses déjeuner... du côté de la piazza Sant'Ambrogio, de la via Cimatori, de la piazza Romana. Si vous êtes curieux, allez donc faire un tour au marché San Lorenzo vers 8h, vous verrez que certains locaux sont déjà attablés avec un sandwich aux abats... Rien ne vous empêche de goûter ces tripes délicieuses plus tard en soirée, avec un verre de vin de pays, c'est plus facile à faire passer.

... ET TOSCANES EN GÉNÉRAL

Antipasti

– ***Les crostini :*** tartines légèrement grillées, garnies en principe de pâté de foie de volaille ou de légumes, mais en réalité on en trouve de toutes sortes en fonction de l'inspiration du cuisinier. Elles sont servies partout comme entrée.
– ***La bruschetta :*** tranche de pain grillée frottée d'ail, recouverte d'huile, de tomates coupées en petits morceaux et d'un peu de basilic. Sa version régionale ? La *fett'unta.* Simple et délicieux.
– ***La charcuterie :*** *lardo di Colonnata.* À l'origine, le *lardo di Colonnata* était la nourriture des pauvres tailleurs de pierre de la région de Carrare (nord de la Toscane). Il se mange sur des morceaux de pain grillé. Délicat, il tire son nom de sa blancheur marmoréenne et de ses veines rosées qui évoquent des colonnes de marbre. À savourer également : le *finocchiona,* un saucisson aromatisé de graines de fenouil sauvage, et divers *prosciutti* (jambons)...

I primi

– Ici, un peu moins qu'ailleurs cependant, la ***pasta*** occupe une place de choix. On trouve souvent des *tagliolini al tartufo* (fines tagliatelles aux truffes) ou les *spaghetti al ragù* (avec une sauce à la viande). Les *pappardelle al sugo di lepre* (avec une sauce au lièvre) sont une petite merveille qui demande pas moins de 2h30 de préparation.
– Le ***risotto toscano*** est préparé avec du foie de poulet, de l'oignon, de l'ail, du persil et du céleri.
– ***Les minestre e zuppe :*** la variété et le charme de la cuisine toscane passent également par de nombreux et délicieux potages et autres soupes. La ***ribollita*** est

avant tout une soupe épaisse faite à base de légumes dont le *cavolo nero* (chou noir). On y trouve aussi du pain, qui est le seul ingrédient nutritif et tenant un peu au corps. Ce plat est emblématique d'une certaine cuisine diététique : on choisira du pain toscan rassis et sans sel pour ne pas dénaturer le goût. Son nom originel est *minestra di pane.* Le nouveau nom, *ribollita,* tient au fait que la soupe est cuisinée pour quelques jours et qu'à partir du 2e elle est réchauffée et rebouillie. Et, bien sûr, le plat du 2e jour n'a rien à voir avec le plat du 1er jour.

– À noter, d'autres ***soupes :*** l'*acquacotta* (bouillon agrémenté de coulis de tomates, cèpes, ail, persil, servi avec des tranches de pain huilé), les *minestre di farro* (épeautre), *di ceci* (pois chiches), *di fagioli* (haricots), *di cavolo nero con le fette* (chou noir avec pain), et la *zuppa di vongole* (aux palourdes, donc servie sur la côte seulement).

– ***La pappa al pomodoro :*** soupe à la tomate et aux croûtons. Un des incontournables de la cuisine toscane, au même titre que la *ribollita.* Une version moins liquide, la ***panzanella,*** une salade au pain avec les indéboulonnables tomates et huile d'olive.

I secondi

– ***La bistecca :*** c'est une viande de grande qualité provenant d'un élevage bovin du val di Chiana (région au sud d'Arezzo). Cette tranche de bœuf épaisse, comprenant l'aloyau et le filet, se cuisine à la braise et se consomme saignante, voire bleue. Une merveille mais un peu ruineuse. Compter entre 300 et 500 g par personne.

– ***Les viandes de gibier :*** le lièvre est cuisiné avec les fameuses *pappardelle al sugo di lepre* ou à l'aigre-doux *(lepre in dolceforte).* Le sanglier et le lapin « façon chasseur » *(coniglio alla cacciatora)* sont aussi appréciés des carnivores.

– ***Les abats :*** la *trippa alla fiorentina,* le *lampredotto* ou encore la *zampa alla parmigiana* témoignent du goût des Toscans pour les abats. Certains tripiers ambulants ont encore leurs stands dans certains quartiers de la ville (voir plus haut).

– Le ***poulet*** *(pollo)* n'est pas oublié non plus : le *pollo alla toscana,* le *pollo alla diavola* (à la diable) ou le *collo di pollo ripieno* sont des recettes à base de poulet.

– ***Des fritures*** *(cervelli e carciofi fritti, pollo e coniglio fritto).*

– ***Le poisson :*** on rencontre des spécialités de poisson principalement sur la côte, comme le *cacciucco alla livornese* (sorte de bouillabaisse), la *baccalà* (morue) *alla livornese,* la *baccalà con i ceci,* les *calamari in zimino* ou bien encore le *tonno e fagioli.*

I contorni (les légumes)

Sachez que, lorsque vous commandez un plat de viande ou de poisson, il n'est jamais accompagné de légumes. Ceux-ci se demandent séparément (et en supplément) si vous en désirez.

– Les ***fagioli*** (haricots) constituent la véritable viande des pauvres *(carne dei poveri).* On les utilise pour enrichir les soupes et potages ou en guise de *contorni* pour accompagner les viandes (la *bistecca* notamment) et le gibier. Les plus fréquents dans le coin portent le nom de *cannellini* (à ne pas confondre avec les... *cannelloni*). Petits et blancs, ils n'ont rien à voir avec les *fagiolini di Sant'Anna,* qui ne manqueront pas de vous impressionner par leur longueur.

– En dehors des *fagioli,* vous rencontrerez les *patate in umido* (pommes vapeur), le fameux *cavolo nero* (chou noir), les *funghi porcini* (cèpes). Autres accompagnements fréquemment proposés : les ***verdure grigliate*** (courgettes, poivrons et aubergines grillés).

UNE TAXE BIEN SALÉE

Au Moyen Âge, les Florentins se sont révoltés face à la hausse des taxes. Pour calmer les habitants, les autorités de la ville ont simplement cessé de faire payer la gabelle, l'impôt sur le sel. En résulte une conséquence encore bien présente de nos jours puisque le pain toscan est rarement salé.

I pani (les pains)

Les Toscans ont une passion pour le pain. Il en existe de plusieurs sortes, d'abord le *filone,* le pain sans sel traditionnel toscan (bon pour le régime), puis ses exacts contraires, la *schiacciatina* ou la *spolettina,* les pains de farine de blé bien salés et pétris à l'huile d'olive (nettement moins régime !).

Les fromages

C'est surtout le ***pecorino*** qui sort du lot dans cette région, et qui se décline de multiples façons selon sa provenance régionale : *siciliano, romano, sardo...* et (évidemment !) *toscano.* Ce dernier a longtemps été le seul à garnir la table du peuple. Plus qu'un simple fromage, le *pecorino* était aussi la « viande » des pauvres. On le produit dans différentes zones de Toscane. Le secret du *pecorino* réside dans les herbes savoureuses et parfumées de Toscane qui donnent au lait son goût inimitable, et dans le choix des races de brebis.
Il peut être consommé frais *(fresco)* ou affiné (*semi stagionato* ou *stagionato*). On trouve parfois aussi du *pecorino con le pere* (poire), à l'automne, ou *con i baccelli* (fèves), au printemps.

I dolci (les desserts)

Les spécialités de desserts sont liées aux saisons ou à un événement précis : la *schiacciata con l'uva* (pain garni de raisins que l'on trouve uniquement en période de vendanges) ou encore la *schiacciata alla fiorentina* (sorte de pain plat aromatisé aux agrumes ; c'est un mets typique du carnaval).
- ***Le bugie :*** beignet frit saupoudré de sucre, qu'on prépare surtout au moment du carnaval.
- ***Le zuccotto :*** spécialité de Florence à base de chocolat et de fruits confits.
- ***Le castagnaccio :*** mélange de farine de châtaigne cuisiné dans un four et agrémenté de pignons, d'huile, de romarin et de raisins secs.
- ***La colomba :*** brioche aux fruits confits et amandes en forme de colombe, qu'on mange traditionnellement à Pâques.
- ***Le panforte :*** spécialité de Sienne. Riche d'épices, de fruits confits et d'amandes. Consommé à Noël, on en trouve désormais toute l'année en Toscane.
- Les ***biscotti di Prato*** (ou *cantuccini*) sont des biscuits secs parfumés aux amandes que l'on trempe dans un verre de *vin santo.*

I gelati (les glaces)

On sait que la glace existait déjà en Chine et au Moyen-Orient bien avant notre ère : des glaces fruitées étaient servies aux banquets d'Alexandre le Grand. Les khalifes de Bagdad adoraient déguster des fruits mélangés à de la neige, appelant ce mélange *sharbet,* qui signifie « glaçon fruité » en arabe. C'est Marco Polo qui aurait rapporté cette trouvaille en Italie, et sa consommation se serait développée à la cour des Médicis à Florence sous le nom de *sorbetti,* grâce au bien nommé Bernardo Buontalenti.

L'huile d'olive

Les Pouilles, la Calabre et la Sicile sont les zones oléicoles les plus importantes d'Italie. Ces 3 régions représentent 74 % de la production nationale. La Toscane ne fournit que 3 % de celle-ci et l'Ombrie 2 %. Les oliviers reçoivent néanmoins (comme dans le sud de la France, d'ailleurs) les mêmes attentions et les mêmes soins que les pieds de vigne. Comme pour le vin, il y a des crus (qu'on appelle des qualités), et les goûteurs d'huile doivent avoir les mêmes compétences que les œnologues. Les qualités d'une huile dépendent du sol, de leur exposition et du type de presse utilisée pour l'extraction. Les meilleures

huiles se font avec des olives noires, transformées avec des presses de pierre, mais elles sont de plus en plus rares, faisant place aux presses automatiques en acier.
L'huile la plus recherchée est celle de 1re pression à froid, elle a pour nom ***Extra Vergine.*** Elle possède moins de 1 % d'acidité. Viennent ensuite les huiles de 2e pression à froid ou à chaud : *Sopra Vergine* et *Fina Vergine.* Dans toute la région du Chianti, de nombreuses *aziende agricole* produisent leurs propres huiles. Toutes sont vraiment excellentes. Quant à l'huile d'olive ombrienne, qui n'a rien à envier à sa voisine toscane, elle bénéficie d'un climat idéal pour le développement des fruits. 3 variétés sont utilisées : *moraiolo, frantoio* et *leccino,* et la cueillette se fait d'octobre à décembre, ce qui rend le produit final plus piquant s'il s'agit d'une récolte précoce, ou plus rond quand l'olive est plus mûre.
Depuis les années 2000, les étés sont de plus en plus secs, et l'huile d'olive doit faire face à une ***sécheresse*** destructrice chaque été. En fonction des différentes régions, la production peut baisser de 20 à 50 %. Cette perte se chiffre en millions d'euros, et le prix au litre de la bouteille augmente. L'autre ennemi de l'huile, c'est la ***xylella fastidiosa,*** une bactérie qui lui est mortelle. Elle s'attaque aux feuilles puis, par la sève, s'étend à l'ensemble de l'olivier en le desséchant. Originaire des États-Unis, cette bactérie serait arrivée dans la région des Pouilles depuis le Costa Rica via les containers et elle fait des ravages depuis 2013. Repérée en Corse et en Espagne, sa progression inquiète l'Union européenne, réduit considérablement les récoltes et s'attaque également aux vignes, amandiers, cerisiers, abricotiers...
Malgré ces nouvelles quelque peu alarmantes, l'Italie reste en tête de la production mondiale d'huile.

La pizza

Les bonnes pizzas sont cuites au feu de bois uniquement et préparées par un pizzaiolo, responsable de la fabrication de la pâte (les meilleures lèvent jusqu'à une trentaine d'heures), de sa cuisson et de ses ingrédients. Sauf dans les lieux touristiques, elles ne sont généralement disponibles que le soir au moment du dîner.

PIZZA ROYALE !

C'est en l'honneur de la reine Marguerite de Savoie, femme d'Umbert Ier (fin XIXe s), que l'on prépara, lors d'une réception, une pizza spéciale. Sans ail, évidemment, rapport à l'haleine ! On décida alors de rendre hommage à la nation nouvellement unifiée en évoquant le drapeau italien : tomate pour le rouge, mozzarella pour le blanc et basilic pour le vert. La margherita était née.

La *pasta* et basta !

Encore un témoignage attestant que les pâtes étaient sans doute déjà consommées en Italie avant Marco Polo, le bas-relief de Cerveteri (célèbre nécropole étrusque au nord de Rome) représente différents instruments nécessaires à la transformation de la *sfoglia* en *tagliatelle.* De même, le livre de cuisine d'Apicius cite l'ancêtre de la lasagne, la *patina.*

MARCO POLO A BIDONNÉ !

Partout, on prétend que Marco Polo a rapporté les pâtes grâce à son voyage en Chine. Des chercheurs, italiens bien sûr, prétendent avoir trouvé des machines à spaghettis dans les ruines de Pompéi. D'ailleurs, un médecin de Bergame parle des pâtes dans un récit du XIIIe s, avant le voyage de Marco Polo.

LES PÂTES COURTES		LES PÂTES LONGUES	LES PÂTES FARCIES
Gnocchi : pâtes courtes de forme oblongue. Préparées avec un mélange de farine et de pomme de terre. 	**Conchiglie** : pâtes concaves et striées en forme de coquillage. 	**Spaghetti** : Longues et fines, elles raffolent des sauces à base d'huile, tomate ou crème… 	**Ravioli** : carré de pâte poché et farci de viande, de fromage ou de légumes. 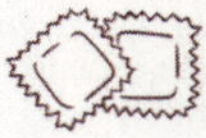
Rigatoni : courtes et creuses. Tubes striés, légèrement courbés. 	**Farfalle** : en forme de nœud papillon, d'où leur nom (*farfalle* signifiant papillon). 	**Tagliatelle** : larges et plates, à utiliser de préférence avec des sauces au beurre, à la crème et aux légumes. 	**Tortellini** : plus grands que les raviolis, ils sont farcis avec un mélange de viande et de parmesan. *Tortellini* est le pluriel de *tortellino*, signifiant petite tarte. 
Orecchiette : pâtes courtes et grosses, typiques des Pouilles. Elles ont la forme de petites oreilles. 	**Fusilli** : pâtes en spirale, originaires de Campanie. 	**Pappardelle** : 2 fois plus larges que les *tagliatelle*. 	**Cappelletti** : « petits chapeaux » en italien, raviolis farcis, traditionnellement à la viande, et servis dans un bouillon. 
Penne rigate : version moderne de *maccheroni,* en forme de tubes striés aux extrémités biseautées. Elles représentent ¼ du marché, juste derrière les *spaghetti*. 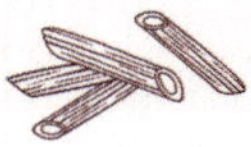	**Trofie** : préparées comme les *gnocchi* avec farine et pommes de terre, ces pâtes très fines sont originaires de Ligurie. À consommer avec du pesto, comme le veut la tradition locale. 	**Lasagne** : très célèbres, que l'on fait cuire au four (connues comme *lagane* dans le Sud). 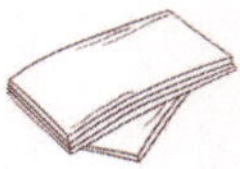	**Cannelloni** : en forme de larges tubes farcis de viande de 7 à 10 cm de long et de 2 à 3 cm de diamètre. 

Les pâtes courtes

Il en existe une grande variété, surtout depuis l'invention des pâtes sèches industrielles, les machines permettant toutes sortes de fantaisies.
Outre les *fusilli* (originaires de Campanie) et les *farfalle* (originaires de Bologne), on trouve surtout dans nos assiettes des pâtes traditionnelles : *penne, maccheroni, tortiglioni, giganti, bombardoni...* (à noter que les *penne rigate* représentent à elles seules près du quart du marché des pâtes sèches, juste derrière les spaghettis).

Les spaghettis, ou pâtes longues

– Les larges et plates : comme les *lasagnette,* les *fettucine,* les *tagliatelle...* À utiliser de préférence avec des sauces au beurre, à la crème, au coulis de courgettes, de poivrons, de tomates...

– Plus larges encore : les *pappardelle* (très populaires à Florence) jusqu'aux *lasagne* (que l'on fait cuire au four).
– Les longues et fines : comme les *linguine,* les *linguinette,* les *fettucelle* et bien sûr les *spaghetti...* Elles raffolent des sauces à base d'huile mais sont finalement assez polyvalentes.

SPAGHETTI ALLA PUTTANESCA

On dit que ce plat simple, agrémenté d'ail, de piment, de câpres, d'olives noires, de tomates et d'anchois, était préparé rapidement par les putains entre 2 clients. Une recette pour pimenter le quotidien !

– Les ultrafines : les *vermicelli, capelletti* (dites également *capellini,* c'est-à-dire « petits chapeaux »), *capelli d'angelo* (cheveux d'ange), que l'on utilise principalement en soupe et en bouillon.
– Les *bigoli* ou les *bucatini* sont des pâtes bâtardes, à la fois spaghettis creux et macaronis longs. On les réserve volontiers aux sauces à la viande. Les plus gros sont les *ziti.*

LE SUCCÈS DU *SLOW FOOD*

De nombreux restaurants florentins affichent l'autocollant « *Slow food* » (reconnaissable au symbole du petit escargot). Ce mouvement culinaire (« écogastronomique » pour être plus précis), né en Italie en 1989 (le siège de l'association se trouve à Bra, dans le Piémont), défend les valeurs de la cuisine traditionnelle, particulièrement celles des petites *trattorie* du terroir. Il était grand temps de sauvegarder les bons produits du terroir et les plats de tradition.
Le retour du bien-manger et la volonté de préserver la biodiversité sont apolitiques. Le *Slow food* n'est pas contre la modernisation, à condition qu'elle soit au service du goût. L'idée, c'est aussi de respecter la nature et d'attendre la bonne saison pour apprécier un légume ou un fruit.
Ce mouvement a aussi son guide, dans lequel sont sélectionnés des adresses œuvrant dans cet esprit, des lieux où l'on travaille et respecte les produits du terroir, où l'on prend le temps de cuisiner et de savourer. Nombre de ces adresses proposent une cuisine très traditionnelle, d'autres se montrent plus inventives.
Pour plus de renseignements, vous pouvez vous rendre sur le site • *slowfood.com* •

POUR ALLER PLUS LOIN

• ***lacucinaitaliana.it*** • En italien. Un site bien conçu et très exhaustif ! Des recettes à foison (de la plus traditionnelle à la plus inventive) classées par types de plats, de régions ou de produits. Articles sur l'actualité de la gastronomie italienne.
• ***vinsditalie.com*** • Amateurs de vins, voici un site à consulter. Il permet de découvrir l'Italie à travers ses vins : des infos sur les appellations, la liste des vins par régions, le classement du *Gambero Rosso* (ouvrage italien de référence), des recommandations...

PETIT LEXIQUE CULINAIRE

Bistecca alla fiorentina	Steak épais assaisonné de poivre et d'huile d'olive
Casalinga	Comme à la maison, « ménagère »
Contorno	Garniture de légumes
Fagioli	Haricots blancs
Fagiolini	Haricots verts
Formaggio	Fromage
Funghi	Champignons
Gelato	Glace
Insalata	Salade

Pane	Pain
Pasticceria	Pâtisserie
Pesce	Poisson
Ragù	Sauce à la viande
Risotto	Riz cuisiné
Torta	Gâteau, tarte
Uovo	Œuf
Verdure	Légumes
Zucchero	Sucre
Zuppa	Soupe

CURIEUX, NON ?

– Les Italiens ont l'habitude le matin de se contenter d'un café et d'un croissant sur le zinc au lieu d'un copieux petit déjeuner.
– L'addition est traditionnellement majorée du ***pane e coperto*** (1-3 € par personne).
– Si vous voulez prendre un petit café ou un cappuccino au comptoir, comme de nombreux Italiens, il vous faudra d'abord payer et présenter le ***scontrino*** (ticket) avant de pouvoir consommer.
– Vous passerez pour un touriste si vous commandez un cappuccino après 11h.
– La bouteille d'eau minérale est systématiquement proposée, entraînant un supplément de 1 à 3 €.
– La *pasta* fait partie intégrante du repas, qu'on mange en *primi,* avant le plat principal, mais c'est devenu de plus en plus rare qu'un Italien en mange à chaque repas.
– Un Italien consomme en moyenne 100 boules de glace par an, dans un pays qui en produit 6,8 milliards pendant la même période. Record d'Europe !
– Dans tous les hôtels, un cordon – signalé par un discret panneau – pend au long du mur de la douche ou de la baignoire. Un dispositif de sécurité imposé par la loi : en cas de malaise, une traction déclenche une sonnerie à la réception. Mais vu le nombre de clients qui pensent que c'est le cordon de la ventilation, voire une corde à linge... il est plutôt rare que quelqu'un prenne la peine de se déplacer.
– Dans les églises, les sacristains sont remplacés par des tirelires électriques (en général 1 €) pour éclairer les chefs-d'œuvre. Glissez la pièce dans la fente, ça s'allume, et d'un seul coup, tous les touristes qui visitent l'église dans le noir rappliquent vers vous, magique, non ?
– La ***sieste (il pisolino)*** fait partie des traditions italiennes depuis l'Antiquité (particulièrement dans le sud du pays). En été surtout, la ville s'endort après le déjeuner. Les boutiques ferment, la circulation ralentit et les travailleurs de la 6e heure (sieste vient de *sexta hora*) sont l'exception. Le plus sage, après tout, pour le visiteur, serait de suivre ce rythme réputé reconstituant pour l'esprit et le corps. Cette coutume a cependant tendance à disparaître.

HISTOIRE

Histoire vraie ou légende ?

108 ans après le Déluge, Noé naviguant sur le Tibre découvrit la vallée de la Chiana. Il s'y plut, s'y installa, eut une descendance, et notamment un certain Crano, qui aurait fondé ***Cortona (Cortone)*** et un petit royaume appelé ***Turrenia.*** Ce serait la 1re appellation antique connue de la Toscane. Le roi Crano eut à son tour des descendants qui durent s'enfuir en Grèce, où ils fondèrent la ville de Troie. De retour en Turrenia, on les aurait surnommés Étrusques en souvenir de Troie... C'est une hypothèse.

Les Étrusques

Berceau de la civilisation étrusque, l'actuelle Toscane connut à partir du IIe millénaire av. J.-C. 2 vagues successives d'envahisseurs. Les Indo-Européens vinrent en effet se mêler aux éléments méditerranéens indigènes (la population « villanovienne ») pour donner naissance à des peuples très diversifiés sur les plans culturel, linguistique et technique. Si les Phéniciens et les Grecs (775 av. J.-C.) eurent également un rôle civilisateur considérable, les premiers à tenter l'unification politique et culturelle de la péninsule italienne furent les Étrusques.

L'alphabet étrusque

L'écriture apparaît en Étrurie (Toscane actuelle) aux alentours de 700 av. J.-C., au moment où les contacts entre les Étrusques et les Grecs, qui sont arrêtés au sud de l'Italie, se font plus intenses.
Pour adapter l'alphabet grec aux exigences de leur langue, les Étrusques le modifièrent en procédant à des suppressions et des ajouts qui entraînèrent des variantes dans les différentes zones de l'Étrurie. On a cru faire une découverte décisive avec l'apparition mystérieuse de la pierre de Cortone, une plaque de bronze sur laquelle sont gravées 40 lignes de texte qui correspondent à une sorte de contrat. Cependant, l'étude de ce texte n'a apporté qu'une maigre contribution aux études réalisées sur la langue étrusque.

Géopolitique étrusque

Les 12 cités étrusques (Cerveteri, Chiusi, Cortone, Orvieto, Pérouse, Populonia, Roselle, Tarquinia, Véies, Vetulonia, Volterra et Vulci) formaient le cœur de leur civilisation, qui n'avait pour équivalent que celles d'Athènes ou de Phénicie. Cette civilisation n'avait cessé de s'épanouir et d'essaimer son pouvoir depuis le nord de Ravenne jusqu'au sud du territoire romain pendant près de 8 siècles (du XIe au IIIe s av. J.-C.). Elle s'appuyait sur de petites cités-États dirigées par des oligarchies familiales. Les 12 cités se jalousaient leur autonomie, et aucun commandement commun ne pouvait prendre la direction des affaires politiques et militaires. Leur seule force provenait de la mer. L'île d'Elbe accouchait chaque année de 10 000 t de minerai, transformé dans les hauts-fourneaux de Populonia par leurs esclaves. Les Grecs et les Phéniciens y accouraient et lestaient leurs navires pour ensuite transformer le matériau en armes. Le *monte Amiata* fournissait, quant à lui, du cuivre, de l'étain et du plomb argentifère.
De 616 à 509 av. J.-C., l'Étrurie domina Rome et lui donna même 2 rois, dont Tarquin l'Ancien. L'alliance fonctionna à merveille avec Carthage, mais en 474 av. J.-C. ce furent les Syracusains qui sonnèrent le glas de l'Étrurie. Les Étrusques y perdirent la domination des routes commerciales. Comme la scène se passait à Cumes et que, depuis 509 av. J.-C., Rome n'était plus sous leur juridiction, ils furent acculés et ne purent communiquer avec leurs positions de Campanie. Les amis d'hier sont les ennemis d'aujourd'hui. Les Syracusains ne se bornèrent pas à leur flanquer une déculottée ; ils vinrent même jusque sur leurs terres chercher l'embrouille. Dans le même temps, les Étrusques virent également leurs territoires au nord menacés par les Gaulois. Le vaisseau des « Tusques » (sobriquet donné par les Romains) avait pris l'eau de toutes parts, et Rome eut désormais les coudées franches pour se jeter sur sa dépouille.

À la recherche de la civilisation étrusque...

Le Moyen Âge n'a pas été très riche en découvertes étrusques. Il fallut attendre le XVIe s, quasiment 1 000 ans après leur âge d'or, pour que les Étrusques sortent de l'ombre. Les Médicis, et notamment Laurent le Magnifique, figuraient parmi les premiers à s'y intéresser. Dans l'œuvre de Michel-Ange, pour ne citer que lui, de nombreuses références y font allusion, comme la *Pietà* de la cathédrale de Florence, où l'on repère un personnage qui a enfilé une tête de loup. Celui-ci est clairement inspiré des nombreuses fresques des nécropoles qui présentent le « Dieu du monde d'en bas » des Étrusques. Mais le tournant des recherches apparaît à la fin du XVIIIe et au XIXe s. Ce sont les Anglais qui se passionnèrent pour l'étude de cette civilisation. Un noble, Thomas Coke, donna le *la,* et vers 1760, James Byres publia un ouvrage richement illustré ; un véritable manuel du parfait étruscologue. À la fin des guerres napoléoniennes, les 1res aventurières anglo-saxonnes, des ladies de la haute, parcoururent la campagne toscane pour visiter les tombeaux et constater, déjà, la détérioration des nombreuses peintures. Plus tard, la guerre inventa la télédétection. À partir de photographies prises de montgolfière puis de clichés effectués en 1944, on constata des taches plus ou moins sombres révélant au sol la présence de tumulus.

L'Empire romain

Après la mort de César, le monde romain connut un moment de flottement avant qu'Octave (futur Auguste), le neveu de César, ne puisse s'imposer. Pour la 1re fois, toutes les terres bordant la Méditerranée appartenaient à un même ensemble politique. Octave, à qui le Sénat avait reconnu une autorité souveraine en lui décernant le titre d'*Augustus* le 16 janvier 27 av. J.-C., allait tenter d'en faire un État unifié et d'y instaurer un ordre nouveau. Il commença par garantir les frontières et réorganiser l'administration des provinces. La longueur de son règne (47 ans !) lui permit d'édifier, lentement mais sûrement, la nouvelle civilisation impériale (lui et ses successeurs prendront le titre d'*Imperator* comme prénom) qui tentait de concilier la satisfaction des besoins nouveaux et le respect de l'ancien patrimoine culturel romain.
Le « siècle d'Auguste » vit le triomphe de la littérature latine classique : Virgile, Tibulle, Properce, Ovide et Tite-Live.

CHAUVE QUI PEUT !

César était très préoccupé par la perte de ses cheveux. Il fit voter par le Sénat une loi l'autorisant à porter en permanence une couronne de lauriers, pour cacher sa calvitie. Un attribut certes honorifique mais surtout pratique. Il ramenait sur son front les rares cheveux qui lui restaient à l'arrière. Sa copine Cléopâtre, qui était de mèche, lui préparait une décoction à base de graisse d'ours et de souris grillées. Bonjour l'odeur !

L'âge d'or de l'Empire romain et son déclin

L'apogée de l'Empire romain se situe autour du règne des empereurs de la dynastie des Antonins : Nerva, Trajan, Hadrien, Antonin et Marc Aurèle, période qui va de l'an 96 à l'an 192.
Sous Marc Aurèle, les Barbares s'agitaient aux limites de l'Empire (Orient et Germanie) et certaines garnisons commençaient à devenir nerveuses, allant parfois jusqu'à se soulever. En 180, le fils de Marc Aurèle, Commode – qui ne l'était pas du tout –, mit en place un régime absolutiste et théocratique. On assassinait beaucoup dans l'Empire romain à cette époque, et être empereur était presque une garantie de ne pas mourir dans son lit.
À partir des années 230 apr. J.-C., ***l'Empire subit un assaut généralisé de la part des Barbares*** du monde germanique, mais aussi du nouvel empire perse des Sassanides. À plusieurs reprises, Alamans, Francs, Goths et Perses ravagent les provinces, sans toutefois déstabiliser l'Empire. Avec Aurélien et les autres empereurs

PRÊTER SERMENT

Dans l'Antiquité, on prêtait serment en posant la main droite non pas sur la Bible mais sur ses testicules. Voilà pourquoi les attributs masculins ont pour origine latine testis, *qui signifie « témoin ».*

illyriens (268-285), l'Empire semble même retrouver un 2d souffle. Pour faire face à ces menaces extérieures, Dioclétien marquera le siècle en instaurant la tétrarchie : 2 Augustes et 2 Césars se partageant le pouvoir sur l'empire trop étendu pour être (bien) dirigé par une seule tête.

Essor du christianisme avec la conversion de l'empereur

Le 25 juillet de l'an 306, Constantin Ier fut proclamé 1er empereur chrétien par ses légions de Germanie. Au même moment à Rome, Maxence, porté par sa garde prétorienne, devenait lui aussi empereur ! Le choc final se produisit le 28 octobre 312, à la bataille du Pont-Milvius. Durant la bataille, Constantin aurait vu une croix dans le ciel avec les mots *In hoc signo vinces* (« Par ce signe tu vaincras »). C'est effectivement après cette bataille, dont il sortit vainqueur, que Constantin favorisa ouvertement la religion chrétienne par l'édit de Milan en 313. Le 20 mai 325, pour la 1re fois de son histoire, l'Église chrétienne triomphante rassembla ouvertement et librement au concile de Nicée tous les évêques de l'Empire romain en un concile œcuménique qui devait régler le délicat problème de la Sainte-Trinité. Constantin se serait converti au christianisme en 337 sur son lit de mort. Sa dépouille fut ensevelie dans l'église des Saints-Apôtres de Constantinople. À sa mort, Rome, qui n'était plus résidence impériale depuis 285, vit s'élever les 1res basiliques chrétiennes grâce aux donations de l'empereur.

L'AURÉOLE DES SAINTS

Partout dans la chrétienté, l'auréole est le symbole des saints. Au départ, on apposait un disque métallique juste pour protéger la tête des statues de la chute de pierre ou de la tombée des eaux qui suintaient des plafonds. Peu à peu, les fidèles ont cru que cette protection était l'attribut de la sainteté...

Où l'Église prend goût au pouvoir

Arrivée des Barbares : Rome perd sa toute-puissance

Sous le règne d'Honorius, le 24 août 410, les Wisigoths, le roi Alaric à leur tête, pénétrèrent dans Rome. Honorius était alors dans sa résidence à Ravenne et refusa d'accorder à Alaric l'or et les dignités qu'il convoitait. En représailles, les Wisigoths pillèrent Rome. La chute de la ville, inviolée depuis plus de 8 siècles, provoqua un énorme retentissement, faisant douter les païens de sa puissance. 8 ans plus tard, le roi Wallia obtint de l'Empire – ou plutôt de ce qu'il en restait ! – le droit d'installer ses Wisigoths en Aquitaine : c'était la 1re fois qu'un royaume barbare s'établissait sur le sol romain !
Puis ce fut au tour des Vandales, cousins germains – ou plutôt germaniques – des Wisigoths, après avoir pris Carthage en 439, de piller Rome en 455. Vinrent ensuite les Ostrogoths – les Goths de l'est du Dniepr –, qui, eux, occupèrent carrément toute l'Italie, la France méridionale jusqu'à Arles et les Balkans.

POLTRON

À l'époque romaine, les peureux qui ne voulaient pas aller à l'armée se mutilaient pour être inaptes à manier les armes. Ils se coupaient le pouce (polex truncatus = « pouce coupé »), d'où le mot « poltron ».

Rivalité entre guelfes et gibelins

L'an 771 vit l'avènement de Charlemagne, qui finit par écraser les Lombards et conquérir toute la moitié nord de l'Italie (774). Le 25 décembre de l'an 800, il fut sacré empereur d'Occident par le pape Léon III. L'Empire carolingien s'étendait alors de la mer du Nord à l'Italie et de l'Atlantique (plus l'Èbre sous les Pyrénées) aux Carpates (Elbe et Danube). À la mort de Charlemagne, son fils Louis le Pieux hérita de l'Empire. Miné par les querelles intestines et par une incapacité à lutter contre les raids vikings, l'ensemble constitué par Charlemagne fut divisé en 843 entre ses 3 petits-fils. En 1059, le pape Nicolas II décida que l'élection du souverain pontife serait soustraite à l'influence de l'empereur. Il s'ensuivit une longue lutte d'influence entre le Saint Empire romain germanique et le Saint-Siège. Elle n'aboutit qu'en 1122, avec le concile de Worms : le pouvoir spirituel est dévolu à la seule autorité religieuse ; le pouvoir temporel ne doit pas s'en mêler. En Bavière, les ducs se firent appeler les *Welfs* (d'où les « guelfes ») et défendirent leur bout de gras, bec et ongles, pour pouvoir s'installer dans la Ville Éternelle (Rome). Mais les seigneurs de Souabe (les *Waiblingen,* d'où les « gibelins ») ne l'entendirent pas de cette oreille et voulurent eux aussi pouvoir influer sur la nomination du vicaire de Jésus-Christ. Le débat se transposa en Italie, puisque Barberousse avait un pied dans la péninsule et comptait bien mettre la main sur les possessions du pape et des Angevins. En Toscane, donc, les partisans du pape et de Charles d'Anjou, les guelfes, s'opposèrent aux partisans de Barberousse, les gibelins. Sur le cours de l'Arno et dans les environs de Sienne, les cités s'organisèrent en minirépubliques indépendantes, gouvernées par une aristocratie « locale » tantôt guelfe, tantôt gibeline. C'est dans cet état d'esprit de rivalité, ponctué de raids punitifs, que s'épanouit la Renaissance.

L'âge d'or de la Toscane

Les compagnies commerciales de Florence, de Pise ou de Lucques jouissaient dans l'Europe médiévale d'une place primordiale. ***La région de Toscane était le cœur névralgique de l'économie de la péninsule italienne.*** Ses satellites étaient les foires de Champagne et du Lyonnais, les villes hanséatiques du nord de l'Europe, les comptoirs commerciaux de Londres et les îles de la Méditerranée. Ses ports : Gênes, Venise et Pise. Au XIIIe s, cette dernière connut un essor fantastique grâce aux industries drapières. Mais elle attira la jalousie de ses proches et, en 1284, sa flotte se fit littéralement damer le pion par les Génois. Du coup, Pise tomba dans la sphère d'influence de Florence, qui concentra alors tous les pouvoirs. La plupart des commerçants étaient des banquiers qui supportèrent l'industrie lainière naissante. L'une des plus grandes familles de l'époque, les Borromeo, provient de San Miniato, petite bourgade équidistante de Pise et de Florence. La victoire de Charles d'Anjou donna un coup de fouet au dynamisme naissant. Les hommes de Florence et de Sienne qui l'avaient soutenu eurent alors les coudées franches pour pouvoir s'imposer dans le domaine du commerce, de la banque, de la frappe de la monnaie, de l'assurance, de la poste, de l'information et du renseignement.

Florence était désormais le siège où convergeaient les commandes, les lettres de change, les chèques (qu'ils furent les premiers à adopter) ; l'Arno était bordé d'entrepôts. Tout ce qui était vendable était acheté. Les denrées alimentaires locales, comme l'huile et les vins, partaient à destination de l'Aragon, des pays du Nord et des côtes tunisiennes ; la soie, les produits tinctoriaux, le poivre provenaient de Chine et du Moyen-Orient et étaient redistribués dans l'ensemble de la chrétienté ; les métaux et les armes achetés en Pologne, en Scandinavie et à Londres étaient écoulés en petite quantité sur le chemin du retour ; les laines (sous forme de toison) d'Angleterre, du Pays basque ou de Bourgogne passaient dans les « petites mains » pisanes puis étaient réexportées. Cette puissance commerciale était tentaculaire. Ainsi, pour armer les troupes d'Édouard Ier et d'Édouard II, les Italiens prêtèrent-ils aux souverains 122 000 livres sterling gagées sur les mines d'argent du Devon. Tout le monde y trouvait son compte, les Italiens étaient exempts d'impôts et de droits de douane, et les souverains pouvaient concrétiser leurs ambitions de puissance.

La Toscane prospère dans un monde instable

À la fin du XIVe et au début du XVe s, une conjonction de facteurs va amorcer leur déclin. La peste noire, tout d'abord, puis le lourd passif des rois de France incapables de rembourser leurs dettes de la guerre de Cent Ans. Enfin, la fermeture des routes commerciales orientales, à cause de la prise de Constantinople par les Turcs en 1453, qui fit chanceler l'édifice. Henri VIII, en mauvaise tenue avec le pape, et Louis XI bannirent les Italiens. Mais les causes externes chapeautaient une situation intérieure instable. Florence fut acculée.
Les Génois tentèrent tant bien que mal de résister, en essayant de contourner l'Afrique pour trouver une route maritime directe et supplanter ainsi les routes de la soie, terrestres mais dangereuses. Parmi eux, le fils d'un tisserand, cabaretier à ses heures, s'embarqua sur un bâtiment en 1476 pour l'Angleterre. Peu après le détroit de Gibraltar, le navire sombra, attaqué par un corsaire à la solde du roi de France. Le jeune homme gagna à la nage les côtes de la péninsule Ibérique (à moins qu'il ne dérivât ?). Il s'appelait Cristoforo Colombo...

La Renaissance (XVe-XVIe s)

Dès le XIIIe s, Florence devint une ville de grande tradition festive, laquelle se développa au moment du règne de ***Laurent le Magnifique.*** Plusieurs fois par an, et à chaque événement un peu extraordinaire, la ville se transformait en une sorte d'immense carnaval pendant lequel se déployaient la fantaisie, l'exotisme, la richesse et les déguisements les plus extravagants. Aux XIVe, XVe et XVIe s, elle fut, avec Venise, la seule république d'Italie, mais une république gouvernée seulement par les familles riches et influentes ! La richesse était bien mieux acceptée que la noblesse à Florence à cette époque. C'est pourquoi les ***Médicis,*** bourgeois issus du peuple, purent prendre le pouvoir et régner si longtemps. Ce fut aussi l'une des seules cités à accorder un rôle très important à la critique et à la discussion. On organisait même des concours publics où s'affrontaient les goûts, les styles et les idées !

FLORENTINER

La Renaissance née à Florence s'intéressait bien plus aux arts qu'à la guerre et à la haine. C'était le règne de la tolérance. Les homosexuels vivaient leur sexualité sans être méprisés. D'ailleurs, avoir des relations avec des personnes du même sexe donna même un verbe : « florentiner ».

L'archétype humain de la Renaissance, le génie universel complet de cette époque faste n'est autre que ***Léonard de Vinci*** (1452-1519), né près du village de Vinci, entre San Miniato et Pistoia. À la fois peintre, dessinateur, ingénieur, inventeur, humaniste... il est le symbole intellectuel et artistique de l'âge d'or de la Toscane.
Pas surprenant donc que ce soit à Florence que se manifestèrent les 1ers signes révélateurs d'un changement d'état d'esprit dans tous les domaines.
En peinture, un des vecteurs majeurs de la nouvelle esthétique fut la mise au point des lois de la perspective. Les peintures de Pompéi (Ier s apr. J.-C.) – qui, de toute évidence, sont des copies de modèles grecs – comportaient déjà de véritables trompe-l'œil. La Renaissance remit à l'honneur l'idée de « profondeur de champ » et la développa selon des règles de perspective. En outre, par l'avènement d'une vision « naturaliste » du monde, les problèmes de volume et de relief aboutirent à une peinture « sculpturale ». Une véritable révolution, qui donna naissance dès 1390 au *Libro dell'arte* (« Livre de l'art ») de Cennino Cennini (d'où sortirent les admirables œuvres des Toscans Masaccio, ***Giotto*** – 1er peintre naturaliste de l'histoire de l'art –, ***Leonardo da Vinci, Botticelli, Fra Angelico, Piero della Francesca...***). L'apparition de la peinture à l'huile en Italie aux alentours de 1460 – telle que Van Eyck l'avait mise au point dans les Flandres – allait sérieusement influencer l'orientation de toute une génération de peintres habitués à la seule pratique de la fresque et de la détrempe.

En architecture, le grand traité *De re aedificatoria,* rédigé par Alberti, influença les Donatello et Brunelleschi, auteurs du Dôme de Florence.
En sculpture, ***Donatello*** et ***Ghiberti*** rompirent avec les conventions gothiques pour épouser un réalisme inspiré de l'Antiquité.
La littérature s'épanouit avec des poètes comme Pétrarque, le Pogge, Laurent de Médicis, et des narrateurs comme Dante et Boccace. Tous abandonnent le latin pour le toscan, langue jugée plus vivante et alerte.
En politique, l'art de gouverner fut réinventé et décrit en 1513 par le Florentin ***Niccolò Machiavelli*** (1469-1527) dans *Le Prince.*

L'unification de l'Italie ou « *Il Risorgimento* »

Du rêve à la réalité

Après la 1re abdication de Napoléon Ier (il est exilé à l'île d'Elbe), le traité de Paris, en 1814, rendit l'Italie aux Autrichiens, mais le mouvement nationaliste devint de plus en plus actif, et dès 1821 eurent lieu les ***1res insurrections, notamment à Turin.*** En 1825, un Génois, Mazzini, créa le Mouvement de la jeune Italie ; la conscience de faire partie d'une même nation était désormais dans le cœur de tous les Italiens. Même le pape Pie IX, fervent lecteur des philosophes, adhéra aux théories de Vincenzo Gioberti, prêtre philosophe et homme politique qui prôna l'idée d'une fédération... sous la direction du pape. Mais il fut aussi un sympathisant des idées de Mazzini qui, lui, souhaitait une république. En 1848, toutes les villes italiennes connurent une certaine agitation, et le roi de Piémont-Sardaigne, Charles-Albert Ier – qui, par ailleurs, n'avait aucune sympathie pour ces mouvements – déclara la guerre à l'Autriche. La cause italienne fut rapidement écrasée, même si Venise résista jusqu'en août 1849. De ces événements allait sortir la leçon suivante : peu importe la forme que prendrait une Italie unifiée, royaume, fédération ou république, l'essentiel était d'expulser d'abord les Autrichiens, et ça ne pourrait se faire qu'avec une aide extérieure.

Les acteurs de l'Unité italienne

Camillo Benso ***Cavour*** crée en 1847 le journal *Il Risorgimento,* modéré et libéral. Appelé à jouer des rôles ministériels sous les rois Charles-Albert puis Victor-Emmanuel II, il devient le véritable maître de la politique piémontaise. Il fonde une société au sein de laquelle un autre jeune homme va très vite se distinguer dans cette marche vers l'indépendance : ***Garibaldi.*** Né à Nice en 1807, Giuseppe Garibaldi est contraint de s'exiler au Brésil en raison de ses sympathies politiques. Après ce séjour aux Amériques, où il prend part à une insurrection brésilienne et combat pour l'Uruguay, il revient en Italie d'abord en 1848, échouant militairement, puis en 1854, aux côtés de Cavour. Peu à peu se dessine la force qui va expulser les Autrichiens.

LA CASTIGLIONE

On la surnommait « la plus belle femme du siècle ». Elle fut envoyée par Cavour, père fondateur de l'Italie, pour séduire Napoléon III afin de le convaincre de favoriser l'unité italienne. Sitôt dit, sitôt fait. Elle devint la maîtresse de l'empereur à 18 ans (lui en avait 47 !). Napoléon III devint bizarrement un grand défenseur de l'unification de l'Italie.

Le 14 janvier 1858 se produisit un autre événement : la tentative d'assassinat de Napoléon III par Orsini. Avant d'être exécuté, Orsini écrivit à Napoléon III pour le supplier d'intervenir en faveur de l'unité italienne. Impressionné par la teneur de la lettre, l'empereur conclut un accord avec Cavour : la France fournirait 200 000 hommes pour aider à la libération, mais, en échange, le Piémont céderait la Savoie et le comté de Nice. Un peu réticent au début, Cavour réalisa plus tard la nécessité de ce sacrifice. En 1859, Garibaldi leva une armée de 5 000 chasseurs et vainquit les Autrichiens à Varese et à Brescia. L'année suivante, il s'empara de la Sicile et de Naples grâce aux Chemises rouges, une armée formée de volontaires internationaux. Élu député par la suite, Garibaldi – natif de Nice – ne tarda pas à entrer en conflit avec Cavour au sujet de la cession du comté de Nice aux Français, puis à propos du problème des États pontificaux.

Les premiers pas de la Botte (presque) unifiée

Victor-Emmanuel II fut proclamé roi d'Italie en mars 1861. Son royaume comprenait – outre le Piémont et la Lombardie – la Romagne, Parme, Modène, la Toscane, le royaume des Deux-Siciles, les Marches et l'Ombrie. Restait le problème de la Vénétie et de Rome, laissé en suspens avec la mort de Cavour. Victor-Emmanuel II prit la tête de l'armée italienne pour tenter de récupérer Venise. Ce fut un échec cuisant, mais, par un extraordinaire tour de passe-passe diplomatique (et avec la défaite des Autrichiens à Sadowa contre les Prussiens), Venise fut remise aux mains de Napoléon, qui, à son tour, la céda aux représentants vénitiens !
Le 16 juillet 1870, Napoléon III eut la malencontreuse idée de déclarer la guerre aux Prussiens, et, le 3 septembre, la nouvelle de la chute de l'Empire français parvint en Italie. Les troupes pontificales baissèrent les armes devant les Italiens, et Rome rejoignit la jeune nation.

De 1870 à nos jours

L'entrée dans le XXe s

L'Italie connaissait alors de grosses difficultés : le fossé économique et culturel entre le Nord et le Sud continuait de se creuser, et 80 % de la population rurale était illettrée. Au début du XXe s, l'ouvrier italien était l'un des plus mal payés d'Europe et il travaillait plus qu'ailleurs, quand il pouvait travailler.
Avec l'unification, la croissance démographique connut son taux le plus haut. C'est aussi à ce moment que l'émigration fut la plus forte : entre 1876 et 1910, environ 11 millions de personnes émigrèrent, surtout vers les Amériques, enrichissant les pays d'accueil des particularismes italiens.

Mussolini et l'Italie fasciste : 1922-1945

Pendant la Grande Guerre (1914-1918), l'Italie se range aux côtés de la France et de l'Angleterre contre l'Autriche-Hongrie et l'Allemagne. Au traité de Saint-Germain, en 1919, elle obtient le Haut-Adige et le Trentin, Trieste, l'Istrie et quelques îles de Dalmatie. De nombreuses grèves et une succession de gouvernements créèrent le terrain favorable à la montée du fascisme. Mussolini et ses Chemises noires donnèrent un temps l'illusion d'une prospérité qui profita surtout à la petite bourgeoisie. Engagé dans la conquête éthiopienne et rejeté par les démocraties occidentales, Mussolini finit par s'allier avec Hitler, après avoir été son plus fervent adversaire. Il fit notamment capoter la 1re tentative d'*Anschluss* (intégration de l'Autriche à l'Allemagne) en 1934, en massant ses chars à la frontière autrichienne. Beaucoup plus faible que son allié allemand, le régime fasciste italien rencontra au sein du pays une résistance ouverte dès 1941-1942. La ville de Florence n'attendit même pas les Alliés pour se libérer du joug allemand en août 1944. C'est un soulèvement presque spontané de sa population qui la mena à la liberté !

QUAND MUSSOLINI VOULUT EXCOMMUNIER HITLER

Mussolini avait peur que le Führer envahisse les régions germanophones d'Italie du Nord. En 1938, il demanda au pape d'excommunier Hitler, qui était de religion catholique. Et puis les 2 leaders fascistes se rencontrèrent à Rome. Peu après, ils signèrent le « Pacte d'acier » entraînant l'Italie dans la guerre.

Littéralement occupée par les Allemands, l'Italie fut la première des forces de l'Axe à subir l'assaut des Anglais et des Américains. Et Mussolini fut exécuté par des partisans italiens en 1945.
Après la 2de Guerre mondiale, l'Italie était dans une situation dramatique : usines, réseau de chemin de fer, villes, tout n'était que ruines.

L'après-guerre et les « années de plomb »

Devenue république par référendum en juin 1946, après l'abdication de Victor-Emmanuel III et la mise à l'écart de son fils Umberto II, l'Italie connaît une vie politique particulièrement agitée.
La 1re république italienne rencontra toutes sortes de difficultés : terrorisme d'extrême gauche (les Brigades rouges) et d'extrême droite, de type néofasciste, corruption généralisée grippant les rouages de l'État et touchant les plus hauts responsables gouvernementaux, scandales divers (la loge secrète P2 et ses relations avec les banquiers du Vatican)... Sans parler des remous sociaux, de la crise économique... L'Italie paraissait ingouvernable, livrée aux jeux d'alliance (et surtout de retournements d'alliance).
Après l'embellie du « miracle économique » des années 1960, l'Italie revint sur terre et se réveilla avec la gueule de bois. Une vague d'attentats d'une violence inouïe (et sans précédent) déferla sur toute la péninsule. Mais déjà, en 1968, la révolte grondait dans les universités italiennes, et se propagea au monde ouvrier, paralysant le pays. À l'orée des années 1970, la tension sociale était maximale, une véritable poudrière.
En septembre 1970 fut créé un mouvement d'extrême gauche : les Brigades rouges *(le Brigate rosse)*, qui revendiquèrent leur 1er attentat à Milan. Devant l'échec de ses revendications en milieu étudiant et dans le monde ouvrier, ce groupuscule révolutionnaire décida de se lancer dans une lutte armée et violente afin de renverser le modèle capitaliste en place. Dès lors, des actes de violence en tout genre (enlèvements, séquestrations, attentats, assassinats...) vont proliférer durant toutes les années 1970, faisant régner un climat de terreur provoqué par des mouvements d'extrême gauche, mais aussi d'extrême droite. L'acte le plus marquant des Brigades rouges restera l'enlèvement et l'exécution d'Aldo Moro en mars 1978, qui s'apprêtait à conclure une alliance de gouvernement (« le compromis historique ») avec les communistes. L'année 1983 fut marquée par l'ouverture des grands procès : plus de 4 000 activistes de gauche furent condamnés.

Les années Berlusconi (2001-2011)

Silvio Berlusconi, ancien chanteur sur des bateaux de croisière, commence une carrière dans l'immobilier, qui se poursuivra avec la construction d'un empire médiatique qui modèlera l'image de l'Italie nouvelle. Début 1994, il s'engage en politique en créant le parti de centre droit Forza Italia. Il gagne les élections en 1994, mais son gouvernement ne tiendra que 8 mois. Ce n'est qu'en 2001 qu'il parvient à nouveau au poste de président du Conseil qu'il occupe jusqu'en 2006, puis à nouveau à partir de 2008, dans une atmosphère affairiste et décadente. Le *Cavaliere* démissionne finalement en novembre 2011, sous la pression conjuguée des marchés financiers et de son impopularité finale, des manifestations géantes organisées dans tout le pays marquant l'exaspération des Italiens vis-à-vis d'un chef de gouvernement mouillé, entre autres, dans le scandale du *Rubygate* et autres soirées privées *(Bunga bunga)*.

La comète Renzi

Avec la chute de Berlusconi, l'Italie entre en zone de turbulences. Sans avoir été élu, l'économiste libéral ***Mario Monti*** prend les rênes de l'État pour administrer une cure d'austérité au pays. Jugeant sa mission accomplie, il démissionne 1 an plus tard. Organisées dans la foulée, les élections législatives ne voient pas se dégager de majorité claire.

En 2014, au terme d'une ascension fulgurante, ***Matteo Renzi*** s'empare du Parti démocrate, et obtient dans la foulée d'être désigné, à 39 ans seulement, plus jeune chef de gouvernement d'Italie. Surnommé *il rottamatore* (le démolisseur) en référence à sa volonté d'envoyer la vieille classe dirigeante italienne à la casse, Renzi entend « réformer » en profondeur le pays. Tête de gondole de sa politique, le « ***Jobs act*** », censé introduire la « flexisécurité » à l'italienne, affaiblit considérablement le droit du travail et lui vaut d'être taxé de Thatcher italien. Les électeurs ne semblent pas emballés, puisque son parti subit un violent revers aux ***municipales de juin 2016,*** qui voient le mouvement *Cinque Stelle* (nom du parti, pas selon notre notation !) emporter plusieurs communes, dont Rome et Turin. Le rejet est confirmé quelques mois plus tard, quand Matteo Renzi soumet un projet de modification constitutionnelle à ***référendum.*** Celui-ci se transforme (comme souvent) en « Êtes-vous pour ou contre la politique de Matteo Renzi ? » La réponse est sans appel : 59 % de contre. Renzi démissionne.

La panade gouvernementale

Le 5 mars 2018, l'Italie entre dans une crise politique sans précédent depuis l'après-guerre. Les élections législatives ne permettent pas à une majorité claire de se dégager et voient, pour la 1re fois, ***2 partis « populistes »*** arriver en tête du scrutin. D'un côté, une coalition de droite et d'extrême droite (La Ligue), emmenée par le sulfureux ***Matteo Salvini,*** anti-européen notoire et admirateur assumé de Donald Trump, et, de l'autre, le Mouvement 5 étoiles (M5S), formation plutôt classée à gauche, « antisystème » et « anti-élite », représenté par ***Luigi Di Maio.*** À la surprise générale, ces 2 partis que beaucoup de choses opposent réussissent à trouver un accord pour proposer au président de la République, Sergio Mattarella, un gouvernement dirigé par le juriste ***Giuseppe Conte.***
Officiellement, c'est un trio qui en tient les rênes : Giuseppe Conte, donc, flanqué, sur sa gauche, de Luigi di Maio aux Affaires économiques et sociales pour le M5S et, sur sa droite, de Matteo Salvini à l'Intérieur pour La Ligue.
Mais très vite, ***c'est Matteo Salvini qui impose son tempo.*** Tandis que Luigi Di Maio peine à faire prendre corps à son projet de revenu universel, le chef de La Ligue fait fructifier son fonds de commerce, le ***rejet des personnes migrantes. Stratégie électoralement payante pour Matteo Salvini*** en tout cas, qui totalise, aux européennes de mai 2019, 34 % de voix, alors que le M5S s'effondre (17 %). Le patron de La Ligue va-t-il dès lors chercher à se débarrasser de l'allié qui lui a permis d'accéder au pouvoir ? Fort de son succès aux élections européennes, Salvini veut de nouvelles élections. Coup de tonnerre ! Il subit un échec cuisant en août 2019 en précipitant la chute du gouvernement populiste, qui le conduit finalement à sa perte.

L'Italie frappée par la Covid-19

On assiste au retour des démocrates sur la scène politique avec le gouvernement n° 2 de Giuseppe Conte mais surtout l'espoir de nouvelles ouvertures diplomatiques, commerciales et économiques avec l'Europe.
La pandémie de Covid-19 déboule en Lombardie dès janvier 2020 et contrecarre alors les ambitions de Conte. Le 10 mars, l'Italie est le 1er pays européen à décréter un confinement strict sur l'ensemble de son territoire. Ne lésinant pas sur les mesures sanitaires radicales et sur la dépense publique, le gouvernement italien marche sur un fil. Il navigue, avec une marge budgétaire très étroite, entre le spectre de l'hécatombe humaine et celui de la faillite économique.
Malgré les efforts à contenir la pandémie, Giuseppe Conte remet sa démission en février 2021. Le président Mattarella appelle alors Mario Draghi, ancien banquier, à la rescousse. Les Italiens espèrent que « Super Mario » fera mieux que son successeur, et qu'il prendra des décisions fortes pour contenir la grogne de certains, face aux inévitables répercussions socio-économiques de cette crise majeure. Un espoir supplémentaire : les vaccinations de masse annoncées par le gouvernement.

Quelques dates

Avant J.-C.

– ***900 :*** installation dans la région (en plus de l'Ombrie et du Latium) des Étrusques. Ils donnent le nom de Tusci à cette région.
– ***59 :*** fondation de Florentina (Florence).

Après J.-C.

– ***250 :*** introduction du christianisme par des marchands orientaux.
– ***405 :*** les Ostrogoths assiègent Florence.
– ***1115-1200 :*** lutte des empereurs allemands contre la papauté. Les cités toscanes acquièrent leur indépendance.
– ***1250 :*** développement du système bancaire et des prêts aux papes et aux rois.
– ***1284 :*** Florence met les villes de Toscane sous sa coupe, à l'exception de Lucques et de Sienne.
– ***1294 :*** décret public en vue de la construction du Duomo de Florence. Début des travaux en 1296.
– ***1400-1500 :*** apothéose de la Toscane. Époque dorée de la Renaissance et de l'humanisme.
– ***1494-1498 :*** les Français de Charles VIII entrent à Florence ; les Médicis sont chassés et Savonarole prend le pouvoir.
– ***1499 :*** la république est réinstaurée.
– ***1512 :*** les Médicis reviennent au pouvoir.
– ***1513 :*** Jean de Médicis devient Léon X.
– ***1523 :*** Jules de Médicis devient pape sous le nom de Clément VII.
– ***1530 :*** Alexandre de Médicis devient 1er duc de Toscane.
– ***1537 :*** Cosme Ier est élu duc de Florence et réunit les différentes cités de la région.
– ***1569 :*** création du grand-duché de Toscane.
– ***1737 :*** fin des Médicis, remplacés par la maison de Habsbourg-Lorraine.
– ***1809-1814 :*** résurrection du grand-duché de Toscane pour Élisa Bacciochi, sœur aînée de Napoléon.
– ***1848-1849 :*** interlude de la république.
– ***1849-1859 :*** rétablissement du grand-duché par les Habsbourg-Lorraine.
– ***1861 :*** proclamation de l'unité italienne.
– ***1924 :*** dictature fasciste de Mussolini.
– ***1929 :*** la papauté recouvre sa souveraineté sur le Vatican et l'État italien, un bel allié.
– ***1940 :*** entrée en guerre de l'Italie.
– ***1943 :*** campagne d'Italie.
– ***1945 :*** exécution de Mussolini et de ses ministres.
– ***1946 :*** plébiscite pour la République italienne, caractérisée par une forte instabilité ministérielle.
– ***1970 :*** fondation des Brigades rouges par Renato Curcio.
– ***1993 :*** attentat à la voiture piégée, en mai, à Florence, provoquant la mort de 5 personnes et des dégâts importants à la galerie des Offices.
– ***1996 :*** véritable alternative depuis 1946. Victoire de la coalition de gauche au nom prometteur de « l'Olivier », conduite par Romano Prodi.
– ***2000 :*** élections régionales remportées par la droite, autour de Silvio Berlusconi ; démission de Massimo d'Alema. Giuliano Amato lui succède à la présidence du Conseil.
– ***Mai 2006 :*** élection du sénateur centre gauche Giorgio Napolitano au poste de président de la République. Il est le 1er président issu du Parti communiste italien (PCI).
– ***2009 :*** frasques privées et publiques de Berlusconi, qui voit une partie de ses amis politiques le lâcher.
– ***Novembre 2011 :*** démission de Berlusconi, remplacé par Mario Monti.

– ***Décembre 2012 :*** dissolution du Parlement italien par le chef de l'État suite à la démission du président du Conseil Mario Monti.
– ***Février 2014 :*** nouveau président du Conseil, Matteo Renzi (parti démocrate). Natif de Florence, dont il était maire depuis 2009, il est le plus jeune chef que le gouvernement italien n'ait jamais eu.
– ***2015 :*** démission du président Napolitano, remplacé par Sergio Mattarella.
– ***2016 :*** le 4 décembre, rejet par 69 % des voix du référendum sur une révision de la Constitution. À l'origine du projet, Matteo Renzi démissionne le 7 décembre. Le 14 décembre, ***Paolo Gentiloni*** (ex-ministre des Affaires étrangères) devient le nouveau chef du gouvernement.
– ***Avril 2017 :*** Renzi est réélu chef du Parti démocrate avec 71 % des voix.
– ***Juin 2017 :*** élections municipales. Nouveau revers pour Renzi, qui perd un bon nombre de villes.
– ***Mars 2018 :*** élections législatives ne permettant pas de dégager une majorité au Parlement.
– ***Mai 2018 :*** La Ligue (extrême droite) et le Mouvement 5 étoiles forment une coalition avec « contrat de gouvernement », Giuseppe Conte à leur tête. L'Italie se dote d'un nouveau gouvernement emmené par ***Giuseppe Conte.*** Nommé ministre de l'Intérieur, le sulfureux ***Matteo Salvini*** apparaît comme l'homme fort d'une coalition inédite.
– ***Mai 2019 :*** La Ligue de Matteo Salvini accentue sa montée en puissance en obtenant 34 % des suffrages aux élections européennes, tandis que son partenaire de coalition, le mouvement Cinque Stelle, dégringole à 17 %. Des tensions naissent entre les partenaires de la coalition, déjà fragilisée.
– ***Août/septembre 2019 :*** retournement de situation. Échec de Salvini, qui voulait provoquer des élections anticipées à son avantage. 2e gouvernement Conte avec une nouvelle coalition M5S-PD (parti démocrate de Paolo Gentiloni).
– ***2020 :*** en janvier, l'Italie enregistre ses 1ers patients atteints de la Covid-19. Un confinement généralisé est décrété en mars.
– ***2021 :*** en mars 2021, le seuil des 100 000 morts de la Covid-19 a été franchi. Crise économique et sociale sans précédent.

LITTÉRATURE

Le rôle de la Toscane dans la formation de la littérature italienne

Le génie italien se retrouve fréquemment dans la peinture, la sculpture, l'architecture ou la musique, cependant il se fait plus timide dans le domaine des lettres. L'italien a effectivement la particularité d'être une langue de culture avant d'être une langue de peuple ; l'italien considéré comme « pur » s'est développé grâce aux écrivains et aux poètes. C'est ce manque d'unicité entre la langue orale, multiple avec ses nombreux dialectes, et la langue écrite, plus rigide et contraignante, qui complique l'émergence de la littérature italienne. C'est seulement en 1861, lors de la réunification de l'Italie,

SANS MENTIR !

On doit à Collodi, journaliste florentin du XIXe s, dit Carlo Collodi, la plus mythique des marionnettes : Pinocchio. La légende voudrait que ce soit à la suite de dettes de jeu qu'il commençât l'écriture des aventures du petit garçon désobéissant, publiées d'abord en feuilleton et maintes fois adaptées depuis au cinéma. Pinocchio, qui signifie « pignon » en toscan, est connu pour avoir le nez qui grandit à chaque mensonge et une conscience qui lui parle. Les bonnes valeurs du travail et de la famille prônées dans ce chef-d'œuvre ont été traduites en 400 langues et dialectes depuis 1881. Voilà un bon exemple pour les enfants pas sages.

que l'italien, formé sur des racines latines et sur le dialecte toscan, devient la langue nationale. En tant que berceau de la langue, la Toscane, et plus précisément Florence, favorise largement sa naissance et son rayonnement.

Auteurs toscans classiques

Dante apporte une excellence inégalée à la littérature italienne avec la magistrale *Divine Comédie,* écrite en vers à la fin du Moyen Âge. Né à Florence en 1265, Dante dédie la plus belle partie de son œuvre à une certaine Béatrice, croisée 2 fois en tout et pour tout, et à qui il n'a jamais adressé la parole (ah, l'amour !).
Son œuvre est commentée au XIVe s par un autre Florentin, ***Boccace,*** grand nom de la prose italienne, qui a pour égérie la fille illégitime du roi de Naples, Maria de Conti d'Aquino, omniprésente dans la plupart de ses œuvres derrière le nom de Fiammetta. De 1349 à 1353, il écrit *Le Décaméron,* œuvre grandiose dans laquelle 10 personnages se réfugient à la campagne pour fuir l'épidémie de peste de 1348 qui sévit à Florence.
Un autre homme de lettres du XIVe s, ***Pétrarque,*** originaire d'Arezzo, aime d'un amour platonique (décidément !) Laure de Noves, rencontrée à Avignon. Elle lui inspire plus de 300 poèmes, essentiellement des sonnets (317), regroupés dans le *Canzoniere.* Le recueil célèbre cet amour impossible et donne forme au « pétrarquisme », style qui idéalise et célèbre la femme aimée avec des propos ciselés et maniérés.
Quant à ***Machiavel,*** penseur humaniste de la Renaissance, c'est un homme politique par tradition familiale, excellent négociateur et philosophe. Il est écarté du pouvoir lorsque Florence se soumet aux Médicis (1512). Il dédie tout de même *Le Prince* à Laurent de Médicis, qui ne lut même pas l'ouvrage (il aurait pu en prendre de la graine !). Selon Machiavel, le pouvoir n'est pas compatible avec la morale et mieux vaut être craint qu'aimé.
Les siècles suivants sont plutôt calmes. ***Giosué Carducci*** se démarque au XIXe s. Né en 1835 près de Pietrasanta, c'est un poète toscan auteur de nombreux recueils de poésie empreints de nostalgie. Il est le 1er Italien à recevoir le prix Nobel de littérature, en 1906.

Auteurs toscans modernes et contemporains

Bien que l'hégémonie intellectuelle de la Toscane ne soit plus d'actualité depuis quelques siècles, plusieurs écrivains toscans sortent du lot au XXe s.
Considéré comme avant-gardiste, ***Aldo Palazzeschi*** adhère au mouvement futuriste avec plusieurs œuvres marquantes comme *L'Incendiario* en 1910. Il rompt avec ce mouvement après la 1re Guerre mondiale et raconte celle-ci dans plusieurs romans, comme *Due imperi mancati* en 1920. Son abondante production littéraire lui apporte une renommée nationale.
L'autodidacte ***Vasco Pratolini,*** à la fois écrivain et scénariste d'origine florentine, relate son enfance dans *Chroniques familiales* en 1947. Il dépeint l'histoire de Florence lors des 1res années fascistes dans *Chroniques des pauvres amants,* qui est en partie autobiographique.
Dacia Moraini est un nom féminin de la littérature italienne. Romancière, dramaturge et scénariste, elle écrit des romans d'inspiration historique, comme *La Vie silencieuse de Marianna Ucrìa,* publié en 1990, qui raconte l'histoire de son ancêtre, une noble sicilienne sourde et muette. Ses écrits sont également engagés : profondément féministe, elle dénonce dans ses romans les violences infligées aux femmes et dépeint leur quête de liberté.
Dans la vague du roman noir italien des années 2000, ***Nino Filasto,*** fin connaisseur des milieux de l'art florentin *(Cauchemar de dame)* et de la politique – il est avocat de formation –, propose des livres sombres à la frontière du fantastique *(L'Éclipse du crabe).*

Sandro Veronesi, écrivain et traducteur originaire de Prato, obtient le prix Campiello et le prix Viareggio pour *La Force du passé* paru en 2002. Il accède à la notoriété avec son roman psychologique *Chaos calme,* couronné du prix Strega en 2006. Ses œuvres psychologiques mais aussi parfois fantastiques se basent sur les thèmes de la famille, du passé et de l'identité. Fait exceptionnel, il obtient le prix Strega une 2de fois, en 2020, pour *Il Colibri,* qui traite également des thèmes de la famille et de la culpabilité.

La Toscane comme source d'inspiration inépuisable

La Toscane est une source d'inspiration pour de nombreux écrivains européens. L'Anglaise ***George Eliot*** relate la vie artistique et sociale de Florence à la Renaissance dans *Romola,* paru entre 1862 et 1863. *Avec vue sur l'Arno,* écrit par le Londonien ***E.M. Forster,*** raconte l'éveil sentimental de la très puritaine et très chaperonnée Lucy Honeychurch, qui tombe amoureuse lors d'un voyage à Florence au début du XXe s. Cette romance est également une satire de la société anglaise, un tantinet austère sous le règne d'Édouard VII. Elle fut fidèlement adaptée en film par James Ivory en 1985. Acclamé par la critique et honoré par de nombreuses récompenses, *Chambre avec vue* révèle la jeune Helena Bonham Carter, qui interprète avec brio Lucy Honeychurch.

Les auteurs français ne sont pas indifférents aux splendeurs de Toscane. Le jeune ***Stendhal,*** grand nom de la littérature française, est fasciné par ses beautés (au sens large). Sa relation tumultueuse avec Giulia Rinieri, originaire de Sienne, lui suscite son œuvre de référence : *Le Rouge et le Noir.* Il fait également part de ses péripéties transalpines dans *Chroniques italiennes,* et en 1951, inspiré par cette œuvre, ***Jean Giono*** écrit *Voyage en Italie,* en consacrant une partie à Florence. 2 autres écrivains phares de la littérature française du XXe s puisent leur inspiration en Toscane : ***Albert Camus*** lui consacre une de ses nouvelles dans son recueil *Noce*, et dans l'un de ses 1ers romans, *Le Marin de Gibraltar,* ***Marguerite Duras*** choisit cette région pour décrire les sentiments naissants des protagonistes. En 2013, ***Léonor de Recondo,*** dans *Pietra Viva,* retrace 6 mois de la vie de Michel-Ange à Carrare en 1505 pour repérer les meilleurs blocs de marbre pour le pape Jules II.

Le charme de la Toscane opère aussi sur les auteurs outre-Atlantique. Le Canadien ***Michel Ondaatje*** dépeint la relation, à la fin de la 2de Guerre mondiale, entre Hana, une jeune infirmière de guerre, et un mystérieux grand brûlé amnésique dans *L'Homme flambé,* paru en 1992 et dont l'intrigue se déroule dans la campagne toscane. Récompensé par 9 oscars, *Le Patient anglais* est le film tiré de ce roman psychologique, sorti en 1996 et réalisé par Anthony Minghella. Du côté des États-Unis, ***Frances Mayes*** et ***Marlena de Blasi*** racontent toutes les deux le rêve toscan – ses paysages, sa gastronomie –, à travers le périple d'une jeune Américaine exilée. *Sous le soleil de Toscane,* de Frances Mayes, paru en 1996 et adapté en 2004, relate les tribulations d'une journaliste américaine qui achète sur un coup de tête une vieille maison en Toscane. Quant à Marlena de Blasi, elle narre sa propre expérience de la dolce vita dans *1 000 Jours en Toscane.* Elle a décrit également la splendeur de l'Ombrie dans *Un palais à Orvieto,* paru en 2013.

Le potentiel romantique et la richesse culturelle de la Toscane-Ombrie ont ainsi inspiré de nombreux auteurs... et on les comprend !

MÉDIAS

VOTRE TV EN FRANÇAIS : TV5MONDE la première chaîne culturelle francophone mondiale

Avec ses 10 chaînes et ses 14 langues de sous-titrage et sa nouvelle plateforme numérique TV5MONDEplus, TV5MONDE s'adresse à 353 millions de foyers dans 198 pays du monde par câble, satellite et est présente dans plus de 3 millions de chambres d'hôtels sur IPTV. Vous y retrouverez de l'information, du cinéma, du divertissement, du sport, du documentaire... Préparez votre séjour grâce à son site voyage • *voyage.tv5monde.com* • et en voyage, restez connecté avec les applications et le site • *tv5monde.com* • Demandez à votre hôtel le canal de diffusion de TV5MONDE et contactez • *tv5monde.com/contact* • pour toutes remarques.

Journaux

2 grands quotidiens nationaux se partagent le gâteau : *Corriere della Sera* et *La Repubblica.*
– ***Corriere della Sera :*** il s'agit du 1er quotidien national, politiquement au centre droit. • *corriere.it* •
– ***La Repubblica :*** le 2e quotidien national, plutôt de centre gauche. • *repubblica.it* •
– ***La Gazzetta dello Sport*** est le 1er quotidien sportif italien. Il appartient au groupe Rizzoli-Corriere della Sera. • *gazzetta.it* •
Il existe également une myriade de journaux locaux, parfois pour toute une région mais aussi simplement pour une ville (comme *La Nazione* à Florence).

MÉDICIS (FAMILLE)

La famille Médicis est indissociable de Florence, dont elle est originaire. Cette grande lignée a régné sur la ville durant 4 siècles et contribué à l'épanouissement économique et (surtout) culturel de la capitale toscane.
Florence, aux XIVe et XVe s, était régie par une Constitution oligarchique : le pouvoir était dans les mains de la famille la plus influente de la cité. Quand l'occasion se présenta, Cosme l'Ancien (1389-1469) ne la laissa pas passer : profitant du fait que la famille en place était déstabilisée, il prit le pouvoir à la mort de son père en 1429, et ne le céda qu'à sa propre mort (et encore, à son fils Pierre...). Il n'exerça pas lui-même les magistratures, il les confia à ses partisans dévoués. Mais il n'empêche qu'il fut le personnage politique le plus important de Florence. Homme d'État d'une grande habileté, il fut également un mécène remarquable (Brunelleschi, Fra Filippo Lippi, Donatello firent partie des artistes qu'il favorisa) et surtout un excellent homme d'affaires. Il amplifia l'héritage déjà considérable que lui avait légué son père, en particulier une compagnie bancaire et commerciale qui prêtait de l'argent aux rois et aux princes et qui n'avait pas moins de 10 filiales dans la péninsule et à l'étranger. Sans jamais quitter son image de marchand, par sa modestie et sa simplicité, il sut conquérir le cœur des Florentins. À sa mort, ils lui donnèrent le titre de « Père de la Patrie ».
Son fils, Pierre le Goutteux, eut moins de prestige et ne resta au gouvernement que 5 ans. À sa mort, son fils aîné, Laurent le Magnifique (1449-1492), prit la relève. Son surnom de Magnifique ne lui vint pas de sa beauté (il était même plutôt laid !) mais de sa générosité (surtout financière...) envers les Florentins (*magnifico* : « généreux »). Son frère Julien et lui étaient tellement aimés dans la cité que lors de l'attentat qui coûta la vie à Julien, en 1478, le

« DITES 33 »

Les Médicis étaient des médecins apothicaires depuis le XIIe s. Le succès et la fortune rapides les transformèrent en hommes d'affaires, puis en banquiers. Leurs armoiries, formées de 5 boules rouges sur un fond d'or (bien sûr), représentent 5 comprimés, ou pilules, surmontés de 3 fleurs de lys (symbolisant la monarchie française). Elles furent ajoutées lorsque le roi de France, Louis XI, les anoblit. Certains pensent qu'il s'agit de pièces de monnaie, vu la forme arrondie des pilules. D'autres pensent à des poids pour peser l'or.

ARBRE GÉNÉALOGIQUE SIMPLIFIÉ DES MÉDICIS

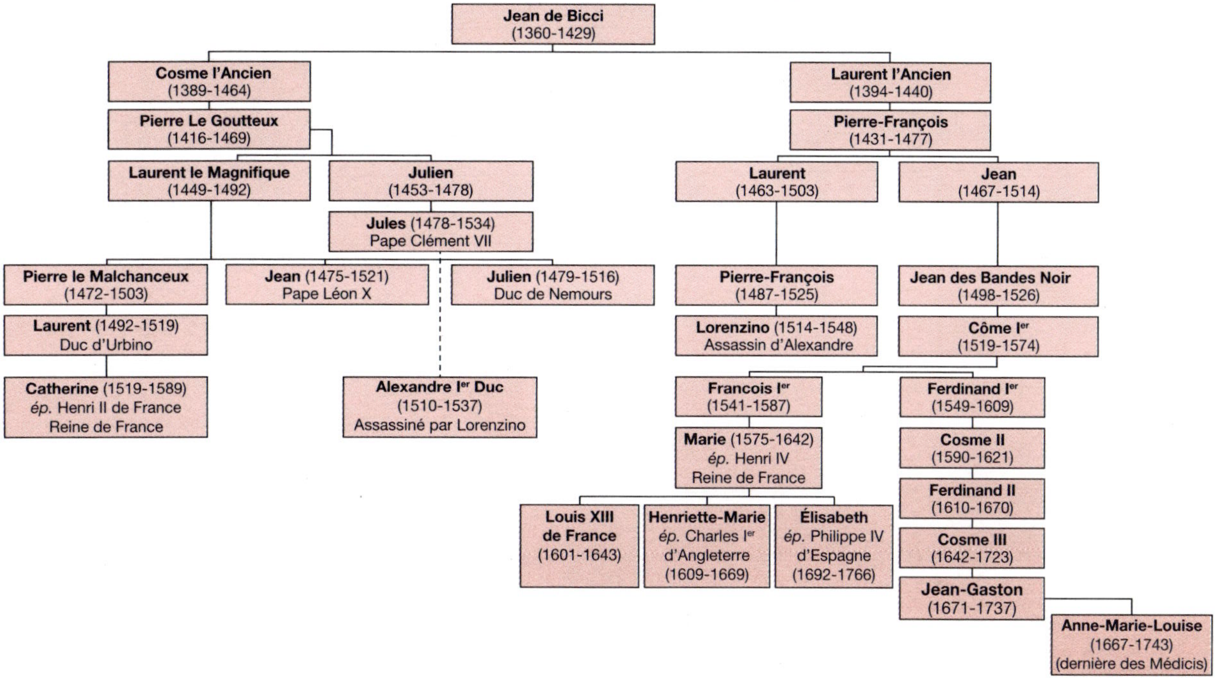

peuple sortit spontanément dans les rues en criant le nom des Médicis, ce qui contribua grandement à sauver la vie de Laurent.
Dur et cynique, Laurent le Magnifique sut pourtant charmer son monde et exerça un véritable ascendant sur ceux qui l'entouraient. Mais, moins avisé que son grand-père, il laissa s'affaiblir la compagnie familiale, et des filiales firent faillite. Son mécénat manqua d'ampleur ; les grands artistes de sa génération (Alberti et Botticelli, par exemple) furent soutenus par d'autres que lui. En revanche, son œuvre d'écrivain est d'une indéniable qualité. Très à l'aise avec les princes, il fut traité par eux comme un des leurs ; il faut dire que sa Cour était des plus brillante.
Son fils Pierre prit la succession mais fut chassé en 1494, lors de la venue en Italie du roi de France, Charles VIII.
Exilés, les Médicis gardèrent cependant des partisans dans Florence, et, si leur fortune était touchée, elle ne fut pas anéantie. Ils furent toujours traités en égaux par les grands, et, au début du XVIe s, 2 Médicis devinrent papes sous les noms de Léon X et de Clément VII. En 1512, ils se réinstallèrent au pouvoir pour 15 ans.
Après 3 ans de république, ils revinrent aux affaires grâce aux armées pontificale et impériale. À partir de 1530 et pendant 207 ans, Florence fut gouvernée par les Médicis, qui portèrent désormais le titre prestigieux de duc, puis de grand-duc de Toscane. Le 1er duc, Alexandre, fut assassiné en 1537 par son cousin Lorenzino, plus connu sous le nom de Lorenzaccio (le mauvais Laurent), qui subit le même sort.
En dehors de ces querelles de famille, les Médicis se débrouillèrent plutôt bien. Des alliances consolidèrent leur pouvoir, les heureuses épouses étant choisies parmi les plus grandes familles européennes. Les mariages du reste de la famille ne furent pas moins prestigieux. N'oublions pas les reines de France, Catherine et Marie de Médicis, épouses respectivement d'Henri II et d'Henri IV.
Le règne des Médicis s'arrêta à la mort sans descendance du dernier d'entre eux en 1737 ; mais ses prédécesseurs, qui ne gouvernaient plus réellement, régnaient-ils encore ?

PATRIMOINE CULTUREL

Infos pratiques : la botte secrète

Horaires

– *Chiuso* est un mot italien signifiant « fermé » et qui décore parfois la porte d'un musée censé être ouvert. Il est fréquent de voir certains horaires réadaptés en fonction de nouvelles coupes budgétaires...
– En principe, les musées sont ouverts de 9h ou 10h à 18h ou 19h (pour certains jusqu'à 22h le vendredi) et fermés le lundi, mais parfois le mardi ou le mercredi. En été, les musées comme la galerie des Offices et l'Accademia étendent leurs horaires jusqu'à 22h. Les horaires changent fréquemment selon la saison et l'année. Parfois viennent s'ajouter des travaux de rénovation dans l'un ou l'autre musée, qui ferme alors temporairement. Ne boudez donc pas votre guide préféré si vous trouvez porte close, c'est indépendant de notre volonté.
– Pensez à l'***office de tourisme, qui distribue une liste mensuelle de mise à jour*** qu'il faut absolument vous procurer dès votre arrivée à Florence. Sachez également que les billetteries ferment généralement 30-40 mn avant le musée lui-même.
– De nombreux sites à ciel ouvert sont accessibles de 9h à l'heure précédant le coucher du soleil.
– La plupart des musées ont des jours fériés fixes. Généralement, c'est le 1er janvier, le 25 avril, le 1er mai, le 2 juin, le 15 août, ainsi que les 25 et 26 décembre.

Réservation

– ***Avertissement :*** méfiez-vous des sites internet fantaisistes proposant des réservations à prix exorbitants aux marges délirantes. De nombreux lecteurs ont été escroqués par certaines pratiques qui consistent à faire croire qu'ils achètent leurs billets sur le site officiel, alors qu'ils en sont subtilement détournés...

– La réservation est obligatoire pour certains musées, comme la *galleria degli Uffizi* (galerie des Offices), le *palazzo Pitti* (palais Pitti), la *galleria dell'Accademia* (galerie de l'Académie) ou la coupole du Duomo, ***même si on possède la* Firenze Card *ou l'accès gratuit (moins de 18 ans).*** En haute saison, prévoir au minimum 1 semaine à l'avance ! ☎ *055-29-48-83 (lun-sam 8h30-18h30 – 12h30 sam ; répondeur vocal en anglais ou en italien, qui vous dirige vers une personne parlant ttes les langues ou presque, en tt cas le français). Supplément de 4 € pour les Offices et l'Accademia ; 3 € pour les autres musées. Imprimer ses billets ou les retirer sur place dans le bâtiment au bureau des musées de Florence (lun-sam 8h30-18h30 – 12h30 sam), en face des Offices, à la porte n° 3 sous les arcades (attention, levez bien la tête car ce n'est pas évident à trouver), muni du numéro de résa.*

– ***Remarque importante :*** sur Internet, le site officiel des résas pour la galerie des Offices, le palais Pitti et le jardin de Boboli est • *uffizi.it* •

– Les ***professeurs ressortissants de l'Union européenne*** ont souvent droit à une réduction de 50 % dans bon nombre de musées d'État et sites nationaux.
– ***Gratuité pour les moins de 18 ans dans les musées nationaux et municipaux.***
– Les ***18-25 ans de l'Union européenne*** paient 2 € pour chaque musée national. Pour eux, l'entrée est gratuite tous les lundis dans les musées municipaux.
– ***Pour les 18-25 ans de toute nationalité,*** réduction dans les musées municipaux.
– Les ***étudiants en architecture et en histoire de l'art*** bénéficient de la gratuité dans les musées d'État seulement. Munissez-vous donc de votre carte d'identité et renseignez-vous à l'office de tourisme dès votre arrivée.
– Les musées n'acceptent pas toujours les cartes de paiement ; prévoir des espèces !
– ***Petite astuce :*** pour ceux qui ne veulent pas se procurer la *Firenze Card* ou qui restent très peu de temps sur place mais qui souhaitent faire des résas pour un musée bien précis comme les Offices ou l'Accademia, possibilité de le faire grâce à un minuscule kiosque situé via Calzaioli, attenant à la chiesa Orsanmichele *(zoom détachable D3).* Très peu de queue. Pratique et rapide !
– D'autre part, ceux qui ont la chance d'être à Florence le ***18 février*** se verront offrir une visite gratuite dans certains musées d'État. C'est la date anniversaire d'Anna Maria Luisa, fille de Cosme III, et la dernière des Médicis, qui décida à sa mort de léguer le patrimoine culturel des Médicis à la Ville de Florence. Pendant les ***Journées du patrimoine*** (en septembre généralement), certains sites offrent également la gratuité.

Infos pratiques

– Les ***audioguides en français*** sont disponibles la plupart du temps à l'accueil des musées. Il suffit de laisser une pièce d'identité. Compter 4-5 € pour la location. Si vous le pouvez, profitez-en car ils s'avèrent dans bien des cas utiles pour comprendre toute la complexité de l'art italien.
– ***Tenue correcte exigée dans les églises,*** et un minimum de discrétion, ce qui semble parfois échapper à certains visiteurs ; alors évitez shorts, tee-shirts sans manches et jupes (trop) courtes, et éteignez vos téléphones portables.

Les musées et sites incontournables à Florence

– La galerie des Offices, la galerie de l'Académie, le palais Pitti avec la galerie Palatine et le jardin de Boboli, le ponte Vecchio, le musée Bargello, le palais Vecchio.
– Après le Duomo et son baptistère, Santa Croce, San Lorenzo, Orsanmichele et Santa Maria Novella sont les 4 églises à ne pas rater à Florence.

Quelques notions de peinture

La cité des Médicis apparaît aujourd'hui à la fois initiatrice et dépositaire de la Renaissance italienne dans l'imaginaire occidental. L'affirmation est en partie vraie, grâce au succès du fameux ouvrage du XVIe s sur la vie des grands peintres italiens écrit par Giorgio Vasari, peintre florentin maniériste au service des Médicis. À Florence, les suiveurs de Cimabue et Giotto (qui ont entrepris un chantier énorme à la basilique franciscaine à Assise au début du XIVe s) furent nombreux. Le courant artistique dominant était siennois, mené par Simone Martini et les frères Lorenzetti, qui couvrirent de fresques les palais siennois et influencèrent tout l'art occidental via Avignon, où se réfugièrent un temps la papauté et certains peintres siennois. Or, l'art siennois était très ornemental, gothique. Ses représentants sont Pisanello, Masolino ou Gentile Da Fabriano. Toujours pas de Florentins à l'horizon. Entre-temps, la grande peste de 1348 a, en partie, dévasté la grande génération siennoise et orienté les représentations picturales vers plus de pessimisme. Mais les survivants voulurent croquer la vie à pleines dents, l'économie redémarrait.
C'est seulement au début du XVe s que l'assistant de Masolino, le Florentin Masaccio, va reprendre à son compte l'ancienne leçon de Giotto (soit près de 1 siècle après !). C'est dans la chapelle Brancacci de Florence qu'on peut admirer ces 2 grands artistes et apprécier la modernité sculpturale et réaliste de Masaccio. De là découle toute la 1re génération florentine (plus toscane que florentine, en fait) de la 1re moitié du Quattrocento (Fra Angelico, Filippo Lippi, Andrea del Castagno, Piero della Francesca, Paolo Uccello, Donatello, Ghiberti, Brunelleschi...), pleine d'équilibre, d'harmonie, de majesté et de puissance. Les couleurs sont froides et le dessin ciselé. À cette époque, le nombre d'artistes majeurs se formant ou travaillant à Florence était impressionnant. Viendront ensuite Ghirlandaio, Verrocchio, Botticelli... Bref, le Quattrocento florentin constitua une véritable explosion picturale, architecturale et sculpturale.

Période florissante de la Renaissance

Le Quattrocento est en réalité la période la plus féconde de l'art florentin. Mais, alors même que Rome, dès le début du XVIe s, reprenait la main en faisant travailler les plus grands artistes, l'année 1504 vit séjourner ensemble à Florence pour quelques mois les 3 figures artistiques centrales de ce siècle : ***Léonard de Vinci*** (le plus vieux), ***Michel-Ange*** (le seul Florentin) et ***Raphaël*** (originaire des Marches, à Urbino).
De ces 3 génies, Raphaël fut certainement celui qui incarna le mieux l'idéal de la Renaissance. Son œuvre est le triomphe du beau à la fois idéalisé et réaliste.

IMPERFECTIONS AU PLUS-QUE-PARFAIT

Michel-Ange a eu l'audace de rompre, en sculpture, avec la tradition du retour aux sources romaines. Il n'a pas hésité à faire une grosse main pour qu'un buste ait l'air élancé. Pour donner l'idée d'une qualité physique (associée à une qualité morale, d'ailleurs), il l'a imposée en proportionnant une partie du corps par rapport à une autre. S'il a toujours réussi à faire que la statue conserve des traits humains, aucune n'est anatomiquement valable, affirment les médecins ! L'important est de comprendre les sentiments qui animent le sujet, répondent les artistes.

Cet équilibre ne se retrouve ni chez Léonard de Vinci ni chez Michel-Ange. Son amour de l'expérimentation et son génie scientifique ont conduit de Vinci à un certain « inachèvement ». Pour ce qui est de Michel-Ange, il privilégia le dessin, au détriment de la couleur, apportant un sens tragique aux destinées humaines, ouvrant ainsi la voie au baroque. Le pape en personne, Jules II, ne s'était pas trompé et ira jusqu'à bouleverser l'ordonnance des travaux au Vatican pour lui confier les fresques du plafond de la chapelle Sixtine !

Le XVIe s et le maniérisme

Derrière ces 3 monstres, la génération suivante se devait d'innover afin d'éviter une certaine répétition, fadeur ou froideur. On savait représenter la réalité, pas de problème. D'où un retour aux sentiments, à l'émotion ; le cadre architectural devint alors secondaire et anecdotique : on utilisait des couleurs froides auparavant jamais associées, comme le fit Michel-Ange à la chapelle Sixtine. Comme lui également, on s'affranchit du réel, l'anatomie et les mouvements devinrent subjectifs, au service de l'émotion qui primait. Là encore, Florence prédominait avec Pontormo et Rosso Fiorentino (qui acceptera l'invitation de François Ier à Fontainebleau, où il sera à l'origine du maniérisme français, dit « bellifontain »), et les élèves d'Andrea del Sarto, immense artiste lui aussi. Parmi les maniéristes, citons Beccafumi, Parmesan...

Quelques peintres toscans

– ***Giotto*** *ou* ***Giotto di Bondone*** *(1266-1337)* **:** né à Colle di Vespignano dans une famille paysanne. Son talent aurait été décelé alors qu'il était encore berger et s'amusait à faire des croquis de ses brebis. Peintre et architecte, il apporta des nouveautés dans l'art de la fresque en se démarquant des peintres du Moyen Âge et en assurant une meilleure conservation. Giotto représenta l'homme et chercha à introduire des décors. Il décora la chapelle de la Madeleine de la basilique inférieure de San Francesco d'Assise et travailla dans d'autres chapelles, à Santa Croce de Florence, par exemple. À partir de 1320-1325, son œuvre se rapprocha du gothique. De 1328 à 1333, il fut au service de Robert d'Anjou à Naples. Rénovateur de l'art pictural, son atelier a rayonné dans toute l'Italie. Son œuvre n'a eu une influence en Europe qu'à partir de la 2de moitié du XIVe s.

– ***Donatello*** *ou* ***Donato di Niccolò di Betto Bardi*** *(1386-1466)* **:** né à Florence, il suivit une formation artistique sous la direction du peintre Bicci di Lorenzo. Il fit preuve d'un talent précoce : à 16 ans seulement, on lui demanda son avis sur les projets présentés pour la porte du baptistère ! En 1404, il entra dans l'atelier de Ghiberti, côtoya Uccello et acquit une belle réputation qui s'étendit au-delà de Florence. Il a réalisé, notamment, pour la seigneurie de Florence, un bronze de Judith et Holopherne.

– ***Botticelli*** *ou* ***Sandro di Mariano Filipepi*** *(1445-1510)* **:** né à Florence. Son surnom vient de *botticello,* qui signifie « petit tonneau », attribué à son frère aîné ou à l'orfèvre chez qui Sandro a été mis en apprentissage. Vers 1460, il entra dans l'atelier de Fra Filippo Lippi, peintre florentin de renom. Il y apprit la peinture, l'orfèvrerie, la gravure, la ciselure et les émaux. Botticelli ouvrit son propre atelier à Florence. En 1468, il peignit

LA « SANS PAREILLE »

Une des plus belles femmes de la Renaissance, Simonetta Vespucci, était la cousine du navigateur Amerigo Vespucci. Sa grâce, son sourire triste, l'or de sa chevelure inspirèrent les maîtres du Quattrocento, surtout Botticelli, qui en fit son modèle de prédilection. On dit d'elle qu'elle galvanisait les timides, intimidait les audacieux (les Médicis) et fut aimée par l'un d'entre eux, Julien, frère de Laurent le Magnifique. Elle mourut en 1476 à l'âge de 23 ans, emportée par la tuberculose.

l'*Adoration des Rois mages.* En 1470, le tableau représentant la Force lui apporta une certaine reconnaissance. En 1481 et 1482, l'artiste travaillait à Rome à la réalisation de fresques pour la chapelle Sixtine. Il reçut des commandes de toutes les grandes familles de Toscane. Botticelli utilisait la technique de la détrempe, alors que la peinture à l'huile était couramment utilisée à Florence depuis 1475. En 1482, il peignit la fresque *Le Printemps* pour la famille Médicis. En 1483, il réalisa *Vénus et Mars* et, en 1485, *La Naissance de Vénus,* qui représentait pour la 1re fois une femme non biblique nue (la fameuse Simonetta Vespucci). En 1487, il peignit la *Madone à la grenade.* Dans la dernière période de sa vie, son art se consacra exclusivement aux thèmes religieux. En 1501, il créa notamment la *Nativité mystique.* Il est considéré comme le plus grand peintre de son époque.

– ***Michel-Ange*** *ou* ***Michelangelo Buonarroti*** *(1475-1564)* **:** né à Caprese, près d'Arezzo, il a été à la fois sculpteur, peintre, architecte et poète. Lié aux Médicis par son père, il a fait montre de son talent dès son plus jeune âge. Entre 1501 et 1504, il sculpta un *David* géant en marbre pour la seigneurie de Florence. Son 1er tableau est le *Tondo Doni* (galerie des Offices), dans lequel il a essayé d'appliquer à la peinture la matière de la sculpture.

Repères artistiques

– ***1296 :*** construction du Duomo à Florence.
– ***1320 :*** début de la construction de la cathédrale Santa Maria del Fiore à Florence, avec Giotto comme maître d'œuvre.
– ***1401 :*** Ghiberti remporte par concours la porte nord du baptistère à Florence, puis la porte est en 1425 (surnommée la « porte du Paradis » par Michel-Ange).
– ***1420 :*** construction de la coupole de Santa Maria del Fiore par Brunelleschi (terminée en 1468).
– ***1425-1428 :*** fresques de la chapelle Brancacci dans l'église de Carmine à Florence par Masalino et Masaccio.
– ***1438 :*** fresque du couvent San Marco par Fra Angelico.
– ***1452 :*** achèvement des portes du baptistère de Florence par Ghiberti.
– ***1485 :*** *La Naissance de Vénus,* par Botticelli.
– ***1501 :*** Michel-Ange commence la sculpture de son *David,* qui est exposé en 1504 sur la place de la Seigneurie.
– ***1500-1506 :*** retour de Léonard de Vinci à Florence, où il peint *La Joconde.*

PERSONNAGES CÉLÈBRES

– ***Dante Alighieri*** *(1265-1321)* **:** originaire de Florence et grand poète devant l'Éternel. Son inspiration lui est venue d'une femme, Béatrice, dont il était follement amoureux. Sa mort prématurée donna le jour à *La Vita nuova,* mélange de lettres intimes et de poèmes. Mêlé à la vie politique, comme Machiavel bien plus tard, il devint successivement membre du Conseil des Cent, ambassadeur et prieur. Puis il fut banni, tout comme Machiavel. Mais au lieu de se fixer comme celui-ci, il entama une vie d'errance entre plusieurs villes italiennes. Il rédigea alors *Le Banquet,* et surtout de nombreuses épîtres exhortant les Italiens à mettre fin à leurs querelles permanentes. Condamné à l'exil, il eut tout le loisir de peaufiner son chef-d'œuvre poétique, *La Divine Comédie.* Poème épique en 3 volets (l'*Enfer,* le *Purgatoire* et le *Paradis*), il est la consécration parfaite et aboutie de l'humanisme chrétien au XIIIe s.

– ***Pétrarque*** *(1304-1374)* **:** Francesco Petrarca représente à merveille la Renaissance franco-italienne, humaniste et esthétique. Originaire d'Arezzo, il vécut en France. Paris et Rome se le disputèrent. Il opta pour Rome. Il fut admiré, célébré, récompensé, un poète heureux et comblé par les honneurs et le succès, non seulement en Italie, mais dans toute l'Europe. À la mort en 1348 de sa muse française, Laure de Noves, il cessa de voyager, devint ambassadeur des Visconti, vécut à

Milan, Padoue et Venise (1362), où il resta 5 ans. Enfin, en 1367, il se retira à Arqua près de Padoue et y mourut en 1374 d'une crise d'apoplexie. Sa fille le retrouva la tête reposant sur un livre ouvert...

– ***Boccace*** *(1313-1375)* **:** Giovanni Boccaccio serait né à Certaldo Alto, au centre de la Toscane, d'une riche famille de négociants. Boccacio fit des études de commerce et de droit à Paris, mais il semblait plus doué pour la dolce vita de la cour de Robert d'Anjou. Son père le rappela pour l'aider à Florence. Son expérience lui servira de cadre pour son chef-d'œuvre, *Le Décaméron,* qu'il mettra 7 ans à écrire (1348-1355). L'ouvrage est présenté sous forme de nouvelles que se racontent 10 jeunes gens *(la onesta brigata)* ayant fui la peste, réfugiés dans une enceinte protégée. Chaque nouvelle (il y en a près de 100), parfois à l'allure d'un conte, met en place dans une nature bien présente toutes sortes de personnages. Boccace devint commentateur de *La Divine Comédie* de Dante. Pasolini a superbement transposé à l'écran quelques contes du *Décaméron.*

– ***Filippo Brunelleschi*** *(1377-1446)* **:** il entreprit tout d'abord une formation d'orfèvre et de sculpteur dans un atelier florentin, pour se démarquer en 1401 en remportant, ex æquo avec Lorenzo Ghiberti, le concours pour la porte du baptistère. Quand le travail fut finalement confié à Ghiberti, il partit à Rome étudier l'art classique avec son ami Donatello. Puis il revint à Florence, où il travailla pour la coupole de l'église Santa Maria del Fiore, dont il gagna le concours en 1418. Il s'occupa ensuite de l'hôpital des Innocents (1419), de la chapelle des Pazzi (1429) et des sacristies des églises San Lorenzo (1420) et Santo Spirito (1435).

– ***Savonarole*** *(1452-1498)* **:** originaire de Ferrare, il entra jeune dans les ordres et devint dominicain. Écœuré par la corruption ambiante, il passait son temps à prêcher. Bologne le chassa. Il se réfugia à Florence, où ses prêches attirèrent les foules. Lorsque les Français entrèrent dans la ville en 1494 et que Pierre le Malchanceux (un Médicis) s'enfuit, Savonarole profita de la vacance du pouvoir pour installer sa théocratie. Dieu devint la source de toute loi. Il fut nommé roi de Florence, et les écrits et les tableaux licencieux furent brûlés sur des « bûchers des vanités » (qui feront des émules durant plusieurs siècles). Naturellement, une fois confronté au pape Borgia, il fut excommunié, arrêté, puis, jugé pour hérésie, il fut pendu et brûlé sur la place publique.

LE BÛCHER DES VANITÉS

Vers 1490, Savonarole, le prédicateur fou, exigea que l'on brûlât ce qui évoquait la vanité des hommes : robes, bijoux, parfums, portraits de femmes... Botticelli, lui-même fanatisé, brûla plusieurs de ses toiles. Le célébrissime Printemps *en réchappa de justesse.*

– ***Amerigo Vespucci*** *(1454-1512)* **:** né à Florence, célèbre pour son prénom légué à l'Amérique ! Il travailla aux côtés du royaume du Portugal et de Castille. Son oncle, proche du clan Médicis, fut envoyé à Paris en 1478 comme secrétaire d'ambassade. Amerigo l'accompagna. Son séjour parisien lui permit alors de rencontrer un certain Bartolomé Colomb venu solliciter une aide financière auprès du roi Louis XI pour son frère Christophe... avec un projet de découverte d'une nouvelle route pour les Indes. De retour dans sa ville natale, le Florentin se mit au service des Médicis, qui l'envoyèrent quelques mois plus tard à Séville comme commissaire aux comptes. Frustré de son emploi de bureau, Vespucci naviguera par la suite au service du roi de Castille et du roi Manuel Ier du Portugal le long des côtes de l'actuelle Amérique du Sud. Il est surtout l'un des premiers à avoir compris que Christophe Colomb avait découvert un autre continent. Il va retourner le génie de Colomb à son profit...

Jaloux de Colomb, avide de reconnaissance et de pub autour de son nom, Vespucci publia un récit sur la découverte d'un nouveau monde tandis que Colomb, en disgrâce, était reclus et enchaîné à Valladolid. Les moines de l'abbaye de

Saint-Dié (Lorraine) furent les premiers à recevoir ce livre et à le comprendre. Ne sachant pas comment nommer ce nouveau continent, ils choisirent le prénom de l'auteur : Amerigo a donc donné son nom à l'Amérique alors qu'il n'en est pas le découvreur... Une immense erreur historique irréparable et injuste car cette terre, l'Amérique, aurait dû s'appeler la Colombique... ou la Christophique... en hommage à Colomb. Vespucci meurt en 1512 à Séville, sans doute des conséquences de la peste qui y sévit en 1510.

– ***Pic de la Mirandole*** *(1463-1494)* **:** né à Mirandola (province de Modène), doué pour les études et doté d'une mémoire phénoménale, il aborda avec succès tous les sujets : philosophie, sciences, littérature, mathématiques et arts. Ses connaissances lui donnèrent une vision globale du monde, où toutes les sciences et les philosophies connues convergeaient vers le christianisme. Laurent le Magnifique le protégea de l'Inquisition. Il mourut empoisonné par son secrétaire. Il n'avait que 31 ans ! C'est Savonarole qui prononça l'oraison funèbre. Sa tombe se trouve dans la basilica di San Marco à Florence.

– ***Machiavel*** *(1469-1527)* **:** son père était docteur en droit à Florence. Il fut le témoin du règne glorieux de Laurent le Magnifique, de l'arrivée des Français et de la théocratie de Savonarole. Après de sérieuses études de droit, il devint chef de la Chancellerie de la ville à la mort de Savonarole ; à ce titre, il fréquenta toutes les cours d'Italie et de France. Mis en disgrâce en 1512, lors du renversement de la République par les Médicis, il se réfugia avec sa famille dans la propriété de son père. Il mit à profit son temps libre et ses connaissances pour rédiger le best-seller planétaire des hommes de pouvoir, *Le Prince* (1513 ; publié en 1532). Sa tombe se trouve dans l'église Santa Croce (« Panthéon des gloires italiennes »).

UNE RÉPUTATION INJUSTE

Machiavel a un nom évoquant le cynisme en politique. En fait, il n'a jamais cherché le pouvoir personnel. Ses penchants politiques allaient plutôt vers l'humanisme, même s'il sut décrire l'absolutisme. Assez mal vu par les puissants, il mourut d'ailleurs dans le dénuement.

– ***Galilée*** *(1564-1642)* **:** né à Pise, mort près de Florence. Astronome, opticien et mathématicien, Galilée fait partie de ces derniers savants qui maîtrisaient plusieurs sciences. En perfectionnant la lunette optique, il se rendit compte que la Terre tournait autour du Soleil. Selon la Bible, la terre est immobile. Aïe ! Il fut jugé puis condamné à la prison à perpétuité. Sa peine fut commuée ensuite en résidence surveillée. La papauté mit plus d'un siècle pour que ses partisans puissent enfin s'exprimer. Il faudra attendre le concile Vatican II (1962 !) pour que Galilée soit lavé de toute accusation.

– ***Carlo Collodi*** *(1826-1890)* **:** né à Florence, il commença une carrière de journalisme, créa 2 journaux satiriques, *Il Lampione* et *Scaramuccia,* et s'engagea dans la lutte pour l'indépendance italienne. En 1875, il écrivit quelques histoires et adapta des contes traditionnels. De 1881 à 1883, il rédigea pour le *Journal des enfants* un récit à épisodes : *Pinocchio* !

SITES INSCRITS AU PATRIMOINE MONDIAL DE L'UNESCO

Organisation des Nations Unies pour l'éducation, la science et la culture

En coopération avec le Centre du patrimoine mondial

Pour figurer sur la liste du Patrimoine mondial, les sites doivent avoir une valeur universelle exceptionnelle et satisfaire à au moins un des 10 critères de sélection. La protection, la gestion, l'authenticité et l'intégrité des biens sont également des considérations importantes.

Le patrimoine est l'héritage du passé dont nous profitons aujourd'hui et que nous transmettons aux générations à venir. Nos patrimoines culturel et naturel sont 2 sources irremplaçables de vie et d'inspiration. Ces sites appartiennent à tous les peuples du monde, sans tenir compte du territoire sur lequel ils sont situés. Infos : ● *whc.unesco.org* ●

– Le ***centre historique de Florence*** est classé depuis 1982.

– Les ***villas et jardins des Médicis en Toscane*** sont inscrits en 2013. 12 villas et 2 jardins situés principalement autour de Florence. Témoignages laissés par les Médicis, famille indissociable de la Renaissance italienne.

L'ITALIE, CHAMPIONNE DU MONDE

Sur plus de 1 000 sites répertoriés par l'Unesco au Patrimoine de l'humanité, l'Italie remporte la 1re place avec 55 monuments ou lieux. La France n'est pas si mal classée avec 45 biens au compteur.

SYNDROME DE STENDHAL

Le 22 janvier 1817, Stendhal visite Florence « dans une sorte d'extase ». Dans l'église de Santa Croce, un moine lui ouvre les portes de la chapelle Niccolini abritant les fresques du Volterrano. « Absorbé dans la contemplation de la beauté sublime », il atteint un degré extrême d'émotion « où se rencontrent les sensations célestes données par les beaux-arts et les sentiments passionnés ». En sortant de l'église Santa Croce, son cœur bat fort et il se sent épuisé. Il marche avec la crainte de tomber. Assis sur un banc, il sort de sa poche des vers du poète Foscolo et les relit avec délice pour se rassurer. « J'avais besoin de la voix d'un ami partageant mon émotion. »

Cet épisode personnel, relaté très sommairement dans *Rome, Naples et Florence,* a donné naissance à un phénomène universellement reconnu aujourd'hui sous le nom de « syndrome de Stendhal ». L'expression a été inventée par une psychiatre florentine. Il ne s'agit pas d'une maladie comme les autres, mais d'une crise psychique violente constatée auprès d'un certain nombre de touristes à Florence.

Comme leur illustre prédécesseur, ces voyageurs manifestent des réactions d'hypersensibilité et de souffrance psychique face aux œuvres d'art : crise de panique (peur de mourir ou de devenir fou), sensation de dépersonnalisation (dépression totale ou euphorie). Comme Stendhal, ils sont victimes de troubles somatiques (perception troublée de la réalité, amnésie, vertiges). La majorité des victimes ne sont pas mariées et voyagent seules, et le pourcentage de femmes célibataires entre 26 et 40 ans est élevé.

Il y aurait en gros 3 raisons pour expliquer le « syndrome de Stendhal ». D'abord, la crise touche des personnalités très sensibles (et créatives). Elle ne peut se produire que dans des villes d'art, face à une œuvre d'art, mais d'autres lieux chargés d'histoire peuvent provoquer le même type de réactions (il existe aussi un « syndrome de Jérusalem »). Ensuite, le voyage est déstabilisant, souvent épuisant pour ces touristes qui veulent tout voir d'une ville, tout faire en très peu de temps. Enfin, le 3e facteur, c'est l'œuvre d'art en elle-même. Cette dernière a un tel pouvoir qu'elle peut toucher l'inconscient de la personne. La crise ne dure pas longtemps, et les victimes du « syndrome » retrouvent vite leur état normal. Inspiré, le cinéaste Dario Argento en a tiré un film d'horreur intitulé *Le Syndrome de Stendhal,* sorti en 1996.

les ROUTARDS sur la FRANCE 2021-2022

(dates de parution sur • ***routard.com*** •)

Découpage de la FRANCE par le ROUTARD

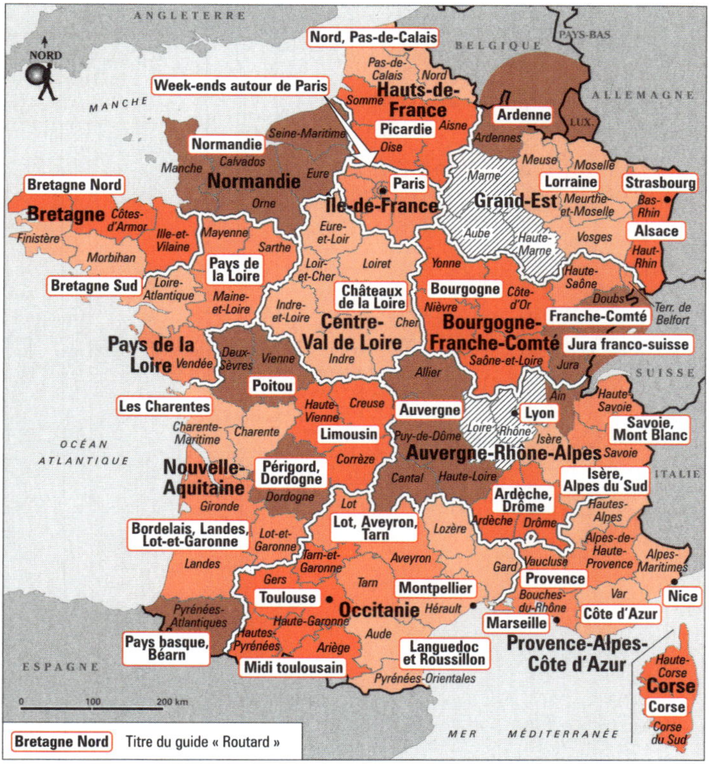

Autres guides sur la France

- Nos meilleurs campings en France
- Nos meilleures chambres d'hôtes en France

Autres guides sur Paris

- Paris
- Paris balades
- Restos et bistrots de Paris
- Le Routard des amoureux à Paris
- Week-ends autour de Paris

Le Routard à vélo

- EuroVelo6
- La Bourgogne du Sud à vélo
- La Flow Vélo
- La Loire à Vélo
- La Vélodyssée (Roscoff-Hendaye)
- Le Canal des 2 mers à vélo
- Paris Île-de-France à vélo
- ViaRhôna
- Les plus belles escapades à Vélo en France

les ROUTARDS sur l'ÉTRANGER 2021-2022

(dates de parution sur • **routard.com** •)

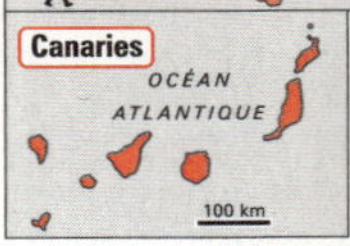

Découpage de l'ESPAGNE par le ROUTARD

Découpage de l'ITALIE par le ROUTARD

Autres pays européens

- Allemagne
- Angleterre, Pays de Galles
- Autriche
- Belgique
- Bulgarie
- Crète
- Croatie
- Danemark, Suède
- Écosse
- Finlande
- Grèce continentale
- Hongrie
- Îles grecques et Athènes
- Irlande
- Islande
- Madère
- Malte
- Norvège
- Pays baltes : Tallinn, Riga, Vilnius
- Pologne
- Portugal
- République tchèque, Slovaquie
- Roumanie
- Suisse

Villes européennes

- Amsterdam
- Berlin
- Bruxelles
- Budapest
- Copenhague
- Dublin
- Lisbonne
- Londres
- Moscou
- Naples
- Porto
- Prague
- Saint-Pétersbourg
- Stockholm
- Vienne

les ROUTARDS sur l'ÉTRANGER 2021-2022

(dates de parution sur • *routard.com* •)

Découpage des ÉTATS-UNIS par le ROUTARD

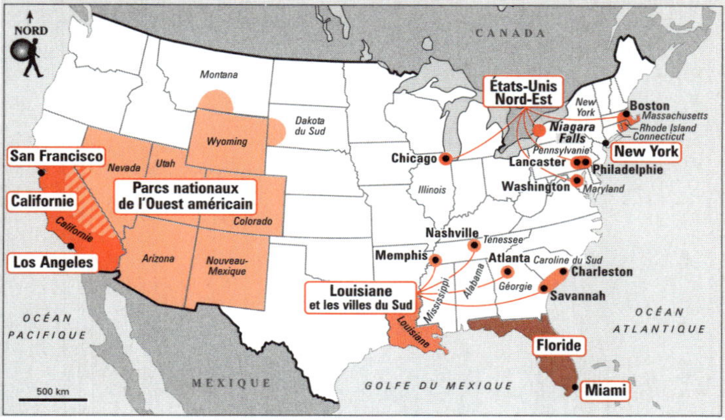

Autres pays d'Amérique

- Argentine
- Brésil
- Canada Ouest
- Chili et île de Pâques
- Colombie
- Costa Rica
- Équateur et les îles Galápagos
- Guatemala, Belize
- Mexique
- Montréal
- Pérou, Bolivie
- Québec et Ontario

Asie et Océanie

- Australie côtes est et nord + Red Centre
- Bali, Lombok
- Bangkok
- Birmanie (Myanmar)
- Cambodge, Laos
- Chine
- Hong Kong, Macao, Canton
- Inde du Nord
- Inde du Sud
- Israël et Palestine
- Istanbul
- Jordanie
- Malaisie, Singapour
- Népal
- Shanghai
- Sri Lanka (Ceylan)
- Thaïlande
- Tokyo, Kyoto et environs
- Turquie
- Vietnam

Afrique

- Afrique du Sud
- Égypte
- Kenya, Tanzanie et Zanzibar
- Maroc
- Marrakech
- Sénégal
- Tunisie

Îles Caraïbes et océan Indien

- Cuba
- Guadeloupe, Saint-Martin, Saint-Barth
- Île Maurice, Rodrigues
- Madagascar
- Martinique
- République dominicaine (Saint-Domingue)
- Réunion

Guides de conversation

- Allemand
- Anglais
- Arabe du Maghreb
- Arabe du Proche-Orient
- Chinois
- Croate
- Espagnol
- Grec
- Italien
- Japonais
- Portugais
- Russe
- G'palémo (conversation par l'image)

Livres-photos/Livres-cadeaux

- La France de Stéphane Bern **(nouveauté)**
- Voyages
- Voyages : États-Unis
- Voyages : France
- Voyages : Italie
- Road Trips Monde
- Road Trips en France **(nouveauté)**
- 120 coins secrets en Europe
- 50 voyages à faire dans sa vie
- 1 200 coups de cœur dans le monde
- 1 200 coups de cœur en France
- 52 week-ends dans les plus belles villes d'Europe
- 52 week-ends coups de cœur en France
- 52 escapades nature en France **(nouveauté)**
- Cahier de vacances du Routard

Nous tenons à remercier tout particulièrement Loup-Maëlle Besançon, Thierry Bessou, Gérard Bouchu, François Chauvin, Grégory Dalex, Fabrice Doumergue, Cédric Fischer, Carole Fouque, Nicolas George, Michelle Georget, David Giason, Claude Hervé-Bazin, Emmanuel Juste, Dimitri Lefèvre, Fabrice de Lestang, Romain Meynier, Éric Milet, Pierre Mitrano, Jean-Sébastien Petitdemange, Thomas Rivallain et Jean Tiffon pour leur collaboration régulière.

Brice Andlauer
Jean-Jacques Bordier-Chêne
Agnès Debiage
Coralie Delvigne
Jérôme Denoix
Tovi et Ahmet Diler
Clélie Dudon
Sophie Duval
Alain Fisch
Bérénice Glanger
Adrien et Clément Gloaguen
Sébastien Jauffret
Alexia Kaffès
Augustin Langlade
Jacques Lemoine
Aline Morand
Louis Nagot
Caroline Ollion
Martine Partrat
Odile Paugam et Didier Jehanno
Céline Ruaux
Prakit Saiporn
Nejma Tahri Hassani
Alice Tonasso
Caroline Vallano

Direction : Sidonie Chollet
Direction éditoriale : Élise Ernest
Édition : Matthieu Devaux, Olga Krokhina, Gia-Quy Tran, Julie Dupré, Emmanuelle Michon, Pauline Janssens, Amélie Ramond, Margaux Lefebvre, Julie Wood et Lucie Léna
Ont également collaboré : Magali Vidal, Cécile Chavent et Agnès Petit
Cartographie : Frédéric Clémençon et Aurélie Huot
Contrôle de gestion : Jérôme Boulingre et Yannis Villeneuve
Secrétariat : Catherine Maîtrepierre
Fabrication : Nathalie Lautout et Audrey Detournay
Relations presse : COM'PROD, Fred Papet. ☎ 01-70-69-04-69.
• *info@comprod.fr* •, Martine Levens (Belgique) et Maureen Browne (Suisse)
Direction marketing : Stéphanie Parisot, Élodie Darty et Charlotte Brou
Couverture : le-bureau-des-affaires-graphiques.com
Silhouette du Routard : Clément Gloaguen (d'après Solé)
Maquette intérieure : le-bureau-des-affaires-graphiques.com, Thibault Reumaux et npeg.fr
Contact Partenariats : Jérôme Denoix • *jeromedenoix@gmail.com* •
Contact Partenariats et régie publicitaire : Florence Brunel-Jars
• *fbrunel@hachette-livre.fr* •

INDEX GÉNÉRAL

LISTE DES CARTES ET PLANS

UNE PANDÉMIE INOUÏE !

Depuis toujours, ***Le Routard* se plaît à dénicher hôteliers et restaurateurs** qui accueillent nos lecteurs avec sourire et professionnalisme. Malgré toute notre vigilance, certains d'entre eux auront malheureusement fermé quand ce livre sortira. De même, les horaires et modalités d'accueil de certains sites et musées auront été momentanément modifiés. Cette terrible **pandémie de Coronavirus** a, on le sait, des conséquences importantes pour tous les professionnels du tourisme. **Nous sommes de tout cœur avec eux !**

« OSONS LE PAS DE CÔTÉ »

Le surtourisme ? Tous concernés. Et pourtant, à l'écart des grands flux touristiques, il existe plein de pépites méconnues, souvent oubliées des circuits trop encombrés. Ici un site ignoré ; là un quartier secret ; plus loin un village caché au charme discret, avec un troquet d'une autre époque… Il existe une infinité de lieux peinards que l'on a envie de mettre en avant avec ce pictogramme. Un vagabondage enfin calme favorisé aussi par les **visites aux heures creuses.** Vive le *slow trip* !

#osonslepasdecote

Remarque importante aux hôteliers et restaurateurs

Les enquêteurs du *Routard* travaillent dans le plus strict anonymat. Aucune réduction, aucun avantage quelconque, aucune rétribution n'est jamais demandé en contre-partie. Face aux aigrefins, la loi autorise les hôteliers et restaurateurs à porter plainte.

Avis aux lecteurs

Le Routard, ce n'est pas comme le bon vin, il vieillit mal. On ne veut pas pousser à la consommation, mais évitez de partir avec une édition ancienne. Les modifications sont souvent importantes.

Les réductions accordées à nos lecteurs ne sont jamais demandées par nos rédacteurs afin de préserver leur indépendance. Les hôteliers et restaurateurs sont sollicités par une société de mailing, totalement indépendante de la rédaction, qui reste donc libre de ses choix. De même pour les autocollants et plaques émaillées.

Avec routard.com, choisissez, organisez, réservez et partagez vos voyages !

✓ Rejoignez la plus grande communauté francophone de voyageurs : **plusieurs millions d'internautes.**

✓ Échangez avec les routarnautes : forums, photos, avis d'hôtels.

✓ Retrouvez aussi toutes les informations actualisées pour choisir et préparer vos voyages : près de 300 guides destinations, une centaine de dossiers pratiques et un magazine en ligne pour découvrir tous les secrets de votre destination.

✓ Enfin, comparez les offres pour organiser et réserver votre voyage au meilleur prix.

Les **Routards** *parlent aux* **Routards**

Faites-nous part de vos expériences, de vos découvertes, de vos tuyaux et de vos coups de cœur. Aidez-nous à remettre l'ouvrage à jour. Indiquez-nous les renseignements périmés. Faites profiter les autres de vos adresses nouvelles, combines géniales... On adresse un exemplaire gratuit de la prochaine édition à ceux qui nous envoient les meilleurs courriers, pour la qualité et la pertinence des informations.

Quelques conseils cependant :

– Envoyez-nous votre courrier le plus tôt possible afin que l'on puisse insérer vos tuyaux sur la prochaine édition.

– N'oubliez pas de préciser l'ouvrage que vous désirez recevoir, ainsi que votre adresse postale.

– Vérifiez que vos remarques concernent l'édition en cours et notez les pages du guide concernées par vos observations.

– Quand vous indiquez des hôtels ou des restaurants, pensez à signaler leur adresse précise et, pour les grandes villes, les moyens de transport pour y aller.

Si vous le pouvez, joignez la carte de visite de l'hôtel ou du resto décrit.

En tout état de cause, merci pour vos nombreux mails.

122, rue du Moulin-des-Prés, 75013 Paris

• *guide@routard.com* • *routard.com* •

Routard Assurance *2021*

Enrichie au fil des années par les retours des lecteurs, *Routard Assurance* reste l'assurance voyage référence des globe-trotters. Tout y est inclus, même la **Covid** : frais médicaux, assistance rapatriement, bagages, responsabilité civile... Avant votre départ, appelez *AVI* pour un conseil personnalisé. Besoin d'une **attestation Covid**, d'un avis médical, d'une prise en charge dans un hôpital ? Téléchargez l'appli mobile *AVI International* pour garder le contact avec *AVI Assistance* et disposer d'un vaste réseau médical à travers le monde. *AVI Assistance* est disponible 24h/24 pour une réponse en temps réel. De simples frais de santé en voyage ? Envoyez les factures à *AVI* dès votre retour, ils vous remboursent sous une semaine. *Le Colisée Gardens, 10, avenue de l'Arche, CS 70126, 92419 Courbevoie Cedex. ☎ 01-44-63-51-00. • avi-international.com • Ⓜ La Défense.*

Édité par Hachette Livre (58, rue Jean-Bleuzen, CS 70007, 92178 Vanves Cedex, France)
Photocomposé par Jouve (1, rue du Docteur Sauvé, 53100 Mayenne, France)
Imprimé par Jouve Print (Quai n° 2, 733, rue Saint-Léonard, BP 3, 53101 Mayenne Cedex, France)
Achevé d'imprimer en mars 2021
Collection n° 13 - Édition n° 01
50/0738/1
I.S.B.N. 978-2-01-629312-6
Dépôt légal : avril 2021

PAPIER À BASE DE FIBRES CERTIFIÉES